DAVID BRET

Callas
Biographie

Mit einem Vorwort
von Montserrat Caballé

Aus dem Englischen übersetzt
von Götz Burghardt

EUROPÄISCHE VERLAGSANSTALT

Die englische Originalausgabe erschien 1997 unter dem Titel
»Maria Callas – The Tigress and the Lamb« bei Robson Books, Oxford, UK
© 1997 David Bret

Informationen zu unseren Verlagsprogrammen finden Sie im Internet unter
www.europaeische-verlagsanstalt.de bzw. www.rotbuch.de

Die Deutsche Bibliothek – CIP-Einheitsaufnahme

Ein Titeldatensatz für diese Publikation ist bei
Der Deutschen Bibliothek erhältlich

© Europäische Verlagsanstalt/Rotbuch Verlag, Hamburg 2000
Umschlaggestaltung: +malsy, Bremen
Foto: AKG Berlin
Signet: Dorothee Wallner nach Caspar Neher »Europa« (1945)
Herstellung: Das Herstellungsbüro, Hamburg
Satz: Greiner & Reichel, Köln
Druck und Bindung: Clausen & Bosse, Leck
Printed in Germany
ISBN 3-434-50493-1

Inhalt

Vorwort
von Montserrat Caballé

Seite 13 Einführung

15 O caro sogno ... O dolce ebbrezza!
1923–1939

30 Printemps qui commence
1940–1944

46 O scetto, alfin sei mio!
1944–1948

62 Je marche sur tous les chemins
1948–1950

79 Vi calmate è mio marito
1950–1952

99 Si colmi il calice ...
1952–1954

118 Partagez-vous mes fleurs?
1954–1955

143 Elle est dangereuse ... Elle est belle!
1955–1956

160 Vedro le mie vendette!
1956–1957

187 Svegliate la gioia!
1957–1958

208 Questo odiato veglio!
1958–1958

228 Ich höre die Hoffnungsglocke läuten
1960

246 O, rendetemi la speme
1961

260 E un serto ebb'io di spine
1962–1964

275 Ritorna vincitor!
1964–1965

292 Hanno confin le lagrime
1965–1967

308 Solitaria … a sospirar
1968

329 Ha forse alcuno cura di me?
1970–1974

361 Vissi d'arte, vissi d'amore …
1974–1977

373 Epilog

380 Danksagung

381 Anhang
Konzertauftritte · Opernauftritte · Tonaufnahmen · Rundfunkauftritte · Auftritte in Film und Fernsehen · Nachtrag

451 Bibliographie
452 Register

*Dieses Buch ist
Montserrat Caballé, Monica Solash
und Les Enfants de Novembre
gewidmet*

*N'oublie pas…
La vie sans amis c'est comme
un jardin sans fleurs*

Vorwort

von Montserrat Caballé

Maria Callas bin ich zum erstenmal in New York begegnet, als ich in der Saison 1968/69 »Don Carlo« und »Luisa Miller« sang. Nach einer Probe unterhielten wir uns, und ich gestand ihr, daß ich mit meiner Leistung unzufrieden war. Ihr Gesicht leuchtete auf, und sie sagte: »Das ist ein gutes Zeichen! Solange man sich noch eingestehen kann, daß man schlecht gesungen hat, weiß man auch, daß man es noch besser kann, wenn man sich darum bemüht. An dem Tag aber, an dem man anfängt, zu glauben und jedermann einzureden, wie wunderbar man ist, an dem Tag sollte man einen langen Urlaub nehmen!« Am selben Abend lud sie meinen Mann und mich zu einem Essen mit Pasolini ein. Und wir wurden enge Freunde und blieben es bis zu ihrem Tod.

Zu meinem größten Bedauern habe ich Maria Callas nie auf der Opernbühne erlebt – ich besuchte zwar eine der Meisterklassen, die sie an der Juilliard School in New York gab, und war dabei, als sie gegen Ende ihrer Karriere das wundervolle Konzert mit di Stefano in der Carnegie Hall gab. Davon abgesehen aber mußte ich mich wie viele andere mit Mitschnitten ihrer Auftritte begnügen. Und doch, wenn schon diese Aufnahmen so einzigartig sind, wie erst muß sie auf der Bühne geklungen haben, zu der Zeit, da sie die absolute Puccini- und Verdi-Heroine war!

Maria Callas war der absolute Profi, eine regelrechte Arbeitsbiene, die fleißigste, die es in unserer Branche jemals gegeben hat. Für sie war Arbeit eine Art Religion. »Auf eine Probe bereite ich mich genauso vor, wie ich mich auf eine Hochzeit vorbereiten würde«, hat sie mir einmal gesagt, wenn ich auch das Gefühl habe, daß die Ehe zwischen Maria Callas und ihrem Publikum viel mehr war als die herkömmliche. Sie war wie eine Nonne, die das Gelübde abgelegt hat: Die Bühne war ihr Altar, das Theater ihr Heiligtum. Ihr Leben hatte sie ihrem Beruf gewidmet – Kopf, Herz und Seele –, und wenn sie darüber sprach, wie sie ihre Rollen einstudierte, wobei sie stets dem Diktat des Komponisten folgte, dann sagte sie seine Anweisungen so andächtig auf, als läse sie in der Bibel. Es war jedoch nicht mangelnder Glaube, der ihren Mut brach, es war das mangelnde Verständnis und Mitgefühl anderer, das ihrem Leben ein Ende setzte.

Wenn Maria Callas unter Kollegen als schwierig galt, dann lag das daran, daß sie eben ein absoluter Profi war, und manch anderer war es nicht. Sie erzählte mir, daß bei einer Probe an der Scala die anderen, statt zu singen, eine heftige Diskussion über Fußball führten! Darüber hatte sie sich sehr empört. Nur unter mittelmäßigen Leuten galt sie als schwierig, unter solchen, die sich nicht der Kunst verschrieben hatten ... solchen Dirigenten, Regisseuren und Sängern, die sich ganz und gar nicht für die Oper aufopferten, sondern nur für das, was ihnen selbst etwas einbrachte. Die nannte sie die »Ex-und-Hopps«. Und so viele von ihnen waren neidisch auf ihren Erfolg. Es gibt nichts Häßlicheres als Mißgunst und Eifersucht.

In den entscheidenden Jahren meiner künstlerischen Entwicklung stand mir Maria Callas stets mit Rat und Tat zur Seite. Als mir zum Beispiel »Macbeth« von der Scala angeboten worden war, riet sie mir ab. »Sie müssen Ihnen Opern anbieten, die zu Ihrer Stimme passen«, sagte sie. »Für ›Macbeth‹ ist eine *häßliche* Stimme nötig, nicht eine so schöne wie die Ihre, und außerdem ist die Rolle eher etwas für ein heftiges Temperament!«

Auch in persönlichen Dingen gab sie mir Ratschläge. Ich weiß, daß sie selber genug Probleme hatte, aber über die sprachen wir nie, und ich habe sie auch niemals klagen hören. Maria Callas sorgte sich um das Wohlergehen ihrer engsten Freunde, denn sie hatte ja so wenige. »Wahre Freunde sind etwas ganz Besonderes«, pflegte sie zu sagen, »doch man muß mit ihnen sehr sorgsam umgehen, denn mitunter denkt man, wenn man einen Freund hat, er sei ein Fels, und muß dann plötzlich erkennen, daß er nur aus Sand ist. Es ist furchtbar, durchs Leben zu gehen im Glauben, einen Fels an der Seite zu haben, und dann ist es gar nicht so.«

Die Callas, die ich gekannt habe, war eine außergewöhnliche Künstlerin, eine wunderbare Frau, eine Freundin und ein Fels. So etwas wie sie gibt es nicht noch einmal.

Montserrat Caballé,
Barcelona, 3. Juni 1997

Einführung

Sie war das Urbild des häßlichen Entleins, das sich durch reine Willenskraft und innere Überzeugung in den herrlichsten Schwan verwandelte. Maria Kalogeropoulos, die schüchterne, ungelenke Tochter griechischer Einwanderer in New York, die wie ein Stern aus den Hinterhöfen von Manhattan emporstieg, um die größte Operndiva des 20. Jahrhunderts zu werden. Sie war ein außergewöhnliches Talent und eine einzigartige, bescheidene Frau, ein rätselhafter Mensch, aufgrund ihres künstlerischen Talentes und ihrer Verletzlichkeit jener erlesenen Reihe von Künstlerinnen – Piaf, Monroe, Garland und kaum mehr als eine Handvoll anderer – zuzurechnen, an deren Triumphen wir uns labten und deren Untergang wir in Kauf nahmen.

Als Ausdruckskünstlerin und Kennerin menschlicher Gefühle und Empfindungen hatte die Callas nicht ihresgleichen. Dadurch, daß sie die Erfahrungen und Gefühle ihres eigenen bewegten Lebens auf ihre Kunst übertrug, gelang es ihr, in die Haut ihrer Heroinen zu schlüpfen und über die Beschränkungen ihrer Vorgängerinnen und Zeitgenossinnen hinauszugehen, unerreicht von den meisten ihrer Nachfolgerinnen. Und weil der Callas – dominiert, wie sie von ihrer Mutter gewesen war, deren geistige Verfassung an Wahnsinn grenzte – nie das Geschenk einer normalen, behüteten Kindheit zuteil geworden war, hat sie Liebe bei dem Publikum gesucht, das in Scharen herbeiströmte, um sie zu sehen, und insbesondere auch von jenem häufig unterdrückten Teil unserer Gesellschaft empfangen, den sie liebevoll die »Callas Boys« nannte.

Norma, Lucia, Violetta, Lady Macbeth, Leonora, Medea, Amina und Tosca – das sind nur einige der Rollen, viele davon vorher vernachlässigt, die sich die Callas zu eigen machte, wobei sie häufig unbedachte Risiken einging. Doch mit ihrer Redlichkeit und einer geradezu unheimlichen Intuition machte sie noch das obskurste Werk oder die langweiligste Produktion zum Kassenschlager der Saison.

Die größte Rolle der Callas jedoch war sie selbst: die temperamentvolle Diva, deren Wutanfälle und Vertragsbrüche beinahe ebensolche Sensationen waren wie ihre Auftritte. Ein Profi, der weder Zeit noch Geduld für Müßiggänger und Mittelmäßige hatte. Die Sirene, deren Charisma in Beziehungen endete, die von vornherein zum Scheitern verurteilt waren: Mario und Oscar, feindliche Soldaten, die von ihr so grausam behandelt worden waren; Rossi-Lemeni und Mangliveras, die Opernstars, die sie nur benutzten; Serafin und Bagarozy, ihre ersten Mentoren; Meneghini, der Mann, der ihre Karriere gestaltete und sie heiratete, nur um wieder fallengelassen zu werden, weil er nicht in der Lage war, die Tigerin zu bändigen; Ali Khan, der jähzornige Playboy, der auf so tragische Weise ums Leben kam; Visconti, Bernstein und Pasolini, Homosexuelle, die sie vergebens zu »heilen« versuchte; di Stefano, der sie auf ihrer triumphalen Abschiedstournee begleitete, als ihre Bewunderer sich am hysterischsten zeigten und ihre Kritiker am rachsüchtigsten. Und die größte Liebe ihres Lebens – Aristoteles Onassis, durch dessen Tod sie in den Sog von Depression, Drogenabhängigkeit und Einsamkeit geriet, wo es keine Trennung von Tag und Nacht mehr gab.

Auf der Bühne und im Leben war Maria Callas eine Göttin.

Dies ist ihre Geschichte.

O caro sogno ... O dolce ebbrezza!

1923–1939

> *Es sollte gesetzlich verboten sein, einem Kind*
> *so früh so viel Verantwortung aufzubürden.*
> *Ein Kind, das man seiner Kindheit beraubt,*
> *wird viel zu früh erwachsen.*

Maria Kalogeropoulos wurde am 4. Dezember 1923 im New Yorker Flower Hospital (später in Fifth Avenue umbenannt) geboren. Ihre Eltern, die erst vier Monate zuvor in die Vereinigten Staaten eingewandert waren, waren Jiorgos (Georges) Kalogeropoulos, ein 37 Jahre alter Apotheker aus Meligala, und Evangelia (Litza) Demitriadis, die 25jährige Tochter eines recht wohlhabenden Armeeoffiziers aus Stilis, am Golf von Lamía. Ihr tatsächliches Geburtsdatum hat den Biographen stets Fragen aufgegeben. In ihrem Paß war der 2. Dezember eingetragen, im Geburtsregister des New Yorker Rathauses der 3. Dezember. Sie selbst war wieder anderer Ansicht, wie sie – wenngleich sarkastisch – gegenüber Anita Pensotti vom italienischen Magazin *Oggi* im Januar 1957 erklärte:

»Meine Mutter bleibt dabei, daß sie mich am vierten zur Welt gebracht hat. Suchen Sie sich aus, welches Datum ihnen am besten gefällt. Mir sagt der vierte zu, weil ich erstens alles glaube, was meine Mutter mir sagt, und zweitens, weil das der Barbaratag ist, der Tag der Schutzpatronin der Artillerie, einer stolzen und streitbaren Heiligen, die ich ganz besonders bewundere!«

Die Ehe von Georges und Evangelia Kalogeropoulos war von Anfang an lieblos. Litzas Vater, der General Petros Dimitriadis, war ein Held der Balkankriege von 1912/13, der sich an seinem Lebensabend eines beachtlichen Erfolgs als Amateurtenor erfreuen konnte. Er hatte Litza davon abgeraten, einen Mann zu heiraten, der als Schürzenjäger galt. Doch als der General plötzlich an einem Schlaganfall starb, sechs Wochen vor dem auf August 1916 festgesetzten Hochzeitstermin, riet ihr die Mutter, dem Wunsch ihres Herzens zu folgen. Doch die nächsten fünfzig Jahre lang sollte diese höchst ungewöhnliche Frau sich gegenüber jedermann beklagen, unterhalb ihres Standes geheiratet zu haben.

Für einige Zeit hatte sich das Ehepaar Kalogeropoulos in einem eindrucksvollen Haus in Meligala auf dem Peloponnes niedergelassen, wo Georges, der an der Universität von Athen studiert hatte, seine eigene, sehr gut gehende Apotheke – die einzige in weitem Umkreis – führte und wo Litza, gerade achtzehn Jahre alt, begann, die Pflichten zu erfüllen, die von ihr erwartet wurden: mit ein paar Bediensteten den Haushalt zu führen, die außerehelichen Aktivitäten ihres Mannes zu übersehen und Kinder zu bekommen. Ihre erste Tochter, Jackie (Cynthia), geboren am 4. Juni 1917, war für Georges von Anfang an eine Enttäuschung gewesen – traditionsgemäß galten in den meisten griechischen Ehen Mädchen als Menschen zweiter Klasse und damit für untauglich, die Familienlinie fortzuführen. Dann, im Jahre 1920, brachte Litza den Sohn Vassily (Vassilios) zur Welt – nur, um ihn drei Jahre später wieder zu verlieren, als er an einer Hirnhautentzündung starb.

Vassilios' Tod war der Anfang vom Ende der Ehe seiner Eltern. Verzweifelt und ohne sich mit seiner Frau zu beraten, verkaufte

Georges die Apotheke und das Wohnhaus und nahm drei Schiffspassagen nach New York, wohin einer seiner engsten Freunde, Leonidas Lantzounis, im Jahr zuvor ausgewandert war, um am dortigen Orthopaedic Hospital eine Arztstelle anzutreten.

Erst vierundzwanzig Stunden vor der Abreise erfuhr Litza davon. In einem Alter und einem Kulturkreis, in dem Ehefrauen – und in diesem Falle eine ohne eigenes Einkommen, ohne Ausbildung und im fünften Monat schwanger – ihrem Mann unterwürfig zu sein hatten, blieb ihr gar nichts anderes übrig, als zu gehorchen.

Keiner von beiden sprach auch nur ein Wort Englisch, als sie am 3. August 1923 in New York ankamen, während Amerika gerade um seinen neunundzwanzigsten Präsidenten, Warren G. Harding, trauerte, der überraschend am Tag zuvor und mitten in einem Korruptionsskandal, der seine Partei erschüttert hatte, gestorben war. Am Hafen abgeholt wurden sie von Leonidas Lantzounis, der ihnen eine bescheidene Mietwohnung in Little Athens, der kleinen griechischen Gemeinde in Astoria auf Long Island, besorgt hatte. Es dauerte einige Zeit, bis sie sich an das neue Leben gewöhnten, insbesondere für Litza, die nun selber kochen und putzen mußte, während sich ihr Mann – der sich selbst vom Unternehmer zum armseligen Einwanderer degradiert hatte – damit abfinden mußte, als Apothekenhelfer für jemand anderen zu arbeiten.

Nachdem Litza von einem Quacksalber gesagt bekommen hatte, das Kind, das sie erwartete, würde ein Junge, stellte sie sich darauf ein, daß er den leeren Platz in ihrem Herzen einnehmen würde, den der heftig betrauerte Vassilios hinterlassen hatte, und machte sich daran, ihr neues Heim in eine Kopie ihres ehemaligen Hauses in Meligala zu verwandeln – selbst bis hin zu den winzigen Ikonen in den Schlafzimmern, unter denen Tag und Nacht kleine Lichter brannten. Und wenn Litza nicht schrubbte oder die Zimmer ausstaffierte, dann strickte sie Babysachen – blau natürlich – und überlegte sich einen Namen für das Kind. Um so größer waren Schock und

Abscheu, als sie schließlich von einem elfeinhalb Pfund schweren *Mädchen* entbunden wurde. Mehrere Tage lang weigerte sie sich, das Kind in die Arme zu nehmen und ihm einen Namen zu geben – eine Zurückweisung, die Maria ihr Leben lang quälen sollte. Das schlimmste jedoch war, daß es drei Jahre dauerte, bis zum 26. Februar 1926, bis die Eltern das Kind in der griechisch-orthodoxen Kirche in der East 74th Street taufen ließen und ihr die Namen Maria Anna Cecilia Sophia gaben. Leonidas Lantzounis war ihr Taufpate. Kurz darauf erhielt sie auch einen neuen Familiennamen, als Georges, dessen Kunden sich beklagt hatten, sein Name wäre unaussprechbar, ihn vor Gericht in Callas abändern ließ.

Bis Ende 1927 war George Callas gut vorangekommen – und hatte auch genügend Geld verdient –, um seine eigene Apotheke, *The Splendid Pharmacy* auf der 39th und 8th Avenue in Manhattan, aufmachen zu können. Die neue Wohnung, in die die Familie gezogen war, protzte mit einem Pianola und einem Grammophon, zwei Dinge, die Maria rasch dazu anregten, sich für eine musikalische Karriere zu entscheiden – was ihr bis dahin nicht in den Sinn gekommen war – und nachdem sie die berühmte Sopranistin Amelita Galli-Curci die reizende Arie *Vissi d'arte* aus *Tosca* hatte singen hören, eine Arie, die sie sich später ganz zu eigen machen sollte.

Die rasch anwachsende Schallplattensammlung der Mutter und die Platten, die sie von der Bibliothek auslieh, gaben ihr ein Zugehörigkeitsgefühl, das noch wuchs, als das Pianola gegen ein Klavier eingetauscht wurde: Der Unterricht, den sie und Jackie von nun an an drei Tagen in der Woche bekamen, entschädigte für den Mangel an elterlicher Zuwendung. Dennoch ging es um Litzas musikalische Vorlieben und nicht um ihre eigenen, wie Jackie sich Jahre später erinnerte: »Wir dachten, daß die einzige Musik, die es wert war, Zeit darauf zu verwenden, von Bellini und Verdi war ... wir wuchsen mit der großen Oper und dem unablässigen Nörgeln meiner Mutter auf.«

Im Juli 1929 wurde dem beinahe ein Ende gesetzt, als Maria von einem Auto angefahren und fast zehn Meter weit mitgeschleift wurde. Sie wurde in das Krankenhaus in der Fort Washington Avenue gebracht, wo die Ärzte sofort eine Gehirnverletzung vermuteten und den Eltern sagten, sie müßten mit dem Schlimmsten rechnen. In einem seltenen Anflug von Besorgnis – vermutlich, weil er befürchtete, von den Behörden der Mißachtung der Aufsichtspflicht bezichtigt zu werden – holte George Callas einen Gehirnspezialisten aus der griechischen Gemeinde herbei, der eine schwere Gehirnerschütterung diagnostizierte. Trotzdem blieb Maria drei Wochen im Krankenhaus, und als sie entlassen wurde, erwies sie sich als ziemlich schwierig – bekam Wutanfälle, wenn es nicht nach ihrem Kopf ging, und beschimpfte die Mutter mit Ausdrücken, die sie bei weniger ehrbaren Nachbarn aufgeschnappt hatte.

Natürlich revanchierte sie sich nur dafür, daß die Mutter sie ständig daran erinnerte, daß »häßliche Entlein« mit Pickeln, einer Brille und der Neigung zur Fettleibigkeit unweigerlich als alte Jungfern endeten, ungeliebt und kinderlos. Kein Wunder, daß sie während ihrer gesamten Jugend unter Anfällen von Selbstmitleid und nahezu selbstzerstörerischen Depressionen litt. Aber selbst ihrer schlankeren, hübscheren Schwester machte Litzas Tyrannei zu schaffen.

In ihren Memoiren, die 1989 unter dem Titel *Sisters* erschienen, schildert sie ihren eigenen Selbstmordversuch und sagt, die Mutter habe absoluten Gehorsam verlangt. Die Perioden tiefer Melancholie ihrer Mutter schrieb sie den Mondphasen zu. »Durch unser Schlafzimmerfenster beobachtete ich den nächtlichen Himmel und fürchtete den abnehmenden Mond als Boten bevorstehender schlechter Tage.« Litza strafte die Mädchen, indem sie ihnen Pfeffer auf die Lippen strich, wenn sie gelogen hatten, und warf ihre Sachen auf die Straße, wenn sie unordentlich gewesen waren.

Nicht lange nach Marias Unfall, im Oktober, kam es zum großen Börsenkrach an der Wall Street. George Callas war gezwungen, seine Apotheke zu verkaufen – wodurch sich die finanzielle Situation der Familie so verschlechterte, daß sie beinahe jedes Jahr bei Nacht und Nebel in eine billigere Wohnung umziehen mußten und die Mädchen insgesamt siebenmal die Schule wechselten. Das wirkte sich natürlich auf die schulischen Leistungen aus und führte dazu, daß sie in keinem der Viertel, in denen sie wohnten, Freundschaften schließen konnten.

Die Armut lehrte Maria, ihre Wünsche unter Kontrolle zu halten, wie sie viele Jahre später Edward Downes erzählte: Wenn sie mit George an einer Eisdiele vorüberkam, dann zupfte sie ihn am Jakkett, sagte aber kein Wort. »Ich habe dann ihn angesehen und nicht die Eisdiele. Dann spielte er Komödie und fragte: ›Was möchtest du denn?‹ Und ich sagte nicht ein Wort. Ich starrte ihn nur immer an!«

Litza machte George für die neue Armut verantwortlich, und in einem Wutanfall schluckte sie eine Handvoll Tabletten – ein vergeblicher Versuch, auf sich aufmerksam zu machen, wie Jackie Callas später bemerkte, denn hätte sie wirklich sterben wollen, dann hätte sie etwas aus Georges Giftschrank genommen. Womit Litza nicht gerechnet hatte, war die Reaktion ihres Mannes. Ungerührt ließ er sie in das berüchtigte Bellevue Lunatic Asylum einliefern und einige Wochen dort behalten ... lange genug, sich mit der Tatsache abzufinden, daß George sich nicht mehr darum kümmerte, was sie tat, solange sie ihn in Ruhe ließ. Sie hatte sich auch damit abzufinden, daß er wieder für jemanden anders arbeiten mußte, denn während sie in der Irrenanstalt war, nahm George eine Stellung an als Vertreter bei einem pharmazeutischen Unternehmen. So konzentrierte Litza nun ihren Ehrgeiz auf die Töchter. Nicht, daß sie sie besonders lieb gehabt hätte, sondern sie war entschlossen, sie als Mittel zu benutzen, die soziale Leiter wieder emporzusteigen. Ein Freund der Familie – einer, der nebenher Gesangsunterricht gab – hörte Maria *La Paloma* singen und sich dabei selbst auf dem Klavier begleiten, und er willigte ein, ihr kostenlos Unterricht zu geben. Litza bestand auch darauf, daß beide

Töchter weiterhin Klavierunterricht bekamen, ob George sich das nun leisten konnte oder nicht, und beschloß, daß Maria, als diejenige mit dem größeren Talent, Erfolg durch *sie* haben sollte, selbst wenn das bedeuten würde, daß sie ihr eigenes Glück opfern müßte.

Im Sommer 1935 war Litza überzeugt davon, daß ihre Tochter der Welt präsentiert werden konnte. Sie meldete sie zu einem Talentwettbewerb bei Mutual Radio Network an. Bis dahin waren Marias einzige »öffentliche« Auftritte Konzerte und Theateraufführungen in der Public School 164 in Washington Heights gewesen, doch jetzt, mit Jackie als Begleitung, sang sie *La Paloma* und gewann den ersten Preis – eine hübsch vergoldete Bulova-Armbanduhr, die sie viele Jahre lang trug, bis sie sie verlor.

Litza war beeindruckt, und zwar so sehr, daß sie Geld ausgab, Marias Stimme professionell aufnehmen zu lassen. Der auf den 4. Juli 1935 datierten, relativ primitiven Wiedergabe von *Un bel dí vedremmo* aus *Madame Butterfly* geht eine kurze Rede voraus. Die Aufnahme ist jedoch nicht unter dem Namen »Maria Callas« verzeichnet. Mit aller Kraft um Unabhängigkeit bemüht, hatte Maria auf dem Pseudonym »Nina Foresti« bestanden.

Kurz nachdem sie diese Aufnahme gemacht hatte, belegte sie bei einem Talentwettbewerb in Chicago den zweiten Platz. Dort bekam sie Preis und Urkunde von dem Komiker Jack Benny überreicht. Was ihr Äußeres betraf, so mochte sie damals tatsächlich zu der Überzeugung gekommen sein, daß sie ihr Leben lang häßlich bleiben würde; innerlich jedoch hatte sie sich bewiesen, daß sie der Welt viel mehr zu bieten hatte als nur gutes Aussehen – sie besaß eine Stimme, wenn auch eine, die an den Ecken und Kanten noch ein bißchen abgeschliffen werden mußte, eine bemerkenswerte Stimme jedoch, die sie in diesen unglücklichen Jahren immer und immer wieder über die Köpfe ihrer sogenannten Lieben erheben sollte, deren einziges Ziel im Leben es zu sein schien, ihr das Gefühl der Minderwertigkeit zu geben.

Für Litza jedoch waren Talentwettbewerbe von geringerer Bedeutung, und so beschloß sie, mit ihren Töchtern nach Griechenland zurückzukehren, ohne George in ihre Pläne einzubeziehen. Nur dort, erklärte sie – wobei sie sich moralische und finanzielle Unterstützung von ihrer eigenen Verwandtschaft erhoffte, sollten sich die Dinge nicht nach Plan entwickeln –, konnte Maria die Ausbildung bekommen, die sie ihrer Meinung nach brauchte.

Mit dem Umzug wurde Ende 1936 begonnen. Zwar hatte sich Jackie gerade an einer Model-Schule eingeschrieben und auch, im Gegensatz zu Maria, in der Nachbarschaft Freundinnen gefunden. Dennoch wurde sie – und zwar allein – nach Athen geschickt, wo sie wenige Wochen nach ihrer Ankunft an einem Sekretärinnen-Kurs teilnehmen konnte. Litza und Maria warteten mit der Abreise bis Ende Februar 1937, bis Maria mit der Schule, die sie verabscheute, fertig war. George war glücklich, sie endlich loszuwerden und mehr Zeit mit seiner neuesten Freundin verbringen zu können. Er bezahlte die Passage auf dem italienischen Passagierdampfer *Vulcania*. Daß diese unausstehliche Frau ihn verlassen wollte, ließ ihn auf die Knie fallen und sich bekreuzigen. »Endlich, mein Gott, schenkst du mir Erbarmen!« soll er, Jackie zufolge, ausgerufen haben.

Zwei Tage lang stampfte das Schiff durch rauhe See, und Maria war seekrank. Als sie sich wieder besser fühlte, setzte sie sich eines Nachmittags, gegen den Wunsch ihrer Mutter, in der Touristen-Lounge ans Klavier und sang Gounods *Ave Maria*, mit dem ganzen Gusto einer erfahrenen Diva. Der Kapitän lud sie sofort ein, bei der für den Abend geplanten Feier für die Offiziere in der Lounge der ersten Klasse zu singen.

Ohne einen Gedanken daran, die Mutter um Erlaubnis zu bitten, sagte Maria zu. Ohne ihre unvorteilhafte Brille, die hatte sie in der Kabine gelassen, sang sie noch einmal Gounod, dann *La Paloma* und schloß – einigermaßen kühn für ein Mädchen von erst dreizehn Jahren – mit der stürmischen *Habañera* aus *Carmen*, wobei sie eine Blume aus der Vase auf dem Klavier nahm und dem Kapitän zuwarf. Er seinerseits schenkte ihr den ersten Blumenstrauß ihres Lebens und – die erste Puppe, die sie natürlich vor ihrer Mutter versteckte.

Anfang März legte die *Vulcania* in Patras, im Norden des Peloponnes, an, wo sie den Zug nach Athen bestiegen. Was Maria fühlte, als sie zum allerersten Mal ihr Heimatland sah, läßt sich nicht so leicht wiedergeben, denn sie war ja ein Mädchen, das in dem Glauben großgeworden war, nirgendwohin zu gehören. Sicherlich war sie verwirrt von dem, was sie in Athen erwartete – Litzas sechs Geschwister sowie Dutzende von angeheirateten Verwandten, Freunden und Nachbarn hatten sich auf dem Bahnsteig eingefunden, um dieses linkische und kurzsichtige »lodernde Talent« aus Litzas Briefen zu beäugen, und im großen und ganzen wurde sie auch wie eine Art Monster behandelt.

Auch durfte sie sich nicht mit der fremden, neuen Umgebung vertraut machen, bevor Litza ihre Ränke geschmiedet hatte. Nicht einmal im Haus von Großmutter Dimitriadis im Athener Viertel Sopolia – ihrer Bleibe für die nächsten paar Wochen, bis eine Wohnung in Terma Patission zum Einzug hergerichtet war – durfte Maria ihr Handgepäck auspacken. Noch vorher wollte Litza das erste Probesingen für den nächsten Vormittag arrangieren. Ihr Bruder Efthimios, ein Amateurtenor, bestimmte als Oberhaupt der Familie jedoch, Maria solle erst einmal ihr neues Land und ihre Verwandten kennenlernen. Nicht ohne Auseinandersetzung sagte Litza das Vorsingen ab, und dann war es Efthimios selbst, Marias erster Verbündeter, der ihr erstes Probesingen organisierte, und zwar für Anfang Dezember 1937.

Efthimios gab sich nie mit halben Sachen zufrieden und bewerkstelligte die Teilnahme Marias an einem Talentwettbewerb etwas anderer Art – in einer Taverne außerhalb Athens. Wiederum sang sie *La Paloma*, und obwohl sie nicht den ersten Preis bekam, wurde sie doch nach ihrem Auftritt von Yanni Kambani beglückwünscht, einem vielversprechenden jungen Tenor beim Nationalen Lyrischen Theater, der versprach, sie seiner Gesangslehrerin vorzustellen, der berühmten Maria Trivella, die am Nationalkonservatorium unterrichtete.

Auch dieses Vorsingen kam einem Familienausflug gleich, was bedeutete, daß der halbe Dimitriadis-Clan mitgekommen war und ständig »gute« Ratschläge gab oder etwas auszusetzen hatte – so daß Maria sich angeblich geschworen hatte, nie wieder zu singen, wenn sie versagen sollte. Sie sang die *Habañera* aus *Carmen* und gewann, und die Trivella, eine pedantische Frau, war von ihrer Stimme so überwältigt, daß sie zusagte, ihr Gesangs- und auch Französischunterricht zu geben – wobei sie den Aufnahmeantrag frisierte, indem sie Maria zu einer Sechzehnjährigen machte, das Mindestalter für die Zulassung am Konservatorium. Es ist kaum glaublich, daß Maria erst jetzt eine Oper in voller Länge sah, Verdis *La Traviata*. Sie nahm bei George Karakandis Schauspielunterricht, während etwa zur selben Zeit Jackie unter Tassia Filtsou Klavier zu studieren begann.

Unter der Obhut der Trivella gelang es Maria in den nächsten beiden Jahren, sich bis zu einem gewissen Grade vom Einfluß ihrer Mutter zu befreien. Bis dahin war allerdings auch schon viel Schaden angerichtet, und zeit ihres Lebens wurde sie nie unabhängig oder war in der Lage, wichtige Entscheidungen selbständig zu treffen. Sehr rasch ignorierte sie aber auch ziemlich alles in ihrem Leben neben ihrer Arbeit – monatelang übte sie die Tonleitern und lernte populäre Lieder und Operetten, ehe sie die ernsthafteren Arien in Angriff nahm, so daß ihre Stimmbänder keinen Schaden nahmen, während sie sie trainierte. Ihr einziges Vergnügen neben der Musik war das Essen, und sie konnte an einem Tag acht vollständige Mahlzeiten in sich hineinstopfen, wie sie später Anita Pensotti gestand.

»Ich habe keine besonderen Erinnerungen an meine Kindheit, nur das vage Gefühl, daß meine Eltern nicht zueinander paßten. Die Freuden der Jugend waren mir verwehrt, und als Kompensation wurde ich fett. Ich machte mir die Ausrede zu eigen, daß man kräftig sein müsse, um gut singen zu können, und stopfte Tag und Nacht Pasta, Schokolade, Brot und Zabaglione in mich hinein. Ich war rund und rosig und hatte Pickel, die mich wahnsinnig machten ...«

Zu Hause, im Zimmer der Kanarienvögel, brachte sich Maria ihr legendäres Koloraturträllern selbst bei ... indem sie Litzas Kanarienvögel nachahmte und dabei so laut sang, daß, wie es hieß, einer von ihnen taub wurde. Doch wegen ihrer unerschütterlichen Entschlossenheit, die beste Schülerin zu werden, die das Konservatorium je gehabt hatte – sowohl Litza als auch Maria Trivella drängten sie, sich mit weniger nicht zufriedenzugeben –, war Maria unter ihren Mitschülern genauso unbeliebt, wie sie es in der New Yorker Schule gewesen war, und hatte nicht eine einzige Freundin, solange sie dort war.

Die harte Arbeit – und die Wutanfälle – zahlten sich wunderbar aus, als sie am 11. April 1938 mit anderen Studenten des Konservatoriums in der Parnassos-Halle ein Konzert gab. Im Wunsch, sich von der Mutter zu lösen, trat sie als Maria Kalogeropoulos auf – ein Name, den sie einige Jahre beibehalten sollte. Auf dem Programm standen Werke von Weber und Gounod sowie eine Auswahl griechischer Volkslieder, doch Maria und Yanni Kambani stahlen allen anderen die Show, als sie mit einem Duett schlossen, für das sie Ovationen ernteten, die ersten für Maria. Der Erfolg an diesem Tag und während des nächsten Jahres begründete ihr Renommee in Athen und half ihr, mit der zunehmenden Misere ihres Privatlebens fertigzuwerden.

Am 2. April 1939 sang sie in einer Studentenaufführung von Mascagnis *Cavalleria rusticana* die Mezzosopran-Rolle der Santuzza, unter rasenden Zahnschmerzen. Sie sang diese und die meisten der folgenden italienischen Rollen in Athen in der Originalsprache und nicht in Griechisch. Am 22. Mai sang sie in der Parnassos-Halle fünf Arien, einschließlich der schwierigen *Ritorna vincitor* aus

Verdis *Aida*, und am Abend darauf Arien von Weber und Massenet. Am 25. Juni war das Programm für ein Mädchen von fünfzehn Jahren noch anspruchsvoller – neben *Innegio il signor* aus *Cavalleria rusticana* der gesamte dritte Akt von *Un ballo in maschera*.

Im Sommer des Jahres 1939 war Maria weniger durch die aufziehenden Kriegswolken – der Tatsache, daß Mussolinis Truppen in das benachbarte Albanien einmarschiert waren und nun eine faschistische Bedrohung für Griechenland darstellten – beunruhigt als durch die Verlobung ihrer Schwester mit einem der begehrtesten Junggesellen Griechenlands, dem Reederei-Erben Milton Emberikos, dessen Geliebte sie schon seit einigen Monaten war. Die Verlobungsfeier fand bei einer Kreuzfahrt zwischen dem griechischen Festland und der Insel Korfu an Bord seiner Jacht *Eleni* statt, die nach seiner Mutter so benannt war. Litza und Jackie waren hochelegant erschienen, und Maria muß sich in ihrem abgetragenen, altmodischen Kostüm fehl am Platze vorgekommen sein, erneut daran erinnert, daß kein junger Mann ein Mädchen heiraten würde, das aussah wie sie.

Ausgleich wartete auf Maria gleich um die nächste Ecke, und zwar in der massigen Gestalt der Elvira de Hidalgo, einer neunundfünfzigjährigen ehemaligen spanischen Koloratursängerin von zweifelhafter Sexualität, über die Maria zu ihrem französischen Freund Roger Normand einmal scherzhaft sagte: »Sie war die erste Lesbe, die ich niemals hatte!« Viele Jahre später lobte sie ihre Mentorin als »eine unvergeßliche, unübertreffliche Rosina« und »ausgezeichnete Interpretin vieler anderer bedeutender Rollen«. Mit ihrem Lob war sie natürlich ein bißchen zu freizügig. Ihre wenigen großen Auftritte hatte die Hidalgo vor und während des Ersten Weltkrieges gehabt, und obgleich sie als talentiert genug gegolten hatte, Partnerin von Caruso und Schaljapin zu sein und die Bühnen einiger der bedeutendsten Häuser der Welt zu zieren, war sie doch Sängerinnen wie der Tetrazzini und der Galli-Curci nicht ebenbürtig gewesen. Heute lebt ihr Name nur noch in Verbindung mit der Callas fort. 1923, das Jahr, in dem Maria geboren wurde, hatte sie ihre Glanzzeit bereits hinter sich gehabt, und heutzutage wird sie nicht einmal in den Schallplattenregistern geführt. Ebenso wie ihre berühmte Schülerin war Elvira de Hidalgo eine leicht reizbare, schwer zufriedenzustellende Frau, doch als Lehrerin galt sie als unübertrefflich und hatte deshalb am führenden Konservatorium des Landes – dem Odeon Athenon – gerade eine Stelle bekommen, zunächst für eine Saison. Wegen des gefährlichen politischen Klimas blieb sie mehrere Jahre, als künstlerische Leiterin – und Litza war eine der ersten, die an sie herantraten, und die geradezu *verlangte*, daß ihre Tochter vorsingen durfte. Das geschah ein paar Tage später, wobei die Hidalgo Maria mit ihren 170 Pfund Lebendgewicht zunächst als »einfach lächerlich« ablehnte. Doch das Wunder geschah, als das Mädchen zu singen begann. Maria hatte ein ungewöhnlich ausgereiftes Musikstück ausgewählt, *Ozean, du Ungeheuer!* aus Webers *Oberon*, doch, wie die Hidalgo sich später erinnerte, waren es die »wilden Kaskaden von Tönen«, die sie bewegten, Maria als eigene Schülerin aufzunehmen, und zwar unentgeltlich.

Elvira de Hidalgo, die erste Ersatzmutter von Maria Callas, war anfänglich eine nette Person, die sie auf einen Schlag von familiärem Druck befreite. Im Laufe der Jahre wurde sie jedoch eifersüchtig auf den Erfolg ihrer Schülerin, wohingegen diese niemals aufhörte, das Lob der Lehrerin zu singen, als der Frau, der allein sie ihre künstlerische Ausbildung verdankte: »Madame Elvira konnte mehr über mich sagen als jeder andere Mensch, denn mit ihr war ich mehr zusammen und vertrauter als mit sonst jemandem.«

Maria war durchaus keine einfache Schülerin, und eine schwächere, ungeduldigere Lehrerin hätte ihr womöglich den Laufpaß gegeben. Sie war unerzogen, ansteckend schlecht gelaunt und häufig grob und beleidigend. Sie war linkisch und hatte die Angewohnheit, an den Nägeln zu kauen, bis die Finger bluteten, wenn es nicht nach ihrem Willen ging. Ihr Stimmumfang war begrenzt, Gestik und Haltung waren fahrig, wenn nicht gar hölzern, weil sie kurzsichtig war und Angst hatte, sich zu bewegen und gegen etwas zu stoßen. Auch deshalb hielt sie sich selbst für einfältig. Dazu kam, daß sie absolut keinen Sinn für Mode hatte, weil ihr von der Mutter eingetrichtert worden war, eine »fette Wachtel« könne keine hübschen Kleider tragen.

Die Hidalgo half Maria, die meisten dieser Fehler zu korrigieren; das Gewichtsproblem brauchte mehr als zehn Jahre, aber auch dann noch sah sie sich in einem ungünstigen Licht. Einmal sagte sie: »Selbst wenn die Leute mich mit größter Zuneigung anschauen, werde ich sehr ärgerlich und frage mich: ›Die Leute starren mich voller Bewunderung an! Warum sollten sie das tun, wenn ich es nicht verdiene?‹«

Elvira de Hidalgos größtes Geschenk an Maria war eine umfassende Kenntnis des Belcanto-Repertoires, die sie an ihre Schülerin weitergab. Überall in der westlichen Welt, abgesehen vielleicht von Italien, lag die Oper im Sterben, was bedeutete, daß Opernhäuser in alarmierender Zahl geschlossen wurden oder daß, wenn es hoch kam, vor halbvollem Hause gespielt wurde, weil das Publikum es satt hatte, immer wieder dieselben Stücke zu sehen und zu hören. Viele sogenannte »unbedeutendere« Werke der großen Komponisten des 19. Jahrhunderts waren in Vergessenheit geraten oder ganz übersehen worden. *Norma* und *I Puritani*, die Bellini 1834 für die große Sopranistin Giulia Grisi geschrieben hatte, und sogar Verdis *Don Carlos* wurden nur selten gespielt; Ponchiellis *La Gioconda* und Spontinis *La Vestale* waren so gut wie vergessen. Gerade zur rechten Zeit und beeinflußt von der Hidalgo, sollte Maria diese und viele andere Belcantorollen nicht nur wieder zum Leben erwecken, sondern sie mit ihrem außergewöhnlichen darstellerischen Interpretationsvermögen und ihrem gewaltigen Stimmumfang von drei Oktaven auch zu ihrem eigenen Besitz machen. Im Laufe der nächsten Jahre ging sie mit ungestümer Leidenschaft daran, jede Partie, deren sie habhaft wurde, genau und bis in jede Einzelheit zu studieren und auswendig zu lernen – »Das tat ich, weil ich es mußte«, gestand sie später. »Weil ich so kurzsichtig war, hätte ich niemals die Stichworttafeln oder den Souffleur sehen können!« Mit äußerster Sorgfalt erforschte sie jede ihrer romantischen oder tragischen Heroinen, und mit dem Geschick und der Professionalität einer Duse oder Bernhardt schlüpfte sie so tief in die Figur, bis sie zu der wurde, die sie auf der Bühne darstellte.

Printemps qui commence
1940–1944

> *Musik ist die herrlichste Sache der Welt, und*
> *Schwierigkeiten mit einem so zarten Instrument*
> *wie der Stimme meistern zu können, schenkt eine*
> *Befriedigung, die aus tiefster Seele kommt.*

Am 28. Oktober 1940 begann die italienische Invasion Griechenlands damit, daß der griechische Ministerpräsident Ioannis Metaxas von Mussolini ein Ultimatum erhielt: Wenn seine Truppen griechisches Territorium nicht betreten dürften, würde Griechenland zu einem Feind Italiens und Deutschlands erklärt und müsse mit Krieg rechnen. Metaxas, der bereits ein kranker alter Mann war, weigerte sich, nachzugeben, und das griechische Volk glaubte, zumindest ein paar Monate, es könne in diesem Konflikt neutral bleiben.

Maria war so sehr in ihre Arbeit am Konservatorium vertieft, daß sie keine Zeitung las, und wenn sie das Radio anschaltete, dann nur, um Opern oder Konzerte zu hören. Am 23. Februar 1940 sang sie mit Arda Mandikian, auch er Schüler der Hidalgo, das Duett *Mira, o Norma*, und am 3. April hatte sie, wieder mit Mandikian, ihren ersten Auftritt im Rundfunk, mit Arien aus *La Gioconda*, *Norma* und *Aida*, und am 16. Juni sang sie in der Odeon-Konzerthalle in einer Konservatoriums-Einstudierung von *Suor Angelica* die Hauptpartie, eine Rolle, die sie am 27. November im Nationaltheater und am 21. Februar 1941 im Palasttheater wiederholte. Bei mindestens einer dieser Aufführungen war ihre Schwester Jackie als Mitglied im Chor dabei.

Am 6. April 1941 kamen die Deutschen Italien zu Hilfe und bombardierten Saloniki. Ioannis Metaxas war kurz zuvor gestorben. Sein Nachfolger, Alexander Koryzis, ließ sein Land im Stich und beging Selbstmord.

Am 27. April nahmen die Deutschen Athen ein und zwangen König George II. und seine Regierung, ins Exil zu gehen. Milton Emberikos, der zwar einberufen worden war, allerdings eine Stelle in einem Büro erhielt, damit er sich weiterhin um seine geschäftlichen Angelegenheiten kümmern konnte, ließ seine enormen Beziehungen und Mittel spielen, um Litza und ihren Töchtern eine Passage auf einem Dampfer von Piräus nach Ägypten zu reservieren, wo sie in Sicherheit gewesen wären. Seit Monaten war Litza von ihren Verwandten gemieden worden. George Callas war unlängst in New York ins Krankenhaus gekommen, und da er nun ohne Arbeit war, schien es ausgeschlossen, daß er jemals Geld schicken würde, und die Familie Dimitriadis sah keinen Grund mehr, sie zu unterstützen. So waren die drei Callas' gezwungen, sich auf Miltons Wohlwollen zu verlassen, und zogen in eine kleinere Wohnung in Harilaou Trikoupi, die er möbliert hatte und für die er auch die Miete bezahlte. Trotzdem weigerte sich Litza, Ägypten überhaupt in Erwägung zu ziehen, wo ihre Tochter, wie sie erklärte, mit ihrer Karriere nicht weiterkommen würde.

Maria tat ihr Bestes, die Okkupation zu ignorieren, so unwahrscheinlich das auch klingen mag. Schulen, Theater und viele Geschäfte waren geschlossen, und ab achtzehn Uhr herrschte Ausgangssperre, doch sie ließ sich nicht vorschreiben, was sie zu tun hatte, ganz besonders nicht von Ausländern, und kehrte vom Unterricht bei Elvira de Hidalgo nach Hause zurück, wenn sie fertig war, selbst wenn es nach Mitternacht sein mochte. »Ich war fasziniert davon, *allen* Schülerinnen von Madame Elvira zuzuhören«, sagte sie später zu ihrem Freund Lord Harewood mit einem leichten Anflug jener Arroganz, die sie beinahe schon damals zu einem regelrechten Markenzeichen entwickelt hatte, und fügte noch hinzu: »Denn selbst von der unbegabtesten Schülerin könnte man noch etwas lernen, das man, als talentierteste, möglicherweise noch nicht beherrscht.« Sie legte sich sogar mit einem deutschen Offizier an, als sie während der Ausgangssperre zum erstenmal ohne gültigen Passierschein aufgegriffen worden war: »Ich tue nur meine Arbeit, genau wie Sie!« Genauso aufmüpfig war sie, als die Deutschen eine Verfügung erlassen hatten, die Lärm auf öffentlichen Plätzen verbot. Sie schob ihr Klavier auf den Balkon und legte los und zog rasch eine interessierte Zuhörerschaft an, der sogar mehr Deutsche und Italiener angehörten als Griechen, womit, zumindest in dieser Straße, die Verfügung in ihr Gegenteil verkehrt war! Sie brachte es sogar fertig, mit einigen dieser Soldaten, die immer wieder kamen, um sie singen zu hören, eine Abmachung zu treffen und nur gegen Lebensmittel zu singen. Gegen Ende des Sommers wurden zahlreiche Beschränkungen gelockert, und als die Theater wieder öffnen durften, erfuhr Maria, daß sie festes Mitglied der erst unlängst gebildeten Athener Oper geworden war.

Ihr Engagement machte sie bei etlichen Studentinnen des Konservatoriums äußerst unbeliebt. Einige der älteren, die schon mehrere Jahre am Konservatorium waren und kaum Fortschritte gemacht hatten, waren natürlich eifersüchtig und hielten der Hidalgo Günstlingswirtschaft vor, ja sogar noch mehr – denn einer der Förderer des Konservatoriums war kein anderer als General Speidel, der deutsche Militärbefehlshaber Griechenlands.

Aus professioneller Sicht richtete sich die Aufmerksamkeit auf gewisse Bruchstellen in Marias Stimme: das Vibrato und der gelegentlich nicht ganz reine Klang in den oberen Bereichen, die sich bei plötzlicher Emphase auf ihrer dramatischen Intensität zeigten – ein Mangel, der sie in ihrer gesamten Karriere verfolgte. Maria jedoch stürzte sich noch tiefer in die Arbeit, wobei sie über die »Nichtskönner« die Nase rümpfte und sie mit Verachtung strafte.

Auch in bezug darauf, mit wem sie Umgang haben sollte oder nicht, tat Maria, was sie wollte. Ihrer Meinung nach war keine Rasse – von den Deutschen abgesehen – minderwertiger als eine andere, und selbst wenn die Italiener die Feinde waren, konnte sie sie nicht hassen, denn sie hatten der Welt Werke der schönsten Musik geschenkt. Und darum ist es keine Überraschung, daß Marias erster Freund, im Sommer 1941, ein einundzwanzigjähriger italienischer Soldat namens Mario war, der den Weg zu ihrem Herzen auf die damals einzig mögliche Art und Weise fand – indem er sie in den Restaurants und Cafés der Stadt durchfütterte.

Als Maria die Geschichte der Hidalgo anvertraute, ermutigte die sie noch und empfahl ihr sogar, Italienisch zu lernen. Dann würde sie ihren Liebhaber besser verstehen, der nur einige wenige Worte Griechisch und Englisch konnte – und wäre darauf vorbereitet, nach Italien zu gehen, sobald der Krieg vorüber wäre, denn das sei das einzige Land auf der ganzen Welt, wo die Karriere eines großen Opernstars beginnen könne. Es klingt unglaublich, aber sie lernte »die Sprache Dantes«, wie sie sie nannte, in weniger als sechs Monaten.

Maria bekam auch, platonisch, mit zwei jungen britischen Offizieren zu tun, die nach der Evakuierung Kretas aus einem Gefangenenlager geflohen waren und die sie im Keller des Wohnhauses Patission-Straße 61 versteckte. Litza war beunruhigt, denn man konnte standrechtlich erschossen werden, wenn man feindlichen Soldaten Unterschlupf gewährte. Doch Maria, mittlerweile fast achtzehn, war inzwischen eine zu bedeutende Person, um sich noch etwas sagen zu lassen. Es verging kaum ein Tag, an dem sie nicht drohte, auszuziehen.

Am 3. Juli 1941 spielte sie wiederum die Beatrice, diesmal im Park Sommertheater. Das sollte für über ein Jahr ihr letzter öffentlicher Auftritt sein, denn in Griechenland hatte eine besonders schwere Zeit begonnen. Die Briten hatten alle wichtigen Häfen blockiert, damit keine Lebensmittel ins Land gebracht werden konnten, und damit war der Hunger zeitweilig zu einem größeren Problem geworden als die Besatzung. In der Familie Callas, die die Unterstützung von Milton Emberikos' Beziehungen auf dem Schwarzmarkt genoß, gab es noch genug zu essen, aber auch hier fehlte es in diesem Winter, in dem es seit zwanzig Jahren zum erstenmal in Athen geschneit hatte, an Heizmaterial. Maria, die von Mario unterstützt wurde, hatte mehr zu essen als die meisten: Sie stopfte sich voll mit Pasta, Kraut und Tomaten und aß doppelt so viel, wie sie eigentlich sollte. Und die Ersatzeiscreme, die aus verdorbenem Gemüse und Schweinefett hergestellt wurde, war die Ursache dafür, daß sie unansehnliche Geschwüre bekam.

Den bis dahin größten Triumph hatte sie am 27. August 1942 am Königlichen Theater, als die Remoundou, die Sopranistin, die mit der Athener Oper die *Tosca* singen sollte, erkrankt war und Maria für sie einspringen konnte. Für Nikos Zografos, den Garderobenmeister, war es ein gewaltiges Problem, so kurzfristig ein Kostüm zu finden, das ihr paßte. Schließlich lieh er vom Nationaltheater einen übergroßen schwarzen Samtkittel und machte ihn, so gut es ging, zurecht. Dazu muß noch gesagt werden, daß auch Marias Partner, der den Cavaradossi sang, viel zu bieten hatte, was die äußere Erscheinung anbelangt. Das war der mächtig beleibte Tenor Antonis Dellendas, zu jener Zeit einer der größten Opernstars in Griechenland, dem besonders die Italiener zu Füßen lagen, die einen großen Teil des Publikums ausmachten.

Weil Elvira de Hidalgo mit Marias schauspielerischen Leistungen immer noch unzufrieden war, bezahlte sie selbst ein paar Unterrichtsstunden bei Renato Mordo, einem italienischen Operettenregisseur, der zu dieser Zeit in Athen tätig war. »Mordo hat mich zwei Dinge gelehrt, die für meine Karriere äußerst wichtig waren«, hat sie später einmal gesagt. »Erstens, bewege nie die Hand, wenn du ihr nicht mit dem Verstand und der Seele folgen kannst. Zweitens, reagiere auf der Bühne auf deine Kollegen stets so, als ob du ihre Worte zum erstenmal hörtest. Denn so würdest du im wirklichen Leben schließlich auch reagieren.«

Die Partie der Tosca präsentierte Maria außerdem mit ihrem ersten dramatischen Auftritt hinter der Bühne. Die Remoundou, die zu denen gehörte, die sich gegen Marias Engagement an der Athener Oper ausgesprochen hatten, versuchte ihren Auftritt zu sabotieren, indem sie ihren Mann anstiftete, in den Kulissen auf Maria zu warten und sie daran zu hindern, auf die Bühne zu gehen. Maria kämpfte jedoch wie eine Furie und zerkratzte ihm das Gesicht. Er schlug mit den Fäusten auf sie ein, und obschon die Blessur, die sie davontrug, ein blaues Auge, nichts war im Vergleich zu dem, was er von ihrem italienischen Freund bezog, mußte sie die ganze Oper lang mit einem tief ins Gesicht gezogenen breitkrempigen Hut singen.

Litza drückte sich hinter der Bühne herum, gab Instruktionen, die niemand befolgte, wedelte Maria in den Pausen mit einem Handtuch frische Luft zu und ging jedem auf die Nerven. Die meisten rechneten mit einem Mißerfolg. Insbesondere Antonis Dellendas befürchtete, sein Ruf könnte darunter leiden, daß er mit einem achtzehnjährigen »Großmaul« auftrat. Er erklärte dem Direktor des Sommertheaters auf dem Klauthmonosplatz, wo die nächste Aufführung der *Tosca* für den 8. August geplant war, er werde nicht mit Maria singen. Also wurde er durch den weniger bekannten Leonidas Kouroussopoulos ersetzt. Maria wurde trotz nicht ganz gelungener Arbeit von der örtlichen Presse mit einem besonderen Lob bedacht. Alexandra Lalaouni schrieb: »Wie gut ihre Ausbildung auch sein mag, sie bringt noch etwas anderes mit, echten musikalischen Instinkt und hervorragendes schauspielerisches Einfühlungsvermögen, und zwar in einem Maße, wie sie es nicht im Unterricht gelernt haben kann, insbesondere nicht in ihrem Alter. Sie ist damit geboren worden.«

Maria war damals nicht die einzige in der Familie, die eine Romanze mit einem Italiener hatte. Auch Litza profitierte von ihrer Beziehung zu einem Oberst namens Bonalti, eine Verbindung, die nicht nur eigennützig war, es gab zu essen für die Familie und Fortkommen für Maria, was zweifellos erklärt, warum diese Liaison von dem zutiefst patriotischen Milton Emberikos toleriert wurde.

Bonalti war es auch, der Maria, zusammen mit fünf anderen Sängerinnen und Sängern der Athener Oper, im Oktober 1942 zu einer Reise nach Saloniki einlud, um dort in einer Galavorstellung den 150. Geburtstag von Rossini zu feiern – eine Angelegenheit, der sich Emberikos heftig widersetzte, denn vor ausschließlich italienischen Soldaten aufzutreten, konnte von der Öffentlichkeit ja nur als Ausdruck von Kollaboration gedeutet werden. Entweder war Maria das egal, wie ihr unterstellt worden ist, oder sie scherte sich einfach nicht darum, vor wem sie sang, wenn sie nur sang – und dafür etwas zu essen für sich und ihre Angehörigen bekam.

Sie war jedoch besonnen genug, einige andere »gewünschte« Auftritte abzulehnen, und erschien erst wieder am 19. Februar 1943 auf einer Bühne, als sie im Chor von Manolis Kalomiris' *O Protomastoras* (Der Meisterbaumeister) mitsang, eine Oper nach einem Buch von Nikos Kazantzakis, der wenige Jahre später mit seinem Roman *Alexis Zorbas* Weltruhm erlangen sollte. Darauf folgte ein Benefizkonzert zugunsten notleidender Kinder, womit sie die Achtung jener errang, die sie zuvor wegen ihrer Beteiligung an dem Konzert in Saloniki attackiert hatten. Unglücklicherweise trug ihr nächster Auftritt ihr jedoch weit heftigere Kritik ein.

Die Romanze mit dem italienischen Soldaten war immer noch in voller Blüte, und zwar so, daß er sein »Geheimnis« seinem Vorgesetzten, Major di Stassio, anvertraute, der damit reagierte, daß er das

Pärchen zu einem Essen in die Casa d'Italia einlud, damals ein von der italienischen Botschaft finanziertes Kulturzentrum, zu dem nur wenige Griechen Zutritt hatten. Zwischen den beiden Männern entbrannte eine freundschaftliche Rivalität um Marias Gunst, wobei der viel ältere di Stassio die erste Runde gewann, indem er Maria bei einem spektakulären Konzert in der Casa d'Italia zum Star des Abends machte. Litza, diesmal ausnahmsweise klug, verbot ihrer Tochter, sich in ein solches Projekt einzulassen, zumal sie erfahren hatte, daß sowohl di Stassio als auch Marias Freund für den italienischen Geheimdienst tätig waren. Maria aber dachte nur an sich. Das Konzert, bei dem sie mit Arda Mandikian Pergolesis *Stabat mater* sang, wurde auch von Radio Athen übertragen, aber weder Marias Mutter noch ihre Schwester waren unter den Zuhörern.

Am 17. Juli gab Maria im Athener Sommertheater zum drittenmal die *Tosca* – ein unangenehmes Erlebnis, denn obwohl Antonis Dellendas inzwischen seine Meinung geändert hatte und mit ihr arbeiten wollte, verzieh Maria ihm nicht, daß er sie als Großmaul bezeichnet hatte. Vier Tage später gab sie am Costa Moussouri Sommertheater ihr erstes Solokonzert und bot damit einen Vorgeschmack auf das, was die Zukunft bringen sollte, denn sie hatte eine Reihe von Arien zusammengestellt, die viele ihrer anerkannten Zeitgenossinnen für mörderisch gehalten hätten. Das reichte von Händels *Cara selve* aus *Atalanta* über Cileas *Poveri fiori* aus *Adriana Lecouvreur* bis zu Arien aus *Il trovatore*, wobei der Abend in einem Ausbruch von Patriotismus mit einem griechischen Volkslied endete! Doch während die Kritiker noch von diesem Konzert schwärmten, erzürnte sie sie wieder, indem sie erneut nach Saloniki fuhr, um vor italienischen Soldaten zu singen – und was die Sache noch schlimmer machte, war, daß das Programm diesmal hauptsächlich Brahms und Schubert beinhaltete.

Künstlerisch gesehen, machte Maria gute, ja unbestreitbare Fortschritte. Ihre erste Liebe jedoch wurde nun so schnell aus ihrem

Leben gerissen, wie sie gekommen war. Anfang September landeten die Alliierten in Italien und zwangen die dortige Regierung zum Rücktritt. Dieser Schritt rief große Niedergeschlagenheit bei den italienischen Truppen in Griechenland hervor, von denen die meisten genauso Hunger und Not litten wie die einheimische Bevölkerung. Nun sollten sie das Land, das sie besetzt hatten, verlassen. Die Deutschen kannten keine Gnade. Wie Vieh trieben sie die einstigen Verbündeten zusammen und transportierten sie in Arbeitslager. Wer sich widersetzte, wurde auf der Stelle erschossen. Über Oberst Bonaltis Schicksal erfuhr Litza lange Zeit nichts, wohingegen Maria schon eine Woche später wußte, daß ihr stattlicher Soldat ermordet worden war, lange bevor er seinen Bestimmungsort erreicht hatte.

Für Maria muß der Kummer darüber, den ersten Menschen verloren zu haben, der ganz und gar uneigennützig für sie dagewesen war, überwältigend gewesen sein. Es gab niemanden, an den sie sich hätte wenden können, keinen einzigen Menschen, den sie für vertrauenswürdig hielt. Aus diesem Grunde versuchte sie, ihrem Gram auf die einzige Art und Weise beizukommen, die sie kannte – indem sie sich mit Haut und Haar der Arbeit verschrieb. Jackie, die sich irrtümlicherweise auf Major di Stassio als Marias Liebhaber bezog, erinnerte sich: »Daß sie weiterhin fähig war aufzutreten, ließ erkennen, wie sehr ihr das Theaterleben bereits die Welt echter Gefühle ersetzt hatte.«

Am 26. September gab Maria ein Konzert im Olympia Theater und sang Mozarts *Messe in C-Moll*, Arien aus *Fidelio*, *Thaïs* und *Aida* und endete wiederum mit zwei populären Liedern. Der größte Teil dieses Programms wurde am 12. Dezember im Kotopouli-Rex Theater wiederholt, und der Erlös kam Tuberkulosekranken zugute. Inzwischen hatte sie einen Mann kennengelernt, der kaum gegensätzlicher hätte sein können zu Mario, so daß ihre Beziehung, wäre sie nicht von kurzer Dauer und diskret gewesen, wohl rasch zum Gespött geworden wäre. Wegen ihrer unterschiedlichen Leibesfülle waren Maria und Jackie von einigen Nachbarn in der Patission-Straße schon als »Dick und Doof« bezeichnet worden. Der neue Mann in Marias Leben war der griechische Bariton Evangelios Mangliveras, der etwa fünfundzwanzig Jahre älter war als sie und über zweihundertfünfzig Pfund auf die Waage brachte.

Im Frühjahr 1944 – kein anderer Sänger der Athener Oper hätte zu diesem Zeitpunkt an so etwas gedacht – bestand Maria darauf, in der von den Deutschen finanzierten griechischen Premiere von Eugen d'Alberts *Tiefland* an der Seite von Mangliveras zu singen, eine Entscheidung, die manches Stirnrunzeln hervorrief. Über Mangliveras, der seine beste Zeit bereits hinter sich hatte und dessen Gesundheit angeschlagen war, ging das Gerücht, er sympathisiere mit den Nazis, und bezüglich der politischen Anschauungen des Komponisten hatte es nie Zweifel gegeben. D'Albert war französisch-italienischer Abstammung, 1864 in Glasgow geboren, hatte 1886 bei Liszt in London studiert und sich im fortgeschrittenen Alter zum Einsatz im Ersten Weltkrieg gemeldet – nur um zum Verräter zu werden und zu den Deutschen überzulaufen. Die Tatsache, daß seine Oper in Griechenland aufgeführt wurde, sollte auch symbolisch die Ablösung Italiens als Besatzungsmacht durch Deutschland darstellen. Solange man sich erinnern konnte, hatten die Italiener ein Monopol auf die Oper gehabt, und jetzt war es an den Deutschen zu beweisen, daß sie mindestens genauso gut waren – so glaubten sie jedenfalls. Maria sang die zentrale Rolle der Marta, eine junge Frau, die einem reichen Gutsbesitzer gehört und in den Armen eines Hirten Trost sucht und schließlich mit ihm in die Berge geht. Im Vergleich mit den Meisterwerken von Verdi und Puccini verwarfen die meisten Kritiker *Tiefland* als belanglos, obgleich gerade diese Inszenierung, die am 22. April 1944 im Olympiatheater Premiere hatte und der noch fünf weitere Aufführungen folgten, Maria über Athen hinaus bekannt und berühmt werden ließ, da die Aufführung in zahlreichen deutschsprachigen Zeitungen besprochen wurde. Friedrich W. Herzog von den *Deutschen Nachrichten in Griechenland* pries ihre »urwüchsige Natürlichkeit« und fügte hinzu: »Was andere Sängerinnen erlernen müssen, besitzt sie von Natur ... Ihre Stimme entfaltet in der Höhe eine durchschlagende metallene Kraft, und in den getragenen Augenblicken weiß sie alle Farben ihres kostbar jungen und von angeborener Musikalität geführten Soprans aufzudecken.«

Bei der Premiere von *Tiefland* bestand das Publikum natürlich fast ausschließlich aus Deutschen, und ein junger Leutnant war von Maria so begeistert, daß er nach der Vorstellung in ihre Garderobe eilte und ihr Blumen überreichte. Das war das erstemal, daß ihr das geschah. Der junge Mann hieß Oskar Botman, und in den folgenden Monaten wurden sie unzertrennlich. Doch abgesehen davon, daß die beiden sich gern hatten, wurde ihre Beziehung auch noch durch ein Band von Traurigkeit zusammengehalten. Oskar war in einem Scharmützel schwer verwundet worden und befand sich nicht bei bester Gesundheit, und wie Maria hatte auch er einen Menschen verloren. Seine Verlobte war kurz zuvor bei einem Verkehrsunfall ums Leben gekommen. Fern von zu Hause, hatte er sonst niemanden, der ihn in seinem Kummer tröstete. Maria war viel mit ihm zusammen. Die schockierten Blicke von Passanten und die Tatsache, daß Oskar stets Uniform und Stiefel trug, machten ihr nichts aus. Ihre Naivität war so groß, daß sie gar nicht auf den Gedanken kam, etwas Törichtes zu tun, und sie lud ihn sogar zu sich nach Hause ein, womit sie ihre Mutter und Milton Emberikos aufbrachte, der natürlich ein Recht hatte, etwas dagegen zu haben, da die Wohnung ja immerhin auf seinen Namen gemietet war.

Marias Beziehung zu Oskar führte auch zu einem Bruch mit Evangelios Mangliveras, der ihr plötzlich einen Heiratsantrag machte, den sie rundheraus und, wie es hieß, in sehr kränkender Weise ablehnte, indem sie erklärte: »Ich kann dich nicht heiraten. Du bist zu alt, zu fett und zu häßlich!« Von da an fielen kaum noch freundliche

Worte zwischen ihnen, wenngleich ihnen nichts anderes übrig blieb, als weiterhin miteinander zu arbeiten.

Oskar Botman begleitete Maria auch am 21. Mai zum Olympiatheater, wo sie mit ihrem alten Partner Antonius Dellendas, inzwischen ein ziemlich enger Freund, in *Cavalleria rusticana* auftrat. Oskar war auch dabei, als sie am nächsten Morgen auf einem Benefizkonzert zugunsten verarmter Opernsänger eine Arie aus *Norma* sang, und ebenso Ende Juli, als sie noch zweimal mit Mangliveras zusammen im Herodes-Atticus-Amphitheater in *O Protomastoras* zu bewundern war.

Auf eben dieser Freilichtbühne war es, wo Maria am 14. und am 19. August – dem Vorabend der Befreiung – die bis dahin anspruchsvollsten Proben ihres Könnens bot, Glanzleistungen, nach denen die Presse in helle Begeisterung ausbrach und ihr – die gerade erst zwanzig war – den Ehrentitel *Diva* verlieh.

Mittlerweile hatten sich Marias Verwandte und Bekannte – Freunde gab es immer noch nur wenige – an ihre Ausbrüche von Patriotismus gewöhnt, von denen ihre »Feindarbeit« immer wieder unterbrochen wurde; doch diesmal, als sie in Beethovens Oper *Fidelio,* die in der deutschsprachigen Presse als »eine Hymne der Freiheit und Gerechtigkeit sowie als symbolischer Weg aus der Finsternis zum Licht« angekündigt worden war, die Leonore sang, zog sie alle Register. Obgleich sie wußte, daß die gesamte erste Reihe von hochrangigem deutschem Militär besetzt sein würde, nahm sie sich vor, griechisch zu singen, eine Entscheidung, die nicht nur ihre Partner auf der Bühne, Dellendas und Mangliveras, mitzutragen hatten, sondern auch Oskar Wallek, der Direktor der Prager Oper, der nach Athen geholt worden war, um zu inszenieren. Für Mangliveras, der den Part des Pizarro sang, sollte das die letzte Rolle werden. Im September darauf starb er an einem Herzinfarkt, und Maria war eine der wenigen, die zu seiner Beerdigung erschienen.

Nur wenige Wochen später zogen die Deutschen ab und machten damit den Weg frei für die Rückkehr der Freien griechischen Armee aus Italien. Tagelang war die Stadt in einem wahren Freudentaumel. Maria jedoch erfuhr nur noch mehr Leid. Oskar Botman hatte nicht einmal mehr Zeit gehabt, sich zu verabschieden; drei Wochen später erhielt sie die Nachricht von seinem Tod. Offiziell hieß es, er sei an Blutvergiftung gestorben, doch sie ließ sich nie davon abbringen, er sei, genau wie ihr geliebter Mario, ermordet worden.

Für die Athener erwiesen sich die nächsten Monate als noch weitaus entsetzlicher als alles, was während der deutschen Besetzung geschehen war. Die Briten besetzten die Stadt, und Ende November befahl der Oberkommandierende, General Scobie, die Auflösung aller Partisanenverbände. Daraufhin kam es zu heftigen Auseinandersetzungen zwischen der kommunistischen Widerstandsorganisation ELAS und den anderen, nichtkommunistischen Gruppen. Am Tag nach Marias einundzwanzigstem Geburtstag, zu dem sie lediglich drei Karten erhielt und einen Brief von ihrem Vater, ohne Absender, aber mit hundert Dollar drin, hatten die Kämpfe bis ins Stadtzentrum übergegriffen, und Tausende kamen ums Leben.

Maria Callas versuchte später, die Biografen und Journalisten zu verwirren, indem sie ständig die eigene Geschichte neu erfand und sogar in zwei aufeinanderfolgenden Interviews völlig verschiedene Darstellungen desselben Ereignisses bot. So sagte sie zum Beispiel 1957, einer leichtgläubigen Öffentlichkeit zuliebe und vermutlich in der Hoffnung, sich des Vorwurfs der Kollaboration zu entledigen, der nach all den Jahren immer noch nicht völlig vergessen war, zu Anita Pensotti, die Athener Oper hätte ihr unmittelbar nach der Aufführung von *Fidelio* drei Monate frei gegeben, damit ihre Mutter eine Arbeit für sie annehmen konnte, und zwar die Zustellung geheimer Post für die Briten. Sie behauptete sogar, sie sei im britischen Hauptquartier versteckt worden, aber sie hätte darauf bestanden, mit einem Jeep zur Patission-Straße 61 zurückgefahren zu werden, damit ihre Mutter nicht sich allein überlassen bliebe. Das wäre eine liebevolle Geste gewesen, wenn es gestimmt hätte. Die Wahrheit ist vielmehr, daß es Milton Emberikos, dessen Vater kurze Zeit zuvor gestorben war, gelang, Jackie aus der heftig umkämpften Zone der Stadt – der Gegend um die Patission-Straße – wegzubringen, Maria und Litza aber über einen Monat lang in ihrer Wohnung festsaßen und gehungert hätten, wäre nicht einer von Miltons Freunden so wagemutig gewesen, ihnen trotz der Heckenschützen auf den Dächern etwas zu essen zu bringen, einen dürftigen Sack getrockneter Bohnen.

Schließlich wurden die beiden Frauen vor dem beinahe sicheren Tod durch die Guerillas – Marias Name war wegen ihrer »Beziehung« zu einem deutschen Soldaten auf die Abschußliste gekommen – von einem unbekannten britischen Offizier gerettet, der sie aus ihrer Wohnung ins Parkhotel schmuggelte, wo sie bis ins neue Jahr hinein blieben, bis sich die Aggression etwas gelegt hatte.

Am 14. März 1945 trat Maria, ziemlich gegen ihren Willen, noch einmal in *Tiefland* auf. Vom Publikum im Olympia-Theater wurde sie herzlich empfangen, am Bühneneingang jedoch machten die anderen Mitwirkenden höhnische Bemerkungen und bespuckten sie. Als ein paar Tage später die Erneuerung ihres Vertrags anstand, ließ der Direktor der Athener Oper verlautbaren: »Der Vertrag von Maria Kalogeropoulos wird nicht erneuert – sie hat in den letzten Monaten der Besatzungszeit eine allzu aktive Rolle gespielt.« Ohne das Wort selbst in den Mund zu nehmen, hatten Kollegen sie wegen ihrer Beziehung zu Mario, Mangliveras und Oskar Botman praktisch als Kollaborateurin bezeichnet und mit Streikaktionen gedroht, sollte sie im Ensemble bleiben.

Maria verkündete sofort, daß sie nun beabsichtigte, Athen sich selbst zu überlassen. Zu Lord Harewood sagte sie in ihrem Fernsehinterview von 1968: »Ich hatte sozusagen meine Schulzeit beendet. Ich hatte gelernt, ich wußte, wie weit ich gehen konnte, was ich zu tun hatte.« Außerdem bestand die Gefahr, die amerikanische Staatsbürgerschaft zu verlieren, wenn sie jetzt, als Erwachsene, nicht eine Zeitlang in ihr Geburtsland zurückkehrte.

Sie hatte noch das Geld, das ihr Vater geschickt hatte, und im April erfuhr sie, daß Mitte September ein Schiff von Piräus aus nach New York fahren würde, um amerikanische Staatsbürger nach Hause zu bringen. Sie kannte nur eine Person in New York, den griechischen Bassisten Nicola Moscona, Mitglied der Metropolitan Opera und ein Freund Elvira de Hidalgos. Sie schrieb Moscona einen Brief, in dem sie ihm ihre Absicht mitteilte, und ging am nächsten Morgen zur Behörde, legte ihre Papiere vor und sicherte sich – die Einwände ihrer Mutter und Elvira de Hidalgos ignorierend – eine Passage auf dem Schiff. Dann machte sie sich daran, ihr Ansehen wieder aufzupolieren, was keine leichte Sache war, nachdem die Athener Oper sie auf den Index gesetzt hatte. Allein und unabhängig – und damit denen Salz in die Wunden streuend, die sie brüskiert hatten – gestaltete sie am 20. März im Olympia-Theater eine Matinee für die britischen Truppen und dankte auf diese Art dafür, daß sie ihr das Leben gerettet hatten. Das sollte ihr einziges Konzert mit ausschließlich englischen Stücken bleiben, Werken von Vaughan Williams, Purcell und Sir Landon Ronald. Das Konzert war so erfolgreich, daß sie ein weiteres organisierte, diesmal, um die Summe von hundert Dollar, die sie für die Reise nach Amerika bereits hatte, aufzubessern.

Am 3. August gab Maria Kalogeropoulos im Kotopouli-Rex-Theater ihr Abschiedskonzert. Begleitet von der Pianistin Alice Lycoudi, eine der wenigen von der Athener Oper, die zu ihr hielten, sang Maria eine gewaltige Auswahl von Arien aus ihren Lieblingsopern *Il trovatore*, *Aida*, *Don Giovanni* und aus Rossinis selten gespielter *Semiramide* sowie eine eigenartige Zusammenstellung spanischer Volkslieder, mit der sie, wenn sonst nichts weiter, bewies, daß sie wußte, wie man einem Publikum Vielfalt bietet. Das brachte ihr ein paar tausend Drachmen ein, mit denen sie ihre Ersparnisse aufbessern konnte – etwas ganz anderes als die Geschichte, die sie später erfand, nämlich, daß sie beim Verlassen des Landes den Zollbeamten ein leeres Portemonnaie hingeworfen hätte. Trotzdem, für eine alleinstehende, unerfahrene junge Frau war es ein Wagnis, unternehmerisch tätig zu sein, allerdings keines, das sie in helle Aufregung versetzt hatte, wie sie sich später erinnerte: »Es war nicht nur eine Frage von Mut. Es war etwas Tieferes, ein grenzenloser Glaube an den göttlichen Schutz, der mich, wie ich mir sicher war, nicht im Stich lassen würde.«

Das Konzert hatte in der Tat einen solchen Erfolg, daß der Direktor der Athener Oper es wagte, ihr einen neuen Vertrag anzubieten, für die Hauptrolle in der Neuinszenierung von Karl Millöckers *Bettelstudent* im Lyrischen Theater. Sie nahm das Angebot an. Kaum noch jemand glaubte daran, daß sie ihre Drohung wahrmachen und Athen tatsächlich verlassen würde, und selbst Elvira de Hidalgo war zuversichtlich, daß innerhalb weniger Monate die »Indiskretionen« ihrer Lieblingsschülerin vergessen sein würden. Die Premiere war am 5. September, doch für Maria sollte es nur eine einzige Vorstellung geben. Getreu ihrem Wort nahm sie an der Athener Oper Rache, indem sie sie aufsitzen ließ – die Rolle in Millöckers Operette war ausgesprochen schwierig, und sie wußte genau, daß keine andere in der Lage war, sie zu singen. Am 14. September begab sie sich, nachdem der Bürgermeister von Piräus ihr zu Ehren ein Abschiedsessen gegeben hatte, mit ihren Habseligkeiten, die in zwei schäbigen Koffern Platz fanden, zum Hafen, von niemandem begleitet außer Elvira de Hidalgo, der sie *alles* verdankte, und ging an Bord der *SS Stockholm*. Sie schwor sich, nie wieder einen Fuß auf griechischen Boden zu setzen.

O scetto, alfin sei mio!
1944–1948

> *Ich nehme Ratschläge an. Das brauche ich. Aber man darf nicht mit der Tür ins Haus fallen. Ich kann mich nicht abrupt begeistern, denn dann werde ich wahrhaftig wild!*

Ende September 1944 kam Maria in New York an. Mit Erstaunen sah sie ihren Vater vor der Zollabfertigung stehen. George Callas, der jetzt in der West 157th Street eine kleine, aber gewinnträchtige Apotheke führte, hatte in einer griechischsprachigen Zeitung die Passagierliste der SS Stockholm mit ihrem Namen gesehen. »Vor Freude schluchzend, habe ich ihn umarmt, als ob er von den Toten auferstanden wäre«, hat sie sich später erinnert, wiederum im Interesse der Legende. Maria freute sich, ihren Vater zu sehen, und war froh, daß er mit seiner Geliebten ein geregeltes Leben führte, einer Frau, die sich tatsächlich um ihn zu kümmern schien – Alexandra Papajohn, eine herzliche, dralle Frau Mitte vierzig. Mit Alexandra kam sie ganz gut aus, doch das änderte nichts daran, daß sie ihren Vater wegen seines mangelnden Interesses an der Oper langweilig fand und hoffte, nicht allzu lange bei ihm wohnen zu müssen.

Einstweilen jedoch blieb ihr keine andere Wahl, als die Gastfreundschaft ihres Vaters in Anspruch zu nehmen. Nicola Moscona, der Mann, der ihr das Versprechen abgenommen hatte, ihn aufzusuchen, sobald sie in Amerika angekommen wäre, sträubte sich zunächst dagegen, etwas mit ihr zu tun zu haben. Er hatte Briefe von Freunden in Athen erhalten, die ihn über ihre »Aktivitäten« während der Okkupation in Kenntnis setzten. Das stärkte jedoch nur noch ihre Entschlossenheit. Sie nahm wieder den Namen Maria Callas an und begann, die Runde von Impresarios, Opernhäusern, Sängerkollegen abzuklappern, mit ihrer dünnen, doch eindrucksvollen Mappe griechischer Zeitungsausschnitte unterm Arm, die sie während der Überfahrt selbst übersetzt hatte. Auf die deutschen hatte sie allerdings verzichtet. Sehr bald jedoch wurde ihr klar, daß sie nur Zeit vergeudete und daß in dieser reichen, mächtigen Stadt niemand eine dicke griechische Sopranistin engagieren würde. Die Niedergeschlagenheit wandelte sich in Verbitterung, als der große Tenor Giovanni Martinelli sich tatsächlich die Zeit nahm, sie anzuhören, um sie mit einem knappen »Sie klingen recht vielversprechend. Doch Sie sollten erst einmal Unterricht nehmen« zu verabschieden.

Tag und Nacht bedrängte Maria Nicola Moscona, bis er einem Treffen zustimmte, hauptsächlich, um sie sich damit endgültig vom Halse zu schaffen. Doch mit unglaublicher Kühnheit drohte sie, nie wieder mit ihm zu sprechen, wenn er ihr nicht einen Termin bei Toscanini verschaffte. Arturo Toscanini, der bei vielen immer noch als der größte Dirigent gilt, den es jemals gegeben hat, hatte die Mailänder Scala zum berühmtesten Opernhaus in der Welt gemacht. Da er gegen das faschistische Regime gewesen war, war er 1936 nach New York gegangen und leitete dort das NBC Symphony Orchestra. Moscona lehnte jedoch ihre Bitte rundweg ab, und sie machte ihre Drohung wahr – als sie ein paar Jahre später zusammen auf der Bühne standen, war der Haß immer noch so groß, daß sie nur über Dritte miteinander sprachen.

In den folgenden zwei Monaten leistete sie sich etwas, was sie noch nie getan hatte: Sie ging viel aus. Ihr Taufpate, Leonidas Lantzounis, hatte kurz zuvor eine Amerikanerin namens Sally geheiratet, die etwa in ihrem Alter war. Mit ihr durchstreifte sie New York, und Sally half ihr, sich neu einzukleiden, was keine leichte Sache war, denn sie hatte in bezug auf Garderobe einen – gelinde gesagt – bizarren Geschmack. Während der letzten Monate der Okkupation Griechenlands hatte sie zwar etwas abgenommen, aber in einer Stadt, in der es an jeder Ecke solche Köstlichkeiten gab wie Pizza, Hot-dogs, Hamburger oder Pfannkuchen mit Ahornsirup, konnte sie nicht widerstehen und häufte die Pfunde nur so an, bis sie am Ende des Jahres fünfundneunzig Kilo wog.

Im Januar 1946 schließlich konnte Maria der einstigen Mezzosopranistin Louise Caselotti vorsingen, die zusammen mit ihrem Mann Eddie Bagarozy, einem ehemaligen Anwalt, eine sehr erfolgreiche Gesangsschule in New York führte. Anfänglich mochte die Caselotti Maria überhaupt nicht. Sie fand sie arrogant, laut und ihrem Mann gegenüber ein bißchen mehr als kokett. Bagarozy andererseits verliebte sich zuerst in ihre Stimme – ein bißchen rauh vielleicht noch an den Kanten und schrill in den oberen Registern, aber zweifellos eine sehr vielversprechende Stimme. Sogleich verglich er sie mit Emmy Destinn (1878–1930), seiner Lieblingssopranistin, deren Aufnahme seiner Lieblingsarie, der *Suicidio* aus Ponchiellis *La Gionda,* aus dem Jahre 1924 immer noch ihresgleichen suchte. Darum nahm er sie als nichtzahlende Studentin auf, und innerhalb einer Woche hatte Marias Machiavellischer Charme auch Louise Caselotti betört, so daß sie ihr anbot, sich in ihrer Wohnung am Riverside Drive ganz wie zu Hause zu fühlen. Das war ein Angebot, das Maria sich nicht zweimal machen ließ, denn inzwischen empfand sie die Gesellschaft ihres Vaters ebenso erstickend wie zuvor die Litzas. Was die Caselotti nicht wußte, war, daß Maria und Bagarozy miteinander ein Verhältnis hatten.

Was jedoch dann geschah, verschlug ihren neuen Freunden die Sprache, und alle sahen sie schon geächtet von der Opernwelt. Bereits seit geraumer Zeit hatte Bagarozy vorgehabt, seine eigene Truppe zu gründen, und sich zu diesem Zweck mit dem italienischen Impresario Ottavio Scotto zusammengetan, der mit Claudia Muzio verheiratet gewesen war, einer der größten, aber auch temperamentvollsten Divas der Zeit vor dem Krieg. Das war ein kluger und gewitzter Schritt. Als Folge des Krieges warteten zahlreiche europäische Opernhäuser immer noch darauf, wieder eröffnet zu werden, und die Sänger und Musiker sehnten sich danach, wieder zu arbeiten – und ordentlich zu essen –, so daß sie gewillt waren, auch für weniger als ein normales Gehalt aufzutreten. Gemeinsam engagierten Bagarozy und Scotto Hilde und Anny Konetzni von der Wiener Oper, den Wagner-Tenor Max Lorenz, den italienischen Baß Nicola Rossi-Lemeni und den Dirigenten Sergio Failoni. Maria sollte die Hauptpartie in der Debüt-Inszenierung singen: Puccinis *Turandot*, ein relativ neues Werk, das der Komponist nicht mehr hatte vollenden können. Die Uraufführung der Oper hatte 1926 in Mailand stattgefunden, mit Rosa Raisa in der Titelrolle. Am Vorabend des Krieges war sie in Chicago noch einmal aufgeführt worden, dann aber war sie so gut wie verschwunden aus dem Repertoire.

In der Zwischenzeit war es Bagarozy gelungen, für Callas einen Termin zum Vorsingen an der Met zu bekommen. Er war sich sicher gewesen, daß sie zumindest im Chor würde mitsingen können, um die Zeit zu überbrücken, bis *Turandot* finanziert und ein Datum für die Premiere festgesetzt werden konnte. Der Generaldirektor der Metropolitan Opera, Edward Johnson, war so überwältigt von dem, was er hörte, daß er ihr die Hauptrollen in zwei englischsprachigen Inszenierungen für die Saison 1946/47 anbot, in *Fidelio* und *Madame Butterfly*. Doch was Maria darauf erwiderte, hätte gereicht, einen Herzinfarkt auszulösen, denn vor seinen sämtlichen Mitarbeitern und einem Schwarm der einflußreichsten Reporter New Yorks ließ sie Johnson glatt abblitzen. Sie, Maria Callas, würde *niemals* auch nur daran denken, Beethovens wunderbares Werk in einer anderen Sprache als seiner eigenen zu singen – offenbar hatte sie vergessen, daß sie es erst vor gar nicht allzu langer Zeit auf griechisch gesungen hatte –, und ganz gewiß war sie, mit fünfundneunzig Kilogramm, nicht darauf versessen, eine vermutlich zierliche fünfzehnjährige Japanerin zu verkörpern.

Eine solche Entscheidung, im nachhinein betrachtet eine kluge, galt damals als reinste Undankbarkeit und führte dazu, daß sie nicht nur von ihresgleichen geschnitten wurde, sondern daß ihr Name zur Zielscheibe des Spottes wurde. Sie wollte bei Romani Romani, dem ehemaligen Lehrer von Rosa Ponselle, Unterricht nehmen und sang bei ihm vor, nur um gesagt zu bekommen, daß sie ihn nicht benötige. Als Kontrast dazu hörte sie auch Gaetano Merola, der Chef der San Francisco Opera. Der empfahl ihr, sich erst einmal in Italien einen Namen zu machen, dann würde er es eventuell in Erwägung ziehen, ihr einen Vertrag anzubieten. Darauf entgegnete sie, und zwar mit Kraftausdrücken, bei denen selbst hartgesottene Burschen rot geworden wären, daß sie auf gar keinen Fall wieder zu ihm käme, selbst wenn er der letzte Impresario der Welt wäre.

Als sie schließlich nicht mehr weiter wußte, setzte sie sich – in einem Akt, den man angesichts der früheren Ereignisse nur als heuchlerischen Egoismus bezeichnen kann – hin und schrieb ihrer Mutter in Athen einen flehentlichen Brief, in dem sie sie bat, nach New York zu kommen und ihr beizustehen.

Marias Brief wurde Litza von Leonidis Lantzounis überbracht, der sich anschickte, seinen Sommerurlaub in Athen zu verbringen. Bis dahin hatte Maria zwar häufig geschrieben, aber immer waren es Belanglosigkeiten gewesen. Lange und schwer genug hatte sie gekämpft, um von dieser tyrannischen Frau loszukommen, und ihr Stolz hatte ihr verboten zuzugeben, welche Schwierigkeiten sie in Amerika hatte. Nun war die Wahrheit heraus – zumindest ein großer

Teil davon –, und Lantzounis war gern bereit, Litza über die Einzelheiten ins Bild zu setzen: den Eßzwang, die Wutanfälle, die Ablehnung des Vertrags mit der Met.

Litza war sich natürlich im klaren, daß es zwischen ihnen nie ein ungetrübtes Verhältnis geben konnte, aber nun hatte der Himmel ihr die Gelegenheit geschickt, wieder die Kontrolle zu übernehmen, und die ergriff sie mit beiden Händen. Milton Emberikos hatte seiner Familie die Entscheidung abgenommen, nach einem heftigen Streit über die Hinterlassenschaft seines Vaters. Er wußte, er würde niemals die »niedrige« Jackie Callas heiraten können, und unterstützte nun auch ihre Mutter nicht mehr. Die hatte das Geld für die Überfahrt von Lantzounis bekommen. Dann gab es noch das Problem, überhaupt von Athen nach New York zu gelangen – was so kurz nach dem Krieg weitaus komplizierter war als umgekehrt und eine langwierige Prozedur bedeutete. Schließlich gelang es ihr, eine Schiffspassage auf dem Zwischendeck nach Marseilles zu ergattern. Von dort nahm sie den Zug nach Paris und weiter Bahn und Fähre nach England, wo sie an Bord der *Queen Elizabeth* ging und am Weihnachtsabend 1946 in New York ankam.

Maria erkannte sofort, daß es ein schwerer Fehler gewesen war, ihre Mutter kommen zu lassen. Die Selbstbeherrschung, die Litza an den Tag legte, als ihr Mann und ihre Tochter sie vom Hafen abholten, war augenblicklich verflogen, als sie in der Wohnung ankamen. Sie stürmte in Georges Schlafzimmer, packte Alexandra Papajohns Kleider und sonstige Habe zusammen und warf sie aus dem Fenster. Das hatte allerdings auch eine unerwartete Wirkung, denn George schickte sich an, seine ehelichen Rechte zu fordern – ein Ansinnen, das fehlschlug, wie seine Tochter Jackie in ihren Memoiren aus zweiter Hand berichtet. »Als er diesbezüglich Anstalten machte, reagierte Mutter überaus hysterisch, verbarrikadierte sich in Marias Zimmer und drohte, sich umzubringen, wenn er sie anrühre.« Litzas Reaktion auf Georges Ansinnen war, da weiterzumachen, wo sie aufgehört hatte, als sie noch eine Familie gewesen waren: an ihrem Mann und ihrer Tochter herumzunörgeln und sie in aller Öffentlichkeit zu drangsalieren und allem und jedem zu erzählen, daß der eine zu nichts zu gebrauchen war und daß die andere einmal erfolgreich sein würde, nun, da wieder sie es war, die das Heft in der Hand hatte. Darum nimmt es auch kaum wunder, daß Maria ihre Mutter damals »meine beste Freundin und mein schlimmster Feind« nannte.

Litza bestand darauf, bei Marias Proben in der Wohnung der Bagarozys anwesend zu sein, während *Turandot* allmählich Gestalt annahm. Plötzlich überzeugt, trug sie wesentlich zur ausufernden Berichterstattung in der Presse bei, obgleich sie zunächst erklärt hatte, ihre Tochter sei »zu fett und zu farblos« für eine so exotische Rolle. Sie verwarf auch Bagarozys Idee, Maria solle ihren Namen in Marie Calas »französieren«. Da sie dagegen jedoch nichts unternehmen konnte, machte sie sich daran, Marias Gewichtsprobleme in den Griff zu bekommen, indem sie verlangte, die Kostüme zwei Nummern zu klein anzufertigen, außerdem gab sie ihrer Tochter sechs Wochen Zeit, vierzig Kilo abzunehmen.

Die Premiere am Chicago Opera House, zu der die gesamte Truppe einen Tag zuvor aufbrach, war auf den 6. Januar 1947 festgesetzt. Inzwischen hatten Maria und der sechsundzwanzigjährige Rossi-Lemini eine Liebschaft begonnen, obgleich sie immer noch mit Bagarozy ein Verhältnis hatte. Die Fotos von damals zeigen die beiden als ein eindrucksvoll aussehendes, aber nicht zusammenpassendes Paar. Mit 1,75 Meter war Maria fast genauso groß wie Rossi-Lemini, aber viel stämmiger, und während er in seinem Nadelstreifenanzug mit Borsalino-Hut untadelig aussah, bot Maria in ihren von Litza gekauften Kleidern das ganze Gegenteil.

Plötzlich verlangte die amerikanische Chorsänger-Gewerkschaft eine Vorauszahlung für die Mitglieder des Chores, die nicht wie die Callas und ihre italienischen Kollegen für nur ein paar Cents arbeiten wollten. Die wirklichen Probleme begannen aber erst, als der

Impresario eingestand, daß nicht genügend Geld zur Verfügung stand. Die Premiere wurde mehrmals verschoben, bis Bagarozy sich schließlich geschlagen geben mußte. Statt einer Aufführung von *Turandot* fand im Chicagoer Opernhaus schließlich ein Benefizkonzert statt. Der Ertrag von 6000 Dollar wurde dazu verwendet, den größten Teil von Ottavio Scottis Künstlern nach Hause zu schicken. Kurz darauf mußte Eddie Bagarozy eine Bankrotterklärung abgeben, und obwohl er die New Yorker Wohnung behalten durfte, weil sie auf Louise Calottis Namen lautete, mußte er sein Haus auf Long Island, seine Autos und den Schmuck seiner Frau verkaufen, um die Schulden bezahlen zu können.

Marias Enttäuschung darüber, daß die *Turandot* ihrem Zugriff entrissen worden war, hielt nicht übermäßig lange an. Sie mied ihre Mutter, wo sie konnte, und suchte Trost in den Armen ihres neuen Liebhabers. Anfang Februar kehrten die beiden nach New York zurück, wo sie mehr oder weniger in Bagarozys Wohnung einzogen. Kurz darauf machte Rossi-Lemeni, ein Neffe des berühmten Dirigenten Tullio Serafin, Maria mit Serafins Freund Giovanni Zenatello bekannt, einem einst gefeierten Tenor, inzwischen siebzig Jahre alt und künstlerischer Leiter des Festivals von Verona.

Zenatello hatte Rossi-Lemeni für die folgenden zwei Festivals bereits unter Vertrag, doch er hielt – und darum war er nach New York gekommen – nach einer Sopranistin Ausschau, die die Titelrolle in seiner unmittelbar bevorstehenden Inszenierung von Ponchiellis selten aufgeführter *La Gioconda* singen sollte. Auf ein paar Namen hatte sich Zenatello schon konzentriert, einschließlich Zinca Milanov, der ganze Stolz der Met, doch hielt er sie wohl für zu teuer. Darum willigte er ein, sich Maria anzuhören, als Bagarozy ihm erklärte, sie brenne derart darauf, in Italien ihr Debüt geben zu können, daß sie sogar gewillt wäre, für so gut wie nichts aufzutreten. Von Louise am Klavier begleitet, sang sie die Arie *Suicidio* und zusammen mit Zenatello ein Duett aus *La Gioconda*. Auf der Stelle wurde sie für 40 000

Lire (etwa 60 Dollar) pro Vorstellung engagiert, was viel weniger war, als ihr die Met geboten hatte.

Sofort machte sich Maria daran, ihre Reise nach Italien zu finanzieren – keine leichte Aufgabe angesichts der Tatsache, daß sie vollkommen mittellos war. Ihr Patenonkel, Leonidas Lantzounis, gab ihr das Fahrgeld, und Litza staffierte sie mit der notwendigsten Garderobe aus. Das Unauffälligste, so erklärte sie, sei bei Marias Korpulenz gerade richtig. Auf der Reise wurde Maria von Nicola Rossi-Lemeni und Louise Caselotti begleitet, die sich ihrerseits einige Engagements in Italien gesichert hatte. Und mit Genugtuung beschied Maria ihrer Mutter, daß sie diesmal in New York bleiben müsse, bei ihrem Mann, den sie nicht ausstehen konnte und der trotz ihrer Proteste seine Geliebte behalten hatte. Aus Gründen der Publicity durfte Litza ihre Tochter jedoch zum Hafen begleiten. Am 27. Juni 1947 stach das Schiff, die *SS Rossia*, Richtung Neapel in See. Unmittelbar vor ihrer Abreise hatte sie noch mit Eddie Bagarozy – der sie diesbezüglich wochenlang bedrängt hatte – einen Vertrag unterzeichnet, in dem sie ihn für die Dauer von zehn Jahren zu ihrem »persönlichen Vertreter« erklärte. Das bedeutete, daß er als Gegenleistung für die üblichen zehn Prozent von allen ihren Einnahmen alles daransetzen wollte, ihr die lukrativsten Engagements zu beschaffen. Diese Vereinbarung sollte Maria später bitter bereuen.

Obgleich nur fünf Vorstellungen von *La Gioconda* angesetzt waren, wurde Maria Callas wie eine echte Primadonna gefeiert, als sie am 29. Juni in Verona eintraf, erschöpft, aber nicht etwa von der zehntägigen Seereise, sondern von der nächtlichen Eisenbahnfahrt von Neapel her, bei der sie sich in dem stickigen Waggon zu dritt einen einzigen hölzernen Sitzplatz hatten teilen müssen. Am Bahnhof wurde sie von Gaetano Pomari, dem Direktor der Arena von Verona, begrüßt; und nach einer kurzen Pause im Academia Hotel begleitete er sie in das luxuriöse Restaurant Pedavena, wo sie zusammen mit Nicola Rossi-Lemeni und dem amerikanischen Tenor Richard

Tucker Ehrengäste bei einem Essen waren, an dem auch einige Honoratioren der Stadt teilnahmen, darunter ein reicher Baustofffabrikant und passionierter Opernliebhaber, der vom Festival zum offiziellen Begleiter für Gastkünstler bestellt worden war: Giovanni Battista Meneghini.

Von Anfang an bestand eine tiefe Sympathie zwischen der Callas und Meneghini. Er war zwar alles andere als ein attraktiver Mann, kleiner als sie, korpulent, ein bißchen starrköpfig und achtundzwanzig Jahre älter, doch sie konnte von seiner Liebenswürdigkeit und seinem wirklich echten Mitgefühl nicht genug bekommen, nachdem sie einmal begonnen hatte, ihm ihre Lebensgeschichte zu erzählen. In Meneghini, den sie rasch »Titta« taufte, lernte sie nach Oscar Botman wieder einen Mann kennen, der sie, wenn auch unbedingt an ihrer Arbeit interessiert, um ihrer selbst willen mochte. Er war in der Tat so sagenhaft reich, daß sie, wie erfolgreich sie auch jemals sein würde, ihm niemals mehr würde zu bieten haben als sich selbst. Als er sie noch während des Essens um ein Wiedersehen bat, willigte sie daher sofort ein, am nächsten Tag mit ihm einen Ausflug nach Venedig zu machen. Nicola Rossi-Lemenis Proteste schlug sie in den Wind. Rossi-Lemeni war zu diesem Zeitpunkt vielleicht noch nicht eifersüchtig auf den neuen Mann, womöglich war er sich gar nicht bewußt, einen Rivalen zu haben, doch er machte Maria darauf aufmerksam, daß Meneghini über die Grenzen von Verona hinaus als Schwerenöter bekannt war, und riet ihr zu Vorsicht. Sie erwiderte, er solle sich um seine eigenen Angelegenheiten kümmern, und ließ dann die Bombe platzen, indem sie erklärte, ihre Beziehung sei zu Ende – womit sie ein Muster für das stürmische Beenden von Beziehungen schuf, nur um diese, oft Jahre später, mit einem ebenso ungestümen Gefühlsausbruch wieder zu beginnen.

Nachdem sie eine Woche lang beinahe ununterbrochen in Meneghinis Begleitung gewesen war, gestand sie sich ein, in ihn verliebt zu sein. Ihre Gefühle waren solcherart, daß sie gern das größte Opfer gebracht hätte, wie sie ein paar Jahre später Anita Pensotti gestand: »Ich bin mit Battista nach Venedig gefahren, und auf dieser Reise haben wir uns auf einen Schlag verliebt ... wenn Battista es gewünscht hätte, hätte ich ohne Zögern auf meine Karriere verzichtet, denn im Leben einer Frau (dem einer *wirklichen* Frau) ist die Liebe unvergleichlich wichtiger als künstlerischer Triumph.«

Drei Wochen nachdem sie Meneghini kennengelernt hatte und glücklicher war als je zuvor in ihrem Leben, wurde sie dem Mann vorgestellt, der sie zur größten Primadonna des zwanzigsten Jahrhunderts machen sollte: Tullio Serafin. Er hatte zum erstenmal 1913 in der Arena von Verona dirigiert. Damals war er fünfunddreißig gewesen. Nun war er einer der berühmtesten Maestri der Welt, der zwischen Mailand, Rom und der New Yorker Met pendelte, wo 1925 die große Rosa Ponselle unter seiner Leitung ihre erste *Norma* gesungen hatte. Jetzt sollte er Callas in *La Gioconda* führen, und obgleich er anerkannte, daß ihre Stimme außergewöhnlich war, weigerte er sich so lange, sie anzuhören, bis sie ihre Rolle mit dem Stimmführer und Chormeister der Arena, Ferruccio Cusinati, durchgegangen war, dessen Honorar heimlich von Meneghini gezahlt wurde.

Serafin sagte ihr ohne Umschweife, daß es an ihrem oberen Register noch manches zu arbeiten gäbe und daß sie es unterlassen sollte, ein Libretto zu studieren, solange sie sich die Musik noch nicht angeeignet hatte, denn nur in der Musik könne sie erkennen, wie die Oper zu spielen wäre. Sie selbst ging noch einen Schritt weiter. Ein paar Jahre später gestand sie Derek Prouse von der *Sunday Times*, daß sie, immer wenn der Text nicht mit der Musik übereinstimmte, große Schwierigkeiten hätte, ihn zu behalten. »Man haßt es dann einfach, ihn zu singen«, erklärte sie und fügte hinzu: »Manchmal muß ich ganz einfach lachen, wenn ich zuerst das Libretto lese, und denke dann: ›Hoffentlich kann ich an dieser Stelle ernst bleiben – das ist wirklich das wichtigste!‹ Doch wenn ich die Musik *fühle*, kann ich den Worten generell mehr Ausdruck verleihen.«

Serafin schätzte sie höher als jeden anderen, wie sie später ihrem Freund Lord Harewood erzählte: »Er hat mich gelehrt, daß in allem Ausdruck liegen muß, daß alles einen Sinn haben muß. Von ihm habe ich so viel über die Tiefe der Musik erfahren. Er war der erste, und ich fürchte, er ist auch der letzte dieser Art von Maestri.« Und nun stürzte sie sich mit beinahe krankhaftem Übereifer in jede einzelne Probe am Adelaide Ristori Theatre, während Meneghini aus der Tiefe des Zuschauerraums liebevoll zusah, nicht ahnend, daß auch Serafin eine Neigung für sie entwickelt hatte – wenngleich Maria in diesem Fall nicht darauf einging.

Ende Juli machte ihr Meneghini ein Geschenk, das sie stets als ihren wertvollsten Besitz betrachtete – selbst nachdem er nicht mehr zu ihrem Leben gehörte: eine unschätzbar wertvolle, Cignarolli zugeschriebene Miniatur der Madonna, die sie künftig überall hin begleiten sollte. Im Gegensatz zu abergläubischeren Zeitgenossen machte es ihr nichts aus, Grün zu tragen oder unter einer Leiter hindurch zu gehen, und obgleich die Rolle nicht zu ihrem Repertoire gehörte, hielt sie *Macbeth* für eine glückliche Oper und pfiff in ihrer Garderobe häufig Arien daraus, um ihren Kollegen Angst einzujagen. Allerdings bekreuzigte sie sich stets, bevor sie auftrat, und gelegentlich, wenn die Rolle als »fraglich« galt, kniete sie sich tatsächlich hin und küßte die Dielen ... nie aber ließ sie ihren »Talisman« aus den Augen.

Die Premiere von *La Gioconda* fand am 3. August 1947 vor 25 000 kritischen Zuschauern in der gewaltigen Arena von Verona statt, und zwar mit einer entsetzlich nervösen und hinkenden Callas. Während der Generalprobe am Nachmittag zuvor war sie gestürzt und hatte sich einen Knöchel verstaucht. Entschlossen, die Vorstellung ohne Unterbrechung zu beenden – auch ein »bißchen« Aberglaube –, hatte sie es abgelehnt, sich behandeln zu lassen. Der Knöchel war so angeschwollen, daß sie einen Verband und einen dicken Strumpf tragen mußte, was sie klumpfüßig erscheinen ließ. Der Applaus nach jeder

Arie und die Ovationen am Ende jeder der fünf Vorstellungen waren jedoch mehr als genug, ihre strapazierten Nerven zu beruhigen, obwohl sie wußte, daß sie in einer solch gewaltigen Arena überfordert war. Auch das Publikum wußte nicht recht, was es von dieser überwältigenden, fast zwei Zentner schweren Sopranistin halten sollte, deren Darstellungskunst – die in einem äußerst realistischen »Selbstmord« kulminierte, bei dem sie mit einem dumpfen Aufschlag zu Boden fiel, weil sie wegen ihres verstauchten Knöchels die Balance verloren hatte – für manche Unsicherheiten in der Stimme entschädigte. Trotz Serafins Training waren ihre rauhen Mittellagen immer noch ein Problem, insbesondere in der Arie *Suicidio*.

Wegen dieses nicht lösbaren »Dilemmas«, dessen sie sich wohl bewußt war, lehnte sie es ab, *La Gioconda* in Vigerano zu singen, was ihr der dortige Intendant, Liduino Bonardi angeboten hatte – obgleich sie, hochnäsig, wie er meinte, hinzufügte, der Veranstaltungsort sei unter ihrer Würde. Das nahm der künstlerische Leiter des Teatro alla Scala di Milano, Mario Labroca, zum Anlaß, ihr die Rolle der Amelia in seiner bevorstehenden Inszenierung von *Un ballo in maschera* vorzuenthalten, trotz ihrer, wie er sich ausdrückte, »korrigierbaren stimmlichen Mängel«.

Nach der Abschlußvorstellung von *La Gioconda* am 17. August und während sie auf Labrocas Vertrag wartete, fiel sie in einen wahren Kaufrausch, um das Elend zu vergessen, das ihre Mutter ihr wegen ihres Äußeren bereitet hatte. Meneghini gab für sie Geld mit vollen Händen aus. Maria besaß kein Stilgefühl, weil sie in dem Glauben gelassen worden war, dick sei häßlich und billig. Jetzt wurde sie in die exklusivsten Modehäuser und Schönheitssalons geführt, um zu lernen, daß sie, von ihrer Musik abgesehen, etwas darstellte. Auf den Fotos aus dieser Zeit sieht sie zwar füllig aus, aber prächtig, ja majestätisch, was darauf schließen läßt, daß Meneghini mit seinem Bemühen, sie von ihrer Introversion zu heilen, Erfolg gehabt hatte – immerhin so weit, daß sie mit dem Schock fertig werden konnte, als sie erfuhr, daß Mario Labroca für den Part der Amelia eine andere engagiert hatte. Ein paar Tage lang wütete und tobte sie, bedachte Labroca mit den unflätigsten Ausdrücken und drohte, ihm die Augen auszukratzen, bis Meneghini mit ihr nach Mailand fuhr, um sie zu beruhigen, wohl aber auch, um nach einem Engagement zu suchen.

Dieser Schritt erwies sich als goldrichtig, denn nur wenige Tage nach ihrer Ankunft konnte sie einem Beauftragten des Teatro La Fenice in Venedig vorsingen und bekam die Rolle der Isolde in einer italienischsprachigen Inszenierung von Wagners *Tristan und Isolde* angeboten, die für Ende Dezember geplant war, sowie die Titelrolle in *Turandot*. Ihre Aufregung war so groß – immerhin sollte die Inszenierung von *Tristan und Isolde* von keinem Geringeren als Tullio Serafin dirigiert werden, zu dem sie seltsamerweise bereits den Kontakt verloren hatte – daß sie den Vertrag unterschrieb, ohne sich darüber im klaren zu sein, daß ihr nur wenige Wochen blieben, um die Rolle der Isolde einzustudieren, eine Rolle, mit der sie überhaupt nicht vertraut war. Serafin überzeugte sie, daß sie sie meistern würde, wenn sie fest dazu entschlossen wäre und hart arbeitete. Zusammen mit den 50 000 Lire, die sie pro Vorstellung bekommen sollte, war das genau die Ermutigung gewesen, die sie gebraucht hatte.

Die erste Aufführung von *Tristan und Isolde* fand am 30. Dezember statt. Maria teilte mit dem bulgarischen Baßbariton Boris Christoff das Rampenlicht. Christoff hatte sein erstes Konzert im Jahr zuvor in Rom gehabt und seitdem in der Scala Triumphe gefeiert. Der richtige Durchbruch gelang Maria jedoch erst Ende Januar 1948 mit *Turandot*. Bis zur letzten Vorstellung am 10. Februar war sie dann mit so vielen Angeboten überschwemmt worden, daß sie kaum wußte, für welches sie sich zuerst entscheiden sollte. Um einen Kompromiß zu schließen und sich das Vergnügen und die Erfahrung nicht entgehen zu lassen, vor einem breiten und vielschichtigen Opernpublikum aufzutreten, nahm sie *alle* an. Bis Ende November

1948 sang sie also *Turandot* in Udine, Rom, Verona und Pisa, die Leonora aus *La forza del destino* in Triest, die Isolde in Genua und *Aida* in Turin und Rovigo.

Die *Turandot* stellte fraglos eine Belastung für ihre Freundschaft mit Louise Caselotti dar, der es nicht gelungen war, die erhoffte Karriere in Italien zu machen, und die nun Maria ihren Erfolg mit der Rolle mißgönnte, mit der im Grunde genommen der Ruin ihres Mannes, Eddie Bagarozy, begonnen hatte. Darüber hätte Callas vielleicht hinwegsehen können, wenn es Louises einziger Fauxpas gewesen wäre. Als diese jedoch – unter dem Beifall Beppe Brosellis vom *Corriere del Popolo* – ihre Stimme als »ein majestätisches, wunderbares Instrument« charakterisierte, »volltönend, warm, glatt und gleichmäßig in jeder Tonlage«, wollte Maria nichts wieder mit ihr zu tun haben.

Weitere Probleme gab es, als sie Ende 1948 mit *Turandot* nach Verona zurückkehrte. Fast ein ganzes Jahr lang waren sie und Meneghini so gut wie unzertrennlich gewesen, doch als sie zu ihrer ersten Probe erschien, am Arm ihrer alten Liebe Nicola Rossi-Lemeni, wurde sofort getuschelt. Obgleich sie dazu neigte, heute hü und morgen hott zu sagen, wenn es um persönliche Beziehungen ging, platonische oder auch andere – wie mir ihr Freund Roger Normand, von dem noch die Rede sein wird, einmal erzählt hat: »An einem Tag konnte sie einen den reizendsten Menschen der Welt nennen, und am nächsten Tag konnte man als Scheißdreck verabscheut werden, und zwar aus absolut keinem anderen Grund, als daß sie sich ein bißchen unwohl fühlte!« –, hegte sie immer noch eine Schwäche für Rossi-Lemeni und hatte darauf bestanden, daß er mit ihr in Genua in *Tristan und Isolde* sang. Jetzt war er, wie im August des Vorjahres, für die Rolle des verbannten Königs Timur in *Turandot* vorgesehen.

Die Kunde von Marias »Heldentaten« wurde jetzt Meneghinis aggressiver, herrschsüchtiger Mutter überbracht, die sie als »Theaterhure« beschimpfte, die »nur hinterm Geld her« sei. Maria war überrascht, daß ein dreiundfünfzigjähriger Mann von seiner Mutter beherrscht wurde. Sie sollte bald erfahren, wie giftig Madame Meneghini sein konnte, als nämlich gesellschaftliche Türen vor ihr zugeschlagen wurden und man sie nicht mehr zu »großartigen« Essen und Empfängen einlud. Auch ihre eigene Mutter am anderen Ende der Welt brachte ihre Meinung zum Ausdruck, denn nun war Maria nicht mehr unter Kontrolle zu bringen. Ermutigung erfuhr sie von ihrem Patenonkel Leonidas Lantzounis, der selbst in späteren Jahren Glück und Zufriedenheit bei einer Frau gefunden hatte, die bedeutend jünger war als er.

Marias Reaktion bestand darin, die Proteste ihrer Mutter zu ignorieren, und was die Meneghinis betraf, so überließ sie ihre »Rose-zwischen-Dornen«-Situation, genau wie ihre Zukunft, dem Schicksal.

Je marche sur tous les chemins

1948–1950

> *Was gibt es im Leben, wenn man nicht arbeitet?*
> *Wenn man nicht arbeitet, gibt es nur Sensationen,*
> *und es gibt nur* wenige *Sensationen! Davon kann*
> *man nicht leben! Man kann nur von Arbeit leben,*
> *durch Arbeit und für Arbeit!*

Im Spätsommer 1948 bereitete sich Maria Callas, angeleitet von Tullio Serafin, auf die Rolle vor, die sich aufs engste mit ihrem Namen verbinden sollte: Bellinis Norma, eine der schwierigsten im gesamten Opernrepertoire, die bei der Uraufführung 1831 an der Mailänder Scala die legendäre Guidetta Pasta gesungen hatte.

Von keiner anderen Rolle in ihrer Karriere ließ die Callas sich so in den Bann ziehen wie von der Druidenpriesterin Norma, die sich in den römischen Prokonsul Pollione, den Erzfeind ihres Volkes, verliebt – was nicht einmal überrascht, zieht man die unvermeidlichen Vergleiche zwischen der Künstlerin und ihrer Opernfigur in Betracht. Beide waren kraftvolle, gebieterische, leidenschaftliche, bisweilen aber auch kalte und scheinbar herzlose Frauen – und Maria kannte, wie ihr *Alter ego*, die Schwierigkeiten, die die Liebe zu einem

Feind mit sich bringt. Sie wußte, was es bedeutete, von dem Mann, den sie liebte, angebetet und verraten zu werden. Maria Callas sang die Partie insgesamt neunzig Mal und die berühmte Arie *Casta Diva* so oft, daß sie sich nicht mehr die Mühe machte, es zu zählen.

Die italienischen Kritiker waren von dieser Norma durchweg nicht mehr begeistert, als sie es von ihrer Gioconda oder Isolde gewesen waren. Anfänglich gab es im Florentiner Teatro Comunale nur zwei Aufführungen, am 30. November und am 5. Dezember, und damals wußte natürlich noch niemand, wie bedeutend die Rolle einmal werden sollte und wie sie im Laufe der Jahre entwickelt werden würde. *La Nation* bezeichnete ihre Stimme als »einen Sopran von außergewöhnlicher Qualität« und pries ihre Technik als »sicher und perfekt beherrscht«. »Beherrscht« war unter den gegebenen Umständen in der Tat das richtige Wort, denn sie litt an einer Blinddarmentzündung, ließ sich aber erst nach der zweiten Aufführung operieren, bei der sie derartige Schmerzen gehabt hatte, daß sie sich kaum auf den Beinen hatte halten können. Die geplante *Aida* mußte abgesagt werden. Doch kaum war sie aus der Narkose erwacht, da studierte sie schon die nächste Rolle: die Brünnhilde in Wagners *Walküre*.

Damals war es an vielen italienischen Opernhäusern üblich, für diese ungemein anspruchsvollen Partien deutsche Sänger zu verpflichten, doch Serafin wollte nur die Callas, und weil sie sich weigerte, deutsch zu singen, mußte ein italienisches Libretto gefunden werden. *Die Walküre* war eine von zwei neuen Inszenierungen am Fenice, die die Hauptattraktionen der Spielzeit 1949 sein und von Tullio Serafin dirigiert werden sollten. Die andere war *I puritani*, Bellinis letzte Oper, ein Werk, das den Sängern eine solche Virtuosität abverlangt, daß es kaum jemals aufgeführt wird. Für die Hauptrolle der Elvira hatte das Fenice Margharita Carioso engagiert, eine der gefeiertsten italienischen Sopranistinnen, doch die war an Grippe erkrankt und hatte damit Serafin vor ein schier unüberwindliches Problem gestellt. Selbst eine Künstlerin vom Kaliber der Carioso war nicht ganz die richtige für die Elvira, doch sie war die beste, die er hatte finden können. Genau genommen war es Serafins Ehefrau, die ihm aus der Klemme half, nachdem sie am 7. Januar 1949, dem Tag vor der Premiere der *Walküre*, zufällig Maria in ihrem Hotelzimmer eine Arie aus *I puritani* hatte singen hören und davon so fasziniert war, daß sie ihn gar nicht schnell genug davon in Kenntnis setzen konnte. Sie war fest davon überzeugt, daß die Callas in der Lage sein würde, zwei so grundverschiedene Rollen gleichzeitig zu bewältigen.

Am nächsten Morgen um zehn – sehr früh für sie – wurde Maria in Serafins Suite im Regina Hotel gebeten. Verschlafen und noch im Morgenmantel kam sie und traf nicht nur den Maestro an, sondern auch den künstlerischen Direktor des Teatro La Fenice und wurde aufgefordert, noch einmal die Arie zu singen, die Madame Serafin am Abend zuvor gehört hatte. Maria tat ihnen den Gefallen. Als Serafin sie fragte, wieviel sie von den *Puritanern* tatsächlich kannte, erwiderte sie, daß sie lediglich mit dieser einen Arie vertraut wäre, die sie mit Elvira de Hidalgo in Athen einmal einstudiert hatte. Jahre später erzählte Maria Lord Harewood, was dann geschah:

»Er sagte: ›Hören Sie zu, Maria, diese Partie werden Sie in einer Woche singen!‹

›Ich werde in einer Woche *was* tun?‹ fragte ich.

›Sie werden in einer Woche die Elvira in *I puritani* singen‹, entgegnete er. ›Ich sorge dafür, daß Sie die Rolle einstudieren können.‹

›Das geht nicht‹, erwiderte ich. ›Ich muß noch dreimal *Walküre* singen!‹

Er sagte wieder: ›Ich garantiere, daß Sie es schaffen!‹

So sagte ich mir, wenn ein Mann wie Serafin, der wahrlich kein Anfänger ist und seine Sache versteht, mir so etwas garantieren kann, dann werde ich keine Närrin sein und nein sagen! Und ich sagte: ›Also Maestro, ich werde mein Bestes tun. Mehr als mein Bestes kann ich nicht versprechen!‹«

Marias Bestes war natürlich gut genug, und in ihrer Serie ausführlicher Interviews mit Anita Pensotti ist sie zu Recht stolz auf die unerhörten Erfolge in den ersten drei Monaten des Jahres 1949, was, wie sie richtig sagte, viel mehr mit purem Glück zu tun gehabt hatte als mit dem übertriebenen Ehrgeiz, dessen sie von so manchem ihrer Zeitgenossen bezichtigt wurde.

»An jenem Mittwoch habe ich einige Stunden lang *I puritani* studiert und am Abend *Walküre* gesungen. Am Donnerstag wieder studiert und am Freitag ebenfalls und abends wieder *Walküre*. Am Sonnabend mit verständlicher Nervosität die erste Hauptprobe von *I puritani*. Am Sonntag vormittags Generalprobe von *I puritani* und abends Abschlußvorstellung der *Walküre* und am Dienstag darauf Premiere *I puritani* ... Dann sang ich noch *Walküre* in Palermo, *Parsifal* in Rom und so weiter ...«

Marias Brünnhilde hatten die Kritiker akzeptiert. Von ihrer Elvira waren sie hellauf begeistert, obwohl es, weil sie die Rolle so hastig hatte lernen müssen, am Text noch haperte, was sogar zu einem lustigen Versprecher führte: Bei der herrlichen Arie *Son vergin vezzosa (Ich bin eine liebliche Jungfrau)* sang sie *Son vergin viziosa (Ich bin eine lasterhafte Jungfrau)*. Niemand störte sich daran! Bis zu *I puritani* war sie nicht mehr als eine Sopranistin gewesen, wenngleich eine recht gute. Jetzt betrachteten sie die Italiener als ein Wunder, sprachen von ihr erstmalig als der »Callas« und priesen ihre »klare, wunderbar flüssige Stimme«, ihr »lebhaftes Temperament« und ihr »überwältigendes, unheilvolles und unerbittliches hohes Register«.

Bei den Proben zu *Parsifal* in Rom hatte es auch ein amüsantes Moment gegeben, nämlich als Maria sich weigerte, ihren Bühnengeliebten, gesungen von dem Wiener Bariton Hans Beirer, zu küssen und Serafim anschrie: »Sein Atem stinkt nach Gott weiß was!« Prompt wurde Beirer geschickt, sich die Zähne zu putzen, doch Maria weigerte sich weiterhin, ihn zu küssen. Diesmal behauptete sie, nicht zu wissen, *wie* man einen Mann in der Öffentlichkeit küßt.

Daraufhin stieg Serafin auf die Bühne und demonstrierte es ihr, indem er dem Bariton einen ziemlich langen Schmatz auf den Mund drückte, was, wie Maria später erklärte, beide Männer sehr genossen hätten.

Der Erfolg hatte sie nicht davon abgehalten, gelegentlich, wenn auch widerstrebend, einen Brief an ihre Mutter oder ihre Schwester zu schicken. Wenngleich sie jetzt wußte, daß sie ganz gut ohne die erstere auskommen konnte, hegte sie doch noch Zuneigung für die Schwester und lud sie im Februar ein, einige Zeit mit ihr und Meneghini in Verona zu verbringen. Jackie packte die Gelegenheit beim Schopf, und zwar aus nicht ganz uneigennützigen Gründen, wie sie sich später erinnerte: »Vielleicht hatte ich mir eingebildet, ich könnte das Klavierspielen wieder aufnehmen und Mary und ihre neuen Freunde könnten mir dabei behilflich sein. Alles war möglich.«

Die Reise war ein Desaster. Jackie sah nichts von dem Italien, das Maria ihr zu zeigen versprochen hatte, und kaum etwas von Maria selber, da Meneghini ihr nicht von der Seite wich. Und wenn sie nicht für einen bevorstehenden Besuch in Argentinien probte, war sie damit beschäftigt zu essen. Inzwischen galt sie als »ungeheuer fett«. Sie war auch extrem herrschsüchtig geworden. »Nach diesen ersten Tagen hörte sie auf, die herzliche Schwester zu sein, und nahm allmählich die Eigenarten an, mit denen sie sich wahrscheinlich auf der Bühne die Autorität verschaffte, die sie brauchte«, erinnerte sich Jackie. »Immer mehr wurde sie Maria, die Diva, und war nicht länger Mary, die Schwester.«

Es ist interessant, festzustellen, daß Jackie Callas – die die Leser damit auf die Palme gebracht hatte, daß sie immerzu von *Mary* sprach, angeblich, weil Maria sie ihrerseits in der Öffentlichkeit *Cynthia* rief – sie nun nur noch *Maria* nannte. Sie erwähnte auch Marias Gleichgültigkeit, wenn nicht gar Gefühllosigkeit gegenüber anderen. Wenn man ihr glauben will – und es gibt keinen Grund zur Annahme, daß sie eine solche Geschichte erfunden haben soll –, dann hatte Maria Anfang des Jahres von Oberst Bonalti einen Brief erhalten. Der frühere Liebhaber ihrer Mutter hatte in den italienischen Zeitungen von ihrem Erfolg gelesen, lag jetzt unheilbar krank in einem Hospital, nicht weit von Verona, und hatte Maria gebeten, ihn noch einmal zu besuchen, bevor er starb. Maria lehnte das ab.

Ein paar Tage, nachdem sie Jackie zum Bahnhof begleitet hatte, nahm sie für die berühmte Marke Cetra ihre ersten Grammophonplatten auf. Kurz vorher hatte der Direktor des Unternehmens ihre Aufnahme für *Radio Italia* vom 7. März aus Turin gehört, in der sie Arien aus *Norma, I puritani* und *Aida* gesungen hatte. Einige davon wurden nun, zusammen mit dem *Liebestod* aus *Tristan und Isolde*, in Schellack gepreßt und erschienen Ende des Jahres auf drei 12-Zoll-Platten mit einer Abspielgeschwindigkeit von 78 Umdrehungen. Alle sollen einzeln aufgenommen worden sein.

Inzwischen hatte Meneghini, wie Jackie Callas berichtet – die später behauptete, selbst wesentlich die Entwicklung bestimmt zu haben –, Maria einen Heiratsantrag gemacht. Sie beschlossen, die Hochzeit noch vor ihrer Abreise nach Argentinien am 21. April stattfinden zu lassen. Aus geschäftlichen Gründen konnte Meneghini sie nicht begleiten. Die Heirat bereitete Maria einige Probleme, denn trotz der tiefen Zuneigung für den Mann, mit dem sie den Rest ihres Lebens verbringen wollte, hatte sie nicht die Absicht, durch irgendwelchen unnötigen Behördenkram ihre Karriere behindern zu lassen, und sie war absolut dagegen, daß jemand aus der Familie Meneghinis oder von ihrer eigenen Familie dabei war. Da sie griechisch-orthodox war und Meneghini katholisch, benötigte er einen Dispens des Vatikans. Sie zweifelte daran, daß die Hochzeit noch rechtzeitig stattfinden konnte, bevor sie Italien verließ, und beschloß, das Ereignis auf ihren Namenstag, den 15. August, zu verschieben. Meneghini hielt das für zu spät, denn einige seiner Verwandten hatten sich der Heirat bereits widersetzt. Außerdem befürchtete er, sie könnte ihre Meinung ändern, wenn sie zu lange voneinander getrennt wären, noch dazu durch Tausende von Kilometern, wenngleich er scheinbar überzeugt war, daß ihr Altersunterschied sie nicht beunruhigte. »Ich wußte sehr wohl, daß Maria, wenn ich siebzig sein würde, erst zweiundvierzig wäre«, schrieb er in seinen posthum veröffentlichten Memoiren. »Ich hatte sie mehrfach darauf aufmerksam gemacht, doch es machte ihr nichts aus. Sie wollte mich heiraten.«

Aufgrund seines gewaltigen Reichtums war Meneghini in der Lage, so manche Sache zu beschleunigen. Kurz vor fünfzehn Uhr am 21. April – Maria saß in der Hotelsuite, umgeben von ihrem Reisegepäck – traf ein Auto ein und brachte sie zum Rathaus von Zevio, unweit von Verona, wo die standesamtliche Trauung stattfand. Zwei Stunden später wurden die beiden dann in einem Nebenraum der Chiesa dei Filippini in Verona kirchlich vermählt. Außer dem Priester und dem Küster waren nur noch die beiden Trauzeugen anwesend: Meneghinis Schwager Dr. Giovanni Cazzarolli und ein Geschäftsfreund namens Mario Orlandi. Die Verwandten Meneghinis kannten weder Ort noch Zeit, und Marias Eltern erfuhren erst am Tag danach von der Heirat, als sie ein Telegramm erhielten, das auch noch ein bißchen höhnisch auf italienisch geschrieben war und lautete: SIAMO SPOSATI E FELICI (Wir sind verheiratet und glücklich).

Allem Anschein nach war Maria sehr glücklich mit Meneghini und hat immer bedauert, daß ihre Hochzeit eine so »hastige Sache« gewesen war. »Wir haben uns das Jawort gegeben und uns ewige Liebe gelobt«, erzählte sie Anita Pensotti. »Ich hatte nicht einmal Zeit gehabt, mir ein neues Kleid zu kaufen. Wieder hatte ich auf die Freuden und Phantasien verzichtet, die für ein Frauenherz die allerschönsten sind – die Hochzeitsvorbereitungen, die Geschenke, die Blumen.«

Auch Flitterwochen hat es keine gegeben. Unmittelbar nach der Zeremonie fuhr Meneghini sie zu einem Hotel in Genua, und früh am nächsten Morgen ging sie an Bord der *SS Argentina* nach Buenos Aires. Einen Trost hatte sie jedoch, und zwar in Gestalt ihres ehemaligen Geliebten Nicola Rossi-Lemeni, der sie auf dem Schiff erwartete und sich auf der Reise um sie kümmerte.

Am 20. Mai sang Maria im Teatro Colón in Buenos Aires die erste ihrer vier *Turandots* und erntete nur ein gemischtes Echo von den Kritikern, die nicht recht wußten, was sie von ihrer Schauspielkunst halten sollten, die sie »übertrieben« nannten, auf Kosten ihrer Stimme. Dergleichen negative Kritik konnte Maria nur schwer ertragen, weil sie sie für kleinlich und unberechtigt hielt. Die Rolle der Turandot galt unter den Sopranistinnen von jeher als »stimmlicher Selbstmord«. Die Aufnahme zum Beispiel, die Maria 1954 von *In questa reggia* machte, bezeugt eine gewaltige Leistung, die in der ganzen Operngeschichte nicht ein zweites Mal erreicht worden ist und offenbart, warum die Stimme sich bereits verzehrte, als die Sängerin selbst noch im besten Alter war. Nach der letzten Vorstellung, am 22. Juni, schwor sie sich, nie wieder die *Turandot* auf der Bühne zu singen.

Ihre Rettung in Argentinien waren die vier Vorstellungen von *Norma*. »Eine leidenschaftliche und menschlich-dramatische Interpretation« schwärmte *La Prense*. Ein Enthusiasmus, der ihr am 2. Juli bei ihrer *Aida*, die nie eine ihrer Lieblingsrollen gewesen ist, nicht wieder vergönnt war. Viel besser aufgenommen wurde ihr »Abschieds«-Konzert eine Woche später, das aus Anlaß des 133. Jahrestages der argentinischen Unabhängigkeit gegeben wurde, ebenfalls im Teatro Colón und mit Serafin am Dirigentenpult. Dort erhielt sie für *Casta Diva* Ovationen.

Die Nächte mögen Maria von Nicola Rossi-Lemeni verkürzt worden sein: Er hat allerdings wohl nur ihre körperlichen Bedürfnisse befriedigen können, denn sie fühlte sich, so weit von zu Hause, unbeschreiblich einsam. Sie schrieb leidenschaftliche und romantische Briefe an ihren Mann, telefonierte täglich mit ihm oder schickte ihm Telegramme und setzte durch, daß die Leitung des Teatro Colón die

Rechnung bezahlte, denn sie machte sie für ihren Kummer verantwortlich. Viele dieser Briefe sind, trotz ihres Wunsches, sie keinem anderen zu zeigen, in Meneghinis Darstellung ihrer gemeinsamen Jahre, *Meine Frau Maria Callas*, veröffentlicht worden. Zu diesem Zeitpunkt fühlte Meneghini sich so schlecht behandelt, daß er sich nicht mehr darum scherte, was die Welt von seinem Verrat hielt, wenn er nur Onassis eins auswischen konnte.

Meneghini hatte das Theater auch angewiesen – wiederum auf dessen Kosten –, sämtliche Pressekritiken nach Verona zu telegraphieren, und beschimpfte die bedauernswerten Mitarbeiter, wenn es negative oder wenig schmeichelhafte waren. Darum überrascht es nicht, daß die Mitarbeiter des Teatro Colón froh waren, Maria schließlich abreisen zu sehen, und ihr deutlich zu verstehen gaben, sie würde dort nie wieder singen, wenn sie diesbezüglich etwas zu sagen hätten.

Als Maria im August 1949 nach Verona zurückkehrte, wohnte Meneghini nicht mehr in der Hotelsuite, die er ja ursprünglich nur gemietet hatte, weil das Leben in seinem eigenen Haus durch seine Mutter unmöglich geworden war. Während ihrer Abwesenheit hatte Meneghini vergeblich versucht, sich mit dieser bösen alten Frau auszusöhnen, und darum beschlossen, das luxuriöse Penthouse über den Büroräumen seiner Firma in der Via San Fermo 21, mit Blick über die Arena, zu kaufen. Einrichten lassen hatte er es so scheußlich knallbunt, wie es nur ging. Maria hatte an den pinkfarbenen Tapeten und Vorhängen, den hellgrünen Teppichen und den goldgerahmten Spiegeln nichts auszusetzen, denn sie teilte seinen bizarren Geschmack. Ein paar Wochen übernahm sie sogar die Rolle einer Hausfrau, wischte Staub, polierte die Möbel und kochte, zumeist unglaubliche Gerichte, für ihren Mann und seine Freunde. Diese Wochen sollen zu den glücklichsten ihres Lebens gehört haben – bis der Reiz des Neuen verflogen war und sie sich wieder in die Arbeit stürzte.

Ihr erstes Engagement – bei dem sie als Maria Meneghini-Callas angekündigt wurde – hatte sie am 18. September in der St. Peterskirche in Perugia, wo sie in Alessandro Stradellas kaum bekanntem Oratorium *San Giovanni Battista* die Tochter des Herodes sang. Zugesagt hatte sie nur Gabrielle Santini zuliebe, dem Dirigenten, doch es wurde ihr zu einem so gräßlichen Erlebnis, daß sie sich schwor, nie wieder ein Oratorium zu singen, solange sie lebte. Am 31. Oktober gab sie in der Arena ein Konzert. »Das möchte ich ganz gern, zumal es ja nur über die Straße ist!« Das Programm enthielt, wie gewöhnlich, Norma, Isolde und Elvira sowie ihre erste Darbietung von *Ombra leggiare* aus Meyerbeers *Dinorah* und eine Arie aus Verdis *La traviata*. Am 24. November sang sie bei *Radio Italia* den 2. Akt von *Tosca* und den 4. Akt von *Manon Lescaut,* am 20. Dezember stand sie im Téatro San Carlo in Neapel als Partnerin des umjubelten Baritons Gino Bechi in der ersten von drei Aufführungen von Verdis *Nabucco* in der Partie der Abigaile auf der Bühne. Ihre Interpretation dieser äußerst schwierigen Rolle – in der ersten Callas-Oper überhaupt, die als Ganze live aufgenommen wurde – war, gelinde gesagt, aggressiv. Es peinigte sie, daß Bechi, in der Titelrolle, ihr den Applaus stehlen könnte und sie selber nicht genug abbekäme, wie sie Vittorio Gui, dem Dirigenten am Téatro San Carlo, gestand. Darum stieß sie ihn »aus Versehen« zur Seite, als sie beide zusammen vor den Vorhang treten sollten, und nahm allein den stürmischen Applaus entgegen, der allerdings wohlverdient war.

Bis dahin hatte sich ihr größter Traum, an der Mailänder Scala, dem Nonplusultra der Opernwelt, zu singen, noch nicht erfüllt, und auch 1950 sah ganz danach aus, wieder ein »Routine«-Jahr zu werden. Geplant war: *Norma* in Venedig, Rom und Catania, *Aida* in Brescia sowie *Tristan und Isolde* in Rom. Maria hatte Mario Labroca nie die Abfuhr verziehen, mit der er sie der Chance beraubt hatte, die Amelia in *Un ballo in maschera* zu singen; und obgleich sie darauf brannte, ihren Namen dem prächtigen Pantheon der Künstler hinzuzufügen, die auf den geheiligten Brettern dieser Bühne gestanden hatten, hielt sie eisern daran fest, in der Scala nur zu ihren eigenen Bedingungen zu singen. Sie änderte jedoch ihre Meinung, als Ende März Antonio Ghiringhelli, der arrogante, ausgesprochen widerliche Intendant der Scala, an sie herantrat. Er hatte eine ihrer Vorstellungen in Brescia gesehen und bot ihr an, für die erkrankte Renata Tebaldi in seiner *Aida*-Inszenierung einzuspringen. Ohne zu zögern und trotz der Tatsache, daß sie sofort eine heftige Antipathie füreinander empfanden, sagte sie zu.

Die große italienische Sopranistin Renata Tebaldi war ein Jahr älter als Maria und hatte ihr Debüt 1944 in Rovigo gegeben. Ihr großer Durchbruch kam zwei Jahre später, als Toscanini, auf der Suche nach Sängern für die Wiedereröffnung der Scala nach dem Kriege, sie engagierte, um Verdis *Reqiem* zu singen. Der Presse hatte er damals gesagt: »Sie hat eine Stimme wie ein Engel!« 1947, als Maria ihr aufgeregtes Debüt beim Festival von Verona gab, hatte die Tebaldi die Kritiker der Stadt als Margarethe in Gounods *Faust* zu Begeisterungsstürmen hingerissen. Im Oktober 1948 hatte sie mitten unterm Publikum gesessen, als Maria in Rovigo die *Aida* sang. Am Schluß der Vorstellung war sie aufgesprungen und hatte mit ihren *Bravo*rufen in den allgemeinen Jubel eingestimmt. Darum war es nur logisch, daß Maria an ihre Stelle treten sollte.

Gegenüber Anita Pensotti behauptete Maria, unerschütterlichen Respekt und unbeirrbare Bewunderung für die Tebaldi zu hegen: »Seit dem Tag in Rovigo waren wir gut miteinander befreundet, haben uns gegenseitig beraten in bezug auf Kleidung, Frisur und sogar die Auswahl unseres Repertoires. Renata bewunderte meine schauspielerische Kraft und meine körperliche Ausdauer – ich ihren lieblichen Gesang.« Einige Jahre später jedoch sollte sie sich über ihre Rivalin ganz anders äußern.

In Italien kannte man die Callas kaum länger als zwei Jahre, sie wurde mehr kritisiert als gelobt und hätte doch dankbar dafür sein sollen, diese günstige Gelegenheit bekommen zu haben. Sie war auch hoch erfreut, ihr Stolz jedoch, von der Mutter geerbt, erlaubte es ihr nicht, es öffentlich zu zeigen. Ein paar Tage, nachdem sie die Rolle angenommen hatte, traf sie mit Meneghini in Mailand ein, wo sie Ghiringhelli, der überraschenderweise nicht viel von Oper und noch weniger von Belcanto verstand, bei einer Begegnung – zu der sie ihren Mann wohlweislich im Hotel gelassen hatte – deutlich zu verstehen gab, daß sie nicht irgendeine »Choristin« sei, die mit ihm ins Bett gehen würde, wie das manch eine Primadonna und zahlreiche Chorsängerinnen und Tänzerinnen in der Hoffnung getan hatten, damit ihre Karriere zu fördern. In der Tat hat Ghiringhelli sie immer respektiert, weil sie ihm die Stirn geboten hatte – ebenso aber hat er sie verachtet.

Die Atmosphäre war auch am nächsten Vormittag nicht freier, als sie ihre erste größere Pressekonferenz gab. Neben sich einen aschfahlen Ghiringhelli, gab sie, was später so typisch für sie sein sollte, auf jede Frage eine witzige, doch zugleich aggressive Antwort. Ja, natürlich sei sie aufgeregt, in der Scala zu singen, aber sie sei kurzsichtig, und daher sähen für sie alle Opernhäuser gleich aus! Ja, natürlich liege ihr das Publikum am Herzen, solange sie ihm am Herzen liege! Nein, sie kümmere sich nicht darum, was die Kritiker über ihre Stimme schrieben – sie singe, wie sie es für richtig halte! Nein, sie habe kein beneidenswertes Leben – von einem Hotelzimmer zum nächsten zu ziehen! Nein, es mache ihr nichts aus, vor dem italienischen Präsidenten zu singen, und sie werde sich gewiß nicht fotografieren lassen, wie sie Antonio Ghiringhelli umarmte – sie kenne diesen Mann ja gar nicht. Und schließlich, ja, sie sei wahnsinnig glücklich, mit einem Mann verheiratet zu sein, der ihr Vater sein könnte – und warum denn auch nicht?

Die erste der drei Aufführungen der *Aida* fand am 2. April statt, und obgleich das Publikum sie soweit akzeptierte, daß es ihr heftig applaudierte, waren die Kritiker ihr feindlich gesonnen. Für sie war

Renata Tebaldi, die diese Partie bereits sechsmal gesungen hatte, das Nonplusultra. Einer von ihnen ging so weit, zu behaupten, Maria hätte die Noten verändert und improvisiert. Ein anderer erklärte ihre Diktion für »verworren«, und ein dritter forderte, sie solle noch einmal Unterricht nehmen! Maria blieb unverzagt und schob die eigenen Fehler auf eine zweitklassige Inszenierung, die zugeschnitten gewesen wäre für eine Sopranistin – Renata Tebaldi –, die weniger talentiert sei als sie, und schwor, sollte sie an die Scala zurückkehren, dann nur, wenn sie selbst das Sagen hätte und nicht »der perverse kleine Mann«. Dann würden auch die Kritiker erkennen, worauf sie so lange verzichtet hätten. Ghiringhelli seinerseits schwor sich, wie so viele andere, denen sie gründlich die Meinung gesagt hatte, nie wieder mit ihr zu arbeiten; und statt mit einem Vertrag zu scheiden, den sie erwartet hatte, begnügte sie sich mit einigen wenigen Engagements, vier *Aidas* in Neapel, auf die eine Reihe von Engagements in Mexiko folgte, wo sie in dem bekanntlich schwer zufriedenzustellenden Palacio de las Bellas Artes in Mexiko-Stadt die Tosca, die Aida, die Norma und die Leonora in *Il trovatore* sang.

Im Mai 1950 war Maria mit der Mezzosopranistin Giuletta Simionato nach Mexiko unterwegs, am 13. Mai unterbrach sie ihre Reise in New York, um, seit drei Jahren das erstemal, ihre Eltern zu besuchen. Wie bei ihrer letzten Reise nach Übersee blieb Meneghini auch diesmal wegen geschäftlicher Dinge zu Hause. Die Gründe für ihren Besuch waren zweifacher Natur: Da sie erkannt hatte, daß es beinahe immer ihre Mutter war, die hinter dem Ungemach der Familie steckte, hatte sie ihren Vater recht liebgewonnen, und außerdem wollte sie der Mutter zeigen, wie reich und berühmt sie ohne ihre Unterstützung geworden war.

Vielleicht war sie enttäuscht, daß Litza sie nicht mit abholte und mit Pelzen und Juwelen bedeckt sah. Sie war wegen einer Augeninfektion im Krankenhaus, doch George fuhr mit Maria sofort zu ihr. Etwa eine Stunde lang schien das Wiedersehen zwischen Mutter und Tochter herzlich zu sein. Maria lud die Mutter ein, sie in Mexiko zu besuchen, sobald sie wieder reisefähig war. Später gab es in der elterlichen Wohnung einen bösen Zwischenfall. George Callas war nicht anwesend, Giulietta bat um etwas zu trinken, und die Limonadenflasche, die Maria aus dem Kühlschrank holte, enthielt in Wirklichkeit Insektengift. Was die Sache noch verschlimmerte, war, Maria zufolge, die Aussicht, daß sie es gewesen wäre, die man beschuldigt hätte, wäre Giulietta etwas zugestoßen; und Litza, die, wie sich herausstellte, die Flasche im Kühlschrank versteckt hatte, hätte nichts zu ihrer Entlastung getan.

In Mexiko City waren der Dirigent Guido Picco und die meisten Sängerinnen und Sänger der zehn bevorstehenden Inszenierungen zu ihrem Empfang im Hotel Prince erschienen. Alle schloß sie in die Arme oder reichte ihnen die Hand, nur einem nicht, Nicola Moscona, dem Mann, der sie einige Jahre zuvor nicht hatte Toscanini vorstellen wollen. Sie ignorierte ihn auch während der gesamten Proben, doch als sich am 23. Mai der Vorhang zu ihrer ersten *Norma* hob, waren sie Freunde – vereint gegen die Intrigen hinter der Bühne und das kindische Benehmen des deutschen Tenors Kurt Baum, der den Pollione sang. Baum, ein gefeierter Sänger an der Met, konnte sich nicht damit abfinden, daß der Callas so viel Aufmerksamkeit zuteil wurde, nicht nur von der Presse, sondern auch von Antonio Caraza-Campos, dem Direktor der Oper, einem Mann mit einem besonderen Faible für Frauen. Baum sprach von ihr nur als von »der fetten Griechin«, und Maria ihrerseits versuchte, ihn bei den Proben aus dem Konzept zu bringen, indem sie erklärte, er sei zu dumm, seinen Text zu lesen, geschweige auswendig zu lernen – eine Tatsache, die in den Aufnahmen dieser Aufführung nur allzu deutlich wird.

Die Kritiker schwärmten für ihre *Norma* und kamen einhellig zu dem Schluß, sie sei die bedeutendste Sopranistin, die eine mexikanische Bühne geziert hatte seit Rosa Raisa, der allerersten Turandot, die in den zwanziger Jahren dort aufgetreten war. »In der griechischen Sopranistin steckt die Reinheit von purem Gold«, schwärmte Mario Paes vom *Excelsior*, der Maria förmlich verfolgte, während ein gewisser Julius in demselben Blatt tönte: »Wir waren einfach hingerissen, und wenn uns am Schluß einer so herrlichen Vorstellung etwas traurig stimmte, dann, daß wir nie wieder in unserem Leben eine solche Norma zu hören bekommen würden.«

Im Palacio de Bellas Artes machte sie es sich zum Vergnügen, Kurt Baum die wohlverdiente Strafe zu erteilen. Wenn sie einen Gesangspartner nicht mochte, blieb das meist hinter den Kulissen verborgen. Der Funke zu diesem speziellen Feuerwerk wurde jedoch während der Premiere von *Aida* gezündet, als Baum sowohl Maria als auch Nicola Moscona ausstach, indem er die hohen Noten länger hielt als vorgesehen, um ihnen die Schau zu stehlen und den Applaus auf sich zu ziehen.

Bei der ersten Aufführung gaben Maria und Moscona sich geschlagen, innerlich vor Wut kochend, und weigerten sich, mit Baum vor den Vorhang zu treten. Während der zweiten Vorstellung jedoch nahmen sie Rache. Moscona übertönte Baum, als der es am wenigsten erwartete, und in der Triumphszene am Schluß des zweiten Aktes sang Maria eine ganze Oktave höher, als Verdi es vorgesehen hatte, und hielt fünfzehn Sekunden lang das ohrenbetäubende hohe Es! Das Publikum raste, klatschte und stampfte mit den Füßen ganze fünf Minuten lang. »Die Stimme dieser Frau stieg auf bis zur großartigsten Höhe und hat uns buchstäblich umgehauen!« schrieb Mariano Paes und fügte mit Blick auf ihre Widersacher hinzu: »Sie spielte ihre Rolle mit solcher Souveränität, solchem Raffinement, solcher Musikalität, daß, was immer gewisse Kritiker an ihren mittleren Registern auszusetzen haben mögen, vor ihren viel bedeutenderen Vorzügen nichtig erscheint.« Karl Baum jedoch war weitaus weniger beeindruckt und verschwand wütend von der Bühne.

In der Garderobe schwor er nicht nur, nie wieder mit ihr zu singen, er wollte auch persönlich dafür sorgen, daß sie niemals einen Fuß in die

Met setzen würde. Sie erwiderte darauf: »Und ich werde dafür sorgen, daß jedermann von Ihren Aktivitäten während des Krieges erfährt!« Sie hatte zwar nur auf den Busch geklopft, denn sie wußte überhaupt nichts von Baums Vergangenheit, doch allem Anschein nach hatte sie einen Nerv getroffen. Zur nächsten *Aida*-Aufführung hielt Baum sich an seinen Schwur. Krankheit vortäuschend, mußte er im letzten Augenblick durch Mario Filippeschi ersetzt werden. Der war zwar nicht im mindesten so talentiert, aber doch sehr zugänglich; und es war nur eine Frage von Tagen, bis Baum wieder auf der Bildfläche erschien. Mit der Callas zu arbeiten mag öfter eine Qual gewesen sein, die man dem ärgsten Feind nicht wünschte, verlieh aber Renommee!

Am nächsten Tag traf Marias Mutter in Mexiko City ein und wurde von einem Empfangskomitee begrüßt, das einem Monarchen beim Staatsbesuch angestanden hätte. Arrangiert hatte Maria das gewissermaßen als Auftakt zu ihrer größten, doch am wenigsten spektakulären Kraftprobe. Litza erhielt ein Zimmer im Hotel Prince direkt neben Marias Suite, die dafür sorgte, daß es für die Dauer ihres Aufenthalts stets voller Blumen war. In den nächsten Tagen wurde Litza, die zu naiv war, um zu bemerken, daß es sich um eine abgekartete Sache handelte, von nahezu allen verfügbaren Honoratioren der Stadt zu einer Reihe von Essen und Empfängen eingeladen. Fotografen machten Aufnahmen, wie sich die beiden umarmten, wobei Litza ein aufgesetztes Lächeln und den teuersten Pelzmantel trug, den ihre Tochter hatte auftreiben können. Hinter den Kulissen hatten die beiden kaum ein Wort füreinander. Während Callas nach jeder Vorstellung mit Giulietta Simionato und Nicola Moscona in einen Klub oder eine Bar ging, um sich zu entspannen, blieb Litza im Hotel, wo sie es sich zur Aufgabe gemacht hatte, Pressekritiken auszuschneiden und die *Aida*-Schminke aus der Unterwäsche ihrer Tochter zu entfernen.

Die Premiere von *Il trovatore*, bei der Kurt Baum, dem »verziehen« worden war, die Rolle des Manrico sang, fand am 20. Juni statt. Es war eine sehr spezielle Inszenierung, die erste überhaupt, die Callas sich ganz allein erarbeitet hatte, denn sie hatte die Leonora noch nie gesungen. Und da Tullio Serafin nicht dirigierte, hatte er es auch abgelehnt, ihr zu helfen. Um nicht zurückzustehen, übertraf sie sich selbst, indem sie sich ganz auf die Originalpartitur konzentrierte und die Partie exakt so sang, wie es der Komponist beabsichtigt hatte. Genau wie die anderen Premieren in Mexiko wurde auch diese aufgenommen, und man konnte ihre Nervosität spüren, aber auch, wie sich die Spannungen mit Kurt Baum seit der *Aida* gelegt hatten. Die beiden Hauptakteure scheinen bei ihrem Kampf um höchste Noten – indem er zum Beispiel in dem Terzett *Un instante almen dia loco* im ersten Akt ein hohes Des improvisierte und unglaubliche zwanzig Sekunden lang hielt – tatsächlich einen Heidenspaß gehabt zu haben, und zwar so sehr, daß ihr »Opfer«, der später hochberühmte amerikanische Bariton Leonard Warren, nach dieser ersten Vorstellung Mexiko verließ, weil er an »Höhenkrankheit« litt, wie er sardonisch vorgab.

Die letzte Vorstellung von *Il Trovatore* gab es am 28. Juni, und am nächsten Morgen wurde Maria zum Flughafen gebracht. Ihre Mutter begleitete sie, die beiden Frauen gaben sich einen Abschiedskuß und Maria stieg in das Flugzeug nach Madrid, wo ihr Mann sie abholte. Litza blieb noch ein paar Tage auf Marias Kosten im Hotel Prince, ehe sie nach New York zurückkehrte, mit der Hoffnung auf die nächste »Einberufung«. Was sie nicht wußte, war, daß Maria sich vorgenommen hatte, sie nie wieder zu sehen, und daß sie es diesmal wahrmachen würde.

Vi calmate è mio marito

Mexiko 1950–1952

> *Ich bin unfähig, mich über das zu freuen,*
> *was ich gut gemacht habe, weil ich das, was ich*
> *noch besser hätte machen können, wie unter*
> *einem Vergrößerungsglas sehe.*

Der Mexikoaufenthalt hatte Maria erschöpft. Auf dem Rückflug nach Madrid litt sie unter Migräne, die auch zu Hause nicht nachließ, und Meneghini überredete sie zu ein paar Tagen Ruhe. Für die nächste Zeit waren ohnehin nur vier »nicht so wichtige« *Toscas* in der Provinz und eine *Aida* an der Oper von Rom geplant. Während sie sich ausruhte, begann sie, die Partitur von Rossinis *Il turco in Italia*, ihre einzige wirklich komische Rolle, zu studieren. »Auch ich habe gewiß das Recht, mich ab und zu zu amüsieren«, sagte sie zu Anita Pensotti und fügte hinzu, daß sie sich darauf gefreut habe, wenigstens für einige Zeit den üblichen Tragödien zu entrinnen.

Die Idee, daß Maria die Rolle der Fiorilla singen sollte, stammte von Italiens führendem Filmregisseur, Luchino Visconti, von dem sie sich bis zur Besessenheit faszinieren ließ, bis ihre Leidenschaft durch die Entdeckung, daß er homosexuell war, abkühlte.

Visconti, der begüterte, aristokratische Liebling der Associazione Anfiparnaso, einer Gruppe römischer Intellektueller und Opernenthusiasten, hatte sie zum erstenmal im Februar 1949 in einer Inszenierung des *Parsifal* im Opernhaus der Stadt gesehen und seit damals, wie er behauptete, keinen ihrer Auftritte in Italien versäumt. Als Visconti viele Jahre später in einem französischen Fernsehinterview über diesen *Parsifal* sprach, erinnerte er sich daran, daß Maria »ein kleines Tamburin« auf dem Kopf getragen hatte, das ihr immerzu ins Gesicht gerutscht war, und fügte hinzu: »Ich sagte mir: ›Diese Frau braucht einen guten Kostümbildner, einen, der Hüte macht, die ihr nicht ständig ins Gesicht rutschen, während sie singt.‹« Jetzt fühlte er sich geehrt, mit ihr zu arbeiten – der Anfiparnaso finanzierte eine zweiwöchige Veranstaltungsreihe im Teatro Eliseo mit vier neuen Opern und zwei Wiederaufführungen –, und er sagte zu den Reportern: »Endlich ist die Zeit gekommen, der Callas einen anständigen Hut zu geben.«

Maria lernte die Partie der Fiorilla in ihrem unglaublichen Tempo, obgleich sie nicht überzeugt war, daß sie sie auch wirklich bewältigen würde. Sie gestand, daß sie nur optimistisch war, wenn sie eine neue Rolle angeboten bekam, daß der Reiz des Neuen aber schnell verflog. Zu Derek Prouse sagte sie einmal: »Meine erste Reaktion ist: ›Das ist etwas, das ich liebend gern machen würde, und ich weiß, daß ich es wunderbar könnte.‹ Aber von dem Augenblick an, in dem ich damit anfange, bin ich ständig unzufrieden mit mir. Man ist ein Opfer der schlimmsten Zweifel und Ängste: ›Ich bin unfähig. Ich habe keine Stimme. Ich hätte das nie annehmen sollen!‹«

Die Proben zu *Il turco in Italia* waren anfangs verkrampft, weil beide zu viel Ehrfurcht voreinander hatten. Selten bestanden sie aus weniger als zwei dreistündigen Sitzungen am Tag. Visconti beeindruckte sie dadurch, daß er sich um jeden einzelnen kümmerte. »Maria ist das diszipliniertester professionelle Material, das ich je in die Hände bekommen habe«, sagte er später, während sie einfach sagte: »Größer als die Hidalgo, selbst größer als Serafin, Visconti war mein Gott.« Visconti hat sich natürlich nicht in sie verliebt, geriet aber in ihren Bann, wie es vielen angesichts einer gefeierten Diva ergeht, zu der sie nun sehr schnell wurde. Sie ihrerseits war gefesselt von seiner Intelligenz, seinen Manieren und vor allem seinen Kenntnissen der Oper. Gegen Meneghinis Wunsch saßen sie häufig zusammen in den Anfiparnaso-Bars und -Cafés der Via Nazionale in Rom, wo sie viele seiner Freunde kennenlernte, wie die Schauspielerin Anna Magnani, die sie stets bewundert hat.

Die Premiere von *Il turco in Italia* am 19. Oktober 1950 war ein großes gesellschaftliches Ereignis, die Creme der römischen Gesellschaft war anwesend – und manch einer mag damit gerechnet haben, daß diese Tragödin eine Fehlbesetzung wäre für die lebhafte neapolitanische Dirne, die auf den zu Besuch weilenden türkischen Prinzen hereinfällt. In Wirklichkeit bewies sie nur, daß sie absolut alles singen konnte, wie die italienische Zeitschrift *Opera* berichtete: »Maria Callas war die Überraschung des Abends, indem sie diese Sopranpartie der leichten Art mit unglaublicher Leichtigkeit bewältigte, so daß man kaum glauben mochte, daß sie eine vollkommene Interpretin der Turandot und der Isolde ist.« Sie wiederholte auch den Trick, mit dem sie das mexikanische Publikum zum Rasen gebracht hatte – am Schluß des ersten Aktes sang sie ein perfektes hohes Es.

Unmittelbar nach *Il turco in Italia* begann sie, sich mit Tullio Serafin auf zwei weitere wichtige Partien vorzubereiten, auf die Elisabeth de Valois in Verdis *Don Carlos* und die Violetta in seiner *La traviata*, die Ende des Jahres in Neapel und Rom gespielt werden sollten. Am 20. und 21. November sang sie für *RAI Turin* die Kundry in *Parsifal*, erfreut, wieder einmal mit Boris Christoff arbeiten zu können, der die Rolle des Gurnematz sang. Damit verabschiedete sie sich von Wagner, bei dem sie sich immer unbehaglich gefühlt hatte. Die Aufführungen wurden aufgezeichnet, wenngleich schlecht. Trotzdem sind sie kostbar, da sie, abgesehen von der schwer zu definierenden *Tristan und Isolde* von 1947, in der Callas-Discographie das einzige komplette Werk Wagners darstellen.

Zu dieser Zeit litt Maria Callas immer noch unter Migräne, und wegen ihres Gewichts glaubte man, daß sie auch noch Wasser hatte. Außerdem gab es Krach mit Serafin, vor dem sie nicht mehr so viel Respekt hatte wie früher. Den hatte sie auf Visconti übertragen. Sie schreckte nicht mehr davor zurück, Serafin zu kritisieren, wenn sie glaubte, daß er unrecht hatte. Er wußte natürlich, daß sie krank war, ließ es aber trotzdem zu, daß sie schwer arbeitete, was er wahrscheinlich als das kleinere von zwei Übeln ansah, bis sie Gelbsucht bekam. Trotzdem hätte sie wohl weitergemacht, hätte Meneghini ihr nicht Ruhe *befohlen*. Von keinem anderen hätte sich Maria sagen lassen, was sie zu tun und zu lassen hatte, doch seit ihrer ersten Begegnung wußte sie, daß Meneghini ihr Wohlergehen am Herzen lag, und so war sie Wachs in seinen Händen. Sie sagte *Don Carlos* ab, wenn auch widerwillig, und kaum fühlte sie sich besser, da fuhr sie nach Florenz, um mit den Proben zu *La traviata* fortzufahren, wobei sie erklärte, die Rolle der sterbenden Halbweltdame wäre vielleicht leichter zu fassen, wenn sie ebenfalls krank wäre.

La traviata hatte am 14. Januar 1951 als Beitrag der Stadt zu den Feierlichkeiten anläßlich Verdis fünfzigstem Todestag Premiere. Am 27. Januar, dem tatsächlichen Jubiläum, sang sie in Neapel *Il trovatore*, mit dem erfahrenen Tenor Giacomo Lauri Volpi in der Titelrolle, einem Mann, der von da an ein Faible für sie hatte und sich häufig für sie einsetzte, wenn er glaubte, sie sei vom Publikum oder von der Presse ungerecht behandelt worden. Zum erstenmal hatte Volpi sie im Februar 1950 in Rom als *Norma* gehört und danach in sein Tagebuch geschrieben: »Die Norma ist göttlich. Ich habe sie in meiner tiefsten Seele genossen! Stimme, Stil, Darstellung, äußerste Konzentration und dieser pulsierende Geist – all das bis zu ungewöhnlichen Höhen in dieser Künstlerin vereint!« Jetzt schrieb er einen Leserbrief an eine neapolitanische Zeitung und griff das Publikum des Teatro

San Carlo wegen seiner »kläglichen« Behandlung Marias an und forderte es auf: »Öffnen Sie die Ohren und geben Sie der Frau eine Chance!« In Wirklichkeit hatte Maria allabendlich recht ordentlichen Applaus erhalten, und es war der achtundfünfzig Jahre alte Lauri Volpi selbst gewesen, den man ausgebuht hatte, weil er schwach sang, und zwar so sehr, daß er nach der zweiten Vorstellung genötigt wurde, sich aus der Inszenierung zurückzuziehen.

Mitte Februar, sie sang gerade *Norma* in Palermo, erhielt sie einen Anruf von Ghiringhelli, der sie dringend nach Mailand beorderte. Den Grund, erklärte er voller Arroganz, würde er ihr nennen, wenn sie vor ihm stünde. Zwar mag sie den Mann immer noch gehaßt haben, aber sie hatte schon so lange auf den Ruf an die Scala gewartet, daß sie so gut wie alles angenommen hätte – außer, noch einmal für die erkrankte Renata Tebaldi einzuspringen, noch dazu in *Aida*. Die Antwort, die sie Ghiringhelli gegeben hat, kann man auch heute noch nicht drucken. Jedenfalls schlug sie die Tür derart heftig zu, daß sie beinahe aus den Angeln sprang.

Dieser Ausbruch hatte auch zur Folge, daß sie nicht die Rolle der Magda in Gian Carlo Menottis *Konsul* bekam. Neben der früheren *O Protomastoras* wäre es ihre einzige moderne Oper gewesen. Menotti hatte dafür den Pulitzerpreis bekommen und wollte sie an der Scala aufführen. Die Besetzung konnte er mit Ghiringhellis Erlaubnis selber aussuchen. Als er sich jedoch für Maria entschied, weigerte sich der Intendant. Er wollte sie allenfalls als Gast an seinem Opernhaus haben. Menotti bat Maria trotzdem und erhielt eine nur etwas weniger lautstarke Antwort. Sie werde an der Scala weder als Gast singen noch als Ersatz, sondern nur als *Star*. Ghiringhelli werde Zeit seines Lebens für seine Torheit zahlen!

Inzwischen war ein Angebot eingegangen, das sie nicht ablehnen konnte. Sie hatte ein Telegramm von der Contessa Wally Castelbarco-Toscanini erhalten, der Tochter des legendären Dirigenten und einer Freundin von Visconti, der als Mittler fungierte und ihr die

Möglichkeit verschaffte, für die Rolle der Lady Macbeth in Verdis *Macbeth* vorzusingen. Toscanini, der inzwischen vierundachtzig und sehr gebrechlich war, hatte vor, diese Oper zuerst in Busetto, in der Nähe von Verdis Geburtsort aufzuführen und dann an der New Yorker Met. Callas bestand das Vorsingen, obgleich sie sich mit dem tyrannischen alten Mann über die Partitur stritt, doch das Projekt wurde aufgegeben, nachdem er einen Schlaganfall erlitten hatte.

Etwa zu dieser Zeit nahm sie eine Südamerikatournee an, die im Juli beginnen sollte. Sie war enttäuscht, daß Serafin diesmal nicht mit ihr reisen würde. Er sollte zwar in Buenos Aires sein, allerdings aber Gigli dirigieren, doch er versicherte ihr, sie werde mit seinem »Ersatz«, Oliviero de Fabritiis, ausgezeichnet auskommen. In einem erfolgreichen Versuch, ihrem Vater zu versichern, daß sie ihn immer noch liebte, schrieb sie ihm, sie wolle ihn mit ihrem Mann bekanntmachen, der zum erstenmal mit ihr nach Übersee reisen würde. Litza ertrug diese Abfuhr nur schwer und erklärte, wenn ihr Mann auf eine Abenteuerreise gehen könne, dann könne sie das auch. Leider bedeutete das, daß sie sich ihrer älteren Tochter in Athen aufdrängte. »Ich konnte es kaum ertragen«, lamentierte Jackie später. »Ich hatte ihr ständiges Nörgeln vergessen, ihre beinahe ständig geöffnete Bibliothek von Klagen darüber, wie schlecht sie behandelt würde.«

Jackie hatte inzwischen die Hoffnung aufgegeben, Milton Emberikos zu heiraten, obgleich sie immer noch unzertrennlich waren. Milton weigerte sich jedoch rundweg, diese unwillkommene Besucherin zu unterstützen, und darum schrieb Litza Maria und bat sie um eine monatliche Rente, die ihr rechtmäßig zustünde, wenn man all die Opfer, die sie gebracht habe, Maria auf den Weg des Erfolges zu bringen, in Rechnung stelle. Zum Teil stimmte das natürlich, dennoch ignorierte Maria den Brief.

Inzwischen, am 26. Mai, sang sie zur Eröffnung des Florentiner Mai-Musikfestivals in der ersten von vier Aufführungen der beinahe vergessenen *Sizilianischen Vesper* von Verdi. Das war ihre zweite größere Arbeit mit Boris Christoff innerhalb von sechs Monaten, und wie die erste wurde auch diese gut aufgenommen. Ihre Leistung hat Newell Jenkins vom *Musical America* zum Schwärmen gebracht: »Miss Callas gehört in Europa heute gewiß zu den besten Sängerinnen und ist außerdem eine hervorragende Schauspielerin.« In dieser Vorstellung gab der beliebte legendäre, in Österreich geborene Maestro Erich Kleiber sein italienisches Debüt, ein Mann, den Maria wegen seiner Haltung gegenüber Nazi-Deutschland stets bewunderte. Im Alter von dreiunddreißig Jahren war er 1923 Direktor der Berliner Staatsoper geworden, hatte jedoch zwölf Jahre später dem Land den Rücken gekehrt, das ihn adoptiert hatte, und war nach Südamerika gegangen, wo er amerikanischer Staatsbürger geworden war, und kehrte erst nach dem Krieg auf seinen Posten zurück. »Kleiber und ich hatten so vieles gemeinsam«, sagte Maria später einmal. »In einem Lande geboren, um der Karriere willen gezwungen, in ein anderes zu gehen, dann von den Umständen gezwungen, die Staatsbürgerschaft aufzugeben, daß wir in Wirklichkeit nie so recht das Gefühl hatten, überhaupt irgendwohin zu gehören.«

Nur wenige Stunden, nachdem der Vorhang für *I vespri Siciliani* gefallen war, erreichte die Nachricht von Marias Triumph Antonio Ghiringhelli. Sofort begab er sich nach Florenz und bot ihr dieselbe Rolle zur Eröffnung der neuen Spielzeit der Scala am 7. Dezember an, außerdem noch die Norma und die Rolle der Konstanze in der italienischsprachigen Inszenierung von Mozarts *Die Entführung aus dem Serail*. Maria war natürlich dankbar, aber keineswegs überrascht, und sie nannte Ghiringhellis Reich weiter »auch nur ein Opernhaus«.

Ein paar Monate lang hatte sie mit Rudolf Bing, dem Direktor der New Yorker Met, Verhandlungen geführt, der sie erst kurz zuvor zum erstenmal gehört hatte, und zwar auf einem Tonbandmitschnitt ihrer mexikanischen *Aida*, die ihm sein Freund Erich Engel von der Wiener Staatsoper geschickt hatte, der selbst unter den Zuschauern gesessen hatte. Von ihrer Stimme bezaubert, hatte Bing, obgleich er absolut nichts von ihr wußte, nicht einmal ihr Alter und ihre Nationalität, einen italienischen Agenten, Liduino Bonard, angerufen und ihn gebeten, mit ihr einen Vertrag auszuhandeln. Bonard war nach dem *Troubadour* in Neapel an sie herangetreten und hatte sie, in Anbetracht der Gerüchte, die über ihr Temperament kursierten, überraschend zugänglich gefunden. Dafür gab es natürlich einen einleuchtenden Grund: Meneghini war bei dem Treffen nicht anwesend.

Die Callas war bereit, in der Saison 1951/52 acht Vorstellungen an der Met für jeweils 700 Dollar plus Spesen zu singen, vorausgesetzt, man erwartete nicht, daß sie sich länger als einen Monat in New York aufhielte. Diese Bedingungen akzeptierte Bing nicht, ein Mann, der als bärbeißig, knickrig und grob gegenüber manchem seiner Künstler verschrien war. Er forderte, sie müsse mindestens zwei Monate lang in New York bleiben, um drei Wochen proben zu können; um kein Risiko einzugehen, da sie in den Vereinigten Staaten eine »unbekannte Größe« sei, könne er ihr nicht mehr als vierhundert Dollar pro Vorstellung zahlen, von denen sie ihre Ausgaben selbst zu bestreiten hätte.

Meneghini explodierte: Maria würde zwei Monate in New York bleiben, erklärte er, jedoch nur für sechshundert Dollar pro Vorstellung. Dann komplizierte sie selbst die Sache, indem sie Bing mitteilte, sie wäre so begierig darauf, ihren Wert an der Met unter Beweis zu stellen, daß sie bereit sei, für nur zweihundert Dollar pro Vorstellung zu singen, vorausgesetzt, er gestatte ihr, ihre erste Rolle selbst zu wählen. Auch darauf ließ Bing sich nicht ein. Er hatte sein Herz daran gesetzt, daß sie die Rolle sang, mit der sie ursprünglich seine Aufmerksamkeit erregt hatte, die *Aida*. Dafür, ließ er sie durch Liduino Bonard informieren, zahle er ihr die ursprünglichen vierhundert Dollar pro Vorstellung und biete zudem die Option einer Frühjahrstournee durch die Vereinigten Staaten sowie möglicherweise eine erste Nennung auf den Plakaten der Met in der Spielzeit 1952/53. Sie war bereit, ihm auf halbem Wege entgegenzukommen: Sie würde, wie verlangt, *Aida* singen sowie eine oder zwei Opern ihrer Wahl, aber Bing müsse auch für die Ausgaben ihres Mannes aufkommen. Obendrein sehe sie nicht ein, daß die Proben auf zehn Tage ausgedehnt werden sollten, da sie, besonders in Italien, dafür bekannt sei, daß sie neue Rollen in weniger als einer Woche lerne.

Bing war wütend, war er sich doch im klaren, daß er seine Meisterin gefunden hatte, aber er war so begierig darauf, sie zu engagieren, daß er nun selbst in Florenz auftauchte – unter dem Vorwand, das Festival zu besuchen –, um persönlich mit ihr zu reden. Bing zu treffen, war natürlich Beweis genug, daß sie es mehr als verdiente, an der Met zu singen, und sie wußte jetzt, daß sie nach Herzenslust feilschen konnte. Sie empfand sofort eine Abneigung gegen ihn, und auch er war nicht angetan von dem, was er sah. »Sie war furchtbar dick und linkisch«, erinnerte er sich später. Sie weigerte sich auch, ihm vorzusingen, und sagte scharf: »Sie haben mich heute abend gehört. Das ist die einzige Singprobe, die Sie bekommen!« Dann versuchte Bing zu bluffen, indem er im Beisein von Reportern sagte: »Miss Callas, nach meiner Meinung müssen Sie noch viel lernen, bevor sie ein Star an der Met werden können!« Marias Reaktion darauf war, daß sie, höflich lächelnd, verschwand. Augenblicklich verfiel Antonio Ghiringhelli auf den Gedanken, die Callas an seinem Hause zu haben, sei keine Option mehr, sondern eine Verpflichtung.

Zurück in Florenz, nahm Maria am 9. Juni eine weitere, gänzlich andere Rolle in Angriff: die Eurydike in Haydns posthum veröffentlichter Oper *Orpheus und Eurydike*, ein Werk, das 1791 geschrieben worden war und jetzt erst seine Weltpremiere erfuhr. Die Kritiker lehnten es jedoch strikt ab. Nicht weniger anspruchsvoll war das Material, das Maria für die beiden größeren Rundfunkkonzerte des Jahres auswählte. Für *RAI Turin* sang sie am 12. März *Io son Titania* aus

Thomas' *Mignon*, *Leise, leise* aus Webers *Freischütz* und Prochs *Variationen*. Das letztere, mit seinem herrlichen Umfang von drei Oktaven, wurde in der Rundfunksendung vom 11. Juni wiederholt, Marias letztem Auftritt, bevor sie aus dem historischen Florentiner Grandhotel nach Südamerika aufbrach.

Als sie mit Meneghini Ende Juni in Mexiko City eintraf, war George Callas bereits da und wurde Augenzeuge der Massenhysterie auf dem Flughafen; und statt daß die beiden Männer sich förmlich die Hand reichten, umarmten sie sich auf der Rollbahn und kamen auch während Georges gesamtem zweiwöchigen Aufenthalt in Mexiko famos miteinander aus, und das trotz der Tatsache, daß George nicht Italienisch sprach und Meneghinis Englisch eher dürftig war. Während dieser Zeit begann George, sich mehr und mehr für die eine Kunst zu interessieren, die er nie verstanden hatte, die Oper.

Die Tournee begann mit drei Vorstellungen von *Aida* im Palacio de Bellas Artes, wo die Partie des Radames von Mario del Monaco gesungen wurde, der, wie zuvor Kurt Baum, an seinen hohen Noten hing und sie dermaßen ausdehnte, daß ihn einige Kritiker tadelten, während sie mit ihrem Lob für Maria übertrieben. »Sie ist eine Schönheit von majestätischem und hervorragendem Verhalten«, schmeichelte Junius vom *Excelsior*. »Sie besitzt in höchstem Maße schauspielerisches Talent, Geschmack in bezug auf Kleidung, das Talent zu verführen und sich zu bewegen, und vor allem eine Stimme zum Singen. Und was für eine Stimme!«

Die Presse wußte jedoch nicht, was sie von ihrem Ehemann halten sollte. Ihr früherer Begleiter Nicola Rossi-Lemeni sei nichts Weltbewegendes gewesen, erklärte ein Journalist, aber er habe gewiß mehr hergemacht als dieser »seltsame kleine Mann mit der schwarzen Ledertasche«. Meneghini hatte darauf bestanden, daß sie ihre Gage ausschließlich in Golddollars erhielt, und so trug er allabendlich nach der Vorstellung seine Tasche ins Büro des Intendanten, um

Marias Gage abzuholen, und muß dabei aufgetreten sein wie ein triumphierender biblischer Zöllner.

Nach *Aida* und einem Konzert im mexikanischen Rundfunk gab Maria mit Cesare Valetti, dem Freund von Visconti, der mit ihr schon in *Il turco in Italia* gesungen hatte, fünf Vorstellungen von *La traviata*. Während der letzten, am 22. Juli, machten sich – wenngleich ihre Stimme in Höchstform war – Anzeichen physischer Erschöpfung bemerkbar, die aus einem Zusammenwirken von Höhenkrankheit, Schlaflosigkeit und Wasser in den Beinen herrührte. Als sie in São Paulo eintraf, wo Tullio Serafin wieder ihre *Norma* sowie *La traviata*, alternierend mit Renata Tebaldi als Violetta, dirigieren sollte, war sie so krank, daß lediglich die *Norma* am 7. September und zwei Tage danach eine *Traviata* stattfinden konnten.

In *La traviata* sang sie mit zwei jungen Männern, die später in aller Welt mit ihr arbeiten und gute Freunde werden sollten, dem Tenor Giuseppe di Stefano und dem Bariton Tito Gobbi, der sich gern an diese erste Zusammenarbeit erinnerte. In seiner Autobiographie *Mein Leben* von 1980 schrieb er: »Zurückblickend kann ich nicht glauben, daß irgend jemand anderes in der gesamten Geschichte dieses Werkes den ersten Akt so gesungen hat, wie sie ihn damals sang … Es scheint mir unmöglich, die elektrisierende Brillanz der Koloratur, die Schönheit, die reinste Magie des Tons, die sie hervorbrachte, zu beschreiben … Das war etwas, das man nur einmal in seinem Leben zu hören bekommt. Man kann sich in der Tat glücklich schätzen, wenn man es einmal zu hören bekommt!«

Während sie sich allmählich wieder erholte, war sie viel mit Renata Tebaldi zusammen. Sie sprachen über die alten Zeiten und freuten sich auf die nächsten Wochen, in denen sie beide ihr Debüt in Rio de Janeiro geben würden. Leider sollte die »enge Freundschaft«, wie Maria sie genannt hatte, bald zerbrechen an übersteigertem Ego und künstlerischer Zügellosigkeit und weniger wegen unterschiedlicher Auffassungen von Oper. »Ich war ihr ein Stück voraus, und vielleicht war sie sich diesbezüglich unsicher«, sagte die Tebaldi 1991 zu Mel Cooper vom *Sunday Telegraph*. »Für mich hatte die Oper mit dem Gesang zu beginnen. Maria war bereit, die Technik, ja sogar die Schönheit der Töne dem Dramatischen zu opfern. Ich hatte das Gefühl, daß die Dramatik hübsch, musikalisch ausgedrückt werden müßte – daß Oper gänzlich aus der Kehle kam.«

Die Tebaldi begann Anfang September mit *La traviata* und erntete gewaltigen Applaus von den Kritikern. Am 12. September sang dann Callas in einer glänzenden Aufführung ihre *Norma*, die das Haus erbeben ließ und ihr neun Vorhänge einbrachte, was versehentlich eine Fehde auslöste, die dann viele Jahre lang anhalten sollte und sich nicht allein gegen Renata Tebaldi richtete. »Die Callas war im Begriff«, wie Sergio Segalini, ein führender Opernexperte, in seinem Porträt von 1979, *Callas: Les images d'une voix*, schrieb, »gegen jene Welt einen Krieg auf Leben und Tod zu führen, für die sie sich andererseits verausgabte, indem sie ihre subtilsten Töne, ihre blühendste Phantasie und ihre einzigartigsten Variationen im *Vibrato* sang.«

Dieser »Krieg« kam eine Woche später auf Touren, als beide an einem Benefizkonzert im Teatro Municipal teilnahmen. Zu wessen Gunsten das stattfand, ist nie klargeworden. Sie waren übereingekommen, ein einziges Stück zu singen. Maria hatte sich für *Sempre libera* aus *La traviata* entschieden und die Tebaldi für das *Ave Maria* aus Verdis *Othello*. Die Tebaldi machte, entgegen der Absprache, zwei Zugaben.

Maria kochte vor Wut. Doch sollte sich das nur als die Spitze des Eisbergs eines Komplotts erweisen. Am 24. September sang sie in demselben Theater ihre erste *Tosca* – nur um nach der Vorstellung vom Intendanten, Barreto Pinto, zu hören, daß sie wegen Mißfallens beim Publikum von den noch vorgesehenen drei Terminen entbunden werden müßte. In Wirklichkeit hatte sie Ovationen erhalten! Ihre erste Reaktion war ungewöhnlich, sie erinnerte Pinto an seine vertraglichen Verpflichtungen – daß ihr die Gage für die zweite *Tosca* zustand, selbst wenn sie sie nicht singen sollte, und daß beide *Traviatas* stattfinden mußten, wenn er nicht verklagt werden wollte. Pinto blieb keine andere Wahl, als nachzugeben; er rächte sich, indem er sie in *Tosca* durch Renata Tebaldi ersetzte. Als sie nach der zweiten ausverkauften *Traviata* in seinem Büro erschien, um ihre Gage abzuholen, brachte Pintos Bemerkung »So, Sie wollen also nicht nur Ruhm, sondern auch noch Geld?« ihre aufgestaute Wut zum Überkochen. Sie griff nach dem Tintenfaß auf seinem Schreibtisch, und nur das Dazwischentreten seiner Sekretärin rettete ihn.

Bevor sie nach Italien zurückkehrte, unterzeichnete sie einen Vertrag mit der New Yorker Zweigstelle von Cetra Records. Die von Meneghini arrangierte Begegnung mit deren Leiter, Dario Soria, fand in der Lounge des New Yorker Idlewild Airport statt. Auf einer amerikanischen Bühne war Callas zwar noch nicht aufgetreten, aber ihre drei 78–U/min-Schallplatten hatten dort ziemliche Beachtung gefunden. Somit war auch ihr Bühnendebüt nur noch eine Frage der Zeit. Der Vertrag sah die Aufnahme von vier vollständigen Opern bis Ende 1952 vor: *La Gioconda, La traviata, Manon Lescaut* und Boitos *Mefistofele*. Und Meneghini achtete darauf, daß das Honorar mehr als adäquat war.

1951 jährte sich Bellinis Geburtstag zum 150. Mal, ein Ereignis, das wahrscheinlich übersehen worden wäre, hätte Callas das Werk des Komponisten nicht nahezu im Alleingang neu entdeckt. Darum begab sie sich Ende Oktober, nach zwei *Traviatas* in Bergamo, nach Catania auf Sizilien, Bellinis Geburtsort, wo sie am Jubiläumstag, dem 3. November, die erste von vier *Normas* sang, alternierend mit vier Aufführungen von *I puritani*, alle zusammen mit Boris Christoff. Selbst die härtesten Kritiker bejubelten das als eine großartige Leistung. In der Vergangenheit waren diese beiden ungemein anspruchsvollen Partien von zwei verschiedenen Soprantypen gesungen worden. Der Presse in Catania sagte sie: »Bellini ist mein Lieblingskomponist, ich mag ihn noch mehr als Puccini oder Donizetti. Und zwar weil er als Mensch stärker war und, ich wage es zu sagen, maskuliner.« Zyniker haben seitdem die Meinung vertreten, diese Bemerkung sei ein Beispiel für ihren Sinn für Humor gewesen. Bellini war nämlich den größten Teil seines kurzen Lebens nicht nur von schwacher Gesundheit gewesen, er sei auch ein weibischer, promiskuitiver Homosexueller gewesen.

Als die Premiere an der Scala näherrückte, zogen Maria und Meneghini zeitweilig wieder in das Mailänder Grandhotel. Antonio Ghiringhelli war ein häufiger, wenngleich unwillkommener Besucher, er hofierte seinen »neuen Star«, während er sich bewußt war, daß sie seinen Anblick nicht ertragen konnte, so wenig wie er den ihren. Sie kam auch nicht gut aus mit Victor de Sabata, dem Hausdirigenten der Scala, der sie hartnäckig mit ihrem Familiennamen anredete. Doch sie fand auch unschätzbare Verbündete unter den Kollegen: Boris Christoff und den Bariton Enzo Mascherini. Die Proben waren dennoch äußerst spannungsgeladen. Sie hatte keine Geduld mit »Zeitverschwendern« und Sängern, die nicht ebenso fanatisch in die Kunst verbissen waren wie sie – mit anderen Worten: Sie hatte mit fast niemandem Geduld.

Außerdem hatte sie die lästige Angewohnheit, zumindest vom Standpunkt ihrer Kollegen aus, bei den Proben mit voller Stimme zu singen, eine ungewöhnliche Praxis, mit der kaum einer zu Rande kam und die sie einmal so verteidigte: »Wenn ein Radsportler für ein großes Rennen trainiert, dann tut er das auch nicht mit halbem Tempo, sonst weiß er nämlich nicht, wie er dann fahren wird, wenn es darauf ankommt. Genauso geht es mir, ob es meinen Kollegen nun paßt oder nicht!«

Der Vorhang zur ersten *Sizilianischen Vesper* hob sich am 7. Dezember, dem üblichen Saisonauftakt der Scala, einem kulturellen Ereignis, an dem gewöhnlich die ganze Stadt teilnimmt, denn das ist der Tag des Heiligen Ambrosius, des Schutzpatrons von Mailand. Maria war eine Sensation, obgleich sie ungeheuer aufgeregt war, als sie die Bühne betrat. Ihre Nervosität spürend, schrieb Franco Abbiati vom *Corriere della Sera*: »Die phänomenale Kehle der Maria Meneghini-Callas mit ihrem erstaunlichen Umfang und ihrer Klangfülle, die vor allem im tiefen und mittleren Register von strahlender Schönheit und von nicht nur seltener, sondern geradezu einzigartiger Geschmeidigkeit ist, brauchte die Anforderungen der Oper nicht zu fürchten.«

Am 9. Januar 1952, zwischen der letzten Vorstellung der *Vespri Siciliani* und der Scala-Premiere der *Norma,* sang die Callas, an der Seite von Nicola Rossi-Lemeni, eine hinreißende Elvira. Am Ende der Vorstellung raste nicht nur das Publikum, sondern zum ersten Mal, aber gewiß nicht zum letzten, erhoben sich die Mitglieder des Orchesters – die, die sie während der Proben angeschrien und beschimpft hatte –, wandten sich der Bühne zu und applaudierten ihr.

Die Scala-*Norma* war vielleicht ein noch größerer Triumph als ihre Elena, und das, obwohl die Kulissen aus der Zeit vor dem Kriege stammten und entsprechend aussahen. Newell Jenkins vom *Musical America*, einer ihrer treuesten Verteidiger, bezeichnete sie als Italiens großartigste dramatisch-lyrische Sopranistin und fuhr fort: »Sie begeisterte das Publikum durch ihre bloße Anwesenheit, noch ehe sie überhaupt eine Note sang. Und wenn sie dann zu singen anhob ... kamen ihre Töne so rund und voll und mit einem Legato wie dem eines Streichinstruments.«

Mitte März kehrte sie nach Catania zurück, diesmal auf öffentliches Verlangen, für drei Vorstellungen von *La traviata*, obgleich sie durch das Einstudieren einer neuen Rolle sehr in Anspruch genommen war – der Konstanze in Mozarts *Entführung aus dem Serail*, die sie unbedingt auf italienisch singen wollte. Maria mochte Mozart nicht sehr und erklärte sich nur bereit, diese Partie zu singen, weil sie Bestandteil ihres Vertrags mit der Scala war, wo die Oper zum erstenmal aufgeführt werden sollte. Mozarts Musik hat sie einmal als »langweilig« abgetan, obgleich Arien wie *Martern aller Arten* mit ihren endlosen Serien von hohen Cs und hohen Ds, und dazu mit Belcantoverzierungen wie denen der Callas gesungen, das ganze Gegenteil davon sind. Jahre später hat sie in einer ihrer Juilliard-Meisterklassen ihre besondere Art, Mozart zu singen, verteidigt, ungeachtet dessen, daß sie ihn lediglich noch zweimal aufs Konzertpodium gebracht hatte. »Mozart wird oft viel zu zaghaft gesungen, als ob die Sänger auf Zehenspitzen gingen, wo er doch genauso beherzt und nach Belcantoart gesungen werden sollte wie zum Beispiel der *Troubadour*. Mozart war schließlich ein Meister des Belcanto. Singen Sie also Mozart, als wäre er Verdi. Es gibt keinen Unterschied im Ansatz.«

Die Premiere von *Die Entführung aus dem Serail* fand am 2. April statt, doch schon vor der vierten und letzten Vorstellung hatte Maria – die Proteste ihres Mannes ignorierend, sie sei nicht nur erschöpft, sondern bereits einem Zusammenbruch nahe – Tullio Serafin zugesagt, bis Mitte des Monats eine noch viel komplexere Rolle zu lernen: Rossinis *Armida*, die der Komponist 1818 für seine Verlobte, die Sopranistin Isabella Colbran, geschrieben hatte und die so schwierig ist, daß sie seit über einem Jahrhundert nicht mehr aufgeführt worden war. Tatsächlich erlernte Maria die Partitur in nur fünf Tagen – oder glaubte es zumindest, denn bei der Generalprobe in Florenz am 24. Mai – der Kostümprobe, die von der Presse und Honoratioren der Stadt besucht wurde – hatte sie, zum erstenmal überhaupt, den Text ihres Eröffnungsrezitativs vergessen, unterbrach die Vorstellung und begann nach einem eiligen Überfliegen des Librettos von Neuem. Nicht, daß jemand es bemerkt hätte! »Man kann gut und gern glauben, daß außer Maria Callas heute niemand diese unglaublich schwierige Partie übernehmen und sie nach Musik klingen lassen könnte«, resümierte Newell Jenkins in *Musical America*, während Andrew Porter in *Opera* schwärmte: »Ihre Präsenz ist gebieterisch, ihre Koloratur nicht idyllisch und schön, sondern *kraftvoll* und dramatisch.«

Rudolf Bings neuer Repräsentant in Italien, Roberto Bauer, kam nach Florenz und bot ihr an, die Eröffnung der Met-Saison 1952/53 mit *La traviata* zu singen. Ihre Frage, ob Bings Bedingungen noch dieselben wären wie zuvor, bejahte er, und sie sagte zu ihm: »Herr Bauer, gehen Sie zum Teufel!«

Zwei Tage vor ihrer letzten Armida sang sie *I puritani* in Rom. Meneghini und der Arzt hatten ihr dringend geraten, sich auszuruhen, denn eine erneute Reise nach Mexiko stand unmittelbar bevor. Dort sollte sie mit Giuseppe di Stefano singen und tausend Dollar pro Vorstellung bekommen. Wie gewöhnlich wußte sie es besser. Und trotz des lähmenden Terminplans und des umfangreichen Repertoires lernte sie noch zwei neue Rollen, die sie in Mexiko ausprobieren wollte, ehe sie sie dem kritischeren Publikum in Italien vorstellte – die Gilda in Verdis *Rigoletto* und die ebenso anspruchsvolle *Lucia di Lammermoor* von Donizetti.

Als spürte sie, daß die Zeit ihr davonlief, wandelte sich ihr alles in unersättlichen Hunger nach Arbeit. Es konnte gewiß nicht wegen der hohen Gagen sein, die sie jetzt forderte, denn mit Battista Meneghini verheiratet zu sein bedeutete, daß sie praktisch Multimillionärin war. Es war, als versuchte sie immer noch, die Häßlichkeit ihrer Kindheit wettzumachen, als fürchtete sie, jeden Augenblick zu erwachen und sich wieder im Elend zu befinden, und sie müßte wieder mit ihrer Mutter, die sie hinter jeder Hemmung und Angst vermutete, in einer schrecklichen Mietskaserne leben.

Ihre Hartnäckigkeit und Ausdauer beeindruckte die Kritiker. Cynthia Jolly, die sie »eine der singenden Heroinen des zwanzigsten Jahrhunderts« nannte, schrieb in *Opera*: »Diese Universalsopranistin, der Prototyp der legendären Sängerinnen früherer Zeiten, macht eine dralle Elvira, die kaum aus der Fassung zu bringen ist, wenn sie keine virtuosen Flüge im Auge hat. Ihre Töne sind nicht einheitlich schön, doch der Gesamteindruck ist überwältigend. Ihr Belcantostil neigt zu plötzlichen Ausbrüchen und Auswüchsen, die in sehr agilen

Passagen gänzlich verschwinden, so daß ihr Gesang bei absteigenden Melodien einem plätschernden Bach gleicht.«

In Wirklichkeit war Maria Callas damals kaum mehr als ein Automat, ein Roboter, eine geschickte Verwandlungskünstlerin, die im Handumdrehen von einer Rolle in die andere wechseln konnte, ohne zu ahnen, was für einen Schaden sie sich selbst, ihrer Stimme und denen um sie herum zufügte. Sie hatte jedoch nicht das Gefühl, daß sie womöglich etwas Schädliches tat, wenn sie nebeneinander Rollen interpretierte, die eigentlich verschiedenen Sopran-Typen zugeordnet werden. Ein paar Jahre später erklärte sie Derek Prouse, einem ihrer bevorzugten Journalisten: »Speziell meine Stimme kann nicht bei einem Repertoire bleiben. Oder anders ausgedrückt, meine Stimme hat ein Hauptrepertoire, das von Bellini, Donizetti und Rossini, und sie umfaßt mehr als eine der modernen Stimmkategorien. Sie ist Sopran. Punktum! Pasta und Grisi haben *Norma* und *Fidelio* gesungen, und ich mache nur, was sie gemacht haben.«

Mit *I puritani* begann am 29. Mai im Palacio de Bellas Artes die Spielzeit 1952. Nach zwei Vorstellungen, gefolgt von zwei *Traviatas*, kam es zu der spektakulären Premiere von *Lucia di Lammermoor* am 10. Juni. Diese Oper, die auf Sir Walter Scotts Roman *Die Braut von Lammermoor* basiert und von vielen als Donizettis Meisterwerk angesehen wird, gilt als eine der anspruchsvollsten im italienischen Repertoire – ein Werk, das beinahe speziell für Maria Callas hätte konzipiert sein können, mit einer Geschichte voller Leidenschaft, sexueller Intrigen, Wahnsinn und Chaos. Als sie 1972 ihren Juilliard-Studentinnen sagte: »In der Oper wimmelt es von Leuten, die verrückt werden«, wurde unter den Hörern ein wenig gekichert. Zwanzig Jahre zuvor jedoch hatte das Publikum in Mexiko City Lucias berüchtigte *Wahnsinnsszene* als störend, aber dennoch ungemein packend und aufwühlend empfunden. Der Applaus dauerte doppelt so lange wie die Arie, und sie erhielt nicht weniger als sechzehn Vorhänge. Dennoch tat die Perfektionistin in ihr diese beeindruckende Aufführung – die aufgenommen worden ist und das Gegenteil beweist – als »nicht schlecht« ab. Erst einige Jahre später war sie in der Lage, die eigene Interpretation der Rolle zu schätzen.

Die Kritiker mochten den *Rigoletto* nicht, den sie in Mexiko nicht hatte singen wollen, mit der Begründung, daß das gesamte Ensemble nicht genügend Proben gehabt habe. Sie hätte gut und gern ein paar *Traviatas* mehr geben können, und das Publikum wäre beschwichtigt gewesen. Caraza Campos jedoch, der Direktor der Opera Nacional, bestand darauf, daß sie den Vertrag einhielt, und die daraufhin stattfindende, beinahe lächerliche Aufführung wurde von Solomon Khan von *Musical America* mit einigen wenigen Worten so zusammengefaßt: »Als Antiklimax gab es eine langweilige Aufführung von *Rigoletto*. Mr. Campolonghi, der Hofnarr, entsprach weder gesellschaftlich noch schauspielerisch Verdis Anforderungen. Mr. di Stefanos Herzog war alles andere als hervorragend, und Miss Callas' Gilda, keine ideale Rolle für sie, konnte die Situation nicht verbessern.«

Maria war von Khans Urteil sehr verärgert, und der Erfolg der letzten *Lucia* am 26. Juni und ihrer beiden *Toscas* ein paar Abende später konnte sie nicht beschwichtigen. Von einer einzigen ungünstigen Kritik ließ sie sich die Erinnerung an ihre vielen Triumphe verderben. Sie verließ Mexiko mit dem Schwur, nie wieder einen Fuß in dieses Land zu setzen, und machte das auch wahr, als Antonio Caraza Campos ihr im Jahr darauf die doppelte Gage anbot. Außerdem wollte sie nie wieder *Rigoletto* auf der Bühne singen. In Italien regte sie sich noch mehr auf: Ihre Mutter, die beinahe ein Jahr lang stumm gewesen war, war wieder aufgetaucht.

Da sie mit ihrer anderen Tochter nicht ausgekommen und schließlich zu der Erkenntnis gelangt war, ihre Ehe sei zu Ende, war Litza nach New York zurückgekehrt, hatte George erfolgreich auf Unterhalt verklagt und vom Gericht hundert Dollar pro Monat zugesprochen bekommen. In New York erfuhr sie dann auch von den drastischen Veränderungen im griechischen Währungssystem, wozu eine Abwertung der Drachme um hundert Prozent gegenüber dem Dollar gehörte. Mit anderen Worten, die Alimente von George, die nach amerikanischem Maß eher bescheiden waren, bedeuteten in Griechenland ein kleines Vermögen. Deshalb beschloß Litza, nach Athen zurückzukehren – was sich dann allerdings als kein so guter Schritt erwies, denn damit hatte George eine Handhabe, ihr überhaupt nichts zu überweisen, solange sie nicht wieder in New York vor Gericht zog.

Um nicht leer auszugehen, schrieb Litza an Maria und forderte von ihr die hundert Dollar, die sie von George nicht bekam. Die Bitte wurde ignoriert, und die Briefe wurden schärfer. Meneghini, erklärte Litza, sei ungeheuer reich, und darum sei es seine Pflicht, seine Schwiegermutter – die er noch nie gesehen hatte – zu unterstützen. Außerdem sollten die beiden Jackies neue Karriere als Sängerin protegieren. Maria versuchte, die Briefe vor Meneghini zu verbergen, doch er fand sie und ließ sie übersetzen. Dann schickte er Litza ein Schreiben, in dem er ihr mitteilte, daß er es sei, der für Marias Wohlergehen die Verantwortung trage, und daß er es unter keinen Umständen erlaube, daß sie sich aufrege. Maria sah jedoch keinen Grund, die Gefühle ihrer Mutter zu schonen. Jackie Callas, die die Hauptlast von Litzas Nörgelei zu tragen hatte, erinnerte sich an die Antwort: »Weiter teilte sie Mutter mit, daß sie, Maria, sich mit ihrer eigenen Kehle ihr Brot verdienen müsse, warum also suchte sich nicht auch ihre Mutter eine Arbeit? Doch es war der Schluß, der uns beide schockierte: ›Jetzt ist schönes Wetter. Und da Sommer ist, geh an den Strand und schnappe frische Luft! Wenn Du, wie Du sagst, immer noch kein Geld hast, solltest Du ins Wasser springen und Dich ertränken.‹«

Si colmi il calice ...

1952–1954

> *Wir schuften jahrelang, um bekannt zu werden, und wenn der Ruhm uns schließlich überallhin folgt, sind wir dazu verdammt, uns ständig als würdig zu erweisen, uns ständig selbst zu übertreffen, um das Publikum nicht zu enttäuschen, das von seinen Idolen Wunder erwartet.*

Am 19. Juli 1952, fünf Jahre, nachdem sie ihr Debüt mit dieser Rolle in derselben Stadt und an demselben Ort – der Arena von Verona – gegeben hatte, sang Maria, diesmal für 500 000 Lire pro Vorstellung, die erste von zwei *Giocondas*. Die Kunde von ihrem katastrophalen *Rigoletto* in Mexiko hatte auch die italienischen Kritiker erreicht, und obgleich das Publikum sie liebte und ihre »besondere« Note, sich das Haar tizianrot zu färben, um in der sengenden Hitze eines italienischen Sommers nicht die traditionelle Gioconda-Perücke tragen zu müssen, machten ihr die Zeitungen das Leben schwer. Zum erstenmal auf der Bühne erlebte sie Claudia Cassidy von der *Chicago Tribune*, eine leidenschaftliche, gewöhnlich unvoreingenommene Callas-Anhängerin, die ihr eine verläßliche Freundin werden und ihr schließlich um die Welt folgen sollte, mit kaum jemals einem negativen Wort. Sie war es auch, gegenüber der Maria einmal bemerkte, als sie sie mit Meneghini bekannt machte: »Es gibt einen Gott, Claudia. Ich muß es wissen, denn er hat mich mit seinem Finger berührt.«

Wenn die Cassidy auch »eingestandenermaßen verrückt« war auf diese Frau, war sie jedoch von dieser Rolle nicht sonderlich erbaut. »Sie ist jung, reizend anzusehen ... Sie hat drei Stimmen: eine wirklich hübsche Mittellage voll Opulenz und Wärme, ein paar künstliche, ziemlich hohle Brusttöne und eine erstaunliche Oberstimme. Wie ich höre, singt sie das hohe E und F in blendender Koloratur, und es mag sein, daß sie damit ihre dramatischen Töne geopfert hat. Denn ihre Gioconda hatte Schwierigkeiten mit dem hohen C, das zittrig, forciert und schrill klang. Es heißt, sie wolle diese Rolle nicht mehr singen. Das wäre klug, denn sie hat weder die Stimme noch die feurige Persönlichkeit, sie zum Leben zu erwecken ...«

Am 21. Juli unterschrieb Maria Callas einen Schallplattenvertrag mit EMI, London. Direktor des Unternehmens war Walter Legge, der Ehemann der Sopranistin Elisabeth Schwarzkopf. Er war schon seit den dreißiger Jahren bei EMI tätig und hatte unter anderen Karajan, Beecham, Flagstad, Fischer-Dieskau, Christoff und natürlich Elisabeth Schwarzkopf aufgenommen. Um Maria hatte sich Legge bemüht, seit er ihre *Norma* an der Römischen Oper gehört hatte. Obwohl Meneghini vom Geld besessen war, war Maria damals gern bei Cetra. Doch dann war ihr Freund Dario Soria zu EMIs amerikanischem Label, Angel Records, gegangen. Darum war Maria schließlich aufgeschlossener, als Legge im Frühjahr erneut an sie herantrat, und hätte auch sofort unterschrieben, wäre nicht ihr stets argwöhnischer Ehemann gewesen.

Beide, so wurde Legge erzählt, hingen dem Aberglauben an, demzufolge es Unglück bedeutete, ein rechtsverbindliches Dokument innerhalb von zwei Wochen zu unterzeichnen, denn wenn ein Geschäft von beiden Seiten beschlossen war, gab es kein Zurück mehr von einem italienischen Ehrenwort. Walter Legge hatte diese Geschichte offenbar geschluckt, die natürlich nur ein Trick Meneghinis war, mehr Geld herauszuschlagen – allerdings einer, der funktionierte, denn als Legge ein paar Wochen später wieder nach Verona kam, eröffnete Meneghini ihm, EMIs Angebot sei höchst unzulänglich gewesen und der Vertrag deshalb nicht unterschrieben worden. Maria, nach ihrer Meinung befragt, erwiderte, sie habe keine. Ihr Mann, fügte sie hinzu, sei für die finanzielle Seite zuständig. Am nächsten Morgen wurde der Vertrag jedoch zu Meneghinis Bedingungen unterschrieben – und mit Marias Zusatz, daß alle ihre kompletten Opern auf der Bühne der leeren Scala aufgezeichnet werden sollten, wegen der hervorragenden Akustik des Hauses. Was sie vermutlich nicht wußte, war, daß Walter Legge so gut wie alles akzeptiert hätte, denn sie war ein zu wertvoller Artikel, als daß EMI darauf verzichten konnte.

Auch am 2. August sang sie in der Arena *La traviata*, was für Peter Dragadze von *Opera* »ein unvergeßliches Erlebnis« war. Elisabeth Schwarzkopf war von ihrer Interpretation so beeindruckt, daß sie noch am selben Abend, beim Dinner mit ihrem Mann und den Meneghinis, verkündete, sie werde diese Rolle selber nie wieder singen. Sie war dann sogar auch in Turin dabei, als Maria im Zusammenhang mit ihrem Vier-Opern-Geschäft mit Cetra *La Gioconda* und *La traviata* aufnahm. Nachdem allerdings Soria von Cetra weg war und sie selbst sich zunehmend Walter Legge verpflichtet fühlte, lag ihr immer weniger daran, den Vertrag zu erfüllen. Es dauerte einige Jahre, bis sie noch *Manon Lescaut* mit Tullio Serafin aufnahm; den kompletten *Mephistopheles* gab es dann gar nicht mehr. Die Konventionalstrafe wegen Vertragsbruchs in Höhe von mehreren tausend Dollar zahlte Meneghini gern.

Ein weiterer einflußreicher Mann, der sich an dem habgierigen »Mr. Callas« vorbeikämpfen mußte, war der »Troubleshooter« des Royal Opera House Covent Garden, Sandor Gorlinsky, der sich, schon bevor sie zu ihrer letzten Mexikoreise aufgebrochen war, bemüht hatte, sie für eine Saison zu verpflichten. Lord Harewood, Vorstandsmitglied der Royal Opera, hatte sie 1947 zum erstenmal gehört und seitdem ihr Lob gesungen. Er hatte den Verwaltungschef, David Webster, dazu überredet, ihr ein Angebot zu machen.

Anfangs hatte sie gezögert, noch mehr Engagements anzunehmen, und Gorlinsky auf die Zeit nach ihrer Rückkehr vertröstet. Nun forderte Meneghini eine Gage, die Covent Garden sich wahrscheinlich nicht leisten konnte. Da es ihr damals weniger darum ging, märchenhafte Gagen zu kassieren, als das britische Publikum zu erobern, ließ sie Gorlinsky eine Nachricht zukommen, sie in Abwesenheit ihres Mannes aufzusuchen. Es dauerte nicht länger als einen Augenblick, den Vertrag auszuhandeln und zu unterschreiben: zweitausend Pfund plus Spesen für fünf Vorstellungen von *Norma*, die in Covent Garden nicht wieder aufgeführt worden war, seit Rosa Ponselle 1929 damit Schlagzeilen gemacht hatte.

Ende Oktober 1952 traf Maria mit Meneghini in London ein, unter großem Aufsehen, das im wesentlichen von David Webster organisiert worden war, der Maria auch mit den anderen Mitwirkenden bekannt machte, mit denen sie jedoch größtenteils schon gearbeitet hatte. Unter ihnen war auch eine junge australische Sopranistin namens Joan Sutherland, die Webster für die kleinere Rolle der Clotilde verpflichtet hatte und die auf der Londoner Opernbühne bereits einen Namen besaß und ein paar Jahre später ebenfalls als Norma und als Lucia umjubelt werden sollte.

Auf Battista Meneghinis Verlangen bekamen sie auf Kosten der Royal Opera eine Suite im Savoy, wo Callas dann immer wohnte, wenn sie in London war. Doch nicht einmal er mit seinem Sinn für pompöse, demonstrative Publizität hätte das Blumenmeer arrangieren können, das auf sie wartete – über hundert Körbe und Bouquets von britischen Fans, von denen sie nicht einmal wußte, daß es sie gab. Die Blumen quollen bis in den Korridor und ins Foyer. Zum erstenmal in ihrem Leben brach Maria in Tränen aus über die Zuneigung so vieler fremder Menschen, denen sie nicht einmal persönlich würde danken können.

Sie fürchtete, womöglich mit zu viel Aufmerksamkeit überschüttet zu werden, ehe sie dem britischen Publikum überhaupt beweisen konnte, daß sie so viel Ehre wert war. »In dem Augenblick, da ich die Bühne betrat«, erinnerte sie sich später, »glaubte ich, mein Herz hätte plötzlich aufgehört zu schlagen ... Ich hatte solche Angst, ihren Erwartungen womöglich nicht gerecht zu werden.«

Die Londoner *Norma*-Premiere vom 8. November 1952 zählte Maria Callas zu ihren größten Leistungen. Die Aufführung war ein gewaltiger Erfolg, und wenn das Publikum sozusagen aus dem Häuschen war, dann rangen die Kritiker ihrerseits untereinander darum, wer das Schärfste oder Intellektuellste über dieses stimmliche Phänomen zu Papier brachte, das sie zum erstenmal hörten. »Die Fiorituren der Callas waren fabelhaft«, verkündete Cecil Smith von *Opera* und fügte hinzu: »Die chromatischen Glissandi in der Kadenz am Schluß der *Casta Diva* bereiteten ihr nicht die geringsten Schwierigkeiten.« John Freeman von *Opera News* enthielt sich aller Fachausdrücke und kommentierte: »Vielleicht der Hauptgrund für die Diskussion hinsichtlich ihrer Bedeutung und derjenige, der die Leute glauben läßt, sie werde überschätzt, ist ein recht häufiges Abgleiten in einen nicht tragenden Ton im Mittelregister, was sie bisweilen klingen läßt, als singe sie mit dem Mund voller Murmeln.« Entzückt war sie von Philip Hope-Wallaces Schilderung: »Sie ist groß und prächtig – wie eine viktorianische Diva auf einem Gemälde von Millet«, ärgerte sich jedoch über die Bemerkung des angesehenen Opernkritikers Ernest Newman, eines Mannes, der mit ein paar gut gewählten Worten über »Gedeih oder Verderb« einer Inszenierung entscheiden konnte. Newman qualifizierte sie ab als »etwas subnormal« und sagte zu den Reportern: »Ja, sie ist wunderbar, aber sie ist keine Ponselle.«

Tatsächlich standen viele dieser sogenannten Experten ebenso vor einem Rätsel wie ihre italienischen Kollegen bei den frühen Auftritten in Verona, die die Quelle ihrer Schauspielkunst nicht begriffen hatten. Da es unmöglich war, sie einer Kategorie zuzuordnen, einfach, weil sie in ihrem Bereich einzigartig war, konnten die Versuche, ihre Bedeutung in einigen kurzen Zeitungszeilen zu fassen, nur vergeblich sein und denen, die sie noch nicht gesehen und gehört hatten, nichts von ihrer wirklichen Kunst vermitteln.

In Verona erwartete sie eine »Überraschung«: ein hellgrüner Alfa Romeo mit Ledersitzen, ein verfrühtes Geburtstagsgeschenk von Meneghini, den sie abscheulich fand, allerdings nicht wegen der »unglücklichen« Farbe, sondern angeblich, weil sie »Arbeiterklassen-Autos« für unter ihrem Stand hielt. Was immer der Grund gewesen sein mochte, es dauerte nicht lange, bis sie eine »schlagfertige« Erklärung parat hatte, wenn sie beim Ein- oder Aussteigen von einem Reporter angesprochen wurde: »Wenn ein gewöhnlicher Künstler einen Cadillac oder einen Rolls-Royce fährt, mein Lieber, wie könnte ich dann dasselbe tun? Wird denn von mir nicht erwartet, anders zu sein?«

Sofort begann sie, die erste ihrer drei Partien für die neue Spielzeit der Scala einzustudieren: die außergewöhnlich anspruchsvolle Rolle der Lady Macbeth, die sie exakt nach den Vorgaben des Komponisten singen wollte. Lady Macbeth ist eine Rolle, die nicht nur eine stimmgewaltige Sängerin erfordert, sondern auch eine Schauspielerin, die in der Lage ist, die Schwäche und psychische Unausgeglichenheit dieser archetypischen Wahnsinnigen zu vermitteln. Verdi selbst hatte 1848 von der ersten Lady Macbeth, Marianna Berbieri-Nini, verlangt, sie solle »böse und häßlich« sein und eine »erstickte, dunkle Stimme« haben – übersetzt in Marias nüchterne Ausdrucksweise – »eine schwer besessene Hexe«. Es wurde eine unvergeßliche Aufführung. Zum Leidwesen aller hat sie diese Partie jedoch nur fünfmal gesungen.

Der Höhepunkt der *Macbeth*-Inszenierung der Scala, die am 7. Dezember 1952 Premiere hatte und die erste der Opern mit Maria Callas war, die im Fernsehen übertragen wurden, war zweifellos die Schlafwandelszene, in der die gepeinigte Lady Macbeth – die Hände voller Blut – *Una machia* singt, während sie den brutalen Mord an Duncan noch einmal erlebt. Vereinzelte Pfiffe aus dem Publikum hinderten nicht, daß sie mit Ovationen gefeiert und siebenmal vor den Vorhang gerufen wurde. Signa Scanzoni von *Opera News* schrieb: »Wir haben eine Maria Meneghini-Callas als Lady Macbeth erlebt, deren Stimmbänder offenbar mit einer ganz besonderen Kraft ausgestattet sind, die dieser Stimme eine beinahe nicht mehr menschliche Eigenart verleiht.«

Am zweiten Weihnachtsfeiertag, gerade neun Tage nach ihrer letzten *Macbeth*-Aufführung, gab Maria mit Giuseppe di Stefano, der immer noch darunter litt, daß die mexikanischen Kritiker mit ihm hart ins Gericht gegangen waren, die erste von sechs Vorstellungen von *La Gioconda* – auch das eine Partie, die sie dann nie mehr auf der Bühne sang. Darauf folgten, anläßlich des hundertsten Jahrestages der Entstehung des Werkes, zu Beginn des neuen Jahres mehrere *Traviata*-Aufführungen in Venedig und Rom, die von den Kritikern verrissen wurden, weil viele von ihnen die hinfällige, schwindsüchtige Violetta nicht von einer Zwei-Zentner-Frau dargestellt sehen wollten.

Was bis dahin kaum jemand wußte, war, daß sie sich entschlossen hatte, unter Anleitung eines Arztes und eines Ernährungswissenschaftlers das überschüssige Fett loszuwerden, das, wie sie erklärte, schon seit geraumer Zeit ihre Gesundheit in Mitleidenschaft zog. Anfang des Jahres hatte sie aus Krankheitsgründen ein Konzert in der Londoner Royal Festival Hall absagen müssen, und zwar Verdis *Requiem* mit keinem Geringeren als Benjamino Gigli. Sie war überzeugt, daß ihr Übergewicht damit zu tun hatte, daß sie nahezu jeden Bazillus einfing, der im Umlauf war.

In diesem Sommer bereitete sie sich darauf vor, eine neue Rolle zu singen, Cherubinis *Medea*, nicht französisch, sondern italienisch, und sie war entschlossen, auch äußerlich der schönen Zauberin zu gleichen, die Jason, den Anführer der Argonauten, verführt. Sie befolgte strikt eine Diät von frischem Obst, Gemüse und beinahe rohem Fleisch und wurde dabei angespornt vom Bild der schönen und bezaubernden Schauspielerin Audrey Hepburn, dem jungen Star von William Wylers Film *Ein Herz und eine Krone*.

Audrey Hepburn und ihrem Filmpartner, Gregory Peck, war sie auf einer Party in Rom begegnet ... und als Peck eine deutliche Ähnlichkeit in den Gesichtszügen der beiden Frauen zu erkennen glaubte, schwebte Maria im siebten Himmel und nahm sich sogleich die Hepburn zum Modell für das, was sie anstrebte. Ein weiterer bedeutender Einfluß kam von der Mailänder Modeschöpferin Madame Biki, mit der sie durch Wally Toscanini Bekanntschaft gemacht hatte. Den größten Teil ihres Lebens war Maria wegen ihrer Erscheinung verhöhnt worden, zuerst von ihrer Mutter, dann von rücksichtslosen Journalisten und Kritikern. Meneghini hatte sein Möglichstes getan, ihr ihre Weiblichkeit bewußt zu machen, und sie mit Pelzen, Kleidern und Juwelen überhäuft, ihr allerdings die Wahl der Garderobe überlassen. Und sie hatte nun absolut keinen Sinn für Mode. Signora Biki kleidete sowohl Audrey Hepburn als auch Anna Magnani, auch sie eine »Vogelscheuche«, die mit minimalem Aufwand in eine Schönheit verwandelt worden war. Diese Madame Biki nahm sich Marias an und wurde nicht nur ihre persönliche (und natürlich sehr gut bezahlte) Modeberaterin, sondern auch eine gute und treue Freundin.

In der Zwischenzeit hatte es ihre ersten italienischen Auftritte als *Lucia di Lammermoor* gegeben, in Florenz, Genua und Catania, und dazwischen ihr Scala-Debüt in *Il trovatore* mit ihrer Freundin, der stimmgewaltigen Mezzosopranistin Ebe Stignani. Peter Dragadze von *Opera*, der ihre römische Violetta als »untraditionell« bezeichnet hatte, war jetzt voller Begeisterung. »Auf diesen *Troubadour* zu warten, hat sich gelohnt, und er hatte den Erfolg, den er wirklich verdiente«, schrieb er. »Maria Callas hat wiederum eine schwierige Aufgabe gemeistert ... ihr Handhabung des dramatischen Inhalts ihrer Partie war ein künstlerisches Meisterwerk.«

Im Februar 1953 nahm sie mit *Lucia di Lammermoor* ihre erste vollständige Oper für EMI auf, und zwar zusammen mit Tito Gobbi und Giuseppe di Stefano. Ein paar Wochen später dann, wiederum mit di Stefano und ihrem ehemaligen Freund Nicola Rossi-Lemeni, *I puritani*. Das war überhaupt das erstemal, daß diese Oper auf Platte gepreßt wurde.

Wenn ihre Lady Macbeth urböse war, dann dürfte ihre *Medea*, die sie zum erstenmal am 7. Mai in Florenz sang – und die in der Tat, seit sie Ester Mazzolini, nach Ansicht der meisten Kritiker, 1909 vermasselt hatte, in Italien nicht wieder aufgeführt worden war – die verabscheuungswürdigste Kreatur gewesen sein, die jemals auf der Opernbühne dargestellt worden ist, wenngleich Maria selbst nicht so dachte. »Ich sehe die Medea so, wie ich sie fühle«, hat sie erklärt. »Leidenschaftlich, nach außen hin sehr beherrscht, doch darunter voller Glut. Die glückliche Zeit mit Jason ist vorbei. Jetzt wird sie von Elend und Zorn verzehrt.«

Medea hat dem Abenteurer Jason zum Goldenen Vlies verholfen, wird seine Geliebte und schenkt ihm zwei Söhne. Er verläßt sie, um Glauke, die Tochter des korinthischen Königs Kreon zu ehelichen. Medea wird aus seinem Reich verwiesen. Sie rächt sich, indem sie Glauke durch eine vergiftete Krone und ein Gewand tötet, die sie als Hochzeitsgeschenke schickt. Dann bringt sie ihre Kinder um und legt Feuer an den Tempel.

Und doch war etwas an Marias Darstellung der Medea – ihre Zärtlichkeit gegenüber Jason und ihre großen, flehenden Augen, bevor sie die entsetzliche Tat begeht – das bei den Zuschauern Mitgefühl erzeugte. »Ich habe Mitleid mit ihr«, sagte Maria zu Kenneth

Harris vom *Observer*. »Sie tötet ihre Kinder, weil sie spürt, daß sie keine andere Wahl hat, und weil sie sie, da sie eine Göttin ist, aus dieser bitterbösen Welt nehmen und sich selbst in die Lage versetzen kann, im ewigen Leben wieder bei ihnen zu sein. Sie tötet sie, damit sie würdevoll und in Frieden leben können. Sie weiß, daß es darauf in dieser Welt keine Hoffnung für sie gibt, darum übergibt sie sie der nächsten.« Obgleich die Ermordung der Kinder nicht auf der Bühne gezeigt wird, spielte sie diese Schlußszene mit so realistischer Wildheit, daß einige Zuschauer ohnmächtig wurden.

Es gab niemanden, der diese Medea nicht in den höchsten Tönen lobte. »Maria Callas hat eine Herausforderung bewältigt, der heutzutage wahrscheinlich keine andere Sängerin gewachsen wäre«, schrieb Giuseppe Pugliese in *Il Gazzettino* und erhielt dafür einen Dank von Maria und einen Tadel von ihrem Mann, weil er das obligatorische »Meneghini« weggelassen hatte. Teodore Celli vom *Corriere Lombardo* teilte seinen Lesern mit: »Maria Meneghini-Callas war wirklich Medea ... sie ging über die Noten hinaus, schlüpfte ganz in die monumentale Gestalt der Legende hinein und gab sie voller Hingebung und Ehrfurcht dem Komponisten zurück.« Viele Jahre danach erinnerte sich Sergio Segalini immer noch an diese Vorstellung und versuchte eine kühne Analyse, in der es ausnahmsweise vielleicht angebracht war, die Sängerin und Schauspielerin mit ihrer Rolle zu identifizieren. In seiner 1979 veröffentlichten bewegenden, lobpreisenden Studie *Les Images d'Une Voix* heißt es: »Vermutlich hat sich die Callas bei ihrer Suche nach Gerechtigkeit in dieser Zauberin gewissermaßen wiedererkannt. War sie nicht die Zauberin des Gesangs auf der Suche nach musikalischer Gerechtigkeit? Wenn man ihrer Medea gelauscht hat, war es leicht zu verstehen, wieso ihre Stimme von nicht so langem Bestand war wie die anderer.«

Nach der *Medea*-Premiere suchte Rudolf Bings Vertreter in Italien, Roberto Bauer, der das schon einmal als »Zeitverschwendung«

abgetan hatte, Maria in ihrer Garderobe auf, diesmal mit der Instruktion, ihr Engagements an der New Yorker Met für Januar und Februar 1954 anzubieten. Bing stellte ihr außerdem Ettore Bastianini in Aussicht, den Bariton, den sie damals bevorzugte, in der Hoffnung, daß dieser Köder den großen Fisch an die Angel brachte. Die Rollen sollten *La traviata, Lucia di Lammermoor* und natürlich *Aida* sein. Darauf machte sie den Gegenvorschlag, eine von diesen gegen *Norma* auszutauschen, worauf Bauer erwiderte, das sei unmöglich, da diese Oper »im Besitz« der großen Sopranistin Zinka Milanova wäre, Rudolf Bings Lieblingssängerin. Wiederum wurde Bauer die Tür gewiesen, und Meneghini teilte der Presse mit: »Meine Frau wird niemals an der New Yorker Met singen, solange Rudolf Bing sie leitet, und damit basta!«

Die Callas richtete ihre Aufmerksamkeit inzwischen auf ihre zweite Saison an Londons Covent Garden. Für rund 350 Pfund pro Vorstellung – ohne Einwände von beiden Seiten – war sie engagiert worden, drei ihrer vertrautesten Rollen zu singen: *Aida*, unter Sir John Barbirolli, *Norma*, wiederum mit Joan Sutherland, und *Il trovatore*. Anläßlich der Krönung Elizabeth II. hatte Covent Garden Benjamin Britten beauftragt eine Oper zu komponieren: *Gloriana*. Da sie ihre erste *Aida* zwei Tage nach der Krönungsfeier sang und ihre erste *Norma* am 15. Juni, mußte sie gegen starke Konkurrenz bestehen.

Wiederum war das Lager der Kritiker gespalten. Viele widmeten ihrem Aussehen mehr Aufmerksamkeit als ihrem Gesang. Sie war außer sich über Margherita Wallmann, die Regisseurin der *Medea* in der Scala, die sie mit einer der Karyatiden auf der Akropolis verglichen hatte; und sie versuchte, die Identität des Reporters vom *Observer* zu ermitteln, dem sie vorgekommen war wie »eine große junonische Gestalt, die mit einem seltsam beschwingten Gang über die Bühne schreitet«, und der dann noch eine zurückliegende Erwiderung von ihr auf die Einladung zu einer Einkaufstour mit abdruckte.

Sich auf die Schenkel schlagend, sollte sie von sich gegeben haben: »Was, und das alles mit mir herumschleppen?«

Ihr *Troubadour* hingegen wurde von den Kritikern einhellig bewundert, mit der *Times* an der Spitze: »Madame Maria Callas sang und spielte alle an die Wand. Sie ist keine Künstlerin der großen Geste, aber wenn sie den Arm hebt, beugt sich das Publikum nach vorn, gepackt von einer dynamischen Persönlichkeit in Aktion.«

Nach der Saison in London versuchte sie, in ihrer Wohnung in Verona ein wenig Ruhe zu finden und Alessandro Scarlattis vergessene Barockoper *Mitridate Eupatore* zu studieren, mit der die Scala Ende des Jahres die neue Spielzeit eröffnen wollte. Ende Juli nahm sie in Mailand *Cavalleria rusticana* auf Schallplatte auf, zusammen mit Rolando Panerai und Giuseppe di Stefano. So unglaublich es klingt, aber diese Aufnahmen entstanden während der *Aida*-Auftritte in Verona, wo sie diese Rolle zum letztenmal auf der Bühne sang. Als diese Projekte abgeschlossen waren, »entspannte« sie sich bei einer Schallplattenaufnahme von *Tosca* mit Giuseppe di Stefano, Tito Gobbi und Victor de Sabata.

Die *Tosca* der Callas von 1953 gilt als die definitive Version dieses Werkes. Sie war auch das Resultat einer ganzen Reihe von lautstark und mitunter sogar vulgär ausgetragenen Meinungsverschiedenheiten, Beleidigungen und gemeinen Streitereien, die die Scala bis in die Grundfesten erschüttert hatten. Bis in jedes einzelne Rezitativ und jede Zeile des Librettos hatte sie das Werk analysiert und erklärt, es müsse gesungen und gespielt werden wie vor Publikum. Den Satz, den sie zu singen hat, nachdem Tosca den Polizeichef Scarpia getötet hat – *E evanti a lui tremava tutta Roma* –, wiederholte sie siebenundvierzigmal, bevor sie Sabata mit einem Nicken zu verstehen gab, daß sie zufrieden war.

Die Callas war jedoch nicht nur mit sich selbst streng. Mit Tito Gobbi, der sich bewußt war, daß er einiges zu wünschen übrig ließ, war sie so unzufrieden, daß schließlich neunundzwanzig Aufnahmen von einigen wenigen Minuten Musik herauskamen, obwohl bereits die erste perfekt gewesen war, wie der Dirigent gefunden hatte.

Das Juwel in *Toscas* glitzernder Krone ist natürlich das erhabene *Vissi d'arte*, neben *O mio babbino caro,* ihr am häufigsten gewünschtes Renommierstück, ohne jeden Zweifel eine der schönsten, innigsten Arien, die sie jemals gesungen hat. Das ist auch heute noch, über zwanzig Jahre nach ihrem Tod, ihre besondere Hymne à l'amour, ihr persönliches Credo. »Nur der Schönheit weiht' ich mein Leben, einzig meiner Kunst in Liebe ergeben!« sang sie und forderte von den Zuhörern, zu glauben, daß diese elegisch verlaufenden Phrasen nur für sie allein geschaffen waren, bevor sie mit einem Schluchzen, das stets echt war, schloß: »Mit offnen Händen gab ich für Arme barmherzige Spenden ... mit meinem Singen wollt' ich der Menschen Herzen zu dir wenden. Warum, mein Gott und Herr, warum, warum, o Gott, ah! warum suchst du mich heim so schwer, so schwer?« Ein Meisterstück!

1953 jährte sich Alfredo Catalanis Todestag zum sechzigsten Mal. Aus diesem Anlaß brachte die Mailänder Scala sein bekanntestes Werk – *La Wally* – wieder auf die Bühne. Im Jahr darauf sollte Maria die reizende Arie *Ebben? me ne andrò lontana* daraus auf Platte aufnehmen, doch zur Eröffnung der neuen Spielzeit der Scala wurde die Rolle von Renata Tebaldi gesungen, was eine diplomatische Entscheidung gewesen war. Ghiringhelli hatte sich gewünscht, daß Toscanini dirigierte, weil er es auch bei der Uraufführung im Jahre 1892 getan hatte und weil er wußte, daß das seine Lieblingsoper war – seiner Tochter hatte er den Namen von Catalanis Heroine gegeben. Toscanini war jedoch zu krank, ließ allerdings wissen, für ihn käme nur eine einzige Wally in Frage – seine absolute Favoritin Renata Tebaldi. Für Ghiringhelli war Toscaninis Wort Gesetz, und die Tebaldi wurde engagiert ... nicht nur für *La Wally*, sondern auch für *Tosca*, *Othello* und *Eugen Onegin*. Callas machte das nichts aus, denn außer *Mitridate Eupatore* sollte sie *Lucia di Lammermoor* singen sowie die neuen Rollen in Glucks *Alceste* und die Elisabeth de Valois in Verdis *Don Carlos*. Sie hatte auch nichts dagegen, daß es die Tebaldi war und nicht sie selbst, die in der Eröffnungsvorstellung der neuen Saison singen sollte – sie akzeptierte es, weil sie die beiden vorhergegangenen Spielzeiten eröffnet hatte. Womit sie jedoch nicht gerechnet hatte, war das ungewöhnliche Verhalten der Tebaldi.

Ein paar Tage vor der Premiere schrieb Emilio Radius von *L'Europe*, einer der einflußreichsten italienischen Musikkritiker – den Maria häufig als »mein lieber Freund« bezeichnete, obwohl er alles andere war als das –, einen scheinheiligen Artikel, in dem er die Meinung vertrat, die Opernwelt könnte um vieles friedlicher sein, wenn ihre beiden strahlendsten Glanzlichter sich nicht ständig gegenseitig an die Gurgel gingen. Außerdem schlug er vor, ihren Bewunderern und der Presse zuliebe sollten die beiden einander in aller Öffentlichkeit die Hand reichen. Das war gewiß zuviel verlangt von Maria, doch sie ersann selber einen kleinen Plan. Sie hatte sich vorgenommen, auf jeden Fall zur Premiere der Tebaldi zu gehen. Es war immer gut, die Konkurrenz zu studieren, erklärte Maria, und wie hätte sie das besser gekonnt als mitten im Publikum? Als die Kritiker sie in einer Loge sitzen und für die Fotografen einen artigen Knicks vor Toscanini machen sahen, nahmen sie an, die Fehde sei nun schließlich beendet. Als jedoch am 10. Dezember weder die Tebaldi noch Toscanini zur Premiere der *Medea* erschienen und sich überdies herausstellte, daß während der Tebaldi-Premiere Maria eine Nachricht überbracht worden war, mit dem Inhalt, sie möge auf keinen Fall nach der Vorstellung hinter der Bühne erscheinen, witterten die Kritiker Krieg.

Wovon die Kritiker nichts wußten, war das Gerangel, das der Aufführung der *Medea* vorausgegangen war. Ausgelöst worden war es Anfang November durch Antonio Ghiringhelli, der angesichts der glänzenden Besprechungen der *Medea* in Florenz diese nun, anstelle der *Mitridate Eupatore,* ins Programm nehmen wollte. Maria begrüßte diese Neuigkeit, nicht jedoch die Regisseurin Margherita Wallmann, die bereits die Kulissen bestellt hatte und letzte Hand an die Kostüme legen ließ. Ghiringhelli beruhigte sie zwar. Ihre Anziehungskraft war so stark, daß er wußte, er würde die Verluste, die das Theater erlitt, mehr als wieder wettmachen, wenn schon nicht gleich durch diese Inszenierung, so doch durch die weiteren drei. Zu allem Überfluß erlitt zwei Wochen vor der Premiere der Dirigent Victor de Sabata einen Herzanfall.

Ghiringhelli machte Marias Wutanfälle dafür verantwortlich, verlor jedoch keine Zeit, Ersatz zu engagieren: Leonard Bernstein. Der war fünfunddreißig Jahre alt, Absolvent von Harvard und vom renommierten Curtis Institute of Music und hatte erst kurz zuvor eine erfolgreiche Konzerttournee durch Italien absolviert. Er hatte bereits die *Jeremiah Symphony* und das Hollywood Musical *On the Town* komponiert und war 1944 mit einem Schlag berühmt geworden, als er für den indisponierten Bruno Walter eingesprungen war und das New York Philharmonic Symphony Orchestra dirigiert hatte.

Bernstein war allerdings eine harte Nuß. Er war an Grippe erkrankt und litt an akuter Bronchitis und Heuschnupfen. Er hatte noch nie etwas von Cherubini gehört, geschweige von *Medea*. Außerdem verkündete er, Maria Callas sei wegen ihres »verdammt schlechten Rufes« die letzte Sängerin der Welt, die er dirigieren wolle. Das Honorar, das Ghiringhelli ihm bot, und die Tatsache, daß sein allererstes Engagement an einem Opernhaus gleich an der Scala sein sollte, trugen dazu bei, seine Meinung zu ändern.

Ein weiteres Problem waren die Partituren der *Medea*, die alt waren und allmählich zerfielen. Ghiringhelli wollte sie wegen nur drei geplanter Vorstellungen nicht neu drucken lassen. Einige der Musiker und auch Bernstein selbst waren allergisch gegen Staub, und so gab es sehr viel Gehuste und Geniese – was zu vernehmen ist, wenn man sich die unerlaubten Mitschnitte dieser Vorstellungen anhört.

Ein paar Probleme gab es doch zwischen dem Dirigenten und seiner Primadonna. Wie schon im Falle Viscontis war Maria so hingerissen von Leonard Bernsteins knabenhaft gutem Aussehen, seiner Schlagfertigkeit, seinem Charme und seinem nahezu tadellosen Benehmen, daß sie Wachs in seinen Händen war. Ihre Naivität ließ sie anfangs nicht erkennen, daß Bernstein, wie Visconti, homosexuell war und daß es, wenn er mit Freunden, wie zum Beispiel dem gutaussehenden Tenor Franco Corelli, in ihre Wohnung kam, noch viel für sie zu lernen gab.

Mit Bernstein gab es nur eine einzige professionelle Meinungsverschiedenheit. In der sogenannten »Kriechszene« im dritten Akt, wenn Medea bereit ist, ihre Kinder umzubringen, muß die Sängerin eines der schwierigsten Stücke der Vokalmusik bewältigen, das je geschrieben wurde. Bernstein hatte einen Regieeinfall, von dem beide überzeugt waren, er würde zu einem Bombenerfolg führen. Statt vor dem Altar zu knien und zu singen: *Numi, venite a me, inferni Die!* *(Götter der Unterwelt, kommt mir zu Hilfe!)*, sollte die Callas mit dem Gesicht nach unten auf der steilen Tempeltreppe liegen, umhüllt von einem weiten, feuerroten Gewand, langsam den Kopf heben und in den stürmischen Himmel blicken. Ihre einzige Sorge war, womöglich auszurutschen und sich zu verletzen – sie wog nämlich immer noch fünfundsiebzig Kilo. Also fand Bernstein eine Lösung. Medea wurde, ehe der Vorhang sich hob, auf der Treppe plaziert, einige Mitglieder des Chores ganz in ihrer Nähe, um ihr beistehen zu können, falls sie in Schwierigkeiten geraten sollte. Nichts dergleichen geschah, und diese *Medea* ist eine der aufregendsten Vorstellungen geblieben, die sie je gegeben hat.

Eine Treppe bildete auch eines der zentralen Requisiten in ihrer nächsten Oper an der Scala: *Lucia di Lammermoor.* Dirigiert und inszeniert wurde sie von einer anderen Koryphäe: Herbert von Karajan, dem sie ewig mißtraute. Es war allgemein bekannt, daß Karajan vor dem Zweiten Weltkrieg Mitglied der nationalsozialistischen Partei gewesen war. Sie erklärte sich jedoch einverstanden, mit ihm zu arbeiten, nachdem sie von Ghiringhelli gehört hatte, daß Karajan 1946 von den Alliierten »entnazifiziert« worden war.

Um Donizettis Oper zu erarbeiten, war Karajan dem Beispiel der Callas gefolgt und hatte auf die Originalpartitur zurückgegriffen; er hatte sich sogar nach Schottland, an den Originalschauplatz von Scotts Roman, begeben und diesen dann auf eine trübselige, schwach beleuchtete Bühne übertragen. In seiner Inszenierung der *Lucia*, die am 18. Januar 1954 Premiere hatte, begann die berüchtigte Wahnsinnsszene damit, daß die Heroine oben auf der Treppe stand, in einem Nachtgewand und mit wirrem Haar. Außerdem hielt diese Lucia – angeblich, um Karajan, dem ehemaligen Nazi, zu beweisen, daß sie, Callas, Gewalt verabscheute –, keinen Dolch in der Hand. Das Publikum, erklärte sie, wüßte bereits, was geschehen war, welchen Sinn hätte es also, das Blutvergießen zu übertreiben? In der Tat war die Szene ohne den Dolch und ohne das falsche Blut so realistisch, daß die Zuschauer mittendrin aufsprangen und wie wild applaudierten. Aus Gründen, die wahrscheinlich nur sie selbst kannten, ließen ihre Bewunderer einen Schauer von Hunderten roter Nelken auf sie niederregnen. Callas, die sich von Massenbegeisterung nicht so leicht aus der Fassung bringen ließ, bezog die Blumen in das Szenario mit ein. Sie bückte sich in ihrem »Wahnsinn« danach, als schöpfte sie Hände voll Blut ... am Ende der Szene verlor sie die Kontrolle über ihre Gefühle und brach in Tränen aus, was ein Kritiker als »Callasmanie« bezeichnete.

»Das Theater schien einzustürzen unter dem sintflutartigen Applaus«, beschrieb es Franco Abbiate vom *Corriere della Sera*. »Das war nicht die verklärte Lucia, die man zu hören gewohnt ist, sondern die dramatische Heroine, von der Donizetti vermutlich nur geträumt hat.« Cynthia Jolly von *Opera News*, die ihrem Idol inzwischen begegnet war, ging noch einen Schritt weiter, indem sie ihre frühere Kritik wiedergutmachte: »Die Vorrangstellung der Callas unter den heutigen Sopranistinnen beruht nicht auf mechanischer Perfektion, sondern auf phantastisch beherrschtem künstlerischem Mut, atemberaubender Sicherheit und Beweglichkeit, Phrasierung und Bühnenpräsenz ... und auf einem herzzerreißenden Timbre, das man nicht vergessen kann.«

Nach »Routine«-Vorstellungen von *Lucia*, *Medea* und *Tosca* in Venedig und Genua kehrte Callas am 4. April 1954 nach Mailand zurück und sang die Hauptrolle in Glucks *Alceste*, die aufgrund ihrer Unbeliebtheit beim italienischen Publikum noch nie an der Scala aufgeführt worden war. Marias Metamorphose vom häßlichen Entlein zum schönen, eleganten Schwan war so gut wie abgeschlossen. Ihr Gewicht betrug nun keine siebzig Kilogramm mehr und erlaubte, daß sie am Ende des zweiten Akts über die Köpfe der Träger erhoben in den Tempel getragen werden konnte.

Am 12. April, zwei Aufführungen der *Alceste* standen noch aus, sang sie ihre erste Elisabeth in *Don Carlos*, eine ihrer Lieblingsrollen und eine, mit der das Scala-Publikum vertraut war, was sich in wohlwollenden Reaktionen kundtat. Natürlich hatte auch wieder jemand etwas zu beklagen, in diesem Fall Riccardo Malipiero von *Opera*, der die Ansicht vertrat: »Die Stimme der Callas paßt nicht ganz zu Verdis Musik, denn dieser wundervollen Sängerin – so sicher sie in schwierigen Passagen ist, so gewaltig in dramatischen – fehlt doch der Schmelz und die Geschmeidigkeit, die in Momenten der Freude und Hingebung vonnöten ist.«

Zwischen den Vorstellungen begann sie mit den Schallplattenaufnahmen von *Norma*, einer Rollengestaltung, die heute allgemein als ihre definitive gilt. Zum erstenmal konnte sie sich aussuchen, mit wem sie singen wollte. Sie entschied sich für Ebe Stignani und Nicola Rossi-Lemeni als Adalgisa und Oroveso, was keine Überraschung war, denn sie gehörten zu ihren engsten Freunden. Probleme tauchten auf, als Walter Legge Giuseppe di Stefano für den Pollione haben wollte, während Antonio Ghiringhelli Franco Corelli bevorzugte. Maria hatte nie aufgehört, di Stefano das *Rigoletto*-Fiasko in Mexiko zu verübeln, und sie hatte entsetzliche Angst davor, zu häufig mit dem engelsgleichen Corelli zusammen zu sein, denn sie hatte sich in ihn verliebt und wußte nicht, wie sie es anfangen sollte, ihren Mann zu betrügen, wenn es ernst werden sollte. Darum ging sie einen »Kompromiß« ein und entschied sich für Mario Filippeschi, einen Tenor, den sie eigentlich nicht ausstehen konnte, und als der Dirigent Antonio Votto sein Mißfallen darüber bekundete, sagte Maria, daß er ohnehin nicht dirigieren würde, sondern Tullio Serafin. Das wiederum führte zu großem Ärger mit Ghiringhelli, der nicht erlauben wollte, daß die Aufnahmen in der Scala gemacht wurden. Darum wechselte man ins Kino Metropol ... mit sehr wenigen Temperamentsausbrüchen. Zwischen den Aufnahmen wurde Callas von Martin Meyer von der amerikanischen Zeitschrift *High Fidelity* interviewt, dem sie nach einem heftigen, überflüssigen Streit mit Filippeschi sagte: »Jedes Jahr möchte ich besser sein als im Jahr zuvor, sonst würde ich aufhören. Ich brauche das Geld nicht. Ich arbeite für die Kunst!«

Sie lehnte auch Legges Vorschlag ab, Verdis *La Forza del Destino* und Boitos *Mefistofele* aufzunehmen, mit der Begründung, sie sei noch nicht bereit dafür. Einige Monate später änderte sie ihre Meinung zu *La Forza del Destino*, nach den stürmischen Ovationen, die sie am 23. Mai für ihre Leonora in Ravenna erhalten hatte; dagegen mußten sich ihre Fans mit einer einer Arie aus *Mefistofele* zufrieden geben – *L'altra notte* – und dreien aus *Don Carlos*, von dem Walter Legge auch eine Gesamtaufnahme wünschte. Die drei Arien aus *Don Carlos* waren: *To che le vanita, Non pianger mia compagna* und Prinzessin Ebolis *O don fatale*.

Sie willigte auch ein, Leoncavallos *I pagliaci* Ende Mai 1954 mit di Stefano und Serafin auf Platte aufzunehmen, obwohl sie die Nedda nie auf der Bühne gesungen hatte, und *Il turco in Italia* mit Nicola Rossi-Lemini, ohne Serafin, Anfang September. Zu dieser Zeit bereitete sie sich auf die größte und aufregendste Herausforderung ihrer Karriere vor – die Eroberung Amerikas.

Partagez-vous mes fleurs?
1954–1955

> *Ich bin auf Leistung bedacht und will nur mit Leuten arbeiten, die genauso denken. Meinen Weg in der Welt der Oper will ich nicht durch Kuhhandel machen. Ich habe mit Kunst zu tun, nicht mit Kommerz.*

Rudolf Bing vom Metropolitan Opera House in New York war gewiß nicht der Mann, der vor einer Herausforderung kapitulierte. Im Frühjahr 1954 ließ er Maria Callas, wiederum durch den inzwischen äußerst ungeduldigen Roberto Bauer, die absolute Höchstgage des Hauses von tausend Dollar für jede von zwanzig Vorstellungen anbieten – mehr hatte die Met tatsächlich noch niemandem gezahlt, nicht einmal den »königlichen Favoriten« Tebaldi und Milanov. Die Callas sollte *La traviata*, *Cavalleria rusticana* und *Tosca* singen sowie zwei Rollen ihrer Wahl aus *La Gioconda*, *Un ballo in maschera*, *Andrea Chénier* und *Aida*.

Diesmal hätte sie trotz der Einwände Meneghinis beinahe unterzeichnet, bis er ihre Aufmerksamkeit aufs Kleingedruckte und den Passus lenkte: »Damit verknüpft sind keine Bedingungen wie Visa für Ehemänner, Freunde oder Liebhaber.« Also erhielt Bauer die Antwort: »Sagen Sie Ihrem Mr. Bing, daß ich lieber ganz aufhören würde zu singen, als irgendwohin ohne meinen geliebten Titta zu reisen!«

Ausnahmsweise erwies sich diese Reaktion als vorteilhaft. Ihre Ablehnung kam Carol Fox und Lawrence Kelly zu Ohren, zwei geschäftstüchtigen jungen Theateragenten aus Chicago, die bereits erreicht hatten, woran Marias früherer Berater Bagarozy gescheitert war – die Wiederbelebung der einstmals renommierten Chicago Lyric Opera.

Fox und Kelly hatten die Callas seit November 1953 umworben, nachdem sie sich mit einem jungen Dirigenten, Nicola Rescigno, zusammengetan hatten. Alle drei waren Anfang bis Mitte dreißig. Maria war sichtlich beeindruckt von dem Fortschritt, den sie seither gemacht hatten. Sie hatten Nicola Rossi-Lemeni für die Titelrolle in zwei Aufführungen von *Don Giovanni* verpflichten können, die im Februar 1954 ein hervorragendes Presseecho gefunden hatten. Carol Fox wurde eingeladen, das Wochenende in Verona zu verbringen. Vom geschäftlichen Teil war Meneghini, der so gut wie kein Englisch sprach, zwangsläufig ausgeschlossen, während Maria mit ihrem neuen Freund ausgiebig plauderte.

Für Fox war es kaum mehr als eine Formalität, die Callas zur Unterschrift des Vertrags zu bewegen, insbesondere weil sie selber keine besseren Bedingungen hätte diktieren können: je zwei Aufführungen von *Norma*, *La traviata* und *Lucia* für zweitausend Dollar pro Vorstellung – doppelt soviel wie die Höchstgage der Met – sowie vorbehaltlose Spesen, eine Suite im besten Hotel der Stadt, einen Chauffeur und ein persönliches Dienstmädchen und so viel Zeit für Proben, innerhalb eines vernünftigen Rahmens, wie Maria für notwendig erachtete.

Das Timing hätte nicht perfekter sein können, denn drei ihrer Plattensets führten die amerikanische Klassik-Bestsellerliste an:

Tosca, I puritani und *Lucia*. Jetzt, da die Callas bei Fox und Kelly unterschrieben hatte, war es eine Selbstverständlichkeit, daß einige ihrer wichtigsten Kollegen rasch nachzogen. Die beiden hatten bereits Rossi-Lemeni, aber im Laufe der nächsten paar Wochen übertrafen sie ihre eigenen Erwartungen, denn Tito Gobbi, Giuseppe di Stefano und Giulietta Simionata unterzeichneten, um mit Callas zu singen. Außerdem konnten sie die Simionata, Gobbi und Giacinto Prandelli für Inszenierungen von *La Bohème* und *Il barbiere di Siviglia* ohne die Callas in derselben Spielzeit verpflichten.

Zwischendurch, Mitte September, flog Maria ohne Meneghini nach London, wo sie mit Tullio Serafin in weniger als einer Woche ihr erstes von zwei Studio-Alben für EMI aufnahm. *Puccini Heroines* und *Operatic Arias*, ein einzigartiges Konzept in diesen frühen Tagen der Langspielplatte, enthielten verschiedene Rollen, die sie noch nicht auf der Bühne gesungen hatte und auch später nicht singen würde, einschließlich des herzzerreißenden *Si, mi chiamano Mimi* aus *La Bohème* und das definitive *O mio babbino caro*... neben Arien aus *La Wally* und *Adriana Lecouvreur* – Partien, die Renata Tebaldi mit großem Erfolg gesungen hatte – sowie ein Gänsehaut erregendes *In questa reggia* aus *Madame Butterfly*.

Ende Oktober trafen die Meneghinis in Chicago ein, wo Maria zum erstenmal erlebte, was es hieß, von den Reportern beinahe umgebracht zu werden. Es machte ihr nie etwas aus, wenn man an ihrer Karriere mehr interessiert war als ihrem persönlichen Leben. Sie wußte nicht, daß Meneghini etliche Journalisten – darunter Claudia Cassidy von der *Chicago Tribune* – mit einer Reihe von »Vorher«- und »Nachher«-Aufnahmen versorgt hatte, von denen manche der früheren wenig schmeichelhaft waren. Diese Fotos wurden nun auf verschiedenen Titelseiten nebeneinander veröffentlicht. »Ohne die früheren Bilder hätte ich sie nicht erkannt«, berichtete die Cassidy, obwohl sie einige von Marias Vorstellungen gesehen und damit ihre Verwandlung aus der Nähe miterlebt hatte. »Sie ist superschlank, schön wie eine tragische Maske mit einem Schimmer Fröhlichkeit.«

Die Boulevardblätter hatten Marias Lebensgeschichte mehr oder weniger neu erfunden. Das arme Immigrantenkind aus einer liebevollen Familie, das sich lange genug in Übersee aufgehalten hat, um seine Kunst zu erlernen, berühmt zu werden und einen sagenhaft reichen Mann zu heiraten; jetzt war es »heimgekehrt«, um seine rechtmäßige Krone in Empfang zu nehmen. Und wohin das Paar auch ging, es wurde Arm in Arm oder küssend fotografiert, und dieses Bild des Eheglücks wurde noch verschönert durch eine von Madame Biki eingekleidete Maria, die in der Küche ihrer Hotelsuite die perfekte Ehefrau spielt, indem sie sich damit beschäftigt, ihrem Mann ein besonderes Essen vorzusetzen, oder ihre Einkaufstüten vom letzten Ausflug zum Feinkostladen um die Ecke auspackt. Diese Idee stammte von Marlene Dietrich, die wirklich wußte, wie man die Hausfrau spielte. Einmal war Maria zu einer ihrer Abendgesellschaften eingeladen worden und hatte dabei assistiert, eine Gruppe von zwölf Gästen zu verwöhnen, um dann in Marlenes Küche auf dem Boden zu sitzen und ein Omelett zu essen, während die anderen Gäste schlemmten. Aber, wie ein Biograf, George Jellinek, bemerkte: »Wer kann einer Diva widerstehen, die mit dem Gasherd genauso umgehen kann wie mit dem Scheiterhaufen?« Glücklicherweise war Marias Mutter zu weit weg – »bei lieben Verwandten in Griechenland«, nach Aussage der Portiersfrau –, um die Presse aufzuklären, und die Ankunft von George Callas aus New York unterstützte nur noch das harmonische Familienbild.

Dirigiert von Nicola Rescigno, einem Mann, an dem Maria nichts auszusetzen hatte, fand die erste Aufführung der *Norma* am 1. November statt und wurde ein riesiger Erfolg. »Ihr Stimmumfang ist einfach gewaltig, ihre Technik überwältigend«, schrieb Claudia Cassidy. »Sie sang die *Casta Diva* in einer Art mystischem Traum, wie eine Göttin des Mondes, die kurz herabgestiegen ist.« »Das war ein großer Abend für Chicago«, schwärmte Ronald Eyer vom *Musical America* und fügte hinzu: »Er wird sich vermutlich als ein noch größerer Abend für die Oper in Amerika überhaupt erweisen.«

Sieben Tage und zahllose Auftritte später sang Callas ihre erste *Traviata* mit einer solchen Perfektion, daß sich Seymour Raven von der *Chicago Tribune* zu der Bemerkung veranlaßt fühlte: »Ich wäre sogar gern dabei, wenn sie Fehler machte, denn ich bin sicher, Nachlässigkeit wäre ganz gewiß nicht der Grund dafür.« James Hinton von *Opera* dagegen, der sie beim Verlassen des Ambassador Hotels auf dem Weg zur Probe – »mit so vielen Steinen beladen, um ein Schiff zu versenken« – beobachtet hatte, war von ihrer Charakterisierung der Violetta nicht beeindruckt und schrieb: »Zu glauben, daß Miss Callas arm und vernachlässigt in einem möblierten Zimmer liegt, kann von keinem Publikum erwartet werden!«

Die Chicagoer Presse war auch hellwach in bezug auf die Tatsache, daß, wo immer die Callas involviert war, höchste künstlerische Professionalität und Erz-Gehässigkeit mehr oder weniger Hand in Hand gingen. Die Boulevardblätter lagen ständig auf der Lauer nach Anzeichen von Feindseligkeit zwischen der Callas und ihren Kollegen. Auch in dieser Beziehung enttäuschte sie sie nicht.

Ihren ersten Streit hatte sie mit Tito Gobbi, der die Rolle des älteren Germont sang. Gobbi war der Meinung, ihre Reizbarkeit und Temperamentsausbrüche seien das Resultat ihrer selbst auferlegten hohen Ansprüche. »Das bedeutete, daß die Leute das Unmögliche von ihr verlangten«, schrieb er in seinen Memoiren, »so daß sie in jedem Augenblick die Bürde mit sich herumschleppte, ihre absolute Professionalität immer wieder neu zu bestätigen oder von sich selbst oder von anderen in gewisser Weise als Versagerin angesehen zu werden.«

Während der *Traviata* am 8. November, nachdem er seine Arie am Ende des zweiten Akts gesungen hatte, senkte sich nur eine Hälfte des Vorhangs. Der Grund dafür war eine Störung im Mechanismus. Als dann die zweite Hälfte heruntergebracht wurde, hob sich die erste wieder und blieb oben, sehr zum Amüsement der Zuschauer, die, in einem eigentlich sehr dramatischen Augenblick der Handlung, zu kichern begannen. Während der Pause verlangte Meneghini vom Operndirektor, den Techniker zu feuern, wurde jedoch wieder in den Zuschauerraum gedrängt und entzündete einen Streit zwischen Maria und Gobbi, der beinahe dazu geführt hätte, daß die Vorstellung abgebrochen wurde. Als ob sie einen Lakaien kommandierte, beorderte Maria Tito Gobbi in ihre Garderobe und tobte und schrie einige Minuten lang, während das Publikum sich fragte, warum die Pause so lange dauerte. Gobbi fuhr hin und wieder mit einer bissigen Bemerkung dazwischen, ohne zu wissen, daß vor der Tür ein Grüppchen von Reportern lauschte.

CALLAS: Wie kommen Sie dazu, sich in den Erfolg meiner *Traviata* einzumischen?

GOBBI: Ich dachte, das wäre Verdis *Traviata*, Maria ...

CALLAS: Das ist *meine Traviata*, und wenn Sie nicht aufpassen, werde ich Ihnen ihre verdammte Karriere ruinieren!

GOBBI: Sie mögen allmächtig sein in der Welt der Oper, meine liebe Madame Callas, doch vergessen Sie nicht, daß ich schon zehn Jahre länger als Sie in diesem Geschäft bin ...

CALLAS: Verlassen Sie meine Garderobe, Sie Scheißkerl, ehe ich den Direktor rufe ...

GOBBI: Nein, Maria. Sie verlassen jetzt Ihre Garderobe und gehen auf die Bühne, andernfalls werde ich dem Publikum jedes einzelne Wort dieser Unterredung wiederholen!

Selbstverständlich vertrug man sich wieder, und nachdem das Problem mit dem Vorhang gelöst und dem Publikum eine Erklärung für die »unvermeidliche« Verzögerung gegeben worden war, ging der dritte Akt über die Bühne, und als sie sich dann verneigten, Arm in Arm, geschah das aufrichtig und ehrlich. Für den Rest ihres Lebens waren sie die besten Freunde.

Es war auch Tito Gobbis Schulter und nicht die ihres Mannes, an der Maria weinte, als ihr früherer Agent Eddie Bagarozy sie, nicht ganz unerwartet, verklagte: Seit 1947, machte er geltend, hätte er 85 000 Dollar seines eigenen Geldes in die Förderung ihrer Karriere investiert, seine Frau, Louise Caselotti, wäre nie für ihren Gesangsunterricht bezahlt worden, und er selbst hätte nicht einen Cent an Kommission erhalten, die ihm nach den Bedingungen ihres Vertrags zustünde. Insgesamt ergab das immerhin eine Forderung in Höhe von 300 000 Dollar, und Marias amerikanischer Plattenfirma, Angel, war ein Pfändungsbefehl über diese Summe zugestellt worden.

Sie konterte auf der Stelle und erklärte, Baragozys Vertrag nur unter Zwang unterzeichnet zu haben. Dann erfuhr sie, daß Nicola Rossi-Lemeni, der seinen Vertrag am selben Tag wie sie unterzeichnet hatte, ebenfalls verklagt worden war, allerdings auf eine viel kleinere Summe, und daß nach einem Treffen mit Bagarozys Anwälten eine außergerichtliche Einigung erzielt worden war, nach der Rossi-Lemini mit 5000 Dollar davonkam. Sie war drauf und dran, diesem Beispiel zu folgen. Tito Gobbi gelang es, ihr auszureden, Bagarozy von Angesicht zu Angesicht zu begegnen und ihre Drohung wahrzumachen, »ihm seine verdammten Zähne einzuschlagen«. So erklärte sie schließlich ihre Bereitschaft zu einem Gespräch. Meneghini jedoch weigerte sich, Bagarozy auch nur einen Cent zu zahlen, und schuf damit ein Problem, das sich einige Jahre lang hinzog und dabei nicht geringer wurde.

Am 15. November gab Maria Callas, mit Giuseppe di Stefano als Partner, die überwältigendste Vorstellung in dieser, ihrer ersten Saison in Amerika: eine *Lucia*, für die sie über zwanzig Vorhänge erhielt. Doch was noch dazu kam, war, daß sie, die ihr langes Haar »Jayne-Mansfield-blond« gefärbt und einen knallroten Lippenstift von Elizabeth Arden dick aufgetragen trug, sich unbeabsichtigt in die Gruppe der Sirenen wie Dietrich, Monroe, Garland und Bankhead eingereiht hatte. Von da an bestand ihr Publikum zu einem beträchtlichen Teil aus Schwulen – Hunderten von jungen Männern, ihren geliebten Callas Boys, die nach jeder Vorstellung zur Bühne stürmten, um ihr Blumenbouquets zu Füßen zu werfen oder einfach den Saum ihres Kleides zu berühren und mit einem huldvollen Lächeln oder einem Händedruck belohnt zu werden. Und nichts inspirierte ihre frenetische Verehrung mehr als *Lucias* Wahnsinnsszene, was Claudia Cassidy von der *Chicago Tribune* unter der Balkenüberschrift WER IST VERRÜCKT? DIE LUCIA DER CALLAS ODER IHR RASENDES PUBLIKUM? so darstellte: »Maria Meneghini-Callas hat die Opernbesucher dieser Stadt verhext. Ein harmloser Zuschauer, der gestern zufällig in die *Lucia* im Civic Opera House gegangen wäre, müßte gedacht haben, Donizetti hätte die Wahnsinnsszene für die Zuschauer komponiert ... Wenn man bedenkt, daß sie gerade erst eine glänzende *La traviata* gesungen hat. Dann höre man sich den ersten Akt von *Lucia* an, fein gesponnen wie warme Seide, und dennoch mit einem scharfen Squillo ... Nichts davon ist eine angemessene Warnung vor der Wahnsinnsszene, die mit einer Schönheit und Reinheit in den Koloraturen und Fiorituren gesungen wird, die empfängliche Leute in einen Rausch versetzen kann ...«

Marias »Nebenkarriere« als Schwulendiva hatte begonnen, und obgleich sie sich zunächst wunderte über die Demonstrationen »dieser seltsamen kleinen Männer«, wie sie sie bezeichnete, die vor Bühneneingängen und in Flughafen-Lounges oft am lautesten krakeelten, erkannte sie doch sehr schnell, wie aufrichtig und treu ergeben sie waren. Viele Jahre später charakterisierte sie ein junger Schauspieler namens Steven Mathers, der den Fanklub »Callas Circle« gegründet hatte, in der *Gay Gazette* so: »Sie war ein absolut bezauberndes Geschöpf, in dem unleugbar ein Element einer Tunte steckte, in ihren eleganten Kleidern und mit leicht überzogenem Lidstrich ... indem sie das Körperbewußtsein eines Schwulen widerspiegelte, hat sie sich vollständig neu entdeckt.«

Zu der Tatsache, daß einige ihrer heterosexuellen Bewunderer die »Callas Boys« verachteten und für respektlos hielten, hatte sie selbst in Chicago diese Antwort: »Für sie bin ich die Bette Davis der Oper, und das freut mich ungemein!« Es gibt jedoch noch erheblich mehr dazu zu sagen, wie Roger Baker in der *Gay Times* es tat: »Die großen Opern sind heterosexuell in ihrem Inhalt. Doch diese Heterosexualität ist geradezu etwas Beiläufiges, denn was die aufgewühlten Individuen, die sich zu Tode singen, wirklich charakterisiert, ist die Tatsache, daß sie entweder Außenseiter sind, die gegen den Sittenkodex verstoßen, oder, indem sie gegen den Sittenkodex verstoßen, zu Außenseitern werden ... Die Oper fordert tatsächlich von uns, die Gefühle und Leiden eines von der Gesellschaft Geächteten zu teilen. Verbunden damit ist häufig die Darstellung des Kontrastes und der Spannung, innere Qualen zu erleiden und nach außen hin das Gesicht zu wahren ... Es ist nicht schwer, sich vorzustellen, daß ein Schwuler, der gezwungenermaßen ein Doppelleben führt und sich der gesellschaftlichen Mißbilligung bewußt ist, sich mit diesen Außenseitern identifizieren kann: Norma, Manrico, Carmen, Isolde, Butterfly, Lulu ...«

Die zweite und letzte *Lucia* wurde am 17. November gegeben. Ein paar Tage später brachen Maria und ihr Mann nach Mailand auf. Dort wurde sie für fünf Inszenierungen der neuen Spielzeit engagiert. Neben *Medea, Il trovatore* und einer Wiederaufführung ihres römischen Erfolgs, *Il turco in Italia*, sollten es noch zwei neue Rollen sein: die Amina in Bellinis *La sonnambula* und zur Eröffnung der Saison, am Tag des Heiligen Ambrosius, die Giulia in Spontinis nahezu vergessener *La Vestale*. Das sollte eine der unternehmungslustigsten, wenn nicht gar riskantesten Spielzeiten der Scala werden. Außer den Inszenierungen mit Callas sollte es Premieren von Gershwins *Porgy and Bess*, Menottis *The Saint of Bleeker Street* geben und – Renata Tebaldi in *La forza del destino*.

Die Spontini-Oper brachte eine Wiederbegegnung mit Luchino Visconti – der einzige, wie sie zu Antonio Ghiringhelli sagte, der in der Lage war, ein Werk zu inszenieren, das sich mehr auf die Bühneneffekte stützte als auf eine schwache Handlung und einen dürftigen musikalischen Inhalt und das seit Rosa Ponselles Florentiner Saison von 1933 nicht mehr aufgeführt worden war. Ghiringhelli erklärte, er werde niemals mit einem Homosexuellen zusammenarbeiten, der noch dazu Kommunist war, und lenkte erst ein, als sie drohte, ihren Vertrag zu zerreißen. Der Intendant Ghiringhelli hatte in der Tat solche Angst davor, Maria Callas zu verlieren, daß er, als er erfuhr, das Viscontis Inszenierung ihn mindestens 85 Millionen Lire kosten würde, sarkastisch gefragt haben soll: »Ist das alles?«

Kurz vor ihrer Reise nach Chicago hatte Visconti ihr eine Rolle in seinem viertem Spielfilm, *Senso*, angeboten. Der Film erzählt die Geschichte einer jungen venezianischen Gräfin, die mit einem reichen Adligen verheiratet ist, der dreimal so alt ist wie sie, und die ihn mit einem gutaussehenden, mittellosen Armeeleutnant betrügt. Sie hatte es rundweg abgelehnt, eine Ehebrecherin zu spielen, und nach einer Ablehnung von Ingrid Bergman hatte Visconti die hübsche italienische Schauspielerin Alida Valli gewonnen, die in Carol Reeds *Der dritte Mann* mitgespielt hatte. Visconti, der nicht so leicht aufgab, hatte Maria daraufhin beschworen, wenigstens eine Gastrolle in seinem Film zu übernehmen: als Sopranistin in der Eröffnungsszene in Venedigs La Fenice, in der der dritte Akt von *Il trovatore* gerade endet. Auch das hatte sie abgelehnt.

Maria war vernarrt in Visconti, und er seinerseits war so (platonisch) entzückt von ihr, daß er, um mit ihr zu arbeiten, für die nächsten Jahre dem Filmedrehen den Rücken kehrte. Maria wußte nun, daß seit ihrer »Metamorphose« auch gutaussehende Männer sie sexuell attraktiv fanden – und zum erstenmal in ihrem Leben hatte sie keine Angst, den ersten Schritt zu tun. *La Vestale* erzählt die Geschichte von Giulia, der Tochter einer angesehenen römischen Familie, die, da sie ihren Geliebten, den Soldaten Licinius, nicht heiraten darf, dem Wunsch ihres sterbenden Vaters gehorcht und eine Vestalin wird. Maria muß sich mit der anfänglich unglücklichen Giulia identifiziert haben, denn den Licinius sang Franco Corelli, der damit sein Scala-Debüt gab, ein neunundzwanzigjähriger italienischer Tenor von besonderer Schönheit, mit dem sie gern ein Verhältnis gehabt hätte. Was sie nicht wußte, war, daß ihr anderes »Opfer«, Visconti, ähnliche Absichten in bezug auf den jungen Mann hatte, obgleich Corelli sexuell an keinem von beiden interessiert war.

Die Proben zu *La Vestale* waren darum ungewöhnlich aufgeschlossen: ein ehemaliger Liebhaber, Rossi-Lemeni, sowie zwei ersehnte, ihre Freundin Ebe Stignani, die sie als Hohepriesterin hatte haben wollen, und die gelegentliche Anwesenheit von Toscanini, der jetzt siebenundachtzig Jahre alt war und schnell müde wurde, aber immer noch keiner hübschen, koketten jungen Frau widerstehen konnte. Er war betrübt, daß Maria wieder ihre natürliche Haarfarbe hatte und nicht mehr blond war. Die Fotos, die ihn mit Maria, Visconti und dem Dirigenten Antonio Votto zeigen, wie sie gemeinsam die Partitur durchgehen, sind sehr anrührend. Toscanini sollte Verdis *Falstaff* in der Piccola Scala dirigieren, hatte aus gesundheitlichen Gründen aber absagen müssen.

Maria himmelte Franco Corelli an und schwärmte bei ihren Freundinnen von seinen »herrlichen Schenkeln«, während sie sich fast zerriß, Visconti zufriedenzustellen, der sie Dutzende Male dieselben Bewegungen machen und dieselben Zeilen hersagen ließ, und zwar aus keinem anderen Grund als wegen des Vergnügens, das er dabei empfand. Sie war so vernarrt in ihn, daß sie sich sogar mit seinem Kettenrauchen abfand, obwohl sie das Rauchen verabscheute. Sie war damals sogar zu naiv, um zu erkennen, daß der junge Mann, der ihn nach den Proben gewöhnlich vom Theater abholte, auch mit ihm das Bett teilte. »Sexuell war mein Mann nicht in der Lage, meine Wünsche zu erfüllen«, sagte Maria später ihrem französischen Freund Roger Normand. »Und doch schienen die beiden Männer, die ich damals mehr als alle anderen in der Welt liebte, mehr aneinander interessiert gewesen zu sein als an mir.«

Spontini war ein großer Günstling am Pariser Hof Napoleons gewesen, und aus diesem Grund entschied sich Visconti für »eine wie von kaltem Mondschein beschienene dreidimensionale Marmorkulisse«, die das alte Römische Reich verkörperte. Er engagierte den hervorragenden Bühnenbildner Piero Zuffi, der die Bühne der Scala nach vorn erweiterte – zu Spontinis Zeiten hatten die Sänger häufig auf einer Vorbühne agiert – und sie mit gewaltigen Alabastersäulen flankierte. Die Gestik der Sänger orientierte Visconti an den Gemälden des französischen Neoklassizisten Jacques Louis David.

Alles, was Rang und Namen hatte, nicht nur in Mailand, sondern in ganz Italien, kam zur Premiere der *Vestalin*, die auch aufgenommen und in weiten Teilen Europas im Rundfunk übertragen wurde. Die Offenbarung erfolgte jedoch nicht nur durch ihren Gesang, denn der größte Teil des Publikums sah die »neue« Callas – schlanker und schöner – zum erstenmal. »Sie sah auch hervorragend aus«, erklärte Peter Hoffer von *Music & Musicians*, und fügte hinzu: »Es ist ein Vergnügen, ihr zuzuschauen, und man beginnt zu *glauben*, zumindest an die Handlung auf der Bühne.« Ganz besonders ergriffen war das Publikum, als sie nach dem Ende des zweiten Akts vor den Vorhang trat. Toscanini, der ihr zu Ehren erschienen war, applaudierte ihr aus seiner Proszeniumsloge, während von allen Seiten ein Regen roter Nelken auf sie niederging. Sie trat an die Loge heran, verneigte sich tief vor dem Maestro und überreichte ihm eine Nelke. Das Publikum wurde hysterisch, und das Foto von diesem Ereignis erschien in Zeitungen in aller Welt.

Es gab fünf Vorstellungen von *La Vestale*, die letzte davon am 18. Dezember, vor der Weihnachtspause. Am 27. Dezember erfüllte sich Maria in San Remo einen anderen Wunsch, indem sie zusammen mit Benjamino Gigli in einem Rundfunkkonzert zu hören war. Gigli, der bedeutendste lyrisch-dramatische Tenor seiner Zeit, damals vierundsechzig Jahre alt und vor dem Ende seiner Karriere, war dennoch bei bester Stimme. Im letzten Moment jedoch sagte er ab, mit ihr ein Duett zu singen, und zwar mit den Worten: »Ich würde es ja sehr gern, aber ich fürchte, sie ist einfach *zu* gut!«

Das war in der Tat eine wunderbare Anerkennung, und man braucht sich die vier Arien, die sie bei dieser Rundfunkaufnahme sang, nur anzuhören, um zu erkennen, wie gut sie wirklich war, insbesondere bei der Umsetzung von Charpentiers *Depuis le jour* aus *Louise*, noch mehr aber bei Meyerbeers *Ombra leggiera*, was man hören muß, um es zu glauben. Manche Kritiker, die die San-Remo-Version zum erstenmal hörten, waren in der Tat so verwirrt von Marias »Echo«effekt, den sie als Dialog zwischen Dinorah und ihrer Schattengestalt geschaffen hatte und damit den Eindruck vermittelte, als seien es zwei verschiedene Sopranstimmen, daß sie öffentlich geschworen hätten, ein technischer Trick sei mit im Spiel gewesen oder die Callas hätte noch eine Sängerin ins Studio geschmuggelt. Es gab natürlich auch Dutzende von Zeugen, einschließlich Gigli, die bereit gewesen wären, das Gegenteil zu schwören.

Ihre nächste Scala-Produktion sollte *Il trovatore* sein, mit Mario del Monaco in der Rolle des Manrico. Genau eine Woche vor der Premiere jedoch eröffnete dieser – der erst kurz zuvor einen der größten Triumphe seiner Karriere an der New Yorker Met gefeiert hatte, und zwar mit der Titelrolle in Giordanos *André Chénier* – dem Intendanten Antonio Ghiringhelli, an der Scala wolle er keine andere als ebendiese Rolle singen.

In Wirklichkeit kam noch mehr dazu. Del Monaco, der von vielen als der natürliche Nachfolger Giglis angesehen wurde und der gewiß einer der besten Tenöre seiner Generation war, soll sich gefürchtet haben, vor dem kritischen Publikum der Scala eine so anstrengende Partie wie den Manrico zu singen. Außerdem war er der Liebhaber Renata Tebaldis, die ihm angekündigt hatte, ihr nächster Auftritt an der Scala im April werde auch ihr letzter sein, wenn es nicht gelänge, Marias Popularität zu beeinträchtigen. Aus diesem Grund wollte er

Maria in eine Rolle drängen, die sie nicht kannte und mit der sie, wie er hoffte, scheitern mußte.

Ghiringhelli rechnete natürlich mit einem Protest-Feuerwerk seiner Primadonna, dergestalt, daß sie del Monacos sofortige Entlassung forderte. Doch in Wirklichkeit überraschte sie beide damit, daß sie verkündete, es sei ihr eine Freude, die Rolle der Maddalena di Coigny zu singen, der Geliebten des jungen französischen Dichters Marie André Chénier, der von Robespierre auf die Guillotine geschickt worden war. Zwar hatte sie nur fünf Tage, die Rolle zu lernen, aber wennschon! Hatte sie so etwas nicht schon einmal vorexerziert, und mit was für einem Ergebnis!

Die Premiere war ein Desaster. Auf der Galerie saß eine Gruppe von Anhängern der Tebaldi und unterbrach die Vorstellung, wann immer Callas auf der Bühne war, mit Applaus mitten in der Szene. Natürlich wurde sie nervös. Ihre große Arie war *La mamma morta*, in der Maddalena den Tod ihrer Mutter beklagt, nachdem der revolutionäre Mob das Haus in Brand gesteckt hat – ein sehr gefühlsbetontes, anspruchsvolles Stück mit einem langen hohen B, das in diesem Falle so fürchterlich wackelte, daß die Tebaldianer zu pfeifen, buhen und mit den Füßen zu stampfen begannen. Die Kritiker wußten selbstverständlich, was vor sich ging, und widmeten sich ihr in angemessener Weise. »Sie verlieh der Rolle sinnlichen Reiz und köstliche Ungezwungenheit und entfaltete mit bewundernswertem Talent die herrlichen und reichhaltigen Töne ihres enormen Stimmumfangs«, schrieb Quaglia vom *Corriere del Téatro*.

Quaglias Verteidigung, die Gratulation der Witwe des Komponisten, zusammen mit einem Blumenbouquet, und lange Ovationen, die zu unzähligen Vorhängen führten, konnten Maria jedoch nicht trösten. Sie richtete ihren ganzen Zorn auf del Monaco, den sie für den Krawall verantwortlich machte, weil er Ghiringhelli überredet hatte, das Programm zu ändern. Und als sie dann noch von seinen Beziehungen zur Tebaldi erfuhr, erklärte sie ihn zu einem Feind der niedrigsten Sorte und drohte, er solle sich in acht nehmen, jemals wieder den Weg der Callas zu kreuzen.

Außerdem bezichtigte sie Renata Tebaldi, ihre Premiere sabotiert zu haben, indem sie professionelle Claqueure engagiert hatte – eine gängige Praxis in Italien, wenn diese Leute gewöhnlich auch dafür bezahlt werden, für eine Diva, die sie mögen, den Applaus in Schwung zu bringen, und nicht, die Opposition auszubuhen. Die Frage allerdings, ob sie und die Tebaldi immer noch Rivalinnen seien, verneinte sie ... und gab eine Erklärung ab, die in den Zeitungen rund um die Welt zitiert wurde und nur als offene Kriegserklärung interpretiert werden konnte: »Ich lebe in einer anderen Welt. Sie ist eine Vokalistin mit einem gewissen Repertoire. Ich halte mich für eine Sopranistin – eine, die etwas tut, was es lange nicht mehr gegeben hat. Ich habe Musik hervorgeholt, die lange tot und vergraben war, und habe sie wieder zum Leben erweckt. Wenn die Zeit kommt, daß meine teure Freundin Renata Tebaldi an einem Abend *Norma* oder *Lucia* oder *Anna Bolena* singt und am Tag darauf *Traviata* oder *Gioconda* oder *Medea* – dann, erst dann werden wir Rivalinnen sein. Andernfalls ist es, als vergliche man Champagner mit Cognac. Nein – Champagner mit Coca-Cola!«

Als diese Äußerung den Bewunderern der Tebaldi zu Ohren kam, hatte die Callas bereits drei weitere Male *André Chénier* gesungen, ohne Störungen. Dennoch schwor sie weiterhin, diese Rolle nicht wieder auf der Bühne zu singen, ein Schwur, den sie allerdings brach. Als sie jedoch am 22. Januar in Rom *Medea* sang, brach ein regelrechtes Inferno aus und dauerte auch während der Vorstellung fort. Und während der Vorhänge zeigte sich sogar der sonst so friedliche Boris Christoff, der die Rolle des Kreon gesungen hatte, feindselig. Christoff mag vielleicht noch gewillt gewesen sein, Marias unanständige Bemerkungen über Renata Tebaldi, mit der er immerhin befreundet war, zu überhören, aber ganz gewiß ließ er sich von dem »Athener« Naseweis nicht sagen, daß er mehr Proben benötige, um seine Stimme zu vervollkommnen. Also baute sich Christoff, der ein stämmiger Mann war, während alle Mitwirkenden gemeinsam nach vorn traten, um sich zu verbeugen, direkt vor Maria auf, so daß das Publikum sie nicht sehen konnte. Hinter den Kulissen wandte sie sich ihm zu und zischte: »Wenn ich Sie das nächstemal sehe, hoffe ich, daß Sie an den Pocken verrecken!«

Ende Januar, dem physischen und psychischen Zusammenbruch nahe und mit einem schmerzhaften Furunkel im Genick, kehrte Maria nach Mailand zurück, wo sie für Lawrence Kelly, der erneut gekommen war, um sie nach Chicago einzuladen, die Gastgeberin spielte. In Anbetracht des Eindrucks, den sie bei ihrem ersten Gastspiel in der »Windy City« gemacht hatte – und des üppigen Schecks von dort – überrascht es nicht, daß sie zustimmte. Kelly war wenig beeindruckt von dem, was die Meneghinis unter Gastfreundschaft verstanden, und lud Freunde zu einem Essen mit ihnen ins Biffi Scala ein, einem Restaurant in unmittelbarer Nähe der Scala, in der Vorstellung, die Gastgeber würden die Rechnung übernehmen. In diesem Zusammenhang erinnerte sich Roger Normand an eine Begebenheit zu etwa dieser Zeit, als Maria in Paris einkaufen ging und ihn bat, sie zum Tee im Hotel Continental nahe der rue de Rivoli zu treffen: »Die Kellnerin brachte die Rechnung, und Maria schickte sie weg mit der Bitte, separate Rechnungen zu bringen. Wir hatten nichts weiter gehabt als zwei kleine Tassen Tee. Dann sagte sie, sie habe kein Kleingeld, und so kam schließlich ich dazu, für uns beide zu bezahlen.«

Die nächste Premiere an der Scala, Bellinis *La sonnambula* – inszeniert von Visconti, dirigiert von Leonard Bernstein und mit Maria Callas in der Titelrolle –, war für den 17. Februar geplant, doch sie war so erschöpft, daß sie auf den 5. März verschoben werden mußte. Ihre Besessenheit von Visconti ging inzwischen so weit, daß sie jeden seiner Schritte überwachen ließ, denn sie argwöhnte, daß er sich gegenüber dem schneidigen, extrovertierten Bernstein, der kein Geheimnis aus seiner Homosexualität machte, ein bißchen zu freundlich verhielt. Sie wußte nicht, daß die beiden, die nichts miteinander hatten, die Nächte damit zubrachten, im Rotlichtviertel nach Strichjungen Ausschau zu halten.

Meneghini, der natürlich jede Konkurrenz fürchtete, noch dazu junge und gutaussehende, hatte selbst Nachforschungen angestellt und wußte daher von den nächtlichen Aktivitäten. Im Vertrauen darauf, daß seine Frau nicht im Begriff war, ihn zu betrügen, wenigstens nicht mit einem der beiden, gab er sich redlich Mühe, sie sich gewogen zu halten, auf die einzige Art, die er kannte, indem er sie mit immer mehr materiellen Gütern überhäufte. Doch davon hatte sie bereits genug – Schmuck, Gemälde, wertvolles Porzellan, Antiquitäten und eine Unmenge Nippsachen, das meiste weder von Nutzen noch wertvoll. Was sie nicht hatte und wonach sie sich sehnte, war ein eigenes Heim. Die Wohnung in Verona gehörte der Familie Meneghini, und jedesmal, wenn sie in Mailand arbeitete, kostete die Suite im Grand Hotel ihren Mann ein Vermögen. Darum beschleunigte Meneghini die Umbauarbeiten des vierstöckigen Hauses, das er in der Via Michelangelo Buonarotti 40, in einem der vornehmsten Viertel der Stadt, gekauft hatte, während Maria, wie er sagte, »bei jedem Homosexuellen, der daherkam, mit den Wimpern klimperte«. Dann verkündete er, er wolle sich ganz und gar der Karriere seiner Frau widmen – was in Wirklichkeit hieß, er wollte ständig ein Auge auf sie haben, für den Fall, daß doch einmal ein gutaussehender junger Mann daherkäme, der nicht schwul war – und verkaufte seinen Anteil am Familienunternehmen an seinen Bruder.

Solange Maria sich erinnern konnte, hatte sie sich danach gesehnt, die Rolle der Amina in Bellinis *La sonnambula* zu singen, die viele Jahre zuvor die Kritiker begeistert hatte, als Elvira de Hidalgo sie an der New Yorker Met sang. Amina, eine Waise, lebt in einem Schweizer Dorf und ist mit Elvino, einem reichen Grundbesitzer verlobt. Das Verhältnis trübt sich, als ein Fremder kommt, in Wirklichkeit

Graf Rodolfo, der Lehnsherr des Dorfes, der seit seiner Kindheit fortgewesen ist. Rodolfo übernachtet im Gasthaus, und es wird gesehen, wie Amina durchs Fenster in sein Zimmer steigt. Sie schlafwandelt, und Maria konnte diese Szene tatsächlich mit geschlossenen Augen spielen, da Visconti ein mit Parfüm besprenkeltes Taschentuch auf dem Bett plaziert hatte. Elvino erfährt davon und ist außer sich. Der Graf weiß natürlich, daß Amina unschuldig ist, und ebenso Lisa, die Gastwirtin. Da die aber ebenfalls in Elvino verliebt ist, sagt sie es ihm nicht. Die Wahrheit erkennt er erst, als er Amina mit einer nicht brennenden Lampe in der Hand über einen schwankenden Holzsteg über das Mühlrad nachtwandeln sieht. Eine der Bohlen gibt nach, und Amina stolpert, wobei sie die Lampe ins Wasser unter sich fallen läßt. Während die Dorfbewohner »Viva Amina!« schreien, erwacht sie in Elvinos Armen, und das Paar wird nun schleunigst Hochzeit feiern.

Diese Schlußszene war es, die Maria so lange davon abgehalten hatte, die Amina zu singen, denn Bellini soll zu diesem reizenden, unschuldigen Geschöpf durch die unglaublich zierliche, in Schweden geborene italienische Ballerina Maria Taglioni inspiriert worden sein, die 1832, drei Jahre vor Bellinis Tod, *La sylphide* bekannt gemacht hatte. Der Librettist, Felice Romani, hatte die Anweisung erteilt: »Diese Rolle erfordert eine Schauspielerin, die verspielt, naiv und unschuldig und gleichzeitig leidenschaftlich, empfindsam und zärtlich sein kann.« Genau das war natürlich Viscontis Auffassung von Callas, und da auch er von der Taglioni fasziniert war, hatte er beschlossen, sie durch Maria wieder zum Leben zu erwecken. Sie sollte Kostüme tragen, die von denen großer Tänzerinnen inspiriert waren, und sie durch ihren eigenen Schmuck verschönern. Als sie einwendete, die Zuschauer würden ihr niemals ein Dorfmädchen abnehmen, das mit Rubinen und Smaragden im Wert von etlichen Millionen Lire behängt war, erwiderte Visconti: »Die Zuschauer werden nicht auf ein Dorfmädchen schauen. Das ist ein feiner Unterschied, denk an meine Worte!« Vielleicht wurde die Visconti/ Callas-*Somnambule* aus diesem Grund eher als *visuelle* Leistung geschätzt, wenngleich natürlich auch ihr Gesang, auf Platten festgehalten, ausgezeichnet war.

Auf dem Höhepunkt ihres Ruhmes hatte die Taglioni eine Taille von sechsundfünfzig Zentimeter Umfang gehabt, und genauso eine Taille hatte Maria Callas jetzt. Sie war auch von einer ebensolchen äußerlichen Zerbrechlichkeit und Anmut, daß es kein Problem war, ihr beizubringen, sich wie eine Ballerina zu bewegen. Schwieriger war es da schon, auszuklügeln, wie sie wie in Trance singen und dann auch noch beinahe von dem Steg stürzen sollte, ohne sich zu verletzten.

Beide Probleme löste sie selbst auf die beste Weise. Wie in San Remo, als sie Dinorahs Schattengestalt heraufbeschworen hatte, indem sie ihre einzigartigen technischen Fähigkeiten einsetzte, »verschleierte« sie ihre Stimme jetzt für die entzückende Arie *Ah, non credea mirarti*, in der sie die Blumen fragt, ob es denn möglich sei, so bald zu verwelken, jetzt, da sie, wie sie glaubte, ihre Liebe verloren hat. Von einer einzelnen Viola begleitet, scheint ihre Stimme den murmelnden Bach unter ihr nachzuahmen. Der »Sturz« war einer der aufregendsten Augenblicke in der Operngeschichte, insbesondere, weil sie sich überhaupt nicht bewegte. Während sie über den Steg ging, war die Beleuchtung ziemlich schummerig, so daß sie in einem Kostüm, das dem der Taglioni aus *La sylphide* glich, nur als Umriß vor den Bergen im Hintergrund zu sehen war. Sie atmete sehr, sehr langsam ein, und es schien, als schwebe sie nach oben. Dann, im entscheidenden Augenblick, atmete sie ganz plötzlich aus und schuf damit eine so realistische Illusion, daß die Zuschauer wie gebannt waren, so, als sähen sie einem Artisten am Trapez zu, dessen Sprung böse enden könnte, wenngleich ein Sicherheitsnetz gespannt ist. Als sie dann auf die Rampenlichter zuging, wo sie erwachte und von ihrem Liebhaber in die Arme geschlossen wurde und dabei jubilierend verkündete: *Ah non giunge uman pensiero al contonto and'io son piena!*

(Ach, kein menschlicher Gedanke kann das Glück erfassen, das ich fühle!), strahlte die Beleuchtung der Bühne und des Zuschauerraums, einschließlich des mächtigen Kristalleuchters der Scala, mit einem Schlag auf. Für manche Kritiker war das der aufregendste und geräuschvollste Höhepunkt aller Callas-Auftritte überhaupt – die letzten Takte gingen in hysterischer Bewunderung unter, wie auf den Live-Mitschnitten der Vorstellung zu hören ist.

Während noch zwei *Nachtwandlerinnen* bevorstanden, hatte Maria, zusammen mit Nicola Rossi-Lemeni, am 15. April Premiere mit *Il turco in Italia* – ihrer ersten komischen Rolle in der Scala. Diesmal führte Franco Zeffirelli Regie, ein enger Freund von Visconti und darum ein Mann, dem sie vertraute. Geboren und aufgewachsen in Florenz, hatte Zeffirelli als Schauspieler gearbeitet und den Dimitri in Viscontis Verfilmung von Dostojewskis *Schuld und Sühne* gespielt, bis er Bühnen- und Kostümbildner wurde und dann selber Filme drehte. Seine erste Oper, Rossinis *La Cenerentola* mit Giulietta Simionata in der Titelrolle, war 1953 an der Scala aufgeführt worden. Maria hatte ihn sehr gern – nicht ohne die Eifersucht des ihr mittlerweile langweilig gewordenen Meneghini anzustacheln – und war während der Arbeit an dieser Oper häufig mit ihm und seinen Freunden zusammen oder ging mit ihm und seinem körperbehinderten Vater essen. Obgleich Zeffirelli häufig äußerte, Marias größte Schwäche sei gewesen, sich selbst viel zu ernst zu nehmen – zu einem Reporter sagte er einmal: »Ich habe den Überblick darüber verloren, wie oft ich ihr schon gesagt habe: ›Um Himmels willen, Maria, sieh es etwas lockerer!‹« – bewies sie in *Il turco in Italia* auch ihr Talent als Komödiantin, indem sie mit den Augen rollte und Rossi-Lemeni gegenüber Grimassen schnitt, sehr viel kicherte und sogar eine ausgelassene Tarantella tanzte. »Maria Callas war einfach herrlich ... sie sang und spielte großartig, mit der Finesse, der Subtilität und dem künstlerischen Talent, wovon man gewöhnlich nur träumen kann«, schrieb Peter Hoffer in *Music & Musicians*.

Während der Laufzeit von *Il turco in Italia* erhielt sie ein neuerliches Angebot von der New Yorker Met. Diesmal sollte sie die Spielzeit 1956/57 mit *Lucia di Lammermoor* eröffnen. Sie stimmte sofort zu – bis sie erfuhr, daß der Hausdirigent der Met, Fausto Cleva, dirigieren sollte. Sie konnte ihn nicht ausstehen, weil sie, wie sie sagte, einmal in Verona eine heftige Auseinandersetzung mit ihm gehabt hatte. Als sie verlangte, Cleva müsse ausgetauscht werden, blieb Bauer standhaft, und so lenkte sie nach einiger Überlegung ein, wobei ihr natürlich Rudolf Bing mit seiner Trumpfkarte beispielloser erstklassiger Hotelunterkunft und bis zu dreitausend Dollar Spesen für sie und Meneghini die Entscheidung leichter gemacht hatte, bis sich zeigte, Bing wolle sie außerdem *Die Zauberflöte* auf englisch singen lassen. Viele Jahre später, als sie darüber nachdachte, wie sie sich geweigert hatte, *Fidelio* in englisch zu singen, sagte sie zu Derek Prouse: »Ich hasse Oper auf englisch. Es tut mir leid, das sagen zu müssen. Wenn die Oper von einem englischen Komponisten auf englisch geschaffen wird, dann ist das etwas ganz anderes.« Rodolfo Bauer blitzte bei Callas also ab und war so wütend über ihre an den Tag gelegte Hysterie und ihre blumenreiche Sprache, daß er, auf die Gefahr hin, seinen Job zu verlieren, zu Bing sagte: »Wenn wieder einmal mit dieser mißgelaunten Hexe zu verhandeln ist, dann können Sie das selber tun!«

Auch ihre letzte Rolle für die Scala-Spielzeit 1954/55 entstand in Zusammenarbeit mit Luchino Visconti, der dann mit ihr eine sensationelle *La traviata* in Szene setzte, eine, wie es sie noch nicht gegeben hatte, weder auf einer italienischen Bühne, noch an irgend einem Opernhaus der ganzen Welt. *La traviata* war Viscontis Lieblingsoper, sein Lieblingsfilm war *Camille (Die Kameliendame)* mit Greta Garbo und Robert Taylor, und als Kind hatte er Sarah Bernhardt und Eleonora Duse mit *La Dame Aux Camélias* auf der Theaterbühne gesehen. Seine *Traviata* jedoch sollte sich von allen anderen Interpretationen unterscheiden, indem er sie ganz und gar um die komplexe Persönlichkeit der Callas inszenierte. »Ich habe das getan, um ihr zu dienen, einer Callas muß man dienen«, sagte er damals.

Vernarrt in die dekadente Periode der jüngsten französischen Geschichte, die Belle Époque, verlegte Visconti die Handlung von *La traviata* in die Zeit um 1875 und engagierte Lila de Nobili, eine unbestrittene Autorität auf dem Gebiet, um das Bühnenbild und die Kostüme für Maria zu entwerfen. Nobili hatte erst kurz davor in Paris Triumphe gefeiert, vor allem aufgrund ihrer Arbeiten für Edith Piafs musikalische Komödie *La petite Lili* und die französische Fassung von Tennessee Williams' *A Streetcar Named Desire (Endstation Sehnsucht)*. Jetzt kleidete sie die Callas in die Turnüren, Bonnets und quälend engen Mieder dieser Zeit und malte selbst die Bühnenbilder, die Violettas Gemütsverfassung und Gesundheitszustand reflektierten. Der Salon in der ersten Szene war in Scharlachrot, Gold und Schwarz gehalten, was Frivolität, Reichtum und Tod symbolisieren sollte; Violetta flattert in einem schwarzen Satinkleid, mit ellbogenlangen weißen Handschuhen und einem Strauß Veilchen in der Hand als Halbweltdame über die Bühne und unterhält ihre Gäste ... mit starrem Blick, doch hingegeben, als Alfred ihr seine Liebe gesteht, während eines Moments, in dem sie allein sind. Dann, nachdem er gegangen ist – bevor sie *Sempre libera* singt –, öffnet sie das Haar und schleudert die Schuhe von sich, als sei sie zum Geschäft bereit – was dazu führte, daß am Premierenabend, dem 28. Mai, einige Zuschauer aus Protest die Vorstellung verließen.

Als Kontrast dazu zeigte die Nobili-Kulisse für den zweiten Akt, der sich in Violettas Landhaus abspielt, eine einfache, rustikale Atmosphäre, in der diese junge Frau, die an Schwindsucht leidet, überhaupt zum erstenmal seelische Ruhe genießt, nachdem sie ein Leben lang nach der Neigung der Männer und nach materiellem Besitz getrachtet hat, bis sie schließlich die einzige echte Liebe opfern muß, die sie jemals erfahren hat. Alfredos Vater kann sie für seinen

Sohn nicht akzeptieren; er fürchtet, die Verbindung mit einer Kurtisane könne sein Leben zerstören. Die Kulissen sind in zartesten Pastellfarben gehalten, und Violetta, ganz wie Greta Garbo, trägt ein weißes Spitzenkleid und ein Bonnet sowie einen Sonnenschirm.

Violettas Sterbeszene war unvergleichlich und so weit von Hollywood entfernt, wie es nur ging. Ebenso wie Callas in *La sonnambula* im Schlaf gesungen zu haben schien, vermittelte sie jetzt mit ihrer Stimme und ihren Bewegungen den Eindruck, daß sich ihre Gesundheit immer mehr verschlechterte. Während sie in den Spiegel blickt, singt sie *Addio, del passato bei sogni ridenti (Adieu, schöne, glückliche Träume der Vergangenheit)* als ein richtiges Chanson réaliste. Und doch gibt es Hoffnung! Violetta hat ihren Besitz veräußert, um ihre Schulden zu bezahlen, und glaubt Alfreds Traum, alles würde gut, wenn er käme und sie holte. *Rinasce, rinasce ... m'agita insolito vigor (Mein Puls schlägt, und ich spüre wieder Kraft)*, sagt sie, obgleich sie weiß, daß der Tod ihr nahe ist. Sie versucht, sich selbst anzukleiden, es gelingt ihr aber nicht, den Mantel umzulegen und das Hütchen aufzusetzen, und bei ihrem verzweifelten Versuch, die Handschuhe anzuziehen, bricht sie in Tränen aus: *Ah, gran Dio! Morir si giovane! (Ach, mein Gott! So jung zu sterben!)* Als *diese* Violetta stirbt, geschieht das aufrecht, in den Armen des Geliebten, mit großen, weit offenen Augen, die in die Leere jenseits des Rampenlichtes starren, bis der Vorhang gefallen ist. Überflüssig zu sagen, daß im ganzen Haus kein Auge trocken blieb, als das zum erstenmal geschah.

Die meisten Kritiker wurden von dieser »neuen« *Traviata* überzeugt, es gab aber auch gegenteilige Stimmen von den eingefleischten konservativen Verdi-Verehrern, die den Regisseur und seine Primadonna »größter Respektlosigkeit« bezichtigten. Visconti wurde vorgeworfen, die Handlung »in die verdorbene Welt von Zolas *Nana*« verlegt zu haben, während die Callas in der *Sempre-libera*-Szene »wie eine Hure« aufgetreten sei, um am Ende in Hut und

Mantel zu sterben. Man hielt ihr vor, in der Sterbeszene *pianissimo* gesungen zu haben, worauf sie einem Journalisten, der sie fragte, wer denn nun müde gewesen sei, Violetta oder die Callas, entgegnete: »Keine von beiden war müde, Sie Idiot! Sie starb. Und Sie sollten sich lieber einen anderen Job suchen!«

Am Tag nach der Premiere hatte sie einen heftigen Krach mit Giuseppe di Stefano – ein hochtalentierter Sänger, aber ein hölzerner, um nicht zu sagen miserabler Schauspieler, für den die Darstellung in einer Oper von sekundärer Bedeutung war. Nachdem Visconti Extraproben angesetzt hatte, um ihn dazu zu bringen, »sich seiner sterbenden Geliebten gegenüber ein bißchen mehr wie ein Liebhaber und nicht wie ein Holzklotz« zu verhalten, war di Stefano ständig zu spät gekommen, was Marias Zorn erregte, so daß sie ihm einmal sogar die Tür an den Kopf knallte. »Ich komme niemals zu spät, und ich erwarte, daß auch mich niemand warten läßt«, schrie sie ihn an. »Zuspätkommen ist die schlechteste aller schlechten Manieren!« Zum Eklat kam es jedoch bei der Premiere selbst, als Visconti und der Dirigent, Carlo Maria Guilini, Maria nach dem dritten Akt drängten, einmal allein vor den Vorhang zu treten. Beleidigt stürmte di Stefano von der Bühne und aus dem Haus, und eine Stunde später erhielt Visconti die Mitteilung, daß er aus dieser Produktion aussteige.

Di Stefano wurde durch den zugänglicheren, allerdings weniger guten Giacinto Prandelli ersetzt, der mit Maria schon *Die Entführung aus dem Serail* gesungen hatte. Die zweite Vorstellung der *Traviata*, am 31. Mai, wurde vom Publikum genauso gut aufgenommen wie die erste. Während der dritten jedoch, als Callas ihre Schuhe von sich schleuderte und ansetzte, *Sempre libera* zu singen, gab es von den Galerien Pfiffe. Sie hob die Hand und unterbrach das Orchester. Es folgte ein peinlicher Augenblick, und der Störenfried, ein wütender di-Stefano-Anhänger, mußte die Oper verlassen. Dann begann sie noch einmal mit ihrer Arie; danach forderte sie selbst einen Solo-

Vorhang. Sie gab zu, anonyme Brief erhalten zu haben, in denen ihr gedroht worden war, die Vorstellung zu stören, und sie erklärte später: »Ich wollte, daß das Publikum mir klar und deutlich seine Meinung zu verstehen gab, und das tat es, durch einen großzügigen Beifallssturm, der mich den Ärger vergessen ließ.«

Elle est dangereuse ... Elle est belle!

1955–1956

>   *Ich mag kein Gerangel, und ich mag keinen Streit.*
>   *Ich verabscheue die Unruhe, die dadurch entsteht.*
>   *Wenn ich aber kämpfen muß, dann kämpfe ich.*
>   *Bis jetzt habe ich immer gesiegt, aber nie Stolz*
>   *darüber empfunden.*

Im August 1955 kam Elvira de Hidalgo nach Mailand, um bei ihrem Bruder Luis einen Monat Urlaub zu machen. Die Wiederbegegnung mit Maria Callas war sehr herzlich. Die beiden hatten sich seit Athen nicht mehr gesehen; in den letzten Jahren hatte die Hidalgo, obwohl weit über sechzig, als hoch angesehene und begehrte Lehrerin am Konservatorium in Ankara unterrichtet.

Maria nahm Elvira so sehr in Beschlag, daß sie kaum Zeit mit ihrem Bruder verbrachte. Sie machten ausgedehnte Einkaufsbummel, kauften noch mehr Nippsachen und Krimskrams für das neue Haus, gingen zu Anproben zu Madame Biki, und die Hidalgo war vor allem bei den Schallplattenaufnahmen von *Madame Butterfly*, *Aida* und *Rigoletto* anwesend. Eigentlich hatte Giuseppe di Stefano in allen drei Opern singen sollen, Callas war aber im letzten Augenblick dagegen, sozusagen als Rache für sein Verhalten bei der *Traviata*-Premiere. Darum wurde die Rolle des Pinkerton in *Madame Butterfly* von Nicolai Gedda und die des Radames in *Aida* von Richard Tucker gesungen. Bis Anfang September hatte sich ihr Ärger jedoch gelegt, und di Stefano kehrte wieder zurück, um den Herzog in *Rigoletto* zu singen, wobei er schreckliche Angst vor den Kritikern hatte, insbesondere vor denen, die ihn drei Jahre zuvor in Mexiko schonungslos verrissen hatten.

Die Aufnahmen verliefen so gut – ganz sicher durch die Anwesenheit von Elvira de Hidalgo –, daß di Stefano sogar eingeladen wurde, in einer der zwei Vorstellungen von *Lucia di Lammermoor* bei den Berliner Festwochen Ende September zu singen. Maria beharrte auch darauf, daß di Stefano mit ihr am 24. September nach Berlin reiste, und der darüber ein bißchen verwunderte Meneghini sollte erst ein paar Tage später nachkommen. Manche, die die Callas näher kannten, waren der Meinung, daß Schwierigkeiten sie nur stimulierten, und ebenso habe sie einen Mann erst richtig geschätzt, nachdem er ihr die Stirn geboten hatte. In bezug auf Mario del Monaco – mit dem sie am 29. Juni in Rom die *Norma* sang, aber nur, weil es im Rundfunk war und niemand sehen konnte, wie sie ihn anstarrte – sollte das zwar niemals der Fall sein, aber von di Stefano fühlte sie sich damals stark angezogen, was Meneghini sehr beunruhigte, denn dieser Mann war eindeutig nicht homosexuell. Später sollten die beiden eine leidenschaftliche Affäre haben, im Augenblick jedoch steckte sie in einem anderen Abenteuer, einem Flirt mit dem großen griechischen Baß Nicola Zaccaria, der in letzter Minute den indisponierten Giuseppe Modesti in der Rolle des Oroveso ersetzt hatte. Wie dem auch sei, Meneghini war am Tag der Premiere, dem 29. September, so aufgeregt, daß er das Flugzeug nach Berlin verpaßte, und das wiederum machte Maria so nervös, daß sie sich weigerte aufzutreten, solange er nicht da war. Zum Glück traf er endlich ein, noch zehn Minuten, bevor der Vorhang sich heben sollte.

Beide Vorstellungen waren innerhalb von zwei Stunden nach Öffnung der Kassen ausverkauft gewesen, Hunderte hatten die ganze Nacht über angestanden, um Karten zu ergattern, von denen viele zu überhöhten Preisen weiterverkauft wurden. Die Premiere wurde auch im Rundfunk übertragen und sogar in Form von privaten Mitschnitten vermarktet. Die Begeisterung der Berliner wuchs sich nach der Wahnsinnsszene zu einem regelrechten Orkan aus – insbesondere, als Callas, immer noch in ihrer Rolle, auf der Bühne herumlief und Rosen aufhob, um sie ins Orchester zu werfen. Eine davon beförderte sie, nachdem sie sie geküßt hatte, mit einer für eine Kurzsichtige unheimlichen Zielsicherheit dem Flötisten auf den Schoß.

Die Berliner *Lucia di Lammermoor*, wie sie von einigen Kritikern bezeichnet wurde, gilt allgemein als ihre hervorragendste Interpretation dieser Rolle, denn ihre Stimme war damals makellos. »Der Sopran von Maria Meneghini-Callas hat das dramatische Forte mit dem reizvoll scharfen Beiklang der italienischen Stimme, er hat das glockenhaft zarte, tragende Pianissimo«, schwärmte Werner Oehlmann vom *Tagesspiegel*, »er hat Modulation für jede Schwingung des Gefühls und hat die schwebende Leichtigkeit einer Vogelstimme, die jede Arabeske der Melodie nachzeichnet.« »O ja, eine Künstlerin bis in die Fingerspitzen«, verkündete Desmond Shawe-Taylor von *Opera* und schloß: »Echt königlich! Ich glaube, sie wird niemals besser singen als jetzt!«

Nach der Vorstellung gab das italienische Generalkonsulat einen Empfang für das Ensemble. Callas erschien in einer Robe von Christian Dior und betrat strahlend das Gebäude, flankiert von ihren Galanen, di Stefano und Zaccaria, während Meneghini Zaccarias Frau, Efi, begleitete. Und natürlich mußte es einmal geschehen: Ein junger Journalist, der natürlich genau wußte, wer wer war, fragte, ob er sie nach dem Empfang in eine Bar begleiten dürfe ... vorausgesetzt, sie könnte ihren Vater loswerden. Maria lächelte nur und ließ ihn stehen, wieder einmal daran erinnert, daß viele Leute ihre Ehe für etwas Lachhaftes hielten.

Zwei Wochen später flog sie mit Meneghini nach Chicago zu ihrem zweitem Gastspiel am Civic Opera House, das am 31. Oktober mit *I puritani* beginnen sollte, gefolgt von *Il trovatore* und ihrem Bühnendebüt von Puccinis *Madame Butterfly*. Groß angekündigt wurde das Gastspiel mit einem umfangreichen Artikel im *Life*-Magazin, unter der Schlagzeile »Voice of an Angel« (Die Stimme eines Engels), in dem Robert Neville die Karriere der Callas beschrieb, bis hin zu ihren Verhandlungen mit Bing und dem immer noch schwelenden Streit mit der Tebaldi. Der Entwurf wurde ihr vorgelegt, und sie ließ eines der Fotos – einen Schnappschuß der »alten« Callas, aufgenommen während der *Puritani* 1949 in Venedig – durch ein neues ersetzen.

Wieder einmal war Spannung vorprogrammiert. Sie hatte in Mailand als Bedingung für ihren Vertrag ausgehandelt, daß auch Renata Tebaldi engagiert werden sollte – ungeachtet der Kosten, die zwei so große Stars für Lawrence Kelly bedeuten würden –, damit das Publikum Gelegenheit hätte, selbst zu entscheiden, wer die Größere sei, statt sich von den Kritikern beeinflussen zu lassen. Auf die Frage, was geschähe, sollte die Tebaldi nicht erscheinen, erwiderte sie: »Dann bleibt die Callas in Mailand!«

Die Tebaldi nahm die Herausforderung an, wenn auch nicht sehr glücklich darüber, daß Callas das Gastspiel eröffnen sollte, während ihre *Aida* auf den folgenden Abend angesetzt war. Kelly bemühte sich, das Verhältnis zu glätten, indem er eine gemeinsame Pressekonferenz in der Star-Garderobe arrangierte, mit beider Namen an der Tür – doch wenn auch Maria scheinbar das Kriegsbeil begraben wollte, die Tebaldi ging darauf nicht ein; und so kam es, daß sich die beiden bei diesem Aufenthalt in Chicago nie begegneten.

Wie zuvor strömten Marias Bewunderer in Scharen herbei, um sie zu hören. Die Elvira in *I puritani* hört das Publikum zuerst aus den Kulissen, wenn sie verkündet: *La luna, il sol, le stelle! (Der Mond, die Sonne, die Sterne)*, so daß jedermann auf ihre Ankunft vorbereitet ist.

Als sie dann tatsächlich auf der Bühne erschien, veranstalteten ihre Anhänger einen solchen Jubel, daß sie ihren Einsatz verpaßte. Nach einer tiefen Verbeugung begann sie noch einmal. Später zwang eine plötzliche Woge der Begeisterung sie, auf ein womöglich gequältes hohes D zu verzichten ... und wiederum konnte sie nichts falsch machen! »Das war ganz und gar kein Fehler – sie ist heute die beste singende Schauspielerin«, erklärte Howard Talley von *Musical America*, und Claudia Cassidy schwärmte: »Während Lucia ein normales Mädchen ist, das aus Liebe wahnsinnig wird, ist Elvira ein versponnenes, unstetes Wesen, das manchmal wie Finnegan ist. Die Gesangskunst ist phantastisch!«

Instabilität war sicher die Order des Tages, als Maria und ihr Mann die Premiere von Tebaldis *Aida* besuchten. Lawrence Kelly hatte ihr seine Loge angeboten, doch die hatte sie abgelehnt, einmal wollte sie auf Privilegien verzichten und unter dem normalen Publikum im Parkett sitzen. Dafür gab es natürlich einen guten Grund, denn mitten in Tebaldis Arie *O patria mia* zerrte Maria so sehr an ihrem Perlenkollier, daß es riß; und dann war die Vorstellung zehn Minuten lang unterbrochen, während sie und ein Dutzend Zuschauer auf den Knien herumrutschten und die Perlen aufsammelten – unterstützt von einer Taschenlampe, die Meneghini zufällig dabei hatte.

Il trovatore hatte am 5. November Premiere und wurde enthusiastisch aufgenommen. Außer Ettore Bastianini und Ebe Stignani hatte diese Inszenierung in der Hauptrolle noch den legendären schwedischen Tenor Jussi Björling zu bieten, damals im Zenit seines Könnens, obwohl er sich mit erst vierundvierzig schon dem Ende seines Lebens näherte. Nach der Vorstellung sagte Björling zu den Reportern: »Jetzt weiß ich, daß es Vollkommenheit in der Welt gibt. Ihr Name ist Callas.«

An diesem Abend unternahm auch Rudolf Bing seinen bis dahin verzweifeltsten Versuch, Callas für die Met zu gewinnen. Begleitet von seinem Assistenten, Francis Robinson, flog er nach Chicago, um persönlich mit ihr zu verhandeln, und wurde von Lawrence Kelly und Carol Fox sehr reserviert empfangen. Sie vermuteten, wenn die Callas erst einmal in Bings Klauen geraten war, würde sie nicht mehr in Chicago singen. Zum allerersten Mal war die Metropolitan gewillt, über ihre Höchstgage von tausend Dollar hinauszugehen, und nachdem Bing ihr die Hand geküßt hatte und für die Pressefotografen praktisch vor ihr auf die Knie gegangen war – was er häufig tat, wenn es auch bei ihr eigentlich nie verfing –, nahm er sie beiseite und sagte ihr, über das, was sie singen würde und in wie vielen Vorstellungen, könne zu einem späteren Zeitpunkt gesprochen werden. Jetzt jedenfalls könne er ihr tausendzweihundert Dollar pro Vorstellung zusichern sowie dreitausend Dollar Spesen für sich und ihren Mann, der natürlich jederzeit mit offenen Armen in New York empfangen würde. Sie unterschrieb den Vertrag auf der Stelle.

Madame Butterfly hatte am 11. November Premiere und war nach Ansicht der Kritiker das schwächste Stück des Gastspiels. Roger Dettmer vom *Chicago American* begann seine Rezension recht enthusiastisch: »In der Stadt herrscht, wie jeder weiß, seit über einem Jahr ein regelrechtes Callas-Fieber, und niemand ist verrückter gewesen als ich. Wenn die Rolle richtig ist und die Stimme gut, bewundere ich diese Frau. Dann bin ich ein Sklave in ihrem Bann.« Hier endet das Lob, und er fährt fort: »Gebt ihr mehr Auftritte, und Madame Callas hat das Zeug, die beste Butterfly unserer Zeit zu werden. Im Idealfall wäre die Callas-Butterfly (hielte man sich getreu ans Libretto und an die Partitur) etwas für ein intimeres Haus – die Piccola Scala zum Beispiel.« Claudia Cassidy war ähnlich unbeeindruckt: »Als Teil des Dekors war sie auserlesen, durch die Hand und Beratung der Japanerin Hizi Koyke, die die Aufführung inszeniert hat und selbst einmal eine hervorragende Butterfly gewesen ist. Als tragische Akteurin besaß sie eine unfehlbare Schlichtheit und die konzentrierte Kraft, die zum Wesen der Partitur vorstößt. Doch in der ersten Szene gelang es ihr nicht ganz, die Stimmung des Kleinseins zu vermitteln, die der Wesenszug der Butterfly ist. Es war ein reizendes So-tun-als-ob, aber es war nicht Cio-Cio-San und schon gar nicht die Callas in Höchstform.«

Der Vertrag mit Kelly und Fox sah nur sechs Vorstellungen vor – je zwei für drei vorgesehene Opern. Außerdem hatte sie auf einer Klausel bestanden, nach der die beiden und das Management des Civic Opera House dafür Sorge zu tragen hatten, sie vor Eddie Bagarozy zu schützen, der gedroht hatte, sie gerichtlich zu belangen, sollte sie jemals wieder einen Fuß in die Stadt setzen. So waren denn auch hohe Sicherheitsvorkehrungen für die sechs Vorstellungen getroffen worden, und dennoch war es Zustellungsbeamten des Staatsanwalts gelungen, hinter die Bühne zu gelangen, fast bis zu ihrer Garderobe, ehe sie von einer Gruppe von Verehrern aufgehalten werden konnten. Maria war über die Feuerleiter entkommen und hatte kurzentschlossen in einem Lieferwagen das Weite gesucht. Doch dann lief sie gleich zweifach ins Verderben: Erstens bedeutete die Unterzeichnung des Vertrags mit der Met, daß sie 1956 nicht in Chicago singen konnte, da sich die Spielzeiten der beiden Opernhäuser überschnitten. Und zweitens ließ sie sich auf allgemeines Drängen auf eine zusätzliche *Madame Butterfly* am 17. November ein, was letztlich Beweis genug dafür war, daß nicht jeder auf die Kritiker hörte, denn die 3500 Plätze waren innerhalb von nur zwei Stunden verkauft. Die enorme Publizität, die damit verbunden war, machte es Carol Fox, die mittlerweile ein gespanntes Verhältnis zu Lawrence Kelly hatte, möglich, sich an Callas dafür zu rächen, daß sie sich Rudolf Bing in die Arme geworfen hatte.

Bagarozy hatte keine Zeit verloren, und nachdem sie sich verneigt hatte und in ihre Garderobe geeilt war, wurde sie von zwei kräftigen Männern in Hut und Regenmänteln im Al-Capone-Stil überrascht, Hilfssheriff Daniel Smith und Marshal Stanley Pride, die ihr einen Zahlungsbefehl zustellten. Maria legte die Hände auf den Rücken und verkündete mit einem Pathos, das die schwulen Fans, die auf

Autogramme warteten, in Hysterie versetzte: »Man kann mich nicht verklagen! Ich habe die Stimme eines Engels!« Hilfssheriff Smith brachte sie auf den Boden der Realität zurück. Da das Gesetz vorschreibt, daß der Überbringer eines gerichtlichen Schreibens körperlichen Kontakt mit dem Empfänger herstellt, baute er sich drohend vor ihr auf und schob ihr den Zahlungsbefehl über 300 000 Dollar in den Kimono.

Was dann geschah, widerlegt die Behauptung, ihre »Schwierigkeiten« seien nichts weiter als Erfindungen ihrer eifersüchtigen Rivalinnen gewesen. »Vierundvierzig Kraftausdrücke in drei Minuten, wie einst Mae West bewies sie damit, daß sie kein Engel ist«, tönte eine Zeitung und schilderte, wie Callas mit glühenden Augen und grotesk verzerrtem, grellrot geschminktem Mund auf ihre Verfolger losging. Sie wäre vielleicht sogar handgreiflich geworden – wenn schon nicht gegen Smith und Pringle, so doch gegen den Fotografen von Associated Press, den Bagarozy beauftragt hatte, sie auf Schritt und Tritt zu verfolgen, und der schließlich die Szene der »wütenden Tigerin« für die Nachwelt festgehalten hatte –, wäre sie nicht von Meneghini und Lawrence Kelly in ihre Garderobe zurückgedrängt worden, während sie schrie: »Das wird Chicago noch einmal bereuen! In dieser verdammten Scheißstadt werde ich nie wieder singen!«

Gewiß war ihr Ausbruch gerechtfertigt, sie hat dennoch Glück gehabt, nicht wegen ungebührlicher Ausdrucksweise und körperlicher Bedrohung von Zustellungsbeamten festgenommen zu werden. In dem Fall hätte sie mit Sicherheit nicht rechtzeitig für die nächste Spielzeit wieder in Mailand sein können. Deshalb beschloß Meneghini, sie so schnell wie möglich außer Landes zu bringen, ehe noch mehr Schaden angerichtet wurde. Noch am selben Abend buchte er den ersten möglichen Flug im Morgengrauen nach Montreal, wo Maria zwei Stunden lang in der Halle in einer Ecke saß, hinter einer Sonnenbrille und unter einem breitkrempigen Hut versteckt, und auf den Weiterflug nach Mailand wartete.

Zwei Jahre später, sie hatte sich längst bei Daniel Smith und Stanley Pringle entschuldigt, sprach sie mit Anita Pensotti über den Vorfall in Chicago und bekannte: »Ich war nicht ungehalten gegenüber diesen armen Zustellungsbeamten, die ja nur Anweisungen befolgten, sondern gegenüber jenen, die mir nichts gesagt und mich in die Falle hatten laufen lassen.« Dabei meinte sie die erbitterte Rivalität zwischen Lawrence Kelly und Carol Fox. Letztere hatte, in der Hoffnung, sie für eine weitere Saison gewinnen und den Vertrag mit ihr allein abschließen zu können, die Beamten hinter die Bühne gelassen und behauptet, Kelly wäre der Schuldige gewesen. Ganz so wird es wohl nicht gewesen sein, denn nicht einmal die »Schutzklausel« in dem Vertrag von 1955 hätte ausgereicht, die Beamten daran zu hindern, dem Gesetz Rechnung zu tragen.

Auch Tito Gobbi nahm sie in Schutz, was ihm hoch anzurechnen ist, denn auch ihm hatte sie kurz zuvor in diesem Theater gründlich die Meinung gesagt. In seinen Memoiren kritisierte Gobbi den Beamten Smith, nicht einmal so viel Anstand besessen zu haben, den Hut abzunehmen, und schloß: »Wie konnte es dieser Flegel wagen, Hand an sie zu legen, die sich gerade zu neunundneunzig Prozent verausgabt hatte, in dem Bemühen, ihrer Kunst und ihrem Publikum zu dienen? Angenommen, sie schuldete tatsächlich Geld, dann hätte diese Angelegenheit auch noch ein paar Stunden warten können. Einen Künstler in einem solchen Augenblick zu attackieren, ist eine Roheit.«

In Mailand gab es noch mehr Theater und Verwünschungen im Zusammenhang mit einer Anzeige im *Corriere della Sera*. Neben einem Foto der »neuen« Callas stand ein Text von Dr. Giovanni Cazzarolli, Meneghinis Schwager, einem ihrer Trauzeugen: »In meiner Eigenschaft als Hausarzt von Maria Meneghini-Callas erkläre ich hiermit, daß die wundervolle Wirkung, die ihre kürzliche Diät gezeigt hat, hauptsächlich auf den Verzehr von physiologischen Pantanella-Nudeln zurückzuführen ist.« Jeder andere hätte über solchen Unsinn laut gelacht; Maria war außerdem für diese Reklame recht ordentlich bezahlt worden, ob sie ihr nun zuvor zugestimmt oder überhaupt davon gewußt hatte oder nicht. Als jedoch der Geschäftsführer von Pantanella, ein Neffe von Papst Pius XII., in dem Bemühen, das Ansehen der Firma zu bewahren, seine »heiligen Beziehungen« spielen lassen wollte, sah sie rot. Immer noch wütend über die Chicagoer Ereignisse, verklagte sie die Firma und verkündete dann den Reportern, das wahre Geheimnis ihres enormen Gewichtsverlustes habe absolut nichts mit einer Diät zu tun. Sie habe sich schlicht und einfach nur einen Bandwurm aufgelesen.

So unglaublich es klingt, nun schaltete sich der Papst höchstpersönlich ein, um zu vermitteln, und lud die Meneghinis zu einer Privataudienz – und erhielt eine Antwort, mit der er nicht gerechnet hätte. Anfänglich lehnte Maria diese hohe Einladung ganz ab und ließ einen Vatikanbeauftragten wissen: »Wenn seine Heiligkeit mich unbedingt sehen möchte, sagen Sie ihm, er könne doch in die Scala kommen, wenn ich das nächstemal dort bin!« Um Meneghini einen Gefallen zu tun, gab sie nach, und es wurde eine neue Audienz arrangiert – eine, die böse endete, denn Maria gab deutlich zu verstehen, daß sie sich nicht herumkommandieren lasse, nicht einmal vom Papst, der den Fehler gemacht hatte, ihr zu sagen, daß er, dessen Lieblingsoper *Parsifal* war, überrascht gewesen sei, sie die Kundry in deutscher Sprache singen zu hören. »Ich singe nicht in Deutsch!« hatte Maria gefaucht. »Ich singe in keiner Sprache, die ich nicht verstehe!«

Der Papst hatte darum schon so gut wie verspielt, als er vorschlug, zum Besten für alle Beteiligten und seinen eigenen Seelenfrieden die Klage gegen Pantanella fallenzulassen. Reserviert erwiderte sie: »Ich werde darüber nachdenken. Mehr als das kann ich nicht versprechen.« In Wirklichkeit war sie nun noch entschlossener, für das zu kämpfen, was sie für ihr Recht hielt – ihren Namen nicht zu einem »bloßen Werbeslogan« verkommen zu lassen. Der Prozeß zog sich vier Jahre lang hin, aber am Ende bekam sie eine beträchtliche Entschädigung nebst Kostenerstattung. Noch wichtiger war ihr allerdings, daß Cazzaroli und Pantanella im *Corriere della Sera* eine Entschuldigung veröffentlichen lassen mußten.

Die Scala-Saison 1955/56 sollte ihre bis dahin umfangreichste werden. Neben neunmal *Norma* und außergewöhnlichen siebzehn *Traviata*-Aufführungen sollte sie noch zwei neue Partien singen – fünfmal die Rosina in Rossinis *Il barbiere di Siviglia* und sechsmal die Fedora in Giordanos fast vergessener gleichnamiger Oper. Die Funken begannen schon zu sprühen, als sie erfuhr, daß Mario del Monaco den Pollione in *Norma* singen würde, mit der die neue Spielzeit eröffnet werden sollte.

Maria und del Monaco, den sie als »verdammtes Scheusal« bezeichnete, unternahmen jede nur mögliche Anstrengung, sich bei allen Proben auszustechen. Del Monaco erinnerte sie ständig an ihre »Indiskretionen« in Chicago und soll auch dafür gesorgt haben, daß jenes Foto an ihre Garderobentür geklebt wurde. Del Monacos Claque war flegelhafter als jede andere und weil Ghiringhelli Ärger befürchtete, hatte er den ehemaligen Tenor Ettore Parmeggiani – den Maria »Käsegesicht« nannte – beauftragt, dafür zu sorgen, daß jede Gruppe dort plaziert wurde, wo sie den meisten Anklang beim Publikum fand.

Am Premierenabend waren tatsächlich so viele professionelle Unruhestifter anwesend, daß sich Marias Anhänger nur dadurch bemerkbar machen konnten, daß sie bei den Rezitativen applaudierten.

Das änderte sich auch bei den nächsten fünf *Norma*-Vorstellungen nicht. Meneghini, der für Maria bald ein größeres Problem werden sollte, weil er sich ständig einmischte und damit nur Öl ins Feuer ihres Temperaments goß, war so aufgebracht darüber, daß er sich bei Ghiringhelli förmlich beschwerte. Doch der forderte ihn auf, sich um seine eigenen Angelegenheiten zu kümmern. Daraufhin drohte Meneghini Mario del Monaco mit einer Klage, sollte er seinen

Claqueuren nicht Einhalt gebieten. Das machte die Sache für Maria nur noch schlimmer.

Eine der Bedingungen des Vertrags von del Monaco lautete, niemand, auch er selbst nicht, dürfe allein vor den Vorhang treten. Am Neujahrstag 1956 war der Jubel der Claque del Monacos und der Tebaldis zusammen nach dem ersten Akt derart, daß er buchstäblich gezwungen wurde, allein den Beifall entgegenzunehmen, was, Meneghini zufolge, ihm nicht zustand. Und als ob das nicht genug gewesen wäre, drohte Meneghini Ettore Parmeggiani, ihn zu verklagen, wenn er die del-Monaco-Anhänger nicht aus dem Theater entfernen ließe. Das geschah natürlich nicht. Am Ende, als viele der Zuschauer nach ihrem Tenor schrien, trat Maria del Monaco kräftig ans Schienbein – eilte, während er sich die schmerzende Stelle rieb, auf die Bühne und stahl ihm den Applaus.

Die Wiederaufführung von Viscontis *La traviata* war mit kaum weniger Ärger verbunden. Die Rolle des Alfredo hätte Giuseppe di Stefano singen sollen, er trat jedoch im letzten Moment zurück, als er von Marias »Mätzchen« mit seinem Freund del Monaco hörte, und so mußte Gianni Raimondi einspringen. Maria blieb bei der Behauptung, del Monaco allein sei für den Zwischenfall am Premierenabend, dem 19. Januar, verantwortlich gewesen. Während der Vorstellung selber hatte es so gut wie keine Störungen gegeben, von vereinzeltem Gezische und dem einsamen Pfeifer auf der Galerie einmal abgesehen, der tatsächlich einer der größten Fans von Maria war und gelegentlich sogar eingeladen wurde, mit ihr zu dinieren. Als sie sich verneigte, mit einem besonders tiefen Knicks für Visconti, der in seiner Familienloge saß, fielen ihr mit dem üblichen Blumenregen auch ein paar Bund Radieschen vor die Füße.

Später erklärte sie, sie habe sie für Nelken gehalten; und im Laufe der nächsten Interviews wurden die Radieschen immer größer, zunächst zu Karotten, für die es gar nicht die Saison war, was suggerieren sollte, wenn sie schon mit Gemüse beworfen wurde, dann wenigstens mit welchem, das nicht so einfach zu beschaffen und entsprechend teuer war. Dann wurden sie zu Steckrüben, was natürlich die Frage aufwirft: Wie in aller Welt konnte ein Zuschauer in Abendgarderobe mit Rüben im Arm in die Scala kommen, und wenn doch, sollte sie, die Kurzsichtige, tatsächlich erwartet haben, man nehme es ihr ab, die Rüben für Blumen gehalten zu haben, selbst dann noch, als sie sie an ihren Busen drückte?

Im großen und ganzen verliefen die folgenden *Traviatas* ohne Störungen und wurden äußerst wohlwollend aufgenommen, wenngleich sich die Kritiker darin einig waren, daß das Prickeln früherer Visconti-de-Nobili-Inszenierungen fehlte. *Il barbiere di Siviglia* andererseits, mit Premiere am 16. Februar und Tito Gobbi in der Rolle des Figaro, fanden sie einmütig verdammenswert. »Eine Rosina, beinahe reif für den Psychoanalytiker«, faßte Franco Abbiati die allgemeine Ansicht im *Corriere della Sera* zusammen.

Das Problem mit der Rolle der Rosina scheint ein doppeltes gewesen zu sein. Erstens war Callas, wenngleich keine törichte Frau, unter dem Einfluß des unbestreitbar rührseligen Meneghini in die Gewohnheit verfallen, sich selbst zu ernst zu nehmen, ohne sich davon freimachen zu können. Zweitens wußte sie, als Tragödin, ohne die führende Hand eines Visconti, wie das bei *Il turco in Italia* der Fall gewesen war, nicht, wie sie es anstellen sollte, komisch zu wirken. Als sie ein paar Jahre später *Una voce poco fa* durchging, riet sie ihren Juilliard-Studentinnen: »Versüßen Sie den Anfang der Arie. Es muß ein Lächeln darin sein!« 1956 jedoch wurde sie nicht nur von einem großen Teil des Publikums, der sich den ganzen zweiten Akt hindurch laut unterhielt, verhöhnt und verspottet, sie mußte auch die Schmach erdulden, daß Dutzende von Zuschauern die Vorstellung verließen und dabei die Sitze so laut wie nur möglich klappen ließen. Was den Dirigenten, Carlo Maria Giulini, betraf, so fühlte der sich dermaßen gedemütigt, daß er verkündete, nach dieser Produktion werde er nie mehr an der Scala arbeiten.

Die Saison an der Scala sollte mit sechs Aufführen von *Parsifal* enden, dirigiert von Erich Kleiber, der erst kurz zuvor zum zweitenmal seine Position an der Berliner Staatsoper aufgegeben hatte. Diesmal aus gesundheitlichen Gründen. Er war unheilbar krank, und er wollte seine Laufbahn mit einem großen Ereignis beschließen, indem er für Maria Callas dirigierte. Er starb unerwartet, und sie weigerte sich, auch nur an einen Ersatz zu denken. Statt dessen entschied sie sich für eine ihrer für lange Zeit großen melodramatischen Rollen: Giordanos *Fedora*. Die Oper basiert auf Victorien Sardous gleichnamigem Drama, das er 1883 für Sarah Bernhardt geschrieben hatte. An ihrer Seite sang Franco Corelli, der zeitweilig dem Lager der »Feinde« zugerechnet wurde ... weil er sich geweigert hatte, eine Affäre mit ihr zu haben. Die Premiere war am 21. Mai und wurde wie gewöhnlich von Störenfrieden unterbrochen, die Maria jedoch ignorierte. Claudio Sartori von *Opera* ärgerte sie dafür um so mehr, da er der Meinung war, sowohl ihre als auch Corellis Interpretation überschritten »vielleicht die Grenzen des guten Stils«. Auch das zweideutige Kompliment Peter Hoffers von *Music & Musicians* mißfiel ihr: »Wieder einmal hat sie unter Beweis gestellt, daß sie, wenn vielleicht auch nicht die größte Sängerin, gewiß jedoch eine der größten Schauspielerinnen der Welt ist.«

Maria und Giuseppe di Stefano – zum x-ten Male ausgesöhnt – sollten an der Wiener Staatsoper die Scala-Inszenierung von *Lucia di Lammermoor* singen, mit Herbert von Karajan am Pult. So eilig hatte sie es, nach ihrer letzten *Fedora* am 3. Juni aus Mailand wegzukommen, daß sie ihre geliebte Cignarolli-Madonna mitzunehmen vergaß; nicht eine einzige Note wollte sie singen, bis ein Freund sie aus ihrer Wohnung holte und ihr brachte.

Zur *Lucia*-Premiere am 12. Juni erschien auch der österreichische Präsident, Theodor Körner; nicht ein einziges Buh war zu hören. Das Sextett mußte wiederholt werden, nach der Wahnsinnszene raste das Publikum fünfundzwanzig Minuten lang, und am Schluß gab es so viele Vorhänge, daß niemand mehr mit dem Zählen nachkam. Einer davon, den sich Maria und Karajan teilten, führte zu einem Wutanfall di Stefanos, was sie diesmal ganz und gar kalt ließ.

Vor dem Opernhaus stockte der Verkehr, weil Maria Callas von Hunderten überbegeisterter junger Männer bestürmt wurde; und obgleich sie gern geblieben wäre, um Programmhefte zu signieren und sich an dem ausnahmsweise einmal äußerst dankbaren Publikum zu erfreuen, versalzte Meneghini ihr die Suppe, indem er die Polizei aufforderte, »für Ordnung zu sorgen«. »An diesem Abend habe ich zum erstenmal erkannt, wie kläglich mein Mann sein konnte«, sagte sie später zu Roger Normand.

Ende Juni 1956 reisten sie auf die kleine Insel Ischia in der Bucht von Neapel. Das war ihr erster wirklicher Urlaub seit Jahren. Der Altersunterschied brachte es mit sich, daß sie beinahe ein eigenes Leben führte. Allein ging sie sonnenbaden, einkaufen und bummeln. Sie besuchte den Komponisten Sir William Walton und seine Frau, die auf der Insel lebten, und fuhr ein paarmal mit dem Boot zur benachbarten Insel Capri, einem Paradies für Snobs und Heimstätte der größten britischen Entertainerin, Gracie Fields, die allerdings mit beiden Beinen auf der Erde stand.

Maria bewunderte Gracies Interpretation von *O mio babbino caro*, und Sir William nahm sie mit zu Gracies hübschem Haus, La Canzone del Mare, wo sie dann ein paar Tage blieb, befreit von den Nörgeleien Meneghinis, und mit Gracie über New York plauderte. Der britische Star war eben erst von dort zurückgekehrt, wo sie für ihre Rolle in dem Stück *The Old Lady Shows Her Medals* einen Silvana Award erhalten hatte, und Maria hatte gerade erfahren, daß sie an der Met *Norma*, *Tosca* und *Lucia* singen sollte.

Capri wurde für sie eine bedeutungsvolle Zwischenstation. Sie fand Gefallen an Gracies ansehnlichem Hausverwalter, Mario Pollio. Obwohl er ihr keine Avancen machte, was ihr offenbar ganz lieb gewesen wäre, so gab er ihr doch zu verstehen, daß sie ihre Schönheit und Intelligenz an einen Mann wie Battista Meneghini nur vergeude. Und weil Gracie Fields einige neue Songs für eine bevorstehende Großbritannien-Tournee probte, einer davon die fröhliche Titelmelodie des Films *Summertime in Venice*, kam es zu einem der äußerst seltenen Abstecher aus der Welt der Oper, den Callas tatsächlich machte – in Gracies Diele und von ihr am Klavier begleitet.

Ende Juli reisten die Meneghinis nach Venedig. Ihr New-York-Debüt sollte mit ihrem Erscheinen auf der Titelseite des Nachrichtenmagazins *Time* gefeiert werden, was eine ungeheure Ehre bedeutete. Doch statt des üblichen Fotos sollte es ein Gemälde von Henry Koener sein, der sie kennengelernt hatte, als sie Ehrengast des 17. Filmvestivals gewesen war. Auf Meneghinis Wunsch fanden die Sitzungen in ihrem eigenen Haus statt, unter seiner Aufsicht natürlich.

Im August ging es zurück nach Mailand, wo sie mit Giuseppe di Stefano zusammentraf, um mit ihm zwei ihrer drei Aufnahmen für EMI zu singen: *La Bohème*, in der sie nie auf der Bühne stand, wurde Ende August aufgenommen, Anfang September Verdis *Un ballo in maschera*. Beide Male dirigierte Antonino Votto. Vorher jedoch hatte sie in weniger als einer Woche mit Karajan *Il trovatore* aufgenommen, statt di Stefano hatte sie sich Richard Tucker als Manrico gewünscht. Der lehnte es jedoch rundheraus ab, mit Karajan zu arbeiten, wegen dessen nationalsozialistischer Vergangenheit.

Eigentlich hatte Tullio Serafin alle drei Opern dirigieren sollen, doch Ende 1956 sprachen er und Callas nicht mehr miteinander. Kurz vorher hatte er mit ihr *La traviata* für EMI aufnehmen sollen, doch da sie diese Rolle erst im September 1952 für Cetra aufgenommen hatte, war es ihr nach dem damaligen Vertrag nicht erlaubt, sie vor September 1957 wieder aufzunehmen. Serafin und Walter Legge wußten das, waren jedoch nicht gewillt zu warten, bis Maria wieder frei war, und engagierten Antonietta Stella für die Rolle der Violetta. Auf Fragen von Reportern, ob die Gerüchte stimmten, daß sie die

Zusammenarbeit mit Serafin beendet hätte, erklärte sie wütend: »Sprechen Sie nicht mit mir über diesen unausstehlichen kleinen Mann! Ich werde nie wieder mit ihm reden, solange ich lebe!«

Vedro le mie vendette!

1956–1957

> *Wegen meiner Schüchternheit und Unsicherheit werde ich oft für arrogant gehalten – das ist eine Form von Selbstschutz. Ein Mensch, der sich seiner selbst sicher ist, braucht nicht aufzutreten wie ein Diktator.*

Am 15. Oktober 1956 traf Maria Callas mit Meneghini in New York ein. Ihr Vater, Dario Soria von Angel Records und Francis Robinson von der Met, der in ständiger Furcht vor Eddie Bagarozys Zustellungsbeamten einen Rechtsanwalt mitgebracht hatte, holten sie vom Flughafen Idlewild ab. Zu jedermanns Überraschung wünschte sie eine Zusammenkunft mit Bagarozys Anwälten. Die fand in Sorias Büro statt. Ihr Abfindungsangebot von 25 000 Dollar wurde jedoch zurückgewiesen. Bagarozy hatte klargemacht, daß er sich mit weniger als der gesamten Summe nicht zufriedengeben würde. Darum ließen Robinson und sein Anwalt die Callas in den folgenden zwei Monaten nicht aus den Augen. Zu Rudolf Bings Ehre sei erwähnt, daß er sich bemüht hatte, Bagarozys Drohung, ihre amerikanischen Einkünfte an sich zu bringen – wozu er rechtlich befugt war, da die Gerichte ihm einen Vollstreckungsbefehl ausgestellt hatten –, zu entschärfen, indem er vorschlug, ihre Gage auf ein Konto in der Schweiz zu überweisen. »Das hätte bedeutet, daß sie in Amerika keine Einnahmen gehabt hätte, die die Bagarozys hätten pfänden lassen können«, berichtete er 1972 und fügte hinzu: »Wir hatten dieses Arrangement bis in alle Einzelheiten vorbereitet, doch Meneghini lehnte es ab. Er lehnte im übrigen jedes Arrangement ab, das nicht die Auszahlung der Gage seiner Frau an ihn bedeutet hätte, und zwar in bar, für jede Vorstellung, bevor sich der Vorhang hob. Zum Schluß habe ich ihm die jeweilige Summe in Fünf-Dollar-Scheinen auszahlen lassen, damit er ein dickes, unhandliches Bündel mit sich herumzuschleppen hatte.«

Die Propaganda vor ihrem ersten New Yorker Auftritt nahm eine entschiedene Wendung zum Schlechten, als am 27. Oktober – zwei Tage vor der *Norma*-Premiere – die erste Ausgabe der *Time* mit ihrem Porträt auf dem Titel an die Kioske kam. In den zehn Tagen vor dem Erscheinen hatte es ohne Vorabinformation oder gar Absprache über den Inhalt, wie das bei *Life* der Fall gewesen war, zahlreiche Interviews gegeben und eine Einladung nach der anderen. Die Callas mit ihrer kühlen Schönheit, ihrer Intelligenz und ihren beispielhaften Manieren hatte einen solchen Charme versprüht, daß viele Journalisten regelrecht enttäuscht waren, es nicht mit einem kreischenden, hysterischen Weibsbild zu tun zu haben, das in dem Ruf stand, schlimmer fluchen zu können als ein Seemann. Vielleicht waren die New Yorker überrascht zu erfahren, daß sie einen gewissen trockenen Sinn für Humor hatte. Eine junge Reporterin hatte sie in ihrer Hotelsuite besucht und ziemlich naiv gefragt: »Madame Callas, Sie sind in den Vereinigten Staaten geboren, in Griechenland aufgewachsen und sind jetzt praktisch eine Italienerin. In welcher Sprache *denken* Sie?« Worauf sie erwidert hatte: »Ich *zähle* auf englisch, meine Liebe!«

Die vier Seiten lange Titelgeschichte der *Time* – von George de Carvalho, der 1952 den Pulitzerpreis erhalten hatte – vermittelte den

Lesern den Eindruck, sie hätte für die Presse eine »Schau abgezogen«, und tatsächlich seien die Gerüchte über sie alle wahr. Um eine »ausgewogene Einschätzung« der Callas als Frau geben zu können, hatten *Time* Fragebögen an Freunde und Kollegen geschickt, aber auch an Leute, die nie etwas Gutes über sie zu sagen wußten. Giuseppe di Stefano wurde mit einer Äußerung aus der Zeit vor der Wiener Aufführung der *Lucia* zitiert: »Ich werde nie wieder mit ihr eine Oper singen, das steht endgültig fest!« Ein anderer »Kollege«, der anonym bleiben wollte – der allerdings, wie sie fand, niemand anders als Mario del Monaco sein konnte, den Rudolf Bing für die Rolle des Pollione in *Norma* engagiert hatte – behauptete: »Die Callas ist eine Diva, die von ihren Kollegen mehr gehaßt und von ihrem Publikum mehr geliebt wird als jeder andere lebende Sänger.« Die boshafteste Auslassung kam jedoch von ihrer Mutter, die *Time* in Athen aufgestöbert hatte und die natürlich nichts dagegen hatte, der Welt mitzuteilen, wie undankbar und hartherzig ihre Tochter war. Litza hatte dem Magazin sogar den letzten Brief ihrer Tochter zur Verfügung gestellt, dessen Inhalt viele schockierte, die stundenlang für die umkämpften, oftmals extrem teuren Eintrittskarten für *Norma* angestanden hatten – wie es hieß, waren die mit fünfunddreißig Dollar bereits überteuerten Sperrsitz-Karten für das Vierfache auf dem Schwarzmarkt verkauft worden. So schrieb ein Kritiker: »Kann von irgend jemand erwartet werden, eine sadistische junge Frau zu respektieren, die ihrer eigenen Mutter sagt, sie solle sich ertränken?«

Die amerikanische Öffentlichkeit forderte also »ihr Recht«, und ein großer Teil der Zuschauer am 29. Oktober war nicht im geringsten an Oper interessiert – man wollte das »Wunderding« sehen, das so viele Spalten in den Zeitungen gefüllt hatte. Und was die wahren Opernenthusiasten betrifft, so wollten die natürlich herausfinden, ob sie den Erwartungen gerecht werden würde, die die Propagandamaschine geweckt hatte. Rudolf Bing hatte ihr sehr viel Konkurrenz zugesichert: Zinka Milanova mit einer Wiederaufführung von Verdis

Ernani und Renata Tebaldi in Tyrone Guthries glänzender Neuinszenierung von *La traviata*.

Maria Callas war nervöser als sonst. Während sie hinter der Bühne wartete, brandete gelegentlich Beifall auf, wenn eine bekannte Persönlichkeit den Saal betrat: Edith Piaf und ihre Freundin, Marlene Dietrich, Zinka Milanova oder die berüchtigte Klatschkolumnistin Elsa Maxwell. Sie alle wurden herzlich begrüßt – und jetzt, da sie selbst die Bühne betrat, herrschte ein beinahe eisiges Schweigen. Während der Anfangs-Rezitative war sie nicht gut bei Stimme, New York steckte mitten im Altweibersommer, und sie hatte Probleme mit den Nasennebenhöhlen. Mitten in *Casta Diva* blieb sie fast stecken, als eine Gruppe im Publikum – vermutlich Anhänger von del Monaco – zu zischen begann. Bis zum Ende des ersten Aktes hatte sie heftig zu kämpfen, um ein so schwieriges Publikum für sich zu gewinnen. »Mit erfahrener Präzision ging sie die gewaltigen Koloraturhürden an«, schrieb Winthrop Sargeant im *New Yorker*, »sang so gut wie alles fehlerlos – was allein schon eine großartige Leistung ist – und verlieh jeder einzelnen Passage eine eigene Kultiviertheit.« *Time-Magazine* veröffentlichte, vielleicht in einem Versuch, den Schaden wiedergutzumachen, den der erste Artikel angerichtet hatte, eine weitschweifige, überpositive Rezension, die sie selbst als »reinsten Schwachsinn« abtat, mit den Worten: »Callas' Stimme und Bühnenpräsenz ergeben mehr als Schönheit – nämlich die leidenschaftliche Hingabe, die Erregung, die das Genie ausmachen.« Die ehrlichste Besprechung jedoch – und die, die Callas aufbewahrte – stammte von Howard Taubmann von der *New York Times*, von einem Mann, der schon Rosa Ponselles legendäre Interpretation der Norma ein Vierteljahrhundert zuvor gesehen hatte: »Das ist eine rätselhafte Stimme. Hin und wieder vermittelt sie den Eindruck, sie sei durch reine Willenskraft entstanden und nicht aus natürlichen Anlagen. Sie ist von unterschiedlicher Qualität im oberen, mittleren und unteren Register, als gehörten diese drei zu verschiedenen Personen. In hohen Fortissimi ist Miss Callas geradezu schrill. Sie neigt auch dazu, nicht tonrein zu singen, wenn sie keine Zeit hat, sich innerlich auf eine hohe Note vorzubereiten ... Die mangelnde Samtigkeit in Teilbereichen ihrer Stimme mag Miss Callas verziehen sein. Sie ist mutig genug, sich überhaupt an die *Norma* heranzuwagen, und sie bringt genügend musikalische und dramatische Qualitäten mit, um die Aufführung interessant werden zu lassen.«

Schauspielerei gab es tatsächlich, teilweise initiiert durch den sich geradezu selbst überbietenden Rudolf Bing, der regelrecht süchtig darauf zu sein schien, bei jeder Gelegenheit die Hand der Callas zu küssen, wenn die Klatschreporter anwesend waren. Dergleichen konnte sie nicht ausstehen, und obgleich sie ihn einmal einen »vollkommenen Gentleman, einen ausgezeichneten und fürsorglichen Direktor« nannte, hatte sie das mit jenem sarkastischen Unterton getan, dessen sie sich auch bediente, wenn sie von »lieben Freundinnen« sprach wie Renata Tebaldi. Ebenso konnte niemand, der wußte, was sich hinter den Kulissen der Met abspielte, die Bemerkung Bings, es sei »zauberhaft, mit ihr zu arbeiten«, wörtlich nehmen. Um seine Lieblingsprimadonnas, Milanova und Tebaldi, zu beschwichtigen, hatte Bing mehrere Zeitungen dafür bezahlt, Fotos zu bringen, auf denen er mit ihnen zusammen zu sehen war, und zwar links und rechts von dem Bild, das ihn mit Callas in Chicago zeigte. Das wiederum ärgerte Mario del Monaco so, daß er Bing der Günstlingswirtschaft bezichtigte. Außerdem war er eifersüchtig, weil Callas von Francis Robinson in New York herumgeführt wurde – »wie eine zu Besuch weilende Königin« –, und so sah Bing sich gezwungen, für del Monaco einen Bodyguard zu engagieren.

Del Monaco drohte schließlich noch, aus der Produktion auszusteigen, sollte die Callas einmal allein vor den Vorhang treten, was Bing ihr auszurichten hatte. Ohne ein Wort des Widerspruchs verneigte sie sich am Ende der Premiere tief, flankiert von del Monaco und dem Baß Cesare Siepi, hob dann einen riesigen Strauß rosa Rosen auf, den ein Verehrer auf die Bühne geworfen hatte, zog mit einem strahlenden Lächeln eine Rose heraus und überreichte sie Siepi mit einem aufrichtigen: »Vielen Dank, Lieber!« Dann, während Siepi zurücktrat, um ihr die verbotene Solo-Verbeugung zu überlassen, zog sie eine zweite aus dem Strauß und reichte sie, immer noch lächelnd, del Monaco, wobei sie auf englisch zu ihm sagte: »Sie sind doch wirklich ein Arschloch!«

Nach der Vorstellung gaben Angel Records und deren Direktor, Dario Soria, im Trianon-Saal des Hotels Ambassador eine Premierenfeier, zu der eine illustre Schar von Hollywoodstars, Journalisten und Angehörigen der griechischen und der italienischen Botschaft gebeten worden waren. Maria erschien in Begleitung von Meneghini und dem Ehepaar Soria sowie mit einem Privatdetektiv und einem Bodyguard, der von Windtons engagiert worden war, dem berühmten Juwelier, der Maria fünftausend Dollar dafür zahlte, daß sie einige seiner herrlichsten Smaragde, im Wert von einer Million Dollar, trug und Werbung für ihn machte.

Ausgiebig plauderte Maria mit Marlene Dietrich, die in diesen Jahren die Rolle einer hilfreichen Botschafterin spielte, zahlreiche desorientierte europäische Stars in Amerika begrüßte und sie in die New Yorker Gesellschaft einführte. So war ihr zum Beispiel der Start der phänomenalen Karriere von Edith Piaf in den Staaten zu verdanken gewesen, und sie hatte auch Maria Callas nach der Veröffentlichung des Artikels in *Time*, als sie nur noch ein Nervenbündel war und sich kaum noch beherrschen konnte, unter ihre Fittiche genommen. Marlene hatte Filet holen lassen, das Fleisch in einem Mixer aus der Hotelküche zerhackt und püriert und Maria den Saft zu trinken gegeben. Böse Zungen behaupten, Maria hätte sie einmal gefragt: »Welche Marke Brühwürfel bevorzugen Sie?« Marlene wies das mir gegenüber später als »Quatsch« zurück: »Glauben Sie tatsächlich, daß die Callas so dußlig gewesen ist? Wenn Sie es genau wissen wollen, wir haben über Männer gesprochen – darüber, daß die meisten, die sie gehabt hat, so alt waren, daß sie ihre Großväter hätten sein können, und daß keiner die Liebe verdiente, die sie zu schenken hatte. Dann sprachen wir über den Tenor, den sie ans Schienbein getreten hatte. Ich sagte: ›Das nächstemal sollten Sie mehr auf seine Eier zielen‹, worauf sie erwiderte: ›Ist das nicht da, wo er seinen Verstand hat?‹«

Marias Zwist mit dem »Tenor« löste sich ein paar Tage später von selbst, weil er noch während der Spielzeit von *Norma* durch Kurt Baum ersetzt wurde, der inzwischen als Freund galt. Um del Monaco zu beschwichtigen, löste Bing auch noch Cesare Siepi ab und engagierte einen weiteren einstigen »Sparringspartner«, Nicola Moscona.

Während noch einige *Norma*-Aufführungen ausstanden, sang Maria am 15. November die erste von zwei *Toscas*, unter ihrem griechischen Landsmann Dimitri Mitropoulos als Dirigent und mit Giuseppe Campora als Cavaradossi und George London in der Rolle des Scarpia. In einem Interview in der Zeitschrift *High Fidelity*, das unter dem Titel *Primadonnen, mit denen ich gesungen habe* erschien, äußerte sich George London nur über eine einzige positiv, und das war Maria Callas. Er bekannte, er habe ein ungutes Gefühl gehabt, mit ihr zu arbeiten – wobei ihn die Bemerkung seiner Frau: »Mehr als daß sie dich im zweiten Akt umbringt, kann sie dir ja doch nicht antun!« nicht eben beruhigt habe. Vor der Premiere habe er an ihrer Garderobentür zu ihr gesagt: »In bocca di lupo« – das italienische Äquivalent zu »Hals- und Beinbruch!«. Maria sei so gerührt gewesen, daß sie seine beiden Hände in die ihren genommen habe. »Sie hat mir später gesagt, daß ihr diese kleine Freundlichkeit sehr viel bedeutet habe«, sagte London, bevor er galant ihren Ruf und ihre ungestüme Art verteidigte: »Ich glaube, das ist sehr gut. Sie bringt eine Begeisterung für die Oper wieder, die wir lange nicht mehr hatten. Es gibt nichts, das die Opernbesucher so gewiß aufheizen und zu den Kassen locken kann, wie der Wunsch, eine echte Primadonna zu sehen.«

Die Kritiker waren hingerissen von der Londoner *Tosca*, wobei Irving Kolodin von der *Saturday Review* Maria Callas als »die glaubwürdigste Tosca unserer Zeit« pries, während Ed Sullivan wünschte, daß die Callas und London am 25. November in seiner berühmten Fernsehshow den ganzen zweiten Akt noch einmal aufführten – keine einfache Sache. Sie bekamen nicht mehr als fünfzehn Minuten dafür, und die Vorstellung wurde, allerdings nicht durch ihre Schuld, äußerst blamabel. Eine schockierte Claudia Cassidy schrieb in der *Chicago Tribune*: »Ich bin nicht so naiv gewesen, in einer einstündigen bunten Unterhaltungssendung den ganzen zweiten Akt zu erwarten. Ich hatte aber auch nicht damit gerechnet, ihn auf fünfzehn Minuten zusammengestutzt zu finden, miserabel auf eine völlig unzureichende Bühne gebracht und von der Kamera so fürchterlich aufgenommen, daß Mr. London an eine Traube alter Bananen erinnerte und die reizende Callas abgezehrt aussah wie eine Hexe. Doch so war es, ein regelrechter Blindgänger, und was kann ein solcher Unsinn beweisen? Leute, die nie in die Oper gehen, werden in ihrer Ansicht bestärkt, nichts verpaßt zu haben, und diejenigen, die die Oper kennen, werden empört sein über dieses Zerrbild.«

Claudia Cassidy las ihren Artikel Maria per Telefon vor, und das nur wenige Stunden vor ihrem einmaligen Gastspiel mit *Norma* in der Academy of Music in Philadelphia. Natürlich zerrte das an den Nerven und wirkte sich auf die Leistung der Callas aus. »Callas ist ein menschliches Wesen, keine Göttin«, verkündete Sam Singer vom *Musical Courier* und fügte mit spitzer Feder hinzu, »und sie hat gewiß auch nicht gesungen wie eine Göttin.« Am 3. Dezember jedoch, dem Vorabend ihres dreiunddreißigsten Geburtstages und dem Tag der Premiere von *Lucia di Lammermoor*, war sie in gewohnt glänzender Form, versetzte ihr zum großen Teil schwules Publikum in hysterische Anfälle nach der Wahnsinnsszene und wurde mit zwanzig Vorhängen bedacht.

Doch während sie von den Kritikern überaus gelobt wurde, tauchte vorübergehend ein neuer Feind auf, in der massigen Gestalt von Elsa Maxwell, einer engen Freundin von Renata Tebaldi, die nun beschloß, ihr das Leben schwer zu machen.

Es wundert nicht, daß Elsa Maxwell Maria Callas nicht mochte. Marias Schönheit, ihr Temperament und ihre intensive Weiblichkeit faszinierten die unattraktive, aber überaus einflußreiche und prominente lesbische Klatschbase und stießen sie zugleich ab. Maxwells giftige Sticheleien füllten die Klatschspalten in Amerika und Übersee im Gegenzug für unaufhörliche Gunstbezeigungen der reichen Patrone, mit denen sie sich anfreundete und denen sie die soziale Leiter ein Stück weiter hinaufhalf. Zu diesen Gunstbezeigungen gehörten zum Beispiel kostenlose Suiten im New Yorker Hotel Waldorf Astoria und dem Pariser George V., kostenlose Bedienung in den exklusivsten Restaurants, Einladungen in die Paläste der gekrönten Häupter Europas und die schönsten Frauen der Welt, selbst noch mit dreiundsiebzig. Ihre Maxime »Sie haben das Geld, ich die Phantasie« ist über drei Jahrzehnte lang ihre Visitenkarte gewesen, und als selbsternannter *Arbiter elegantiarum* des internationalen Jetsets waren ihre Partys ohnegleichen und ihre Kommentare wie ein modernes Evangelium. Wenn Elsa Maxwell in Umlauf setzte, Maria Callas sei »ein herzloses Weibsstück«, dann gab es für viele absolut keine Widerrede. Kurz gesagt, diese Frau konnte eine unschätzbar wertvolle Verbündete sein – oder die gefährlichste und skrupelloseste Feindin.

Die Maxwell hatte Maria Callas eine »durchtriebene Diva« genannt, worauf Maria »fettes, häßliches altes Pferd« konterte. Jetzt jedoch bewegte sich ihre Bosheit am Rande zu Beschimpfungen. In dem *Time*-Beitrag war die Bemerkung zitiert: »Die Tebaldi ist anders als die Callas ... sie besitzt kein Rückgrat.« Und obwohl sie niemandem direkt zugeordnet gewesen war, ging jeder davon aus, daß sie nur von Maria stammen konnte. Nun »regelte« die Maxwell das mit dem Herausgeber von *Time*, so daß in der nächsten Ausgabe ein Brief der Tebaldi abgedruckt wurde, in dem es unter anderem hieß: »Die Signora glaubt, eine Frau von Charakter zu sein, und behauptet, ich hätte kein Rückgrat. Darauf kann ich nur erwidern: Ich besitze etwas Wunderbares, das sie nicht hat – ein Herz. Daß ich gezittert haben soll, wenn sie in meiner Vorstellung war, ist absolut lächerlich. Es war nicht Signora Callas, die mich bewogen hat, der Scala fernzubleiben. Ich habe schon vor ihr dort gesungen, und ich betrachte mich als *Creatura della Scala*. Ich bin aus freiem Willen weggeblieben, weil dort eine Atmosphäre entstanden ist, die ganz und gar nicht angenehm ist.«

Der letzte Satz ließ natürlich erkennen, daß die Tebaldi die Scala tatsächlich wegen der Callas verlassen hatte, und diese tat den ganzen Brief als »Mumpitz« ab; Maxwells eigene Erwiderung konnte sie aber nicht ignorieren. »Ich muß gestehen, daß mich das Spiel der großen Callas in der Wahnsinnszene völlig ungerührt gelassen hat.« Darauf folgten verletzende Bemerkungen über den »verfehlten Wechsel« der roten Perücke nach dem zweiten Akt, so daß Lucia »als Platinblonde wahnsinnig wurde«.

Aufgebracht beschloß Callas, den Disput mit der Maxwell ein für allemal zu regeln. Eine öffentliche Arena war schnell gefunden – eine Party des griechischen Filmmoguls Spiros Skouras im Waldorf Astoria zugunsten des American Hellenic Welfare Fund. In der Zwischenzeit gab es aber noch ein anderes Problem zu lösen.

Nach der Premiere von *Lucia* hatte Callas sich bei Fausto Cleva – einem Dirigenten, mit dem sie nur unter äußerstem Zwang zusammenarbeitete – darüber beklagt, daß Enzo Sordello, der Bariton, der die Partie des Henry Aston sang und mit dem sie, wie sie sagte, schon früher sehr unzufrieden gewesen war, einiges zu wünschen übrig ließe. Natürlich hätte Cleva Rudolf Bing davon in Kenntnis setzen müssen, doch da er mit Sordello die Abneigung gegen Maria teilte, beschlossen sie, ihr eine Lektion zu erteilen. Der Plan schlug fehl. Bei der zweiten Aufführung der *Lucia*, am 8. Dezember, hielt Sordello am Ende des Duetts im zweiten Akt eine hohe Note länger als vorgeschrieben und zwang Maria dadurch, ein hohes D abzukürzen, was den Eindruck vermitteln konnte, ihr wäre der Atem ausgegangen. Als Sordellos Note, wie Bing berichtet hat, schließlich ausklang, schrie Maria: »Basta!«, was das Publikum und auch der Tenor als »Bastard« interpretierten. Die Aufführung wurde live im Rundfunk übertragen und später als private Aufnahme veröffentlicht. Der einzige »Frevel«, der darauf zu hören ist, ist Sordellos außergewöhnlich lang angehaltene hohe Note. Genauso unwahr waren auch die Berichte, denen zufolge sie ihn ins Schienbein getreten haben soll, wie sie das einmal bei del Monaco getan hatte. Wahr ist allerdings, daß nach der Vorstellung eine aufgebrachte Maria in Bings Büro stürmte und das Ultimatum stellte: »Entweder dieser Kerl verschwindet, oder ich gehe!«

Bing war naiv oder vielleicht verrückt genug, es darauf ankommen zu lassen, und so sagte Maria ihren Auftritt am 11. Dezember ab, was zu tumultartigen Zuständen vor der Met führte, weil Hunderte erzürnter Enthusiasten die Kasse stürmten. Bing hatte verlauten lassen, daß nichts rückerstattet werden sollte, da Dolores Wilson singen sollte, eine Sopranistin, die kaum jemand schon einmal gehört hatte. Dutzende von Polizisten mit Schlagstöcken mußten einschreiten, um die Ordnung wiederherzustellen, und Bing war gezwungen, seine Entscheidung zu ändern. Sordello erhielt den Laufpaß und das Verbot, sich in der Öffentlichkeit zu äußern, sollte er wieder an der Met singen wollen. Dann gab Bing eine förmliche Erklärung ab, derzufolge Sordello wegen Unstimmigkeiten mit Fausto Cleva entlassen worden war, woraufhin Sordello amerikaweit in den Zeitungen zu sehen war, wie er in stillem Protest Marias Foto zerriß.

Es war Marlene Dietrich, die Maria riet: »Wenn Sie mit Elsa Maxwell abrechnen wollen, versuchen Sie nicht, sie auszustechen. Sie kann schreiben, was sie will. Erschlagen Sie sie mit Freundlichkeit, meine Liebe!« Genau das geschah auf der Party von Skouras.

Die Callas ging auf die Frau zu, die Hedda Hopper ihr als »eine Kreuzung zwischen Marie Dressler und einer Bulldogge« beschrieben hatte, und sagte: »Miss Maxwell, ich schätze Sie als aufrichtige Frau, die sich der Wahrheit verschrieben hat!« Die Maxwell – die in ihrer letzten Auslassung Maria als »Furie Nummer eins in der Opernwelt« bezeichnet hatte – war über diese unerwartete Schmeichelei so verdutzt, daß sie sich auf der Stelle verliebte und Maria die nächsten Jahre mit beinahe schamloser Anhänglichkeit verfolgte. »Langweilige alte Scheißer, flatterhafte Homos und Lesben, die mit einem Fuß im Grab stehen«, sagte Maria 1976 zu ihrem Freund Roger Normand. »Es gibt nichts, was mir nicht nachgelaufen ist. Ich frage mich, ob Audrey Hepburn den Abschaum der Gesellschaft genauso anzog wie ich?«

Am Vormittag des 21. Dezember, kurz bevor die Meneghinis zu ihrem Weihnachtsurlaub nach Mailand aufbrechen wollten, erschien die Callas im Nerz und mit Toy, ihrem kleinen Pudel, auf dem Arm vor einem New Yorker Gericht, und zwar aufgrund einer Vorladung, die Eddie Bagarozy erwirkt hatte. Die Verhandlung wurde auf den 15. Januar in Chicago festgelegt. Anschließend fuhr man, immer noch von den Klatschreportern verfolgt, zum Flughafen Idlewild, wo Maria wieder mit Enzo Sordello konfrontiert wurde, der denselben Flug gebucht hatte. Wie zur Versöhnung ging Sordello mit ausgestreckter Hand auf sie zu. Sie wandte sich an die Reporter, die sich eingefunden hatten, und sagte: »Es tut mir leid, aber ich mag es nicht, daß sich dieser Mann meine Publicity zunutze macht.« Als Sordello sich ihr im Flugzeug noch einmal näherte, stieß sie ihn zurück und zischte: »Verschwinden Sie!«

Noch bestürzender waren die Äußerungen, die Maria über Meneghini machte. Enthüllt wurden sie viele Jahre später durch Walter Legge, in seinem (unveröffentlichten) Nachruf auf die Callas, auf den sich Michael Scott in seiner ausgezeichneten Biographie *Maria Meneghini-Callas* bezog. Auf die Frage, warum sie erster Klasse reiste, während ihr Mann in die Touristenklasse verbannt wurde, erwiderte Maria: »Wenn diese Scheißkerle von der Met nicht die erste Klasse für ihn bezahlen, dann tu ich es auch nicht. Auf jeden Fall aber verlange ich von allem, was ich esse, eine zweite Portion, tue sie in eine Brechtüte und lasse sie ihm durch die Stewardeß bringen!«

Am 11. Januar 1957 waren die Meneghinis wieder in New York, und Maria, nun ein regelrechtes Mitglied des Jet-set, erschien auf dem »Imperial Ball« im Waldorf Astoria, wobei sie geliehenen Schmuck im Wert von drei Millionen Dollar trug und als die ägyptische Pharaonin Hatschepsut auftrat. Für Elsa Maxwell, die als eher unkaiserlich aussehende Katharina die Große erschien, war das eine eigenartig amüsante, ironische Wahl gewesen – denn der Legende zufolge sei Hatschepsut eigentlich ein männlicher Herrscher gewesen und in zeitgenössischen Darstellungen stets mit einem Bart zu sehen.

Zwei Tage später besuchte die Callas ein Konzert Edith Piafs in der Carnegie Hall, das als das musikalische Ereignis des Jahres galt. Die Piaf war damals die höchstbezahlte Entertainerin der Welt. Allein für diese One-woman-Show und zwei Fernsehauftritte erhielt sie mehr, als Rudolf Bing für vier *Lucia*-Aufführungen gezahlt hatte. Am 15. Januar fuhr Maria Callas mit ihrem Mann nach Chicago zu dem Prozeß mit Bagarozy, der, da keine Einigung erzielt werden konnte, erneut vertagt wurde. Und hier, in dieser »Scheißstadt«, in die sie eigentlich nie wieder einen Fuß hatte setzen wollen, gab sie im Civic Opera House ein herrliches Konzert, das sie in die Lage versetzte, den von Edith Piaf gesetzten Weltrekord von zehntausend Dollar für einen einzelnen Auftritt einzustellen.

Der Publikumshit in dem Programm, zu dem Arien aus *La sonnambula*, *Il trovatore*, *Norma* und *Lucia* gehörten – die bereits allgemein als »die größten Hits der Callas« galten –, war *In questa reggia* aus *Turandot*, ein gefährliches Stück, das sie nie wieder hatte singen wollen. Puccini, gestand sie später, sei ein Komponist, den sie nie richtig gemocht habe, obwohl sie durch ihn mit Schallplatten das meiste Geld verdient hatte. »Viele schöne Stimmen haben schnell große Karriere gemacht, indem sie Puccini sangen«, sagte sie. »Dann enden sie im Nichts, weil sie unfähig sind, etwas anderes zu singen. *Tosca* ist nichts als Grand Guignol. *Bohème* ist wirklich ein geniales Werk. *Turandot* habe ich aufgegeben, sobald ich konnte. Ich bedaure nur, daß Puccini nicht gestorben ist, bevor er mit diesem Mischmasch anfing.« *In questa reggia* war auch Claudia Cassidys Lieblingsstück. »Sie sang diese äußerst dramatische Arie mit der ganzen Kraft, deren sie fähig war, und trieb sie den Zuhörern wie Nägel ins Bewußtsein. Sie war nicht schön, denn sie war dermaßen forciert, daß es für eine so geschundene menschliche Stimme äußerst gefährlich war. Doch sie war, wegen des großen Mutes und der Entschlossenheit, wegen des Siegeswillens um jeden Preis einfach großartig!«

Nach einer kurzen Verschnaufpause in ihrem Haus in Mailand flogen die Meneghinis nach London, wo Maria am 2. und 6. Februar mit Ebe Stignani und Nicola Zaccaria in Covent Garden *Norma* sang. »Ihre schauspielerische Präsentation der Rolle ist von der Kunst, die Kunst verbirgt«, verkündete die *Times* und fügte hinzu: »Bei ihren Kollegen merkt man, daß sie Rollen spielen, während Norma tatsächlich lebt.« Bei der zweiten Vorstellung herrschte nach dem Duett *Mira, o Norma* eine derartige Hysterie, daß Covent Gardens eiserne Regel, die Zugaben untersagte, gebrochen wurde und Callas und Stignani das Duett noch einmal sangen.

Einer der Komparsen, der eines von Normas Kindern spielte, war Frank Johnson, der einige Jahre später eine amüsante Geschichte aus der Zeit erzählte, als ihn die Druidenpriesterin an die Brust drückte: »Ich bin der, der wahrhaftig behaupten kann, Maria Callas habe ihre linke Brustwarze in sein rechtes Auge gedrückt. Es stimmt also keinesfalls, daß ein Mann, der einen Großteil seines Berufslebens auf der Galerie des Unterhauses zugebracht hat, überhaupt nie erhabene Größe habe erfahren können.«

In London gab es auch ein Wiedersehen mit Tito Gobbi, als sie mit Luigi Alva, Nicola Zaccaria und dem Dirigenten Alceo Galliera für EMI *Il barbiere di Siviglia*, ihre erste Oper außerhalb Italiens, aufnahm. Keine glückliche Zeit war es jedoch für Walter Legge. Die Callas schlug vor, auch *Medea* und *Macbeth* für EMI aufzunehmen, aber Legge war dagegen, weil diese Werke nicht mehr gefragt waren. Maria konstatierte: »Von Oper verstehen Sie sehr viel!«

Am 2. März trat Maria Callas in Viscontis Inszenierung von *La sonnambula* in der Scala auf, wiederum zusammen mit Zaccaria und mit ihrer neuesten Flamme, dem jungen Tenor Nicola Monti, der ihr Interesse nicht erwiderte, in der Rolle des Elvino. Claudia Cassidy flog aus Chicago ein, mit einer ganzen Ladung der von Maria so geliebten knallroten Lippenstifte im Gepäck. »Sie hätte sie überall auf der Welt kaufen können«, erklärte die Cassidy, »doch sie hat sich immer eingebildet, wenn sie in den Staaten gekauft würden, brächten sie ihr Glück.« Cassidy hatte Callas noch nie als Amina erlebt und mußte bei den spektakulären Lichteffekten des *Ah!-non-giunge*-Finales ein paar Stöße in die Rippen hinnehmen.

Claudia Cassidy blieb noch bis zur nächsten großen Aufführung in Mailand, Donizettis *Anna Bolena*. Den Vorschlag, diese Oper auf die Bühne zu bringen, hatte der Dirigent Gianandrea Gavazzeni gemacht, der, ebenso wie der Komponist, aus Bergamo stammte. Die Oper, deren Anna Bolena nicht viel mit der tragischen historischen Königin Anne Boleyn zu tun hat und die 1830 mit der großartigen Giuditta Pasta in der Titelrolle uraufgeführt worden war, hatte viele Jahre lang als Donizettis Meisterwerk gegolten, war aber schon lange in Vergessenheit geraten. Außer einer einmaligen Darbietung durch eine Gruppe junger Sänger, die Gavazzeni bei einem Besuch in Bergamo im Oktober 1956 erlebt hatte, war sie seit 1881 nicht mehr aufgeführt worden.

Antonio Ghiringhellis erste Reaktion war Entsetzen. Rudolf Bing hatte *Anna Bolena* bereits als »alten Langweiler« abgelehnt. Als Ghiringhelli jedoch hörte, Luchino Visconti sei einverstanden, die Regie zu übernehmen, zeigte er Interesse und ließ dem Chef-Bühnenbildner der Scala, Nicola Benois, freie Hand. Kostüme und Bühnenbilder wurden in Viscontis prächtiger Villa in der Via Salaria erarbeitet, wo die beiden stundenlang Bücher wälzten und die Architektur Englands zur Zeit Heinrichs VIII. und vor allem Hans Holbeins Tudor-Porträts studierten.

In New York hatte die Callas von Marlene Dietrich erfahren, daß sie sich in ihre funkelnden Jean-Louis-Bühnengewänder einnähen ließ, nachdem sie ihr auf den Körper modelliert worden waren. Diesen Trick übernahm Nicola Benois für seine Anna Bolena, die er in alle Nuancen von Blau hüllte und mit riesigen Juwelen bedeckte, so daß sie sich von dem ahnungsvollen Schwarz, Weiß und Grau der Kulissen abhob, die auf raffinierte Weise eine optische Täuschung erzeugten und den Eindruck vermittelten, die Bühne sei unendlich tiefer, als sie es wirklich war. Als Kontrast zu Anna gab Benois der Giovanna (Jane Seymour), der bezaubernden Giulietta Simionato, ein Scharlachrot.

Die Premiere von *Anna Bolena*, der Höhepunkt der Mailänder Messe des Jahres 1957, fand am 14. April statt und war ein uneingeschränkter Erfolg. Sergio Segalini sagt in seinem Buch über Maria Callas: »Vermutlich die elektrisierendste Leistung ihrer ganzen Karriere.« Der *Corriere della Sera* erklärte: »Ihre kraftvolle Stimme, ihre Bühnenhaltung, die Artistik ihres Gesangs und ihre erstaunliche Stilisierungskunst – das alles macht aus der Callas eine Anna, die heutzutage ohne ihresgleichen ist.« Selbst die Bühnenbilder bekamen heftigen Applaus, als jedes noch einmal gezeigt wurde, und die Ovationen am Ende der Vorstellung für Callas waren fast genauso lang wie der ganze zweite Akt.

Insgesamt wurde die Oper siebenmal aufgeführt und jede Vorstellung wurde enthusiastisch gefeiert. Während die Callas sich auf dem Gipfel ihres Erfolgs sonnte, sollte eine törichte Bemerkung, gepaart mit der immer größeren Geldgier Meneghinis, eine Bombe zum Platzen bringen. Nach dem phänomenalen Erfolg ihrer *Lucia* im Jahr zuvor hatte Erich Engel sie für die *Traviata* an der Wiener Staatsoper engagiert. Die Gage lag zehn Prozent über dem, was dort als Limit galt. Sie war einverstanden und freute sich darauf, wieder mit Herbert von Karajan arbeiten zu können. Meneghini jedoch forderte das Doppelte, und sie selbst äußerte der Presse gegenüber: »Ich kümmere mich nicht um den finanziellen Teil meiner Arbeit, solange ich höher bezahlt werde als sonst jemand.« Gedrängt von von Karajan, der Callas als »habgierige Tyrannin« bezeichnete, blieb Engel nichts anderes übrig, als den Vertrag zu annullieren.

Inzwischen traf Elsa Maxwell zu einer der Aufführungen von *Anna Bolena* in Mailand ein. Meneghini hatte sie gebeten, eine Party zu organisieren, die für den September in Venedig geplant war. Ein auf dem Flughafen von Mailand aufgenommenes Foto zeigt die beiden Frauen in einer Umarmung. Eine Zeitung titelte dazu: »Die zwei Tigerinnen.« Die Maxwell schien vergessen zu haben, daß sie vor gar nicht allzu langer Zeit noch die heftigste Callas-Gegnerin gewesen war, und setzte zu einem Angriff auf Marias Verleumder an. »Entsetzt« darüber, wie »ihr« Star an der Scala behandelt wurde, verkündete sie bei einer Pressekonferenz: »Hier werden Lügen verbreitet über das wunderbarste Wesen, das ich je kennengelernt habe. Wer immer das sein mag und wo immer er sich aufhält, ich werde ihn aufspüren. Nichts wird die herrliche Kunst von Maria Callas herabwürdigen!«

So gestärkt, stürzte sich Maria in die Proben zu ihrer fünften Visconti-Produktion – *Iphigénie en Tauride*, Glucks letztes Werk, das er 1779 in Paris vollendet hatte. Das war Viscontis erster Ausflug in die Welt der nicht-italienischen Oper. Sie ahnten damals beide nicht, daß es ihre letzte Zusammenarbeit werden sollte.

Wiederum wurde Nicola Benois beauftragt, die Kostüme und Bühnenbilder zu entwerfen – und sofort geriet er mit der Callas aneinander. Sie hatten beschlossen, die Handlung aus dem Griechenland des Euripides in eine Rokoko-Kulisse zu verlegen. Dazu gehörte eine mächtige zentrale Treppe, flankiert von Säulen und Statuen, die zum Altar der Göttin Diana führte, hinter dem das Meer lag. Maria bestand darauf, daß die Geschichte in der griechischen Antike spielen sollte, dargestellt von einer Griechin, und drohte, sie würde die Kostüme nicht anziehen, auch wenn sie noch herrlicher wären als die für *Anna Bolena*. Dann bekam Elsa Maxwell die Gewänder zu Gesicht und fand, schönere habe sie nie gesehen. Sie waren inspiriert von Werken des venezianischen Malers Giovanni Battista Tiepolo, bestanden aus Seide und Satin-Brokat und hatten lange, voluminöse Schleppen.

Die Premiere am 1. Juni 1957 bot dem Publikum der Scala den spektakulärsten Auftritt einer Primadonna, den es je erlebt hatte. Die Oper beginnt mit einem heftigen Sturm. Maria erschien, eilte die steile Treppe hinauf und gleich darauf wieder hinunter, wobei sich die über zwanzig Meter lange Schleppe im Wind blähte – und in jeder Vorstellung traf sie den höchsten Ton genau in dem Augenblick, in dem ihr Fuß die achte Stufe berührte.

Obwohl Visconti diese Produktion als seine schönste mit Maria ansah, schlossen sich die meisten Kritiker nicht seiner Meinung an. Lionel Dunlop von *Opera* mag sie als »eine Prinzessin« und »ein ständiges und aufregendes Vergnügen« angesehen haben, viele seiner Kollegen erklärten jedoch, ihre Stimme sei einem nur deshalb so außergewöhnlich vorgekommen, weil sie allein es gewesen wäre, der man überhaupt hätte zuhören können. Sergio Segalini kam zu der Feststellung: »Leider war diese neue Produktion trotz einer selten erreichten plastischen Schönheit nicht sehr sorgfältig besetzt. Die Callas war in einem ziemlich heterogenen Ensemble verloren.«

Am 19. Juni flog Maria nach Zürich, wo sie in einem Konzert in der Stadthalle zwei Arien sang. Zwei Tage später verlieh ihr der italienische Präsident Giovanni Gronchi in Mailand den Titel »Commendatore«, für ihre Verdienste um die italienische Oper – eine Ehre, die Frauen im allgemeinen eher selten zuteil wurde und schon gar nicht Ausländerinnen. Kurz darauf reiste sie mit Elsa Maxwell und ohne ihren Mann nach Paris. Zum erstenmal seit ihrem Aufenthalt bei Gracie Fields erlaubte sie sich ein paar Tage ungehinderter Freiheit – umschwärmt von einem der notorischsten Schürzenjäger des Jahrhunderts, Prinz Ali Khan.

Eines der Lieblingsprojekte Elsa Maxwells war ein paar Jahre lang die Verteidigung des ungeratenen Sohnes des Aga Khan gegen die unablässige Kritik der Yellow-Presse an seinem Privatleben gewesen, die dazu geführt hatte, daß die Nachfolge als geistiges Oberhaupt der etwa zwanzig Millionen Anhänger umfassenden muslimischen Sekte der Ismaeliten auf seinen Bruder Karim übertragen worden war, kurz bevor Ali die Callas kennenlernte.

In Italien geboren und in Europa aufgewachsen, hatte Ali Khan von seiner Mutter ein Vermögen geerbt. Obgleich er als pakistanischer Delegierter bei den Vereinten Nationen hochgeachtet war und die Franzosen ihm für seine geheimdienstliche Tätigkeit im Zweiten Weltkrieg das *Croix de Guerre* verliehen hatten, genoß er seit seiner Jugend das Dasein eines Playboys und lebte fast ausschließlich dem Amüsement und Vergnügen: Rennpferde, Safaris, schnelle Autos und vor allem schöne Frauen, von denen es angeblich fünftausend gewesen sein sollen. 1949 hatte er den glamourösen Filmstar Rita Hayworth geheiratet, die ihn nach ein paar Monaten wieder verließ, wobei sie erklärte: »Einmal eine betrügerische Ratte, immer eine betrügerische Ratte!«

»Begleitet« von einer umgänglichen, doch eifersüchtigen Elsa Maxwell, die gehofft hatte, die Callas eine Weile für sich zu haben, trafen Maria und Ali in Paris den Herzog und die Herzogin von Windsor im Hotel Continental, aßen im Maxim's, kauften in der vornehmen Rue St-Honoré Faubourg ein und besuchten Pferderennen in Enghien und Longchamp. Ali Khan, selbst ein Jockey-

Champion, hatte über hundert Sieger geritten. Maria gab deutlich zu verstehen, daß sie sich nicht im mindesten für Pferde interessierte, indem sie sagte: »Jedes Viech, das gleichzeitig läuft und scheißt, muß beschränkt sein.« Die beiden waren im übrigen ein seltsames Paar: Maria, mit Hut und Stöckelschuhen über einen Meter achtzig groß, Arm in Arm mit einem etwas kurz geratenen Herrn mit exotischen Gesichtszügen, der über seine sechsundvierzig Jahre hinwegzutäuschen versuchte. Was sie anzog, war natürlich Ali Khans Macht, die Tatsache, daß er so reich war, daß er nur mit dem Finger zu schnipsen oder eine Frau über einen überfüllten Saal hinweg anzustarren brauchte, und schon war sie ihm so gut wie sicher. »Ali tanzt mit einer Frau langsam und überschwenglich, als sei es das letztemal, daß er sie in den Armen hält«, stellte Elsa Maxwell fest. »Wenn er einer Frau sagt, er liebe sie, glaubt er selbst es sicher auch für den Augenblick. Nur leider vergeht dieser Augenblick so schnell.« Während Maria sich bemühte, nicht an die Oper zu denken und daran, wie sie sich mit ihrem sechzigjährigen Mann immer mehr langweilte, war Ali Khan der Mann, der ihr zum erstenmal in ihrem Leben alle Freuden bereitete, die ein echter Liebhaber bereiten kann.

Viel zu schnell endete das Idyll, und sie flog nach Rom, wo sie am 26. Juni die Lucia im Radio sang, bevor sie nach Mailand und zu einem neugierigen Meneghini zurückkehrte, der sich vergebens bemühte, mehr über ihre »Heldentaten« in Paris herauszubekommen. Anfang Juli begleitete er sie nach Köln, wo die Scala in der Reihe der Festaufführungen zur Eröffnung des Großen Hauses mit ihrer Produktion von *La sonnambula* ein Gastspiel gab. »Diese altmodische Oper wäre ohne das Stimm- und Darstellungswunder dieser überragenden Künstlerin wohl kaum noch lebensfähig«, erklärte die *Kölnische Rundschau* und fuhr fort: »Daß die Callas als singende Darstellerin etwas Einmaliges ist, hat man oft genug gehört oder gelesen – nun erfuhr man's mit eigenen Augen und Ohren und fand in der vollkommensten Form den sagenhaften Ruhm dieser Künstlerin bestätigt.«

Während Maria mit Elsa Maxwell in Paris gewesen war, hatte Meneghini beschlossen, sie mit einem Porträt zu überraschen, das er bei dem jungen Florentiner Gesellschaftsmaler Silvano Caselli, der damals en vogue war, in Auftrag gab. Caselli hatte bereits André Gide, die Colette, Thomas Mann und Arturo Toscanini gemalt, ganz besonders hatte Maria jedoch das schöne Porträt von Anna Magnani gefallen. Es bedurfte jedoch einiger Überredungskunst, Caselli in ihr Haus zu lassen. »Ich hasse es, angestarrt zu werden. Da habe ich immer das Gefühl, taxiert zu werden.« Als sie sich dann schließlich zu zwölf einstündigen Sitzungen bereit erklärte, wollte sie in einem geblümten Kleid gemalt werden, obwohl sie in einem cremefarbenen Rock und Oberteil posierte, wobei sie in dem Bestreben, mit dem jungen Mann zu flirten, immerzu die Träger herunterstreifte und hochschob, womit sie allerdings ausschließlich Meneghinis Ärger erregte. Ein paar Jahre später erschien eines der Fotos, die bei den Sitzungen für Caselli aufgenommen worden waren, in Michael Scotts Callas-Biographie mit der Bildlegende: »Der Einfluß von Visconti vielleicht? Oder vielleicht sogar der von Dali? Ist sie im Begriff, sich auszuziehen?« Als der perplexe Caselli Maria fragte, wie er sie denn in einem geblümten Kleid malen solle, wenn sie gar keins trug, fuhr sie ihn an: »Bemühen Sie Ihre Phantasie!« Das Porträt, in den Maßen von 90 mal 120 Zentimeter, wurde rasch vollendet und in der Via Buonarotti im Wohnzimmer aufgehängt, doch Maria hat es, wie sie gegenüber Freunden bekannte, nie richtig gemocht. »Mein Mann nannte es ein Geschenk«, hat sie einmal erklärt, »aber in Wirklichkeit war es wohl eher eine Investition, so wie ich auch eine gewesen bin.«

Etwa zu dieser Zeit erfuhr Maria von den jüngsten Machenschaften ihrer Mutter. Jackie Callas zufolge hatte Litza dem Nachrichtenmagazin *Time* ein Interview gegeben, in der Hoffnung auf eine Reaktion ihrer »untreuen« Tochter – ein untauglicher Versöhnungsversuch, der fehlschlagen mußte. Danach hatte sie mit dem italienischen Magazin *Oggi* über ihre Ambitionen in bezug auf ihre andere Tochter gesprochen: Jackie, inzwischen neununddreißig, doch scheinbar immer noch ohne eigene Meinung, hätte sich nun angeschickt, eine zweite Karriere zu beginnen – als Opernsopranistin. »Sie war wie ein verzweifelter General«, erinnerte sich Jackie, »der, obgleich der Krieg verloren ist, einfach nicht kapitulieren kann und verzweifelt versucht, seinen Leuten mit Geschichten über eine Wunderwaffe Mut zu machen, mit der die Lage noch gerettet werden kann. Mit einem solchen Märchen hat sie mich, ihre verschlissene Armee, bis an diesen Punkt gebracht, doch nun war es herausgekommen, die mächtige Wunderwaffe hatte sich als Rohrkrepierer entpuppt.«

Damit Jackie Ende 1956 – während Maria in Amerika war – an einem Gesangswettbewerb teilnehmen konnte, hatte Litza ihr Alter in ihrem Paß manipuliert. Allerdings war Jackie aus diesem Wettbewerb, der in Vercelli bei Mailand stattfand, recht schnell ausgeschieden, doch das vermochte den Enthusiasmus ihrer Mutter keineswegs zu dämpfen, und so organisierte sie für das Frühjahr 1957 ein Konzert in der Parnassos-Halle von Athen, wo Jackie ein nervenaufreibendes Programm sang, das hauptsächlich aus Werken von Verdi und Puccini bestand. Das Konzert hatte nur mäßigen Erfolg, aber die Kunde davon war bis nach Mailand gedrungen. Maria war nicht gerade erfreut darüber, in der Presse als die ältere der Callas-Schwestern bezeichnet zu werden. Allen Schwüren zum Trotz rief sie bei Jackie an, nur um zu erfahren, daß sie mit Litza nach New York aufgebrochen war, wo man Jackies Talent erkennen und ihre internationale Karriere lancieren würde.

Physisch, stimmlich und psychisch war Callas erschöpft. Seit sie aus Köln zurückgekehrt war, hatte sie mit Tullio Serafin für EMI zwei vollständige Opern aufgenommen, *Turandot* und *Manon Lescaut* von Puccini. *Turandot* war das strapaziöseste Werk, das sie seit Jahren in Angriff genommen hatte. Hinzu kam, daß sie diese

Rolle nicht mochte. Die Partie der Liù sang, auf Walter Legges Verlangen, Elisabeth Schwarzkopf, eine der wenigen Sopranistinnen, mit denen die Callas ein gutes Verhältnis hatte – zweifellos weil der größte Teil ihres Repertoires deutsch war und eine Rivalität somit nicht zu befürchten. In ihren 1982 erschienenen Memoiren *Gehörtes, Ungehörtes* äußert sich die Schwarzkopf liebevoll über Maria, obgleich die Freundschaft noch vor dem Tod der Callas in Erbitterung geendet hatte. Die Schwarzkopf erwähnt eine Begebenheit, die sich in einer Pause während der Aufnahmen von *Turandot* in der Biffi Scala ereignet hatte, als die beiden hohe Töne schmetterten, um festzustellen, wer am höchsten singen konnte. Die Schwarzkopf war besorgt, ebenso wie Meneghini und der neue Arzt, Arnaldo Samerano, daß Maria sich überanstrengte. Alle drei rieten ihr dringend, sich vor den Festspielen in Edinburgh auszuruhen, wo *La sonnambula* auf dem Programm stand. Die Callas selbst dagegen hoffte, in Griechenland singen zu können, und nun, da ihre »Parasiten« sicher jenseits des Atlantik waren, arrangierte sie zwei Konzerte, die am 31. Juli und 5. August im riesigen Herodes-Atticus-Theater in Athen stattfinden sollten.

Am 29. Juli, nur zwei Tage nach Beendigung der Aufnahme von *Manon Lescaut*, traf sie in Athen ein, wo ihr ein ausgesprochen feindseliger Wind entgegenschlug. Die lokale Presse hatte seit fast einem Jahr Litzas halb verrückte, größtenteils erfundene Geschichten veröffentlicht über die Opfer, die sie für ihre Tochter gebracht hatte, um dann wie Dreck behandelt und schließlich ignoriert zu werden. Thema war auch die hohe Gage, die Maria für ihre Konzerte bekommen sollte, zu einer Zeit, da Griechenland in einer tiefen Krise steckte – ein willkommenes Argument für die Opposition in ihrem erbitterten Kampf gegen die Karamanlis-Regierung. Erschöpft und leid, sich mit Reportern und politischen Aktivisten gleichzeitig herumzuärgern, sagte sie das Konzert am 31. Juli ab. Diese Entscheidung wurde absichtlich erst dreißig Minuten vor dem Beginn der Vorstellung bekanntgegeben, nachdem das Publikum bereits die Plätze eingenommen hatte.

Am liebsten hätte sie auch das zweite Konzert abgesagt, doch sowohl Meneghini als auch Antonio Votto, der das Athener Festival-Orchester dirigierte, und selbst Elsa Maxwell waren der Meinung, das würde eine nur noch schlimmere Presse zur Folge haben, und so blieb es dabei. Als sie die Bühne betrat, nachdem sie von zwei bewaffneten Polizisten ins Theater geleitet worden war, die während der gesamten Vorstellung hinter den Kulissen blieben, gab es mehr Gezische und Gebuhe, als ihr jemals von Tebaldianern an der Scala bereitet worden war.

Die Callas kämpfte sich durch ihre erste Arie, *D'amor sull' ali rosee* aus *Il trovatore*, aber das Publikum blieb auch noch während der zweiten, *Pace, pace, mio Dio* aus *La forza del destino*, sehr unruhig. Ihr eiserner Wille zum Erfolg, gepaart mit der Heftigkeit ihres Gesangs in der Wahnsinnsszene Ophelias, *Ai vostri giochi*, aus Thomas' *Hamlet*, hatten jedoch eine solche Wirkung, daß es totenstill wurde in der Arena und am Ende stürmische Bravos losbrachen. Der Beifall dieser politisch aufgewiegelten Menge war in der Tat so enthusiastisch, daß sie die Arie wiederholen mußte, bevor sie einen sehr gefühlvollen *Liebestod* starb – auf italienisch, wie gewöhnlich, und für immer zum letzten Mal – und dann mit Lucias *Regnava nel silencio* das Konzert beschloß.

Über ihren Entschluß, mit dem Honorar eine Stiftung für junge griechische Sänger aus armen Verhältnissen zu gründen, kam es zu einer heftigen Auseinandersetzung mit Meneghini. Offenbar wünschte sie auch eine Versöhnung mit ihrer Schwester, die aus New York zurückgekehrt war, nachdem es ihr nicht gelungen war, Unterstützung für ihre Karriere als Sängerin zu finden. Jackie lebte inzwischen außerhalb von Athen, wo sie Milton Emberikos pflegte, der an Kieferkrebs starb. Meneghini »belehrte« Maria jedoch, daß ihre Schwester nur auf finanzielle Zuwendungen aus war. Jackie wurde nicht einmal zum Konzert eingeladen.

In Mailand wurden bei Maria deutliche Anzeichen von Magersucht erkennbar. Sie war erbarmenswert dünn, wie die Fotos aus dieser Zeit zeigen, und so wacklig auf den Beinen, daß der Arzt, ein bißchen melodramatisch vielleicht, sie eindringlich vor der Gefahr warnte, sich völlig zu verausgaben. Das wäre nach den »Enttäuschungen« in Athen und Wien ein gefundenes Fressen für die Klatschspalten gewesen, und so entschied sie sich für einen Kompromiß – sie wechselte den Arzt! Mitte August reiste sie aus dem warmen, sonnigen Mailand in das verregnete, trostlose Edinburgh, wo das Ensemble der Scala mit einer abermaligen Aufführung von Viscontis *La sonnambula* die Opernfestspiele eröffnen sollte. Das Gastspiel war keine sehr angenehme Sache. Maria mochte das King's Theatre nicht. Die Bühne war nicht groß genug, um die Scala-Kulissen komplett unterzubringen, es gab keinen Orchestergraben, und die Bedingungen hinter der Bühne waren mehr als beklagenswert. Mit einem Achselzucken sagte sie jedoch zu Robert Ponsonby, dem Direktor der Festspiele: »Ach was, ich habe schon an schlimmeren Orten gesungen. Ich werde einfach versuchen, das Beste daraus zu machen.«

»La Divina nicht bei allerbester Stimme«, war Andrew Porters Meinung über die Premierenvorstellung am 19. August, die er in *High Fidelity* vertrat. »Die Premiere hielt unbehagliche Augenblicke parat, und von dem dritten Auftritt an drohten fast alle Töne in der Nähe des F zu bersten und zu kippen: *Ah, non credea* war für alle im Theater ein peinliches Erlebnis.« Einige Kritiker waren der Meinung, Porter sei vielleicht ein bißchen zu streng gewesen, was sich bestätigte, als eine illegale Aufnahme dieser Aufführung verbreitet wurde, an Hand derer man den Applaus für sich sprechen lassen und sich selbst eine Meinung über Marias Gesang bilden konnte, der, aufgrund der dramatischen Handlung, ein klein wenig uneben war, doch kaum etwas vermissen ließ. Maria Callas hatte den Gipfel ihres Könnens erreicht, und mancher war es leid, immer wieder zu denselben Superlativen greifen zu müssen, und so konzentrierte sich die Kritik statt dessen darauf, die Schönheitsfehler in ihrer Stimme, so winzig und bedeutungslos sie auch sein mochten, herauszustreichen und aufzubauschen.

Der Vertrag für Edinburgh sah nur vier Vorstellungen von *La sonnambula* vor. Die fünfte sollte von der jungen Sopranistin Renata Scotto gesungen werden. Sowohl Ghiringhelli als auch die Festspielleitung gingen jedoch davon aus, daß Maria angesichts des Erfolgs auch die fünfte Vorstellung singen würde. Sie gab allerdings sehr rasch zu verstehen, daß sie das ablehnte, und zwar mit dem Hinweis, sie würde niemals an die Stelle einer anderen Sängerin treten, außer wenn diese indisponiert wäre. Dieser letzte Teil ihrer Äußerung war in der Presse weggelassen, und im Laufe der nächsten Wochen war in den Zeitungen viel von »lautstarken Äußerungen, Schwächen und Wutanfällen« die Rede. Niemand erwähnte die Tatsache, daß sie sich während ihres Aufenthaltes in Edinburgh elend gefühlt hatte und daß sie das Gastspiel von Anfang an hätte ablehnen sollen. Der meiste Klatsch hätte verhindert werden können, wenn Antonio Ghiringhelli klärend eingegriffen hätte. Daß er das nicht tat, legt die Vermutung nahe, daß er der Callas die Kopfschmerzen heimzahlen wollte, die sie ihm im Laufe der Zeit immer wieder bereitet hatte.

Und doch hatte Maria Erfolg und zwang sich, zurück in Mailand, in ein neues Korsett. Vertraglich waren in der bevorstehenden Spielzeit die Lady Macbeth und die Lucia in San Francisco vereinbart. Die erste Vorstellung sollte am 13. September stattfinden, doch Ende August ließ Meneghini den Direktor der dortigen Oper, Kurt Adler, wissen, daß sie die Reise aus gesundheitlichen Gründen nicht unternehmen könnte. Ein paar Tage darauf rief Maria selber an und sagte, sollte sie tatsächlich nicht in der Lage sein zu singen, dann stünde sie im Oktober zur Verfügung. Sie hätte die Möglichkeit, Alternativen zu planen, und brauchte ihre amerikanischen Anhänger nicht zu enttäuschen. Was sie jedoch nicht absagte, war Elsa Maxwells Party in Venedig – ein Schritt, der ihren Ruf beinahe irreparabel beschädigte, während er sie gleichzeitig mit der großen und zerstörerischen Liebe ihres Lebens konfrontierte.

Svegliate la Gioia!

1957–1958

> *Das Pfeifen und Zischen auf der Galerie ist ein*
> *Bestandteil der Szene, ein Schlachtfeldrisiko.*
> *Und die Oper ist ein Schlachtfeld, das muß man*
> *ganz einfach akzeptieren.*

Elsa Maxwell rühmte später ihre Party für Maria als die aufregendste und erfolgreichste, die sie jemals organisiert hätte. Sie dauerte mehrere Tage und Nächte. Vom Lido, wo sie begann, ging es über verschiedene schillernde Nachtlokale, wie zum Beispiel Florian's und Harry's Bar, wo Maria, spontan und von der Maxwell am Klavier begleitet, den schwülen Blues *Stormy Weather* sang, auf Aristoteles Onassis' Jacht, die an der Einfahrt zum Canal Grande vor Anker lag. Zunächst sah Maria in Onassis nichts weiter als einen reichen Mann, ein weiteres Rad in Elsa Maxwells sozialem Getriebe, das sie einen Augenblick von ihren Problemen ablenkte.

Diese Probleme wurden jedoch nur noch drückender, als sie wieder in Mailand war. Infolge des »Edinburgh-Skandals« wandten sich sogar einige ihrer engsten Freunde – darunter Wally Toscanini – von ihr ab. Antonio Ghiringhelli schwieg immer noch, und Kurt Adler von der San Francisco Opera erhielt Fotos, auf denen eine lachende, blendend aussehende Maria zu sehen war, die sich auf der Maxwell-Party großartig amüsiert. Voller Zorn hatte Adler in Maxwells Kolumne Sätze wie diesen gelesen: »Ich habe in meinem Leben schon viele Geschenke erhalten, doch es ist noch nie vorgekommen, daß ein Star eine Opernaufführung absagte, um gegenüber einer Freundin nicht wortbrüchig zu werden.« Adler annullierte den Vertrag und engagierte Leonie Rysanek für die Lady Macbeth und Leyler Gencer für die Lucia. Dann brachte er die Angelegenheit vor die American Guild of Musical Artists (AGMA), die mächtig genug war, Maria Callas für die Vereinigten Staaten zu sperren, sollte sie den Fall verlieren. Adler war überzeugt, er würde gewinnen. Am 5. November traf Maria mit Meneghini in New York ein, zum Bagarozy-Prozeß, den zu gewinnen sie auch kaum Aussichten hatte.

Am 17. November wurde eine außergerichtliche Einigung erzielt, nach der sie Bagarozy eine nicht genannte Summe, deren Höhe sich um 30 000 Dollar bewegt haben soll, zahlte. Im Jahr darauf starb Bagarozy plötzlich, und sie soll zu einem Reporter gesagt haben: »Ich hoffe nur, daß noch etwas von meinem Geld übrig ist, um das Begräbnis zu bezahlen.«

Vier Tage später trat Maria Callas mit Nicola Rescigno, der immer noch ihr bevorzugter Dirigent war, in einem Benefizkonzert zugunsten der unlängst gegründeten Dallas Civic Opera auf, dem geistigen Kind ihres Freundes Lawrence Kelly, der sich von Carol Fox von der Chicagoer Oper getrennt und sein eigenes Unternehmen gegründet hatte. Die »Callas Boys« erschienen in Scharen, trugen Plaketten mit der Aufschrift »Dallas for Callas« und begrüßten sie jubelnd, als sie das Theater betrat. Sie sang Arien von Mozart, Bellini und Verdi, und nach der Pause trat sie in einem mit Spitze besetzten Futteralkleid aus schwarzem Samt auf und sang *Al dolce guidami* – aus der Kerkerszene von *Anna Bolena*. Gegen Ende dieser Arie näherte sie sich dramatisch den Rampenlichtern – ein Kritiker befürchtete, sie würde in den Orchestergraben stürzen – und verkündete, wobei sie anklagend auf eine der Galerien, aber auf niemanden konkret wies: *Manca solo a compire il delitto d'Anna il sange ... e versato sarà! (Nur Annas Blut fehlt noch, um das Verbrechen vollkommen zu machen ... und es wird vergossen werden!)* Maria hatte ihre Meinung verkündet. Doch hatte jemand zugehört?

Nach einem kurzen Erholungsaufenthalt in ihrem neu erworbenen Refugium am Gardasee stürzte sie sich in Mailand in die Abschlußproben zu *Un ballo in maschera*. Zehn Jahre nachdem die Amelia ihr versagt worden war, sollte sie die neue Spielzeit der Scala mit dieser Rolle eröffnen. Die Spannung hinter der Bühne war greifbar, angeheizt von Antonio Ghiringhelli, der kaum ein Wort für sie übrig hatte. Giuseppe di Stefano bemühte sich, alle Beteiligten aufzuheitern, indem er den Narren spielte, was die Callas, die bei der Arbeit keinen Spaß verstand, eher noch mehr aufregte. Die Zeit zwischen den Proben verbrachte sie größtenteils mit ihren »verständigen« Freunden Gianandrea Gavazzeni, für den sie überhaupt nichts Falsches tun konnte, und Giulietta Simionato, die die Ulrica sang. Auch die Presse war verständnisvoll und hatte ihre Kampagnen, zumindest vorübergehend, eingestellt. »Sie war sehr gut bei Stimme und sang hervorragend«, schrieb Ernest de Weerth in *Opera News* und fügte hinzu: »Die Callas ist niemals fade ... sie ist zweifelsohne die imposanteste Persönlichkeit auf der Opernbühne. Andere mögen eine schönere Stimme haben, aber im Augenblick gibt es nur eine Callas.«

Die Waffenruhe hielt nicht lange an. Am Silvesterabend, neun Tage nach der letzten Vorstellung von *Un ballo in maschera*, sang die Callas *Casta Diva* im Fernsehen und bot damit ihren Bewunderern eine Kostprobe ihrer neuen Einstudierung der *Norma*, mit der am 2. Januar Roms Opernhaus in einer Galavorstellung eröffnet werden sollte. Danach ging sie mit Franco Corelli, dem Sänger des Pollione, in eine Bar, um ein Gläschen zur Feier des Tages zu trinken und Corellis Freunde zu treffen, die sie zu einer Party im Circolo degli Sacchi mitnahmen, dem damals beliebtesten Nachtklub Roms.

Maria hatte so großen Spaß daran, nach Bill-Haley-Platten zu tanzen, umgeben von einer Schar ihrer Anbeter, daß Corelli sie erst nach drei Uhr morgens ins Hotel Quirinale zurückbrachte. Sie war betrunken, aber glücklich, denn in den letzten Stunden hatte sie sich zum erstenmal in ihrem Leben lebendig und begehrt gefühlt.

Das Unglück kam am nächsten Morgen. Wegen der verrauchten Nachtlokale, in denen sie sich bewegt hatte, konnte sie kaum noch ein Wort reden. Meneghini warf ihr vor, sich wie ein Kind benommen zu haben. Antonio Ghiringhelli dagegen explodierte, als er erfuhr, für die *Norma*-Premiere müsse Ersatz gefunden werden. Fedora Barbieri, die die Adalgisa hätte singen sollen, war erkrankt, und die weniger bekannte Miriam Pirazzini war für sie eingesprungen. Niemand wäre jedoch auf den Gedanken gekommen, einen Ersatz für die Callas zu engagieren, noch dazu für eine Aufführung, die bereits als kulturelles Ereignis des Jahres galt, mit einer Anwesenheitsliste, die sich wie das wahre *Who's Who* der italienischen Gesellschaft las – angeführt vom Staatspräsidenten Gronchi und seiner Ehefrau bis zu Stars wie Anna Magnani, Sophia Loren und Gina Lollobrigida.

Die Vorstellung fand statt, mit der Callas. Sie begann ganz gut, was man in einem illegalen Mitschnitt hört, der live im Rundfunk übertragen wurde. Doch schon während des ersten Aktes wurde deutlich, daß ihre Stimme von Minute zu Minute schwächer wurde und daß das Singen ihr Schmerzen bereitete. Diejenigen, die nahe an der Bühne saßen, konnten die Angst in ihrem Gesicht erkennen, wenn sie zu einem hohen Ton ansetzte, und sahen, wie sehr sie sich abmühte, nicht zu straucheln, während sie sich scheinbar ziellos auf der Bühne hin und her bewegte. Am Ende des ersten Aktes tönte es in ihre Verbeugung hinein: »Du hast uns eine Million Lire gekostet! Scher dich wieder nach Mailand!«

Franco Corelli half ihr in die Garderobe, wo sie wiederum mit Sprays und Tinkturen behandelt wurde und den Zorn von Meneghini und Elsa Maxwell über sich ergehen lassen mußte. Corelli hatte sie gestanden, daß sie sich zu schwach fühlte, und diese Bemerkung wurde Antonio Ghiringhelli hinterbracht. In diesem Augenblick brach ein Tumult los. Der Intendant der Mailänder Scala – der für die Aufführung in Rom verantwortlich war – überschrie alle und drohte der Callas mit Konsequenzen, wenn sie eine Vorstellung schmiß, die der italienische Präsident besuchte.

»Ghiringhelli war außer sich«, erinnerte sich Maria später. »Er sagte mir, daß es schlimm wäre für das Theater, wenn ich den zweiten Akt nicht singen würde. Ich sagte ihm, er solle sich um sein verdammtes Theater kümmern, und ich würde mich um meine Stimme kümmern.« Währenddessen verließ Präsident Gronchi bereits das Gebäude. Meneghini hatte ihm in Marias Namen eine persönliche Entschuldigung geschickt.

Maria Callas selbst verließ das Theater zusammen mit Meneghini und Elsa Maxwell durch einen unterirdischen Gang, der zum Hotel Quirinale führte. Das war gut so, denn ein Mob von zweihundert aufgebrachten Zuschauern hatte ihr Auto umstellt. Einige waren mit Eiern und Tomaten bewaffnet, was bedeutete, daß sie sie schon in die Vorstellung mitgebracht haben mußten. »Einen so hitzigen Musikabend hatte Rom seit Neros Violinenkonzert nicht mehr erlebt«, witzelte ihr Biograf George Jellinek. Einige Aufgebrachte erschienen im Hotel und verlangten, sie solle sich zeigen. Viele, die sich fast die ganze Nacht vor dem Hotel herumdrückten und pöbelten, waren wohlsituierte Herrschaften mittleren Alters, von denen eigentlich mehr Verstand hätte erwartet werden können.

Einige der Zeitungen des nächsten Tages schrieben – von Ghiringhelli mit Munition versehen – geradezu bösartig, so daß es an ein Wunder grenzte, daß Callas sie nicht verklagte. Da war von »ihrer gefährlichen Freundschaft mit Elsa Maxwell« die Rede oder von ihrer »Zuneigung zu Homosexuellen und Champagner«, von ihrem ungebührlichen Benehmen und ihrem deftigen Vokabular – nirgends dagegen war etwas von ihrer Krankheit zu lesen.

Der stets getreue Franco Corelli und Giulietta Simionato trösteten sie, die Frau des Präsidenten hatte sie ihrer Sympathie und Anteilnahme versichert, und im Circolo degli Sacchi verteidigten die »Callas Boys« ihre »Ehre«, indem sie sich mit ein paar betrunkenen Regierungsbeamten anlegten, die sie von den italienischen Bühnen verbannt sehen wollten – »wegen Beleidigung des Präsidenten Gronchi und des gesamten italienischen Volkes«. Die jungen Männer wurden ins Gefängnis gesteckt, am nächsten Morgen jedoch wieder entlassen, nachdem Maria die Kaution bezahlt hatte. Ein paar Tage später halfen sie, einen Berg Müll wegzuräumen, der vor das Haus gekippt worden war, und die unflätigen Parolen von Fenstern und Türen zu entfernen.

In der Zwischenzeit war Maria das Betreten der Oper untersagt und ihr Engagement für die drei verbliebenen *Norma*-Vorstellungen annulliert worden. Natürlich büßte sie auch ihre Gage ein. Ersetzt wurde Maria Callas durch Anita Cerquetti, eine kräftige, sechsundzwanzig Jahre alte Sopranistin, deren Karriere nur noch drei Jahre dauern sollte, dann zog sie sich zurück. Maria haßte die Cerquetti inbrünstig, insbesondere nachdem ihr zu Ohren gekommen war, daß sie sie bezichtigt hatte, sie »verflucht« zu haben. Ein paar Jahre später, als die Cerquetti beinahe an einer Blinddarmentzündung gestorben wäre, soll Maria gesagt haben: »Schade, daß sie nicht schon in Rom abgekratzt ist. Außerdem fragt man sich, wie es gelungen ist, in diesem gewaltigen Bauch den Blinddarm überhaupt zu finden?«

Die Callas, die nicht einmal gegen verleumderische Journalisten vorging, verklagte nun die Römische Oper auf Zahlung ihrer Gage. Dieser Prozeß zog sich zehn Jahre hin. Am Ende mußte Ghiringhelli nicht nur die Gage und die Prozeßkosten zahlen – sondern auch eine öffentliche Entschuldigung abgeben, was für Maria mehr wert war als Geld.

Sie zog sich nach Sirmione zurück, um sich auf ihre nächste Reise in die Vereinigten Staaten vorzubereiten, die mit einem Benefizkonzert in Chicago zugunsten der Alliance Française beginnen sollte. Ohne die Drohungen Bagarozys konnte sie dem gelassen entgegensehen. Sie freute sich auch auf ihre zweite Saison an der Met, wo sie *Tosca, Lucia* und *La traviata* singen sollte. Kurz zuvor hatte sie mit Pathé-Marconi, EMIs französischem Label, Verhandlungen über einen Plattenvertrag aufgenommen. Aus diesem Grund legte sie am 16. Januar, auf dem Weg nach Chicago, einen sechsstündigen Zwischenstopp in Paris ein und wurde gefeiert wie eine Königin. Der Skandal von Rom wurde nirgends erwähnt, bis sie selbst sagte: »Wenn das Fiasko in Rom etwas Gutes gehabt hat, dann daß es mir gezeigt hat, wer meine wirklichen Freunde sind.«

Das Konzert in Chicago war ein Triumph. Für wohltätige Zwecke kamen 22 000 Dollar zusammen, und Maria selber erhielt 10 000. »Es gibt überall schöne Stimmen«, sagte Claudia Cassidy, »doch die Callas trägt ihre schöne Stimme weit darüber hinaus.« Diesmal gab es nur ein Lästermaul, Roger Dettmer, der im *Chicago American* schrieb: »Ihre Stimme klang immer wieder schrill, wacklig und unrein. Es scheint, als wäre sie in einem Jahr um zehn Jahre gealtert.« Zwei Tage später flog sie nach New York, zu einem fünfzehnminütigen Auftritt in Ed Murrows Talkshow *Person to Person*, der sich sehr mühselig gestaltete. Murrow verstand nichts von Oper, und die mittlerweile italienisierte Maria sprach ein so wirres Englisch, daß sie kaum jemand richtig verstehen konnte. Trotzdem gab es einen Anflug von Humor, als sie ihre frühere Bemerkung über ihre Redegewandtheit in mehreren Sprachen wiederholte: »Aber *zählen* tue ich immer auf englisch.«

Am 27. Januar fand die Anhörung vor der AGMA statt, im Büro der Organisation, Broadway, Ecke 60th Street. Gerüstet mit einem

Bündel medizinischer Gutachten und ihrem kleinen Pudel rechtfertigte sie sich zwei Stunden lang vor einem zwanzigköpfigen Gremium und kam schließlich mit einer Rüge davon, weil es ihr gelang, glaubhaft zu machen, daß sie Kurt Adler gegenüber nicht vertragsbrüchig geworden war, indem sie woanders gearbeitet hatte.

»Ihre Interpretation der Partie war bei weitem die schönste, die ich an der Metropolitan oder irgendwo anders in all den Jahren erlebt habe, die ich schon in die Oper gehe«, so schrieb Winthrop Sargeant vom *New Yorker* über die erste *Traviata* am 6. Februar: »Sie hat keine reine, unschuldige Stimme (die gibt es zuhauf), sondern ein temperamentvolles Beförderungsmittel für weibliche Leidenschaft, und sie setzt es mit staunenerregendem Geschick ein, um auch die kleinste Stimmungsnuance dieser äußerst subtilen Rolle herauszuarbeiten.« Für diese überwältigende Interpretation wurden ihr eine zwanzigminütige Schlußovation und zwölf Solovorhänge zuteil. Gegen diese Art Vergötterung hatte sie nichts einzuwenden, um so mehr allerdings dagegen, wie Rudolf Bing diese Produktion behandelt hatte. Der Tenor Daniele Barioni sei nicht in der Lage, tonrein zu singen, beklagte sie sich und verlangte, man solle sich von ihm trennen – wie, fügte sie hinzu, sei ihr egal. Bing tat ihr den Gefallen und holte für die zweite Vorstellung Giuseppe Campora. Besonders empörend fand sie, daß sie in einer Inszenierung singen mußte, die Tyrone Guthrie einmal für Renata Tebaldi gemacht hatte, weil Bing kein Geld für eine Neuinszenierung ausgeben wollte.

Es gab auch das unvermeidliche Drama: Elsa Maxwell fragte in einer ihrer Kolumnen: »Warum sollte eine Frau, die in der klassischen Kunst eine so noble Ausdrucksfähigkeit besitzt, zu einem Schicksal verurteilt sein, das ihr das Glück verweigert?« und beantwortete das mit einem Hinweis auf ihre Mutter. Bei diesem Aufenthalt in New York wurde Maria fast überall von ihrem Vater begleitet. Seit er von seiner unleidlichen Frau geschieden war, genoß er die wiedergefundene Freiheit in vollen Zügen. Fotos zu dem Maxwell-Artikel zeigten ihn auf einer von Marias Garderobenpartys zusammen mit den Künstlern, und Litza ließ ihre Tochter wissen, auch sie erwäge, in der Met zu erscheinen. Das nahm Maria ernster als jede Drohung der Tebaldianer oder anderer Störenfriede, die noch verbleibende Vorstellung zu sprengen, und sagte zu Bing: »Wenn das Weib näher als hundert Meter an dieses Theater herankommt, sitze ich im nächsten Flugzeug nach Mailand!« Bing reagierte sarkastisch, indem er im Foyer einen Wachtposten aufstellte, mit einem Foto der anstößigen Mutter ausgestattet, und zehn Polizisten in Zivil, die er in den Gängen nahe der Bühne postierte, wie Ordnungshüter bei einem Rockkonzert.

Die *Lucia*, am 13. Februar, ließ nach den Worten von Harold Schonberg von der *New York Times* »die meisten gegenwärtigen Lucias wie Amateurinnen klingen«. Doch ihre *Tosca* am 28. Februar – wiederum von Dimitri Mitropoulos dirigiert und mit George London als Scarpia und Richard Tucker als Cavaradossi – wurde durch Buhrufe von den Galerien gestört, auf die die »Callas Boys«, die ganz vorn im Parkett saßen, mit ohrenbetäubenden Schreien der Bewunderung reagierten und Blumen und die von ihr so geliebten knallroten Lippenstifte auf die Bühne warfen.

Die Rückreise nach Mailand Anfang März unterbrach sie in Brüssel, wo sie von Theaterleuten und von der Presse nicht weniger hofiert wurde als in Paris und wo sie einen Besuch an Maria Malibrans Grab in Ixelles machte. Am 24. März gab sie ihr erstes Konzert in Spanien, im riesigen Madrider Cinema Monumental, und drei Tage später sang sie in Lissabon die erste von zwei *Traviatas*, zusammen mit dem flotten spanischen Tenor Alfredo Kraus, der damals am Beginn seiner Karriere stand.

Die erste dieser beiden Aufführungen wurde von EMI aufgezeichnet und dann in einem Album herausgebracht. Sie ist von einer solchen Intensität, daß sie den amerikanischen Dramatiker Terence McNally dazu anregte, *The Lisbon Traviata* zu schreiben, ein Werk, das auf anrührende Weise Marias enorme Bedeutung für die Homosexuellen zeigt, die als Fangemeinde heute genauso stark sind wie ihre sogenannte »konventionelle«, eine Tatsache, die trotz der Proteste selbsternannter Moralisten nicht zu verheimlichen ist. Das Stück erzählt die Geschichte zweier junger Männer, die um ihre Erinnerungen an Maria ihre Beziehungen ranken. Der eine ist unfähig, körperliche Erfüllung zu finden, und sucht Liebe und Trost in ihrem Gesang, während der andere, der eine dauerhafte Beziehung gefunden hat, ihn braucht, um sich emotionale Stabilität zu bewahren.

Nach dem Tod der Callas schrieb McNally liebevoll: »Als Teenager habe ich mich in die Callas verliebt, wie sich ein Blinder in jemanden verlieben muß, alle anderen Sinne hellwach. Die Stimme war ihr Gesicht, und ich habe mich in jeden Zug verliebt. Das ist der beste Weg, die Callas kennenzulernen, und jetzt ist es der einzige.« 1993, ebenfalls auf Anregung von McNally, wurde Marias hübsche Interpretation von *D'amor sull'alli rosee* aus *Il trovatore* als Soundtrack für den oskar-nominierten kubanischen Film *Erdbeer und Schokolade* benutzt, die Geschichte einer unerwiderten Schwulenliebe in einem Klima politischer Unterdrückung.

Am 26. Februar trat Maria Callas in *Hy Gardner Calling* auf, einer der beliebtesten amerikanischen Fernseh-Talk-Shows. Gardner, der auch für die New Yorker *Herald Tribune* schrieb, hatte sich zwei Wochen zuvor mit den Meneghinis zum Lunch getroffen und in seiner Kolumne bemerkt: »Ich hatte damit gerechnet, einem kalten, reizbaren, aber talentierten Ungeheuer in Frauengestalt zu begegnen, doch statt dessen erlebte ich ein freundliches, aufrichtiges, hübsches und vernünftiges menschliches Wesen, eine wirkliche, lebendige Frau!« Das Programme wurde in Form des geteilten Bildschirms gesendet; Maria Callas und ihr Vater saßen in ihrer Hotelsuite, und Gardner stellte seine Fragen aus dem Studio. Für Maria war es ein erhebendes Erlebnis, für Gardner aber eine Qual, da er kaum zu Worte kam. In allen Interviews, von denen es Aufnahmen gibt, ist Maria so hoch geladen, daß es häufig unmöglich ist, mitzubekommen, was sie sagt, ohne das Band mehrmals zurückzuspulen. Außerdem hatte sie die leidige Angewohnheit, mit ihrer Antwort mitten in die Frage hineinzuplatzen. »Ich wünschte, ich könnte manchmal einfach nur Mensch sein. Ich würde gewisse Situationen vermeiden«, sagte sie unter anderem auf Gardners Frage nach den Ereignissen in Rom – woraufhin er, damals, als es noch keine Abschaltmöglichkeit gab, sein Schicksal vollkommen in ihre Hände legte, indem er erwiderte: »Viele Geschichten habe Sie natürlich genau als das hingestellt – kein menschliches Wesen.« Und da er gerade das Wort hatte, fuhr er fort: »Gott! Als ich Ihnen zum erstenmal begegnet bin, erkannte ich sofort, daß Sie das sind, und es tat mir leid, daß ich Sie einmal als ›verrückte Opernsängerin‹ tituliert habe, denn jetzt weiß ich, daß Sie ganz und gar nicht verrückt sind. Ich glaube, Sie stehen mit beiden Beinen fest auf dem Boden.« Worauf Maria sarkastisch erwiderte: »Danke, Mr. Gardner! Es ist wunderbar, daß Sie das sagen. Das ist alles, was ich möchte.«

Meneghini war während des Interviews unsichtbar, wurde aber mehrfach ins Gespräch gebracht. Zu dieser Zeit stellte sie ihn Fremden, die es nicht anders wußten, gern als »mein Vater« vor, weil ihr seine Nörgelei auf die Nerven ging. Jetzt jedoch war sie voll des Lobes für ihn. Sie bekannte, wie sie es schon häufig getan hatte, daß sie sich innerhalb von fünf Minuten in ihn verliebt hatte, und fuhr fort: »Ich liebte seine Art zu lächeln. Es war, als hätte Gott ihn mir geschickt.« Dann stellte Gardner die eine Frage, die jeder Callas-Interviewer seit 1949 gern gestellt hätte, ohne es jedoch zu wagen: »Dem Magazin *National* zufolge sollen Sie einmal gesagt haben: ›Ich fühle mich glücklich, wenn ich mit meinem Hund im Bett liege und mein Mann in einem anderen Zimmer schläft.‹ Madame Callas, was glauben Sie, sollten verheiratete Leute allein oder im Doppelbett schlafen?« Maria erwiderte lachend: »Ich mag Doppelbetten!« Ein paar Jahre später jedoch verweigerte sie Gardner ein Interview: »Machen

Sie Witze, bei der Art von Fragen, die er stellt? Ich hoffe immer noch darauf, diesem Mistkerl ins Gesicht zu spucken, für das Martyrium, das er mir bereitet hat; und das möchte ich auf keinen Fall noch einmal durchmachen.«

Für Maria Callas gab es indessen nicht viel Stabilität, weder in emotionaler noch in anderer Hinsicht, als sie am 9. April 1958 an der Scala die erste von fünf Aufführungen der *Anna Bolena* sang. Ghiringhelli hätte sie am liebsten gar nicht engagiert – daß er es dennoch tat, hatte nur mit dem Kassenerfolg zu tun, den ihr Name versprach –, und er behauptete, es wäre schwer gewesen, überhaupt jemanden zu finden, der mit ihr hatte arbeiten wollen. Sie wechselten während der gesamten Spielzeit kein einziges Wort. Die getreuen Gavazzeni, Simionato und Cesare Siepi hielten zu ihr, so daß die Proben trotz der Spannungen erfolgreich waren.

Vor dem Opernhaus hatten sich einige hundert Anti-Callas-Demonstranten mit Transparenten versammelt und schrien dem zweihundert Mann starken Kontingent bewaffneter Polizei, das für den Fall der Fälle aufgefahren war, Obszönitäten entgegen. Maria Callas selbst wurde verhöhnt, als sie sich dem Bühneneingang näherte, und einige ihrer »Boys« wurden niedergeschlagen, als sie sie verteidigen wollten. Das Publikum drinnen war während der ersten beiden Szenen fast genauso ablehnend. Dann, in der dritten Szene – die sie zum zweitenmal für einen persönlichen Protest nutzte –, als Anna ergriffen und in den Kerker gebracht werden soll, verschmolzen Rolle und Darstellerin zu einer Einheit. Maria/Anna riß sich von den Häschern los, stürzte zum Bühnenrand und schleuderte dem Publikum entgegen: *Giudici!... ad Anna!... Ah, segrata è la mia sorte! (Richter!... Für Anna!... Ach! Mein Schicksal ist besiegelt!)* Von dem Moment an konnte sie nichts mehr falsch machen, und am Schluß der Vorstellung bekam sie fünf Vorhänge.

Die Callas wußte, daß ihre Tage an der Scala gezählt waren. Zwar mochte das Publikum, trotz der Zwischenrufer, die wohl einfach zum »Schlachtfeld« gehörten – »Gerade wenn es kein Gezische gibt, fühle ich mich beunruhigt«, hat sie einmal gesagt –, sich gewünscht haben, sie möge ihm für immer erhalten bleiben, doch tief im Innern mag es wohl auch gespürt haben, daß sie, soweit es dieses spezielle Opernhaus betraf, allmählich den Mut verlor. Trotzdem entschied sie sich noch einmal zu Antonio Ghiringhellis Gunsten. Am 19. Mai kehrte sie in die Arena zurück, um eine neue, außergewöhnlich anspruchsvolle Partie zu singen: die Imogene in Bellinis nahezu vergessener Oper *Il pirata*.

Obwohl sie diesmal nur mit befreundeten Kollegen zusammenarbeitete, Votto, Corelli und Bastiani, waren die Proben eine solche Tortur, daß sie nahe daran war, abzubrechen. Der Urheber der Mißhelligkeiten war wiederum Antonio Ghiringhelli, der für jeden im Ensemble da war, für Maria jedoch allenfalls gemurmelte Beleidigungen übrig hatte. Trotzdem sang sie hervorragend und nahm am 31. Mai, nach der letzten der fünf Vorstellungen, Rache an Ghiringhelli – wenngleich es nur ein Pyrrhussieg sein sollte.

Die Oper endet damit, daß Imogene – deren Geliebter, der Pirat Gualtiero (Corelli) zum Tode verurteilt ist – beim Anblick des Schafotts singt: *O sole! ti vela di tenebre oscure!... Là vedete! Il palco funesto!* (*O Sonne, verhülle dich!... Da, seht nur, das verhängnisvolle Gerüst!*) Bei diesem Satz – das italienische Wort »palco« bedeutet sowohl »Gerüst« als auch »Loge« – wandte sich Maria theatralisch Ghiringhellis Loge zu und deutete anklagend auf ihn. Der hochmächtige Intendant der Scala geriet darüber derart in Rage, daß er, während sie noch vor den Vorhang gerufen wurde – bei der Premiere war das dreißig Minuten lang der Fall gewesen – ein Zeichen gab, den eisernen Vorhang herunterzulassen. Das war eine letzte, aber, wie sich zeigen sollte, anhaltende Beleidigung – und das nach einundzwanzig Partien und 157 Vorstellungen in fast genau acht Jahren.

Gefragt, ob sie jemals wieder an diesem Hause singen würde, das sie oft als ihr zweites Zuhause bezeichnet hatte, zuckte sie die Achseln und sagte: »Wer weiß, was ich tun werde, wenn das Haus einmal eine andere Leitung haben sollte?« Ghiringhelli seinerseits ließ keinen Zweifel daran, daß das Theater sie, selbst ohne ihn, nicht würde wiederhaben wollen: »Primadonnen kommen und gehen, aber die Scala bleibt!«

Beinahe ungläubig wurde er Zeuge dessen, was sich vor der Oper abspielte, als die Callas den berühmtesten Abgang ihrer Karriere machte. Wegen der Menschenmenge war ihr Chauffeur genötigt gewesen, am anderen Ende des Platzes zu parken, und um dorthin zu gelangen, mußte sie einen langen, beglückenden, blumenbestreuten Gang durch ein dichtes Meer von Bewunderern zu machen, die laut ihren Namen riefen, während sie sich durch den Polizeikordon kämpften, um sie zu berühren und ihr persönlich auf Wiedersehen sagen zu können. Viele glaubten tatsächlich, das wäre das Ende ihrer Laufbahn, und sie würde nie wieder singen, und die Fotos, auf denen sie, umgeben von ihren geliebten »Callas Boys«, gerade noch die Tränen unterdrücken kann, sind herzzerreißend. »Wir waren Zeugen einer exakten Wiederholung der Abdankung von Garbos Königin Christine«, bemerkte ein Beobachter, »und obgleich ihr Herz gebrochen und sie mit den Nerven am Ende war, genoß die Callas jeden Augenblick. Wir wußten alle, daß sie wiederkommen würde. Keine Frau der Welt hätte auf so viel Liebe verzichten können.«

Als sie Anfang Juni in ihrem Londoner Hotel ankam, wurde sie gefragt, worauf sie sich am meisten freute. Freimütig gab sie zur Antwort: »Auf eine gepflegte Tasse Tee und darauf, daß mir keine Scheiße an die Fenster geworfen wird.« Sie war schlecht gelaunt, als ihr ein Telefonanruf von Noël Goodwin vom *Observer* durchgestellt wurde, der um ein Interview bat. Bevor sie den Hörer niederkrachte, sagte sie zum Empfangschef des Hotels, der sie fragte, ob sie versehentlich aufgelegt hätte: »Alle Männer sind Arschlöcher, Journalisten aber ganz besondere!« Goodwin verzieh ihr diese Ungezogenheit in der Erkenntnis, daß die meisten ihrer Probleme in den Unsicherheiten ihrer frühen Jahre wurzelten, und schrieb in seiner Kolumne: »Tief im Innern dieser schlanken und überaus erfolgreichen Sängerin steckt ein dickes kleines Mädchen, das immer noch verzweifelt seine unglückliche Kindheit zu überwinden sucht; die Frucht dieses Bemühens ist die Metamorphose eines ungeliebten Kindes zur heute größten Primadonna.«

Maria Callas war in London, um im Royal Opera House Covent Garden *La traviata* zu singen, doch zuvor, am 10. Juni, nahm sie an der Gala zum hundertsten Geburtstag dieses Hauses teil, an der außerdem Stars wie Joan Sutherland, Margot Fonteyn und Jon Vikkers mitwirkten. Die Callas stahl allen die Show; für die Arie *Qui la voce* aus *Il puritani*, die sie hier zum letztenmal sang, wurde sie achtmal vor den Vorhang gerufen. Sie gab auch Ursache für einiges Naserümpfen, da sie vor der Queen keinen Hofknicks machte, die, nachdem sie mit einigen anderen Künstlern ein paar Worte gewechselt hatte, an Maria mit einem kühlen Lächeln vorüberging. Die Woche darauf gab Maria ihr Debüt im britischen Fernsehen, und zwar in Granadas *Chelsea at Eight*, das von der Bühne des Chelsea Empire übertragen wurde. Sie sang *Vissi d'arte* und *Una voce poco fa*, was die Verkaufszahlen ihrer Schallplatten in eine astronomische Höhe trieb.

Die Kritiker reagierten zwiespältig auf ihre Porzellanpuppen-Violetta, die sie, obwohl es sich nicht um eine Wiederauflage von Viscontis *La-traviata*-Inszenierung handelte, in den letzten Szenen mit der Stimme einer Sterbenden sang. »Die Sterbeszene war nahezu entsetzlich«, schrieb Harold Rosenthal in *Opera*. »Das letzte *È strano* kam von einer geisterhaften Stimme, und als Violetta sich aufrichtete, um zu begrüßen, was sie für ein neues Leben hielt, bekam sie glasige Augen und wurde buchstäblich zu einer stehenden Leiche.«

Am 2. Juli kehrte sie nach Sirmione zurück und bereitete sich auf ihr bisher mörderischstes Programm vor, eine Tournee mit zehn

Konzerten durch die Vereinigten Staaten, je zwei Vorstellungen von *La traviata* und *Medea* in Dallas und zuvor die Aufnahme von zwei neuen Platten für EMI, die nun, da sie nichts mehr mit der Scala zu tun hatte, in London gemacht werden mußten. Außerdem hatte sie mit der New Yorker Met einen Vertrag unterzeichnet und sich damit ein noch sträflicheres Arbeitspensum aufgeladen: sechsundzwanzig Vorstellungen von *Tosca* und *Macbeth*, dazu entweder *Lucia* oder *Traviata*, und zwar für die Zeit von Januar bis März 1959. Maria hatte sich für die *Traviata* entschieden.

Bei den Schallplatten, aufgenommen in nur fünf Tagen Ende September 1958, handelte es sich um *Callas porträtiert Verdi-Heroinen* und *Maria Callas: Wahnsinnsszenen*. Die erste enthielt Arien aus *Don Carlos*, *Macbeth*, *Ernani* und *Nabucco*. Immer noch bestürmte sie Walter Legge, diese Partien vollständig aufnehmen zu lassen. Im Jahr zuvor hatte Legge EMI die *Medea* ausgeredet. Um ihm zu beweisen, daß sie recht hatte, hatte sie sich daraufhin über die Bedingungen ihres Vertrags hinweggesetzt und einen einmaligen Abstecher zu Ricordi gemacht. Diese *Medea*-Platte verkaufte sich so gut, daß EMI schließlich die Rechte daran erwarb und die Aufnahme unter eigenem Label herausbrachte. Dennoch war Legge auch diesmal nicht umzustimmen und sagte nur: »Immer noch zu obskur«, worauf sie entgegnete: »Und Sie haben immer noch keinen Mumm!«

Das zweite Album enthielt Arien aus *Anna Bolena*, *Il pirati* und Thomas' *Hamlet*.

Am 7. Oktober traf sie in New York ein und wurde vom Flughafen Idlewild direkt zu einem Arbeitsessen mit Rudolf Bing gebracht. Auf ihre Bedenken, abwechselnd die Violetta und die Lady Macbeth zu singen – eine mörderische Herausforderung für jede Stimme –, hielt Bing ihr vor, daß sie erst unlängst in Dallas die gleichermaßen schwierigen Partien der Medea und der Violetta kombiniert hätte und außerdem zugesagt, Ende 1959 dort die Medea und die Lucia zu singen. Außerdem sei er bereit, ihr acht Tage Zeit zu lassen, ihre Stimme von

Lady Macbeth zu Violetta aufzuhellen, und vier Tage, um sie wieder dunkler zu färben. Die Partie des Macbeth sollte Leonard Warren singen, obwohl die Callas ihn nicht ausstehen konnte; und die überalterten, hinfälligen *Traviata*-Kulissen wurden nicht erneuert. Sie sagte, sie wolle über seine Vorschläge nachdenken – obwohl sie insgeheim nicht die Absicht hatte, nachzugeben –, und am nächsten Vormittag flog sie mit Meneghini nach Birmingham, Alabama, wo die Tournee am 11. Oktober im Municipal Auditorium beginnen sollte.

Die Tournee war von dem neuen Agenten, Sol Hurok, organisiert worden, den die Callas erst nach eingehender Überprüfung seiner Referenzen engagiert hatte. Im Gefolge des Bagarozy-Fiaskos traute sie niemandem mehr. Hurok, ein älterer, kecker Amerikaner russischer Abstammung, war an temperamentvolle Künstlerinnen gewöhnt und hatte schon äußerst erfolgreiche Tourneen für Josephine Baker und die Mistinguett organisiert. Was sie nicht wußte und was Hurok ihr verschwieg, war, daß kurz zuvor Litza ihn gebeten hatte, Jackie vorsingen zu lassen, und daß er das auch beinahe getan hätte, nachdem ihm seine Kollegen versichert hatten, daß die ältere Callas zwar nicht annähernd so talentiert war wie Maria, ihr Name jedoch Erfolg versprach, wenn auch nur als Gegenstand der Neugier.

Von den Auftritten selber abgesehen, hat Maria Tourneen gehaßt. Die meisten Städte, die sie diesmal besuchte, lagen abseits des internationalen Opernbetriebs, die Hotels entsprachen nicht dem Standard, den sie gewohnt war, und sie mußte mit dem Zug fahren, weil die Fluggesellschaften es nicht gestatteten, Hunde mit an Bord zu nehmen. Natürlich wurden diese Unannehmlichkeiten durch die Warmherzigkeit der Konzertbesucher ausgeglichen. Jeden Abend wurde Maria von Nicola Rescigno aufs Podium geleitet, um es jedesmal beladen mit den riesigen Blumengebinden ihrer fanatischen Anhänger wieder zu verlassen, die ihr hingebungsvoll von einem Ende des Landes bis zum anderen, ja sogar bis nach Kanada folgten, wofür mancher sogar die gesamten Ersparnisse geopfert hatte.

Keiner der Kritiker, die zuvor die Tourneen von Elvis Presley, Pat Boone und Johnny Ray begleitet hatten, die die Fans zum Wahnsinn getrieben hatten, dachte daran, sich dem Opernjargon zu beugen. »Sie kann aussehen wie eine Elfe oder wie ein Teufel. Sie kann gefühlvoll singen oder gespenstisch heulen«, verkündete Dick Gray von der *Atlanta Constitution,* während J. Dorsey Callaghan von der *Detroit Free Press* den Hauptgrund für »Meinungsverschiedenheiten« so benannte: »Die Stimme hat nicht alle Erwartungen erfüllt, aber nur, weil diese Erwartungen so unermeßlich gestiegen sind.«

Am 31. Oktober sang Maria die erste der beiden *Traviatas* in dem 3500 Plätze umfassenden Dallas Civic Opera House. Die Inszenierung stammte von Franco Zeffirelli, und so wie Visconti seine Geschichte für die Scala zugeschnitten hatte, hatte auch Zeffirelli eine revolutionäre Veränderung im Szenarium vorgenommen, die der Callas zunächst nicht gefallen hatte. Der Vorhang hob sich vor einer Violetta auf dem Sterbebett, und die Geschichte wurde in Form von Rückblenden erzählt. Eine Woche später sang sie in demselben Haus die Medea, in einer Funken sprühenden Inszenierung von Alexis Minotis, einem der bekanntesten griechischen Theaterregisseure, der mit der überragenden Schauspielerin Katina Paxinou verheiratet war.

Wie für Visconti und Zeffirelli folgte Maria auch Minotis in allem. Bemerkenswert gut kam sie auch mit Teresa Berganza aus, der hübschen, jungen spanischen Sopranistin, die die Rolle der Neris sang. Wegen der Bewunderung, die sie für die beiden hegte, gab es auch hinter den Kulissen kaum Spannungen, von einigen heftigen Wortwechseln mit John Vickers, dem Jason, abgesehen. Den Wutausbruch der Callas am Vorabend der Premiere, als Reaktion auf ein Telegramm von Rudolf Bing, konnte Minotis allerdings nicht verhindern. Das Telegramm in der Woche zuvor, in dem er ihr viel Glück für die *Traviata* gewünscht hatte, hatte mit den Worten »Warum Dallas?« geendet – ein deutliches Zeichen seiner Eifersucht. Daraufhin hatte sie Bing einen Brief geschrieben – auf italienisch, genau wie sie es damals gemacht hatte, als sie ihre Eltern von ihrer Heirat in Kenntnis setzte – und ihm erklärt, warum sie die *Traviata* nicht an der Met singen wollte. Der Hauptgrund lag darin, daß sie die Rolle der Violetta nur deshalb erhalten sollte, weil die Tebaldi sie in der Spielzeit 1959 nicht übernehmen wollte.

»Die Tebaldi hat sich geweigert, *Traviata* zu singen, obwohl sie dazu verpflichtet gewesen wäre«, schrieb Maria. »Und um des lieben Friedens willen haben Sie das akzeptiert. Darum ist es nur richtig, daß ich die Partie auch nicht singe, zumal die Tebaldi sich erdreistet hat, abzusagen.« Bing hatte sofort darauf reagiert und erklärt, er sei auch gewillt, *La traviata* durch *Lucia* zu ersetzen. Leider war der Rest seines Briefes sarkastisch und ungeschminkt gewesen und hatte die bissige Bemerkung enthalten: »Sie klingen mir mehr wie die Maria Callas, vor der ich gewarnt worden bin, als die, die ich kenne, schätze und respektiere.« Maria hatte darauf geschwiegen, und so enthielt das zweite Telegramm die Aufforderung, bis spätestens zehn Uhr am nächsten Tag der Met ihre Entscheidung mitzuteilen. Auch das ignorierte sie, und so traf am Nachmittag des folgenden Tages ein drittes Telegramm ein, das sie davon in Kenntnis setzte, daß ihr Vertrag mit der Met annulliert war.

Sofort begannen die Zeitungen – mit Schlagzeilen wie BING FEUERT CALLAS – um sensationelle Interviews zu kämpfen. Maria schimpfte und fluchte und bedachte den Direktor der Met mit allerlei unflätigen Ausdrücken. Bing reagierte, wie es ein Journalist ausdrückte, »wie eine fauchende Katze in Hitze«. Ohne Zeit zu verlieren, setzte er anstelle der Callas Leonie Rysanek ein, die österreichische Sopranistin, die schon in San Francisco an ihre Stelle getreten war. Rysanek kam mit dieser anspruchsvollen Rolle nicht sehr gut zurecht, und Bing gestand später, zum ersten und einzigen Mal in seiner langen Karriere genötigt gewesen zu sein, einige Claqueure zu engagieren, um den Applaus in Schwung zu bringen – und das, indem sie riefen: »Bravo, Callas!« Dem *Daily Telegraph* sagte Bing: »Madame Callas ist eine der außergewöhnlichsten Künstlerinnen der Welt, aber nach ihren theatralischen Auftritten außerhalb der Bühne und in anderen Opernhäusern ist die Metropolitan erleichtert, die Beziehung mit ihr zu beenden. Im übrigen habe ich nicht die Absicht, mich auf eine öffentliche Diskussion mit Madame Callas einzulassen, da ich mir bewußt bin, daß sie auf diesem Gebiet weitaus mehr Erfahrung und Kompetenz besitzt als ich. Vor nicht allzu langer Zeit hat sie mir überdies mitgeteilt, sie wolle ihre Karriere als Sängerin beenden. Sowohl ihre Einstellung als auch das eine oder andere Ereignis sind dazu angetan, diese Beendigung wünschenswert zu machen.«

Demselben Journalisten gab Maria Callas die folgende Erklärung ab, die allerdings beträchtlich »bereinigt« worden ist: »Ich glaube, daß durch gewisse Äußerungen von Mr. Bing der kleine Spalt, der noch offen war, vollends zugeschlagen ist. Er hat Dinge gesagt, die weder ich noch irgendein anderer Künstler verdient. Ich habe bereits zahlreiche Angebote. Demnächst werde ich auch in New York singen; Mr. Bing sage ich, daß es auch neben der Met noch Oper geben kann. Er hat sich selbst in eine verrückte, idiotische, lächerliche Lage gebracht, und es ist seine Sache, sich daraus wieder zu befreien. Die ganze Welt, ich eingeschlossen, wird zusehen, wie er da wieder herauskommt – gut oder schlecht. Und was die erbärmliche *Traviata* angeht, die ich bei ihm singen sollte – das waren lausige Veranstaltungen, und jeder weiß das. Das war keine Kunst. Was ich mache, das ist Kunst, und das ist das einzige, woran ich interessiert bin!«

In Wirklichkeit hatte sie, als sie diese Erklärung abgab, noch überhaupt kein Angebot, doch trafen sogleich welche ein, als ihr Rausschmiß von der Met bekannt wurde. Das erste Telegramm war von David Webster, Covent Garden, in dem schlicht und einfach stand: »Kommen Sie – kommen Sie!« Der Presse gegenüber sagte Webster: »Wir haben nie das geringste Problem mit Madame Callas gehabt.

Sie ist eine der gewissenhaftesten Künstlerinnen, die ich je kennengelernt habe, und wir würden uns glücklich schätzen, sie zu einer sechsten Saison wieder bei uns zu haben.« Auf Webster folgten Einladungen aus Paris, Philadelphia und von der Ruhmeshalle der New Yorker Unterhaltungsszene schlechthin, der Carnegie Hall. Es kamen sogar Angebote von mehreren Kasinos und Nightclubs aus Las Vegas und von einem Hotelkomplex in Miami, die sie klugerweise nicht annahm.

Maria Callas setzte inzwischen ihre Tournee fort. Nach Konzerten in Cleveland, Detroit und Washington, die alle Rekorde brachen und für die sie Gagen von 10 000 Dollar an aufwärts pro Vorstellung bekam sowie einen Prozentsatz vom Erlös der verkauften Eintrittskarten – sang sie am 26. November in San Franciscos War Memorial Theatre, wo das Publikum fast ausschließlich aus Homosexuellen bestand. Hier spielte sie zum ersten, aber auch einzigen Mal – und zu Meneghinis Schrecken – für ihre »Boys« beinahe wie ein Vamp, gekleidet in ein weißes Satingewand, eine lange, grellrosafarbene Stola wie einen Propeller drehend, trieb sie sie von Tränenausbrüchen zu einer Massenhysterie. Sie ermutigte sogar einige, auf die Bühne zu klettern und sie zu küssen. Drei Tage später in Los Angeles war das Szenario ähnlich. Doch danach verschwand ihre Koketterie genauso, wie sie gekommen war. Eigentlich sollte die Tournee nicht vor dem 11. Januar zu Ende gehen, sie kehrte jedoch nach Italien zurück, zu einem untätigen Leben an der Seite eines unattraktiven, knurrigen Mannes und mit einer ungewissen Zukunft, jetzt, da die Engagements dünn gesät waren.

Questo odiato veglio!
1958–1959

> *Ich habe keinen Impressario heiraten wollen.*
> *Hätte ich das gewollt, dann hätte ich zumindest*
> *einen professionellen geheiratet.*

Am 19. Dezember 1958, zwei Wochen nach ihrem fünfunddreißigsten Geburtstag, gab Maria Callas ihr Paris-Debüt, in einem, wie sie es nannte, »Monsterkonzert« – einer Galaveranstaltung zugunsten der Ehrenlegion, zu der jede bekannte Persönlichkeit, die sich gerade in Paris aufhielt, eingeladen worden war: der französische Staatspräsident und der größte Teil der Kabinettsmitglieder, die Botschafter Großbritanniens, der Sowjetunion und Italiens, der Generalsekretär der NATO, Charlie Chaplin, Jean Cocteau und Jean Marais, Brigitte Bardot, Juliette Gréco, Gérard Philipe, der Herzog und die Herzogin von Windsor, Prinz Ali Khan – und Aristoteles Onassis mit seiner Frau Tina. Die Pariser Oper hatte für das Konzert, das nahezu europaweit in Rundfunk und Fernsehen übertragen wurde, ein Honorar von noch nie dagewesenen fünftausend Dollar geboten. Diesmal verlangte sie selbst das Doppelte und spendete alles wohltätigen Zwekken, womit sie den pfennigfuchsenden Meneghini in Rage brachte.

Die Callas hatte einen überwältigenden Auftritt. In einer herrlichen Biki-Kreation, dazu die inzwischen obligatorische Stola um die Schultern und mit geliehenen Brillanten im Wert von drei Millionen Dollar, glitt sie förmlich die Treppe herab. Sie begann mit einer etwas zittrigen *Casta Diva*, was sich auch im Applaus widerspiegelte, doch dann stieg die Begeisterung des Publikums von Minute zu Minute. Nach dem *Miserere* aus *Il trovatore*, gesungen mit dem führenden Tenor der Pariser Oper, Albert Lance, wurde es so wild, daß man einen Tumult befürchtete. Der zweite Teil des Programms beinhaltete den ganzen zweiten Akt von *Tosca*, mit Albert Lance und Tito Gobbi. »Es soll keiner von den Zuhörern sagen, ob von nah oder fern, er habe nichts für sein Geld geboten bekommen«, schrieb Everett Helm von der *Saturday Review* und verteidigte damit die wahnsinnig hohen Eintrittspreise, die der *France-Soir* mit den Worten kommentierte: »Die einzigen, die es sich wirklich haben leisten können, die Callas gestern abend zu sehen, waren sowieso nur die, die freien Eintritt hatten.«

Das Ehepaar Meneghini war eingeladen worden, mit Prinz Ali Khan zu dinieren. Meneghini, der absolut nichts von ihrem früheren Verhältnis mit dem Playboy wußte, Ali Khan zudem nicht ausstehen konnte und als »schleimigen Araber« betitelte, empfahl ihr, sich allein mit ihm zu treffen. Nichts hätte sie lieber getan, als ihre Flamme wieder auflodern zu lassen. Ali jedoch, der sich nie lange einer Frau allein widmete, war nur an einer platonischen Freundschaft interessiert. Folglich sagte sie die Verabredung ab. Wenige Minuten zuvor hatte sie einen riesigen Strauß roter Rosen und eine Glückwunschkarte erhalten, die auf griechisch abgefaßt war und unterschrieben mit »Aristoteles Onassis«.

Seit der Elsa-Maxwell-Party hatte Maria kaum an ihn gedacht, und nun wußte sie nicht, was sie von dieser Geste halten sollte. Als jedoch zur Mittagszeit ein zweiter Strauß kam und am Abend, kurz bevor sie sich in die Oper begab, ein dritter, da wurde ihr klar, daß

Onassis etwas von ihr wollte und auch nicht durch einen Ehemann davon abzuhalten war. Noch offensichtlicher wurde das auf der Party nach dem Konzert. Während ihre »hochgestellten Bewunderer« sich aufreihten, um ihr zu gratulieren, drängelte sich der drahtige kleine Grieche bis an die Spitze der Schlange vor. Viele Jahre später sollte Meneghini in seinen Memoiren schreiben: »Für mich, als dem Organisator, war das Fest eine Genugtuung, ich hatte noch keine Ahnung, daß es das letzte große Zeugnis meiner Ergebenheit zu Maria war, bevor sie mich betrog.« Als Meneghini das schrieb, ließ er sich die Erinnerung von Verbitterung trüben, denn im Dezember 1958 war Maria Onassis noch nicht in die Fänge geraten – sie dankte ihm für die Blumen, ließ ihn wissen, wie sehr sie sich geschmeichelt fühlte, und widmete sich dann ihrer Aufgabe, die *Haute société* von Paris zu begrüßen.

In der ersten Januarwoche 1959 flog die Callas nach New York und weiter nach St. Louis, wo sie die von Sol Hurok organisierte Tournee fortsetzte. Am 24. Januar sang sie unter Eugene Ormandy drei Arien in einem Galakonzert an Philadelphias Academy of Music. Drei Tage später gab sie, dirigiert von Nicola Rescigno, die erste ihrer beiden konzertanten Aufführungen von *Il pirata* für die American Opera Society in New Yorks Carnegie Hall (die andere folgte am 29. Januar in Washington). In einer bodenlangen weißen Robe und mit einer dreieinhalb Meter langen scharlachroten Seidenstola bot sie einen so bezaubernden Anblick, wie er bis heute an der Oper nicht wieder zu sehen war – und am wenigsten bei dem achtzehnminütigen Finale. Als sie zu singen begann *E giorno, o sera? Son io nelle mie stanze... o son sepolta? (Ist es Tag oder Nacht? Bin ich in meiner Wohnung... oder im Grab?)*, verließen die anderen Sänger die Bühne, und außer den Lichtern für die Musiker, den beleuchteten Ausgangsschildern und dem einen, auf Maria gerichteten Scheinwerfer, war die große Konzerthalle in Finsternis getaucht, was eine Atmosphäre schuf, spannender und erregender, als es je möglich gewesen wäre, wäre sie im Kostüm, mit Kulissen und allem Drum und Dran aufgetreten. »Nur ihr schönes, ausdruckstarkes Gesicht und die Arme waren zu sehen, sie sah aus wie eine Piaf und sang wie ein Engel«, fand ein Kritiker. Und am Schluß der Vorstellung herrschte eine derartige Hysterie unter den »Callas Boys«, die sich bereits in den Gängen befanden, unterwegs in Richtung Bühne, als das Licht wieder anging und Maria mit *Là ... vedete il palco funesto!* ihre letzten Worte sang, daß, um den nicht enden wollenden Beifall abzukürzen und um »zu verhindern, daß jemand einen Herzanfall erlitt«, ein Bühnenarbeiter herauskam und den Souffleurkasten abbaute. Erst jetzt begannen die Zuschauer, denen damit verständlich gemacht werden sollte, daß die Show wirklich und wahrhaftig vorüber war, aufzubrechen.

Am nächsten Tag wurde Maria Callas vom New Yorker Bürgermeister, Robert Wagner, geehrt, wobei er unter anderem von der »verehrten Tochter dieser Stadt« sprach, »deren wunderbare Stimme und überragendes künstlerisches Talent zum Vergnügen von Musikliebhabern in aller Welt beigetragen haben«. Ein solches Lob hörte die Callas natürlich gern, wenngleich es die Leere der nächsten Monate nicht zu kompensieren vermochte – eine Zeit, in der sie, trotz der Schallplattenaufnahme von *Lucia di Lammermoor* mit Tullio Serafin in London, in eine tiefe Depression verfiel, hervorgerufen durch ein Zusammenwirken von Selbstmitleid, akuter Neurasthenie und einem Mangel an Vertrauen in die eigenen Fähigkeiten, aus dem sie sich jedoch selbst wieder befreite.

Geschickt nutzte sie ihren zehnten Hochzeitstag, um sich wieder in den Mittelpunkt des Interesses zu katapultieren. Diejenigen, die ihr am nächsten standen, wußten, daß ihr erotisches Interesse an Meneghini geschwunden war, daß sie ihn aber dennoch nur selten betrogen hatte. Ihre neuesten Liebhaber allerdings waren junge, gutaussehende Männer, die mehr an der Frau interessiert waren als an dem Namen »Callas« und die ihre eigenen Ziele verfolgten. Und obgleich sie nun in der beneidenswerten Lage war, zu wählen, wen sie wollte, brachte sie es dennoch nicht übers Herz, Meneghini weh zu tun und ihn zu verlassen, so sehr sie es sich, wie wir heute wissen, auch wünschte. Ihren Hochzeitstag inszenierte sie also am 21. April 1959 im Maxim's in Paris in großem Stil. Damit niemand das Ereignis verpaßte, hatte sie Freunde und Kollegen in aller Welt einladen lassen. Bei ihrem Eintreffen wurden sie mit Blumen überschüttet und mit Champagner begrüßt. Nachdem sie Dutzende Telegramme vorgelesen hatte, einschließlich solcher wie »Mögen alle eure Sorgen winzig sein«, was ihr weh tat, denn sie hätte immer gern Kinder gehabt, krönte sie die Farce damit, daß sie verkündete: »Ohne meinen Mann könnte ich nicht singen. Wenn ich die Stimme bin, so ist er die Seele.« Wieviel ihr Meneghini tatsächlich bedeutete, sollte in den folgenden Monaten klar werden.

Als gelungener Publicitytrick warf das Fest im Maxim's einen ziemlichen Gewinn ab. Zwar war sie bereits für die *Medea* im Covent Garden engagiert, eine Oper, die in London seit über neunzig Jahren nicht mehr aufgeführt worden war, aber nun überstürzten sich die Angebote, und die Gagen stiegen ins Fabelhafte. Das Covent-Garden-Engagement bescherte ihr jedoch auch ein Dilemma, denn die Inszenierung war die von Alexis Minotis in Dallas und Bestandteil eines Geschäftes: Als Gegenleistung für die *Medea* mit Maria Callas sollte Covent Garden Franco Zeffirellis *Lucia di Lammermoor* mit Joan Sutherland nach Dallas schicken. Dort wollte man allerdings nicht die Sutherland haben, sondern die Callas.

Kaum hatte sie erfahren, daß die junge australische Sopranistin dabei war, ihr eine ihrer berühmtesten Rollen zu »stehlen«, war sie nach London geflogen, zur Generalprobe, und zwar zusammen mit Walter Legge und Elisabeth Schwarzkopf, die später zu Unrecht bemerkte, die Callas habe wie benommen gewirkt angesichts der offenbar werdenden Tatsache, daß die Stimme der Sutherland die Vorherrschaft gewann, während es mit ihrer eigenen bergab ging. Es stimmt auch nicht, daß Maria zu diesem Zeitpunkt bereits wußte, daß sie ihrerseits die Sutherland in Dallas »berauben« würde. Wenngleich sie gegenüber der jüngeren Sängerin nach außen hin höflich war, so sagte sie dennoch: »Diese Frau hat mein Werk im Belcantorepertoire um hundert Jahre zurückversetzt. Ihre Stimme ist gut, aber ein Holzklotz hat mehr dramatische Bewegung als sie.« Natürlich sollte Joan Sutherland *Lucia* zu einem Synonym ihres Namens machen. Ihre erstaunliche Fähigkeit, die schwierigsten Koloraturpartien mit beinahe unheimlicher Leichtigkeit zu singen, hinderte die Callas nicht, sich abfällig darüber zu äußern, daß sie nichts für ihr Äußeres tat, wie sie selbst es getan hatte, und daß sie sich nicht bemühte, ihre gelegentlich unklare Ausdrucksweise zu verbessern. Außerdem beneidete sie die Sutherland darum, in Richard Bonynge einen gutaussehenden Dirigenten-Ehemann zu haben, einen, der, anders als Meneghini, weder habgierig war noch so alt, daß er ihr Vater hätte sein können.

Inzwischen absolvierte Maria Callas den ersten Teil ihrer Europatournee, die in Madrid begann und wie ein Sturm über Deutschland zog. Zwischendurch gab die Contessa Castelbaro ihr zu Ehren ein großes Fest in Venedig. Dieser Ball sollte ihr gesamtes Leben verändern, denn unter den Gästen befanden sich, und das nicht durch Zufall, Aristoteles Onassis und seine hübsche junge Frau Tina, die Reedererbin Athina Livanos.

Es ist nicht schwer herauszufinden, was Onassis an Maria Callas faszinierte. Sie war jung, hübsch, erfolgreich – vor allem aber war sie die berühmteste griechische Persönlichkeit in der Welt, nach ihm selbst natürlich. Was sie in ihm sah, steht auf einem ganz anderen Blatt. Etwa achtzehn Jahre älter als Maria, war Onassis ein vulgärer, ungebildeter, unattraktiver Mensch – im Grunde alles das, was Meneghini nicht war. Er war jedoch ungeheuer aufregend. »Ein zügelloser Heterosexueller, vom Geiste und der Männlichkeit eines Ali Khan im Körper eines Affen«, so hat ihn einmal eine Landsmännin charakterisiert, Melina Mercouri. Noch auf dem Ball der Gräfin Castelbaro lud Onassis die Meneghinis zu einer Kreuzfahrt auf seiner 1640-Tonnen-Jacht *Christina* ein. Maria lehnte ab, mit dem Hinweis auf ihre Verpflichtungen am Covent Garden. Das konnte Onassis natürlich nicht hindern, Maria war die Frau, die er haben wollte. Am nächsten Morgen ließ er vierzig Plätze für die *Medea*-Premiere am 17. Juni reservieren und lud Freunde ein, wie zum Beispiel die Churchills, Lord Harewood (der als Direktor des Opernhauses gar keine Einladung benötigte), Prinzessin Marina und ihre Tochter, Prinzessin Alexandra, Cecil Beaton, Margot Fonteyn, die Schauspieler Gary Cooper und Douglas Fairbanks jun. und natürlich Elsa Maxwell. Maxwells Sekretärin zufolge hatte Onassis sie angerufen und verkündet, so ungehobelt, wie nur er es konnte: »Mein größter Wunsch, meine liebe Maxwell, ist es, die Callas zu bumsen. Und Sie sollen mir dabei helfen!«

Die Londoner *Medea* war sensationell. Onassis, der von einem kleinen Empfang kam, den er vor der Vorstellung in der Crush Bar von Covent Garden gegeben hatte, geleitete Lady Churchill nur wenige Minuten, bevor sich der Vorhang hob, zu ihrem Platz und unterhielt sich dann laut mit denen, die um ihn herum saßen, bis die Callas auftrat – gehüllt in einen dunklen, weiten Mantel, der nur ihre Augen sehen ließ, riesig und schreckenerregend. Stimmlich war sie in grandioser Verfassung, wie Irving Kolodin von der *Saturday Review* feststellte: »Sie scheint von einer Periode relativen Müßiggangs profitiert zu haben, denn ihre Stimme klang frisch, ansprechend und in ihrer verhüllten *Chalumeau*-Manier unendlich ausdrucksstark.« Lord Harewood erinnerte sich: »Die Darbietung war faszinierend. Es war etwas Ungestümes um sie, eine dämonische griechische Macht, die ich zwar schon einmal erlebt hatte, aber nicht mit solcher Intensität. Es war, als würde eine Woge der Raserei entfesselt.« Onassis interessierte sich natürlich überhaupt nicht für die Callas-Stimme, und nach der Vorstellung gab er, mit der Maxwell als »persönlicher Beraterin« im Schlepptau, eine Party, die ausdrücklich darauf angelegt war, sie zu umwerben. »Mr. und Mrs. Aristoteles Onassis haben das Vergnügen, Sie zu der Party einzuladen, die zu Ehren von Maria Callas ab 23:15 Uhr im Hotel Dorchester stattfinden wird«, hieß es auf der Einladung, und eine Flotte von Limousinen brachte die Gäste zum Fest. Der Ballsaal war mit rosa Rosen geschmückt, und das Orchester spielte Marias Lieblingsmelodien, von Gershwin bis Gardel, während Onassis seine Hautevolee-Gesellschaft ignorierte und sich ausschließlich Maria widmete, die kurz nach Mitternacht hereingeschwebt kam, in Pelze gehüllt und begleitet von einem elend aussehenden Meneghini.

Während der ersten halben Stunde war Maria schlecht gelaunt. Meneghini zufolge hatte sie zunächst gar nicht kommen wollen, und in der Opernpause hatte es einen abstoßenden Wortwechsel mit einem königlichen Bediensteten gegeben, der ihr die Botschaft gebracht hatte, Prinzessin Marina wollte sie in ihrer Loge sehen. Maria hatte gefaucht: »Wenn sie mich sehen will, dann soll sie in meine Garderobe kommen, wie jeder andere!« Auch auf der Bühne hatte es Probleme gegeben, mit Fiorenza Cossotto, der jungen Mezzosopranistin, die die Partie der Neris sang. Sie hatte schon 1957 einmal mit Maria gesungen, in der *Sonnambula* in Mailand und Edinburgh, und damals hatte ihr ein übereifriger Verehrer gesagt: »Paß auf, du wirst die Callas noch einmal übertreffen!«

Das hatte die Cossotto nicht vergessen und bei den Proben im Covent Garden ihr Bestes getan, Maria die Schau zu stehlen. Sir John Tooley, der 1955 an die Oper kam und später ihr Generaldirektor wurde, berichtet, wie er mit dem Tänzer Robert Helpmann und anderen von der Galerie aus zuschaute: »Einer von uns machte eine Bemerkung über Callas' auffallende Reglosigkeit während der Arie der Neris: Miss Cossotto stand mit einem Fuß fest auf dem Gewand der Callas.« Diese neueste Rivalin hielt Maria allerdings für unbedeutender als ihre »echten« Rivalinnen, wie zum Beispiel die Tebaldi, weil sie, um es mit ihren eigenen Worten zu sagen, »drittklassig« war. Trotzdem fauchte sie sie an: »Mach das noch einmal, du fettes Weib, und ich trete dich so in den Arsch, daß du in den Orchestergraben fliegst!« Die Cossotto rächte sich, indem sie bei der Premiere nach ihrer Arie aus ihrer Rolle heraustrat, um sich zu verneigen und den Applaus entgegenzunehmen – was Maria wütend machte, denn sie tat so etwas niemals. Diesmal bekam die Cossotto hinter der Bühne zu hören: »Wenn ich Sie wäre, meine Liebe, würde ich achtgeben, was ich heute abend auf der Party esse. Sie sind aus Ihrer Rolle gefallen. Ich bin noch in meiner!« Überflüssig zu erwähnen, daß die Cossotto nicht erschien. Überrascht stellte Maria fest, daß der Gastgeber eine angenehme Gesellschaft war, und zwar so sehr, daß sie eine neuerliche Einladung zu einer Kreuzfahrt auf seiner Jacht zu bedenken versprach, wenn sie ihre Verpflichtung am Covent Garden beendet hätte.

Ernst wurde es ein paar Wochen später, als Maria die Gage für zwei Konzerte – ihr niederländisches Debüt, auf dem Holland-Festival in Amsterdam, und ein Gastspiel in Brüssel – auf ihr eigenes Konto zahlen ließ und nicht auf das gemeinsame Meneghini-Callas-Konto. Tina Onassis hatte sie bereits ein paarmal angerufen und die Einladung zur Kreuzfahrt auf der *Christina* wiederholt, was vermuten läßt, daß sie von den Absichten ihres Mannes nichts ahnte. Onassis selber hatte ihr Erlebnisse versprochen, die alles in ihrem Leben übertreffen würden. Es scheint, daß auch die Callas seine wahren Absichten noch nicht erraten hatte, zumal außer ihr und Meneghini mehr als ein Dutzend Gäste an der Kreuzfahrt teilnehmen sollten. Trotzdem ließ sie sich noch etwas bitten. Bis Mitte September hatte sie keine Engagements. Es lag nicht daran, daß sie keine Zeit gehabt hätte. Wegen der heftigen Kritik an ihrem oberen Register hatte sie jedoch mit ihrer einstigen Lehrerin, Elvira de Hidalgo, die sich immer noch in der Türkei befand, erneut Kontakt aufgenommen, um einen »Auffrischungskurs« zu nehmen. Nun war es Meneghini selbst, der ihren Arzt unterstützte, was er dann sein Leben lang bereuen sollte, und ihr zuredete, die Seeluft würde ihrer Gesundheit guttun – und seinem Portemonnaie täte es ebenfalls gut, wie er freimütig zugab, wenn jemand anders für das Abenteuer zahlte. Dabei war er sich bewußt, daß er sich ohne seine eigenen Freunde ein wenig fehl am Platze vorkommen würde und daß er immer seekrank wurde.

Maria ließ Onassis wissen, man könne sie »bei Fürst Rainier« in Monte Carlo erwarten. Dann rief sie Madame Biki an und bestellte für die dreiwöchige Kreuzfahrt eine vierzigteilige Garderobe – Tageskleider, Abendkleider, Hosenanzüge, Badeanzüge und Negligés. Außerdem nahm sie die Partitur für eine neue Rolle mit, die sie wiederzubeleben hoffte: Alaide aus Bellinis längst vergessener Oper *La straniera*.

Am 21. Juli 1959 flogen die Meneghinis nach Nizza und fuhren mit dem Taxi weiter nach Monte Carlo, wo sie im Hôtel de Paris abstiegen. Dort wurden sie mit den anderen Kreuzfahrt-Teilnehmern bekannt gemacht: Sir Winston und Lady Churchill mit Tochter Diana, ihrem Hund Toby und Churchills Leibarzt, Lord Moran; Fiat-Boß Giovanni Agnelli und seine Frau sowie eine sechzig Mann starke Schar von Bediensteten – Stewards, Kellner, Kammerdiener, Köche, Masseure, ein Croupier, Näherinnen und Schiffsjungen. Elsa Maxwell befand sich ebenfalls in Monte Carlo, blieb jedoch bei Fürst Rainier und Fürstin Gracia Patricia, weil sie fürchtete, alles zu verraten – die Tatsache, daß sie Onassis mit einer Aufstellung versorgt hatte darüber, »was man bei der Callas tun und lassen sollte«, wofür ihr ein ansehnlicher Betrag winkte, sollte Onassis erfolgreich sein. Der Callas schickte sie einen Brief, den Meneghini ein paar Jahre später mit Freuden der Öffentlichkeit zugänglich machte.

Die Maxwell pries Onassis als »wundervollen und intelligenten Gastgeber«, informierte Maria darüber, daß sie den Platz der Garbo auf der Kreuzfahrt eingenommen habe, weil Onassis den legendären

Filmstar inzwischen für zu alt hielt, und schloß den Brief folgendermaßen: »Ich habe die Garbo nie gemocht, aber dich habe ich geliebt. Genieße von jetzt an jeden Augenblick deines Lebens. Nimm (das ist eine schwierige Kunst) dir alles! Gib (keine schwierige Kunst, aber eine sehr wichtige) nur das, was du geben möchtest, denn das ist der wahre Weg zum Glück, den du allein wirst finden müssen. Ich sehne mich jetzt nicht mehr danach, dich zu sehen. Die Leute werden sagen und sagen es im Grunde schon jetzt, daß du mich nur benutzen wolltest. Ich weigere mich, das zu glauben. Das Wenige, das ich für dich getan habe, habe ich mit weit offenen Augen getan. Es kam von ganzem Herzen und ganzer Seele. Du bist bereits jetzt eine der ganz Großen, und du wirst noch größer werden.«

Als die Callas diesen »Abschiedsbrief« las, geriet sie in Panik und rief die Frau an, in der sie eine »Ersatzmutter« gesehen hatte – wenngleich die Maxwell sich jahrelang und trotz des Altersunterschieds von vierzig Jahren mehr als die althergebrachte Mutter-Tochter-Beziehung erhofft hatte – und beschwor sie, sie nicht zu verlassen. Am nächsten Tag trafen sie sich, gingen ein bißchen einkaufen und dinierten am Abend mit Onassis' Schwester Artemis, bevor sie in ein Nachtlokal gingen, wo Maria über zwei Stunden lang Walzer und Jive tanzte – und ihren Mann mit einer Frau am Tisch sitzen ließ, in deren Sprache er sich nicht unterhalten konnte, und mit Elsa Maxwell, die er später als »boshaft geifernde alte Vettel« und »abscheulichen Unheilsvogel« titulierte.

Am nächsten Tag begann die Kreuzfahrt, und alle kamen gut miteinander aus auf diesem mächtigen, schwimmenden Palast mit jedem erdenklichen Luxus. Maria verbrachte viel Zeit mit Tina Onassis, während Meneghini nach nur wenigen Stunden seekrank wurde. Onassis selbst spielte Karten mit Sir Winston Churchill, der inzwischen 83 Jahre alt und gebrechlich war. Die erste Station war Portofino, dann Capri, wo Maria einen Tag mit Gracie Fields und mit dem englischen Schriftsteller Graham Greene verbrachte, der ebenfalls auf dieser Insel lebte. Sie lachte sogar über die Geschichte von Onassis' letztem Besuch mit Greta Garbo in ihrem Restaurantkomplex Canzone del Mare, als einer von Gracie Fields' Freunden das Paar »die Eisprinzessin und ihr Schimpanse« genannt hatte.

Von nun an wurde die Reise für Meneghini zu einem Alptraum. »Viele Paare wechselten die Partner«, sagte er hinterher. »Frauen und Männer lagen häufig entblößt in der Sonne und alberten ungeniert miteinander. Ich kam mir vor wie in einem Schweinestall. Was jedoch den stärksten Eindruck bei mir hinterließ, war, Onassis nackt zu sehen. Er schien kein Mensch zu sein, sondern ein Gorilla. Er war unheimlich behaart. Maria sah ihn an und lachte.«

Unterwegs nach Smyrna (heute Izmir), Onassis' Geburtsort an der türkischen Küste, lief die *Christina* in ein heftiges Unwetter, vor dem jedermann eilends unter Deck floh. Für Meneghini, der bereits in seiner Kabine festsaß, wurde die Situation noch unerträglicher, weil Maria sich weigerte, die Klimaanlage einschalten zu lassen, die, wie sie erklärte, ihren Stimmbändern schaden würde, wenn sie Bellinis Partitur durchging. In Wirklichkeit war sie nicht einmal dazu gekommen, sie auch nur auszupacken, denn während Tina Onassis sich um ihre mißmutigen Gäste – und Meneghini insbesondere – kümmerte, vertrieb Onassis ihr mit seiner Lebensgeschichte die Zeit.

Onassis, Sohn eines wohlhabenden griechischen Tabakhändlers, war 1922 mit seiner Familie nach Athen geflüchtet, als die Türken Smyrna von den Griechen brutal zurückerobert hatten. Auch einige seiner Verwandten waren zu Tode gekommen. Zunächst hatte der Sechzehnjährige daran gedacht, in die Vereinigten Staaten auszuwandern, doch dann war er statt dessen nach Argentinien gegangen, mit kaum ein paar hundert Dollar in der Tasche. Dort arbeitete er als Telefonist, und nachdem er einige Zeit sein ganzes Geld gespart und von so gut wie nichts gelebt hatte, gründete er eine eigene kleine Zigarettenfabrik. Ein paar Jahre später kam es zur Weltwirtschaftskrise und damit auch zu einem vorübergehenden Preissturz im Seetransportgeschäft, was ihn in die Lage versetzte, für einen Apfel und ein Ei etliche Frachtschiffe zu kaufen.

Ein sicherer Instinkt, eine günstige Gelegenheit zu erkennen und rasch zu handeln, dazu außergewöhnliches Glück brachten Onassis bereits mit fünfundzwanzig Jahren die erste Million ein. 1954, unter der Regierung Eisenhauer, gab es einen Rückschlag, als er verhaftet und angeklagt wurde, den Vereinigten Staaten durch Steuerhinterziehung geschadet zu haben. Um einem Gerichtsverfahren zu entgehen, zahlte er schließlich sieben Millionen Dollar. 1956 dann, schon einer der reichsten Männer der Welt, landete er einen großen Coup – mit dem er über hundertfünfzig Millionen Doller verdiente, weil er während der Suezkrise mit seiner Öltanker-Flotte zur Verfügung stand. Obendrein hatte Onassis, kurz bevor er beschloß, Maria Callas zu einer weiteren seiner Trophäen zu machen, fünfundzwanzig Millionen Dollar in Olympic Airlines gesteckt und damit für sein Unternehmen eine Monopolstellung im innergriechischen Luftverkehr erreicht.

Zur Zeit der Kreuzfahrt mit Maria Callas soll Onassis mehr als fünfhundert Millionen Dollar wert gewesen sein – und als er mit seiner Lebensgeschichte endete, in der auch nicht gerade wenig von seinen sexuellen Eroberungen die Rede gewesen war, waren sie ein Liebespaar. Noch am selben Abend ließ er Elsa Maxwell wissen, daß »es« stattgefunden hatte.

Am 4. August legte die *Christina* in Smyrna an, und Onassis nahm sich viel Zeit, seine Gäste durch seine Heimatstadt zu führen. Am Abend ließ er die Churchills, Maria und Tina zurück und spendierte seinen männlichen Gästen einen aufschlußreichen Ausflug in Smyrnas Rotlichtviertel und dessen zweifelhafte Bars, wobei er es nicht unterließ, ihnen einige der inzwischen betagten Prostituierten vorzustellen, mit denen er sich als Jugendlicher vergnügt hatte. Das nächste Ziel, zwei Tage später, war der Berg Athos an der mazedonischen Küste, für die griechisch-orthodoxe Kirche eine heilige Stätte, die von dreitausend Mönchen bewohnt wurde. Hier wurden die Callas und Onassis vom Patriarchen Athenagoras empfangen, knieten vor den Augen der Reisegefährten nieder und empfingen, in griechischer Sprache, seinen Segen. Tina Onassis und Meneghini waren zutiefst erschüttert, denn obwohl die Zeremonie angeblich eine Ehrerbietung für »die größte Sängerin der Welt und diesen neuen Odysseus, den größten Seefahrer der modernen Welt« darstellte, wie der Patriarch sie nannte – und dabei vielleicht auf ein paar Millionen Drachmen als Gegenleistung hoffte –, erlebten sie eine andere Wirklichkeit. »Es sah aus, als vollzöge er eine Eheschließung«, erinnerte sich Meneghini und fuhr fort, »Maria war danach tief aufgewühlt. Ich konnte es in ihren Augen sehen, die verzückt leuchteten.«

Am nächsten Abend gab Onassis an Bord der *Christina* eine Party, die bis in die frühen Morgenstunden dauerte, und als Meneghini, in der Hoffnung, sie würde mit ihm gehen, Müdigkeit vorschützte, schickte sie ihn vor aller Augen weg. Am nächsten Morgen vermißte er sie und mußte sich von dem Mann, der künftig nur noch als »der Grieche« bezeichnet werden sollte, anhören, was sich zwischen ihm und Maria abgespielt hatte.

Die darauf folgende Auseinandersetzung zwischen dem Ehepaar Meneghini entging niemandem auf der Jacht und enthielt so viele Kraftausdrücke, daß Lady Churchill sich einem Steward gegenüber zu der Bemerkung veranlaßt sah: »Dieser Dame sollte der Mund mit einem Bleichmittel ausgewaschen werden!« In blinder Wut erniedrigte Maria ihren unglücklichen Mann und nannte ihn »Gefängniswärter« und »ekelhaften Aufseher«, einen »widerwärtigen, ungebildeten alten Trottel«, der es nicht einmal verstünde, sich anständig zu kleiden und sein lichter werdendes Haar zu kämmen. Wenig später erhielt Meneghini die Nachricht, daß seine Mutter einen Herzschlag erlitten hatte und dem Tod nahe war.

Von nun an ging sich das Ehepaar Meneghini aus dem Weg. Sie weigerte sich sogar, mit ihm an einem Tisch Platz zu nehmen, und als Sir Winston Churchill sie, in dem Bemühen, die explosive Atmosphäre etwas zu entspannen, bat: »Madame Callas, würden Sie mir die Ehre erweisen, meine Lieblingsarie zu singen?« fauchte sie: »Nein, das werde ich nicht!« Als einer von Churchills Bediensteten ihr später nahelegte: »Glauben Sie nicht, daß Sie ihm zumindest eine Nachricht zukommen lassen sollten?« erwiderte sie ungeniert: »Gut. Sagen Sie ihm, er sei ein langweiliger, inkontinenter alter Scheißer!«

Das Drama steigerte sich, denn Meneghini lehnte es ab, seine Kabine zu verlassen, da er bereits so viele Kränkungen erfahren habe, daß es ein Leben lang reiche. Dennoch hoffte er, daß die Nacht mit Onassis nur ein Versuch gewesen war, über die Frustrationen der letzten Zeit hinwegzukommen, und daß das Leben wieder normal würde, wenn sie erst wieder in Mailand wären. Während der ersten Tage der Kreuzfahrt hatte Meneghini sogar stillschweigend gebilligt, daß sie so viel mit ihrem Gastgeber zusammen war. »Sie schien lebendiger, als ich sie je erlebt hatte, und sie tanzte ununterbrochen, immerzu mit Onassis«, erinnerte er sich später. »Ich war beinahe glücklich darüber. Maria ist immer noch ein junges Mädchen, dachte ich, während ich ihnen zusah. Sie ließ sich gehen. Es würde ihr guttun.« Dann war in den frühen Morgenstunden die Tür zu seiner Kabine geöffnet worden, und die Frau, die er für Maria gehalten hatte, als er sie in die Arme nahm, war Tina Onassis, die ihm schluchzend eröffnete, ihren Mann mit Maria im Bett ertappt zu haben.

Am 13. August traf die *Christina* wieder in Monte Carlo ein, von wo ein Wagen von Onassis die Meneghinis nach Nizza zum Flugplatz brachte, um den Flug nach Mailand zu erreichen. »Auf der ganzen Reise herrschte eisiges Schweigen«, erinnerte sich Meneghini. Am Handgelenk trug Maria den Platinreif, den Onassis ihr geschenkt hatte, mit den Initialen TMWL – To Maria With Love (Für Maria in Liebe) – ein Geschenk, das er auch schon Gracie Fields und Greta Garbo gemacht hatte, allerdings ohne eine Gegengabe.

Die Ereignisse, die folgten, waren nicht weniger bizarr. Kaum hatte Maria das Haus in der Via Buonarroti betreten, da schickte sie Meneghini nach Sirmione, unter dem Vorwand, daß er dort seiner kranken Mutter näher wäre. Während seiner Abwesenheit rief sie ihn ständig an, und schon zwei Tage später bat sie ihn zurückzukehren. Sie empfing ihn, die pflichtbewußte Hausfrau spielend, nur um ihm zu eröffnen, daß sie ihn verlassen und zu Onassis gehen wolle. Die Trennung sollte ruhig und in Freundschaft vonstatten gehen. Sie habe auch Onassis selbst gebeten, alles weitere zu regeln.

Wie auf Stichwort erschien Onassis, in der Absicht, Meneghini keine Demütigung zu ersparen. »Völlig fertig habe ich die beiden allein gelassen und bin ins Bett gegangen«, schrieb Meneghini in seinen Memoiren, »und ohne jemanden zu stören, habe ich am nächsten Morgen um sechs mein Haus verlassen. Als ich die Tür hinter mir zumachte, standen mir die Tränen in den Augen.« Meneghini fuhr direkt zum Haus seiner Mutter in Zevio und dann weiter nach Sirmione, wo er Ruhe zu finden hoffte, um nachdenken zu können. Das sollte ihm aber nicht vergönnt sein. Am nächsten Abend, dem 17. August, erschienen Maria und Onassis angetrunken in der Villa, und Stavros, der Chauffeur, berichtete später, was dann geschah: »Auf der Fahrt von Mailand hatten die beiden eine ganze Flasche Whisky getrunken. Madame Callas zeigte ihm jeden Raum des Hauses, wobei ihnen Meneghini wie ein verängstigter Diener folgte. Mr. Onassis hatte an allem, was er sah, etwas auszusetzen, an den Möbeln, den Vorhängen, den Tapeten. Dann gingen sie nach draußen, und er zeigte auf den See und sagte: ›Ich habe schon in größere Pfützen gepißt.‹ Dann fragte Meneghini ihn, was er seiner Frau wohl zu bieten hätte außer einer Menge Geld und Amüsement. Daraufhin knöpfte Mr. Onassis seine Hosen auf und holte den größten Burschen heraus, den ich je in meinem Leben gesehen habe. ›Das‹, sagte er, ›kann ich Ihrer Frau bieten.‹«

Meneghini zufolge ging es im Haus so vulgär weiter. »Ich habe ihn beschimpft, habe ihn mit den Ausdrücken bedacht, die er verdiente«, erinnerte er sich. Er sei so ausfallend geworden, daß nicht nur Maria, sondern auch Onassis in Tränen ausgebrochen sei und sogar eingeräumt hätte: »Ja, ich bin ein Schandfleck. Ich bin ein Mörder, ein Dieb, ein schlechter Mensch. Ich bin der abscheulichste Mensch auf Erden und werde niemals auf Maria verzichten. Ich würde sie jedem wegnehmen, wer es auch sei und auf welche Weise auch immer, und wenn dabei Menschen, Dinge, Verträge und alle Konventionen zum Teufel gingen.« Dann habe er gefragt: »Wie viele Millionen wollen Sie für Maria? Fünf ... zehn?« Und damit seien Maria und Onassis gegangen.

Ein paar Tage später kamen Angestellte von Onassis nach Sirmione, um Marias Sachen zu holen, so auch die Briefe von Elsa Maxwell, die sie vernichten wollte. Dann fügte sie Meneghini die letzte Kränkung zu, indem sie ihm das Cignaroli-Bildnis der Madonna, das er ihr zu ihrem Debüt in Verona geschenkt hatte, mit den Worten zurückschickte: »Jetzt soll sie dir Glück bringen.«

Maria verschloß sich vor der Presse in ihrem Haus in Mailand, während Onassis nach Venedig flog, wo die *Christina* an der Mündung des Canale Grande vor Anker lag. An Bord befanden sich Tina und die Kinder, denen die Wahrheit über »Tante Maria« gesagt worden war. Vorerst jedoch hieß es für die beiden Frauen in Onassis' Leben: »Alles wie üblich.« Elsa Maxwell hatte für Tina eine Party auf der Jacht organisiert und redete ihr zu, sie auch stattfinden zu lassen. Tina Onassis tanzte die ganze Nacht lang mit ihrem Begleiter, dem Grafen Brando d'Adda, und die Paparazzi waren einhellig der Meinung, sie habe noch nie reizender ausgesehen. Danach ging sie mit ihren Kindern nach Paris, ins Haus ihres Vaters in der Avenue Foch, und ein paar Tage später kam Onassis hinterher. Er bestritt die Affäre mit der Callas, bezeichnete es als »lächerlich«, seiner Ehe geschadet zu haben, und fügte hinzu: »Sollte Madame Callas immer noch unglücklich sein, wenn ich in ein paar Tagen wieder zu einer

Kreuzfahrt starte, werde ich sie bitten, mich zu begleiten. Was eine Romanze betrifft, man nennt mich einen Seefahrer – und Seeleute und Sopranistinnen passen im allgemeinen nicht zusammen.«

Unterdessen hatte die Callas ihre Fehde mit Antonio Ghiringhelli beendet. Beide waren überrascht, wie gut sie miteinander auskamen. Ghiringhelli war der Meinung, Aristoteles Onassis habe die größte Sopranistin der Welt nicht nur gelehrt zu lächeln, sondern auch, den anderen das Leben nicht zur Hölle zu machen. Die Callas hatte Ghiringhelli gestanden, »den alten Ort« vermißt zu haben, und er hatte erwidert, die Scala sei ohne sie nicht dasselbe gewesen – eine Bemerkung, die man allerdings so oder so interpretieren konnte. Schließlich einigte man sich, ohne die Komplikationen durch einen geldgierigen Ehemann. Es war natürlich nicht möglich, die Callas für die neue Spielzeit zu engagieren, denn das Programm war bereits fertig, doch ihre Wiederkehr sollte mit einer Schallplattenaufnahme von *La Gioconda* mit Antonio Votto erfolgen. Auf beiden Seiten war die Begeisterung so groß, daß sofort mit den Proben begonnen wurde. Maria kam jeden Tag mit dem Auto zur Scala. Den »unglückseligen« grünen Alfa Romeo, den Meneghini ihr geschenkt hatte, hatte sie verkauft und sich einen Mercedes zugelegt. Am 10. September waren die Aufnahmen beendet.

Ihre Besuche in der Scala waren ein gefundenes Fressen für die Klatschreporter, die eine große Sache daraus machten, die Leser daran zu erinnern, daß, so wie die Oper *La Gioconda* die Meneghinis zusammengebracht hätte, sie jetzt auch mit der Beendigung ihrer Ehe verflochten sei. Hartnäckig leugnete Maria, mit Onassis ein Verhältnis zu haben. Er andererseits kehrte nach Venedig zurück, um seine neue Kreuzfahrt vorzubereiten, und erklärte gegenüber Reportern: »Wie sollte ich mich nicht geschmeichelt fühlen, wenn eine Frau von der Klasse der Maria Callas sich mir zuwendet?« Dann lud Meneghini die Presse in seine Diele in Sirmione ein und öffnete zum erstenmal sein Herz: »Der Bruch zwischen Maria Callas und mir ist endgültig und unwiderruflich. Die Figuren in diesem Drama sind alle klar definiert. Da ist Maria, die Medea, ich selbst, der ein harter Brocken sein kann, und Mr. Onassis, ein Multimillionär, der seinen Öltankern mit dem Namen einer großen Künstlerin Glanz verschaffen möchte. Um ihr näher zu sein, habe ich meine Karriere als Industrieller aufgegeben. Ich war dabei, wie ihre Stimme immer besser wurde. Dann habe ich mich in mein Meisterwerk verliebt und habe es geheiratet. Aber ich vermochte nicht, ihren Charakter zu ändern, und es ist vielleicht ein Fehler gewesen, mich der Hoffnung auf ewige Liebe hingegeben zu haben. Ich hatte alles auf sie gesetzt. Aber ich bin nicht verbittert – nur traurig. Wer weiß, vielleicht werde ich jetzt wieder Ruhe finden.«

Die Reporter spürten auch Marias Mutter in New York auf. Einige Zeit zuvor war sie in einer Talkshow im Fernsehen zu sehen gewesen, zusammen mit Jolie Gabor, der Mutter der Schauspielerinnen Eva und Zsa Zsa. Das Thema der Sendung war »Mütter berühmter Töchter« gewesen, und danach hatte Jolie Gabor Litza eine Stelle in ihrem Schmuckgeschäft angeboten. »Maria wird niemals glücklich sein«, hatte Litza zu einem Reporter von der *Daily Mail* gesagt. »Da bin ich mir sicher. Battista Meneghini ist ein wundervoller Mann. Er war für Maria Vater und Mutter – was sie mich nie hat sein lassen. Meine Tochter ist seiner jetzt einfach überdrüssig, aber sie wird niemals Mr. Onassis heiraten. Maria ist nur an ihrer Karriere interessiert, nicht an einer glücklichen Ehe.« Gegenüber Hy Gardner sagte sie dann etwas abgewandelt: »Ich war Marias erstes Opfer. Jetzt ist Meneghini an der Reihe. Und Onassis wird das dritte sein.«

Am 12. September 1959, zwei Tage nach dieser Äußerung – die Maria als »wirres Gerede einer alten Irren« abtat – war sie erneut an Bord der *Christina*, nur mit Onassis, seiner Schwester Artemis und deren Mann sowie der sechzigköpfigen Besatzung. Onassis war mit seinem Privatflugzeug nach Mailand gekommen, um sie in Empfang zu nehmen. Harry Weaver von der *Daily Mail* war der glückliche

Journalist, der eine Einladung auf die Jacht erhalten hatte, um die Kabine der Callas zu besichtigen, die rosa ausgeschlagen war und mit Tausenden blutroter Gladiolen gefüllt. Sie selbst bekam er jedoch nicht zu Gesicht. Ein paar Tage zuvor hatte es Gerüchte über eine neue Wendung im Meneghini-Callas-Onassis-Skandal gegeben – angeblich sollte ein dritter Mann involviert sein, und zwar Franco Corelli oder Prinz Ali Khan, die Onassis als »Tenorschwuchtel« und »Pferdenarr« bezeichnet hatte. Onassis fand die Sache amüsant und sagte zu Weaver: »Der einzige *dritte Mann*, den ich kenne, ist der aus Graham Greenes Film – ha, ha!«

Ich höre die Hoffnungsglocke läuten

1960

> *Die Presse hat so häufig behauptet, ich hätte*
> *meine Stimme verloren, daß ich es beinahe schon*
> *selber glaubte. Ich dachte, wenn alle es*
> *sagen, dann muß es doch stimmen.*

Es war, als sei ihre Uhr abgelaufen: Maria Callas, eine Legende zu Lebzeiten, eine der größten Künstlerinnen des Jahrhunderts, war hoffnungslos in einen Mann verliebt, der, so weit von dem sprichwörtlichen Ritter in der strahlenden Rüstung entfernt, wie es ein Mann nur sein kann, ihr gezeigt hatte, daß es außer der Karriere und jenseits von Selbstversunkenheit noch so etwas gab wie das Leben. Es hatte Gerede gegeben über eine von Onassis finanzierte Verfilmung der *Medea* und Absichten in bezug auf die Monte Carlo Opera, an deren Trägergesellschaft Onassis die Aktienmehrheit besaß. Das war tatsächlich nur Gerede gewesen, und die Callas, die bis dahin immer unerbittlich gekämpft hatte, um ihre Ziele zu erreichen, sah jetzt keine Notwendigkeit mehr dafür. Mit sträflicher Unbekümmertheit und auf Kosten all dessen, wonach sie in den vorangegangenen zwanzig Jahren gestrebt hatte, zum Nachteil ihrer

Stimme, stürzte sie sich in dieses neue, aufregende Dasein, das von nun an zu ihrem furchtbarsten Feind werden sollte.

Am 17. September legte die *Christina* in Athen an, und Maria flog nur widerwillig nach Spanien, zu einem Konzert in Bilbao. Die Zurückhaltung rührte von der Tatsache her, daß dieser Auftritt noch von Meneghini organisiert worden war, und zum erstenmal seit zwölf Jahren würde er nicht dasein, um sie zu führen, zu trösten oder, wie in der letzten Zeit, ihr Prügelknabe zu sein. Als sie von einem Reporter gefragt wurde, ob sie sich darauf freue, für ihre spanischen Fans zu singen, verzog sie das Gesicht und sagte: »Ich bin von Anfang an gegen dieses lächerliche kleine Engagement gewesen. Bitte fragen Sie mich nicht!« Der Reporter hatte nichts Wichtigeres zu tun, als beim nächsten Rundfunksender diese Anekdote zum besten zu geben. Bei eisiger Stille betrat Maria die Bühne. Der Applaus nach den einzelnen Arien war lahm, sie wurde nicht vor den Vorhang gerufen, und am nächsten Tag erschien ihr Foto auf der Titelseite einer Lokalzeitung mit der Bildlegende: *Bemühen Sie sich nicht wiederzukommen, Frau Callas. Spanien wird Sie nicht vermissen!*

Am 22. September traf die *Christina* in Monte Carlo ein, und Maria flog nach Rom und weiter nach London, zu einem Konzert in der Royal Festival Hall. Gehüllt in einen weißen Pelzmantel, der ihren überladenen Brillantschmuck verbarg, betrat sie die Flughafenhalle und sagte zu den wartenden Reportern: »Ich bin völlig mittellos und in einer sehr prekären Lage. Ich befinde mich in keiner beneidenswerten Situation. Ich muß für meinen Unterhalt kämpfen, und ich brauche sehr dringend Geld.« Nachdem sie dann für die Fotografen posiert hatte, fuhr sie fort: »Was meine Freundschaft mit Mr. Onassis betrifft, wünsche ich mir nur, daß es mehr sein könnte als Freundschaft. Ein bißchen Liebe könnte ich in diesen schwierigen Tagen vertragen. Darüber hinaus habe ich nichts weiter zu sagen. Meine Anwälte haben mir geraten, den Mund zu halten, außer, natürlich, wenn ich singe.«

Einige Reporter folgten ihr ins Flugzeug. Aufgrund ihres Hangs, Geschichten zu erfinden oder die Wahrheit zu dehnen – und das oftmals bis zur Absurdität, wofür ihre »Autobiographie«, die sie kurz zuvor Anita Pensotti, einer Redakteurin der Zeitschrift *Oggi* diktiert hatte, ein Musterbeispiel ist – erfuhr die Geschichte ihrer Notlage dann eine mehr als nur leichte Korrektur, bis sie in London ankamen, und die dunklen Ringe unter ihren Augen, die in Rom noch Mitleid erregt hatten, verschwanden auf mysteriöse Weise, nachdem sie im Flugzeug die Toilette aufgesucht hatte.

Am Flughafen wurde sie von Sandor Gorlinsky, ihrem britischen Agenten, erwartet. Man eskortierte sie zu einem Rolls-Royce, den das Savoy zur Verfügung gestellt hatte, und mußte feststellen, daß der Chauffeur verschwunden war. Doch statt einen Wutanfall zu bekommen, wie die meisten Anwesenden insgeheim erhofft hatten, stieg sie in den Fond des Wagens, streckte die Beine über ihre Koffer und gab, zum Vergnügen der zweihundert Passagiere und der Flughafenangestellten, eine improvisierte Pressekonferenz.

»Ich? Ich bin zum Arbeiten hergekommen, denn ich muß mir jetzt meinen Unterhalt selber verdienen.«

»Mein Mann? Nein, es gibt nicht die geringste Möglichkeit einer Versöhnung.«

»Mr. Onassis? Warum fragen uns die Leute nur immer wieder, ob wir ineinander verliebt seien? Ich bleibe beim Nein. Mr. Onassis bleibt beim Nein. Er und Tina, seine reizende Ehefrau, sind sehr gute Freunde, die mir im Augenblick behilflich sind.«

»Mein Geld? Ziemlich einfach. Ich will nicht gerade behaupten, daß ich bankrott bin, aber ich habe ernsthafte finanzielle Probleme, und das ist alles, was ich diesbezüglich zu sagen habe.«

Mit einer Äußerung, die ihn beinahe seinen Job und die Freundschaft Marias gekostet hätte, relativierte Sandor Gorlinsky – nachdem er den Chauffeur gefunden hatte – ihre letzte Bemerkung, indem er zu einem Reporter sagte: »Die Frage nach Madame Callas' finanzieller Lage ist relativ. Sie mag das Wort ›bankrott‹ nicht, aber während manche Leute bankrott sind, wenn sie ihr letztes Pfund ausgeben, fühlen sich andere schon mit 50 000 Pfund unwohl, weil das in ihren Augen Peanuts sind.«

Das Konzert in der Royal Festival Hall am 23. September war ein großer Erfolg, und wie zur Demonstration ihrer finanziellen Lage hatte die Callas ihre Juwelen im Safe gelassen und war nur mit einem wenig auffallenden Kollier geschmückt. Die Höhepunkte des Abends waren ihre herrlichen Interpretationen von *Tu che le vanità* und die Schlafwandelszene aus *Macbeth*. Die Begeisterung war so groß, daß Covent Gardens Generalintendant, David Webster, sie nach der Vorstellung fragte, ob sie in Betracht ziehen könnte, in der Spielzeit 1960 an seinem Haus die Lady Macbeth zu singen. Sie wollte es bedenken, obgleich sie bereits beschlossen hatte, für die nächste Zukunft keine größeren Verpflichtungen einzugehen. »Ich bin zu erschöpft«, sagte sie zu Sandor Gorlinsky.

Eigentlich hätte sie in London bleiben sollen, um in einer Fernsehsendung aufzutreten – zu einer Zeit, als die Sendungen noch nicht vorher aufgenommen wurden. Am nächsten Morgen gab es jedoch per Telefon einen heftigen Streit mit Meneghini über die Aufteilung des Vermögens und danach die entsprechenden Auslassungen gegenüber der Presse. »Sie fing an, mich zu beschimpfen, und ich habe es mir zum erstenmal nicht gefallen lassen«, berichtete er. »Sie hat zu mir gesagt: ›Paß auf, Titta, daß ich nicht eines Tages mit einem Revolver in Sirmione auftauche!‹ ›Schön‹, habe ich zurückgeschrien, ›wenn das geschehen sollte, dann werde ich dich mit einem Maschinengewehr erwarten!‹«

Noch am Nachmittag flog sie nach Mailand, und die Fernsehsendung wurde auf den 3. Oktober verlegt. Da sang sie, dirigiert von Sir Malcolm Sargent, *L'altra notte* und *Si, mi chiamano Mimi*. Weil die Produzenten aus Kostengründen keine Freikarten ausgegeben hatten, gab es kein Publikum – nur Applaus aus der Dose, der von einem

Toningenieur eingeblendet wurde. Am 23. Oktober sang sie im Berliner Titania-Palast, und ein paar Tage später flog sie nach New York und weiter nach Kansas City zu einem Konzert in Loews Midland Theatre. Sie hatte gehofft, Amerika unbeobachtet betreten zu können, doch sie hatte den Fehler gemacht, ihre Reiseroute mit Elsa Maxwell zu diskutieren. Auf dem Idlewild Airport gab es wilde Szenen und ein noch wilderes Benehmen des Stars, als sie bedrängt wurde, nicht von Fans, sondern von mehr Reportern und Fotografen, als sie je in ihrem Leben gesehen hatte, die es ihr unmöglich machten, über die Rollbahn zu einem wartenden Auto zu gelangen. Darum überrascht es nicht, daß sie die Kontrolle verlor und schrie: »Laßt mich durch, verdammt noch mal!« Einen Fotografen, der gerade eine Blitzlichtbirne unmittelbar vor ihrem Gesicht hatte explodieren lassen, herrschte sie an: »Nimm das Ding weg, oder ich schiebe es dir in deinen verdammten Hals!«

Am 28. Oktober in Kansas City gab es noch mehr Aufregung: Es kam zu einer vierzigminütigen Unterbrechung wegen einer Bombendrohung, die vermutlich gegen den Ex-Präsidenten Harry S. Truman gerichtet gewesen war, der sich im Publikum befand. Lawrence Kelly, der sie jetzt in Amerika vertrat, hatte einen Anruf erhalten, in dem es hieß, die Bombe sei irgendwo im Orchestergraben plaziert worden und würde genau um 21:30 Uhr explodieren. Maria Callas wurde unmittelbar vor der Vorstellung informiert, daß das ganze Theater evakuiert werden müsse. Sie bestand darauf, auf die Bühne zu gehen und das erste Stück ihres Programms – *Non mi dir* aus Mozarts *Don Giovanni* – zu singen, damit das Publikum sie zu sehen bekam, bevor Kelly diese schlimme Sache verkündete. Hinterher sagte sie: »Sie mußten mich einfach zu sehen bekommen, sonst hätte wieder jemand gesagt: ›Ach, das sieht der Callas ähnlich, immerzu sagt sie ab!‹«

Mittlerweile hatte Meneghini die Scheidung eingereicht, und obgleich er hoffte, Maria zwingen zu können, zur Verhandlung nach

Maria Callas als Siebzehnjährige, 1940.
Foto: Ullstein Bilderdienst

Als Leonore in Beethovens »Fidelio«, Athen 1944 (links neben Callas der Dirigent Hans Hörner, 2. v.r. Antonis Dhellentas als Florestan).
Foto: dpa

Maria Callas mit ihrem Vater Georg Kalogeropoulos in New York, 1945.
Foto: Ullstein Bilderdienst

Als »Lucia di Lammermoor«; mit Luchino Visconti (1954).
Foto: Ullstein Bilderdienst

Mit Giuseppe di Stefano, Oktober 1955.
Foto: Ullstein Bilderdienst – Fritz Eschen

*Als »Lady Macbeth« mit der Ballerina Violetta Elvin,
Mailänder Scala, 1955.*
Foto: Ullstein Bilderdienst

Mit Battista Meneghini nach ihrem Debüt an der Metropolitan Opera, New York, als »Norma«, 1956.
Foto: Sam Schulman, dpa

V.l.n.r.: Nanni Mocenigo, Maria Callas, Carla Adriana Mocenigo, Anna Veronesi und Agostino Mocenigo am Lido in Venedig. Undat. Aufnahme (1956).
Foto: akg Berlin

Mit Battista Meneghini, undat. Aufnahme (1956).
Foto: akg Berlin

Undat. Aufnahme (Mailand, ca. 1956).
Foto: akg Berlin

Vor ihrem Mailänder Haus in der Via Bonarotti 40 (1957).
Foto: dpa

Als »Amina« in »La Sonnambula«. Gastspiel der Mailänder Scala bei den Internationalen Festspielen Edinburgh (1957).
Foto: akg Berlin

Als »Lucia di Lammermoor, Mailänder Scala (1954).
Foto: akg Berlin

Maria Callas als »Violetta« in »La Traviata« (1958).
Foto: dpa

*Als »Medea« in der gleichnamigen Oper von Luigi Cherubini,
Covent Garden London (1959).*
Foto: Ullstein Bilderdienst

V.l.n.r.: Maria Callas mit der Klatschkolumnistin Elsa Maxwell und der amerikanischen Filmschauspielerin Merle Oberon in Venedig (1957).
Foto: akg Berlin

V.l.n.r.: Elsa Maxwell, Maria Callas und Aristoteles Onassis während der Filmfestspiele in Venedig 1957. Fotos: akg Berlin

Maria Callas und Aristoteles Onassis im Sport Club, Monaco (1960).
Foto: dpa

Mit Aristoteles Onassis, London (1961).
Foto: dpa

»Norma«, 27. August 1960, Epidaurus.
Foto: Ullstein Bilderdienst

Saisoneröffnung in der Mailänder Scala mit Donizettis »Poliuto« am 7. Dezember 1960. Maria Callas mit dem Bariton Ettore Bastianini (li.) und dem Tenor Franco Corelli (re.).
Foto: dpa

Mit Pier Paolo Pasolini, Rom, Mai 1969.
Foto: dpa

Als Pasolinis »Medea« (1969).
Foto: Ullstein Bilderdienst

*Maria Callas mit Sir Rudolf Bing, Metropolitan Opera,
Eröffnung der Saison am 20. September 1971.*
Foto: dpa

*Staatspräsident Giovanni Leone nach der Premiere von Verdis
»Sizilianischer Vesper« in der Inszenierung von Maria Callas, Turin
(di Stefano im Hintergrund), 11. April 1973.*
Foto: dpa

5. Juni 1963, Konzert am Théâtre des Champs-Elysées, Paris.
Foto: dpa

5. Juni 1963, Konzert am Théâtre des Champs-Elysées, Paris.
Foto: AFP/Photo dp/arch

25. Oktober 1973, Hamburger Congress Centrum: Maria Callas mit Elizabeth Taylor, im Hintergrund der Pianist Igor Newton (re.).
Foto: dpa

*25. Oktober 1973, Hamburger Congress Centrum:
Maria Callas und Giuseppe di Stefano.*
Foto: dpa

Maria Callas und Giuseppe di Stefano in Berlin: Empfang durch den Regierenden Bürgermeister Klaus Schütz und Eintragung ins Goldene Buch, 27. Oktober 1973. Foto: akg Berlin

26. November 1973: Konzert in der Royal Festival Hall, London.
Foto: dpa

21. September 1977:
Beisetzung von Maria Callas auf dem Friedhof Père Lachaise in Paris. Links
Gracia Patricia von Monaco mit Prinzessin Caroline. 2. v.r. Jackie Callas.
Foto: dpa

Brescia zu kommen – was bedeutet hätte, eine der Vorstellungen von *Lucia di Lammermoor* in Dallas abzusagen und damit das Dilemma noch zu vergrößern, daß bereits durch die Absage von zwei *Il barbiere di Siviglia* entstanden war –, war es ihren Anwälten gelungen, die Verhandlung auf den 14. November verlegen zu lassen. Die Beanspruchung der letzten Wochen wurde jedoch am 6. November offensichtlich, als sie Zeffirellis *Lucia* sang. Ihr Ansehen hatte sie schon damit strapaziert, daß sie sich weigerte, Joan Sutherlands blutbespritztes Kleid zu tragen – »Die Tragödie sollte sich in der Musik abspielen und in den Gedanken«, hatte sie zu Lawrence Kelly gesagt. In der Wahnsinnszene verlor sie die Kontrolle über ihre Stimme und verfehlte ein sonst müheloses hohes Es. Das Publikum hielt den Atem an, und obwohl sie nach der Vorstellung zu Lawrence Kelly ins Büro stürmte und hintereinander fünf perfekte hohe Es schmetterte, nahm sie diese hohen Töne aus Angst vor dem Risiko aus ihrer Vorstellung am 8. November heraus. »Dennoch«, verkündete die *Dallas Morning News*, »war es eine schönere Wahnsinnszene, als sie New York während ihrer Zeit an der Metropolitan Opera jemals gehört hat.« Maria war nicht überzeugt davon – und sang diese Rolle nie wieder.

Sechs Tage später versammelte sich die Weltpresse um das winzige Gericht in Brescia. Das öffentliche Mitgefühl war von Anfang an auf der Seite des »betrogenen« Ehemanns, dem man zujubelte, als er das Gebäude betrat. Ein paar Tage zuvor hatte er Reportern einige der Briefen und Karten gezeigt, die er erhalten hatte, in denen ihm versichert wurde, er täte recht daran, sich von einer Ehebrecherin scheiden zu lassen. Natürlich bekam die Presse andere Briefe nicht zu Gesicht, die Meneghini Manipulation und Geldgier vorwarfen. Er brachte auch einen ihrer Pudel, Tea, den sie in Sirmione zurückgelassen hatte, ins Spiel und sagte: »Denken Sie an meine Worte: Wenn unser gesamter Besitz geteilt wird, dann müssen wir auch diesen Pudel teilen. Wie ich Maria kenne, wird sie die vordere Hälfte haben wollen und ich bekomme den Schwanz!« Als Maria aus dem Auto stieg, herrschte betretenes Schweigen. »Sie sah abgeklärt aus, wie eine Königin, die zum Begräbnis eines Kindes kommt«, schrieb ein Journalist.

Die Verhandlung, an deren Ende eine einvernehmliche Regelung erzielt wurde, dauerte sechs Stunden. Zunächst hatte der Richter den Versuch einer Aussöhnung unternommen, an der jedoch keine der beiden Parteien interessiert gewesen war. Maria bekam das Haus in Mailand, den Schmuck und ihr Auto sowie die Hälfte der Antiquitäten und der Porzellansammlung, die meisten der Gemälde und beide Pudel. Meneghini behielt das Anwesen in Sirmione. Wenn er das Gericht jedoch mit der Absicht betreten hatte, die Namen einiger Männer preiszugeben, mit denen sie in den letzten Jahren sexuelle Beziehungen gehabt hatte – nicht nur Onassis, sondern »verschiedene Opernsänger und ein Playboy« –, hatte der Richter, Cesare Andreotti, ihn dazu bewogen, »Trennung im beiderseitigen Einvernehmen« über die relevanten Dokumente zu kritzeln. Nach italienischem Recht gab es damals keine Scheidung, obgleich sie eine Scheidung hätte erwirken können, denn trotz ihrer italienischen Eheschließung war sie amerikanische Staatsbürgerin geblieben.

Am folgenden Tag flog sie nach New York und weiter nach Dallas, zu den beiden *Medea*-Aufführungen, den letzten Engagements, die noch Meneghini ausgehandelt hatte. »Battista hat immer gesagt, es wäre sinnlos, daß wir zusammenlebten, wenn er nicht völlig über mich verfügen könnte«, sagte sie zu Peter Dragadze vom Magazin *Life*, ein Eingeständnis, das beinahe der Wahrheit entsprach: »Bei allen Theatern hatte er versucht, mehr Geld herauszupressen, um dann zu sagen, ich wäre diejenige, die darauf bestanden hätte.« Das war schon nicht mehr ganz die Wahrheit, denn gegen Ende ihrer Beziehung und bestärkt durch Elsa Maxwell und Künstler wie Edith Piaf, Marlene Dietrich und seit kurzem Maurice Chevalier, wußte Maria Callas, ihren Wert in Pfund und Dollar einzuschätzen. Als

Dragadze vorsichtig darauf hinwies, sagte sie: »Ja, das stimmt. Natürlich wollte ich bekommen, was ich glaubte, wert zu sein, aber ich bin nie kleinlich gewesen, wenn es um eine wichtige Vorstellung oder ein bedeutendes Theater ging. Ich weiß, daß behauptet wird, ich sei geizig, ich würde es als vorsichtig bezeichnen. Es ist immer meine Sorge gewesen, im Alter etwas zum Leben zu haben und nicht in Armut zu sterben.«

Am 25. November 1959, vier Tage nach der zweiten *Medea*-Vorstellung, reichte Tina Onassis die Scheidung ein und gab eine längere Presseerklärung ab, in der es hieß, da sein gewaltiger Reichtum weder ihm noch ihr Glück gebracht habe, ginge es ihr in erster Linie darum, in Frieden ihre Kinder großziehen zu können. Die Scheidungspapiere wurden Onassis auf der *Christina* zugestellt, die gerade in Monte Carlo lag, und obschon Maria sich an Bord befand, ließ sie sich wohlweislich nicht sehen, nachdem Elsa Maxwell ihr gesteckt hatte, Tina habe sie als Ehebrecherin mitbeschuldigt. Das war allerdings nicht der Fall. Tina hatte sie als gute Freundin angesehen; und bis heute hat man die Callas davon freigesprochen, mit Vorbedacht auf Onassis eingegangen zu sein. Eher sei es ihre Naivität gewesen, die sie daran gehindert hätte, seinen Künsten zu widerstehen, wie das vor ihr schon sehr vielen Frauen ergangen war – Dutzenden, während seiner Ehe mit Tina. Der größte Teil von Onassis' Gefolge hatte in Maria Callas ohnehin niemals mehr als die zur Zeit letzte in einer endlosen Reihe von Geld und Macht inspirierter Zügellosigkeiten gesehen. Es ist anzunehmen, daß Tina sich in jedem Fall hätte scheiden lassen, und jeder rechnete damit, daß er bald auch Marias überdrüssig werden und sie einer anderen wegen verlassen würde, was dann ja auch geschah.

Nachdem Tina drei Wochen lang Meneghinis Gesellschaft ertragen hatte, war sie gewiß überzeugt, Maria habe genügend gelitten; und das mag erklären, warum sie eine »Mrs. J. R.« als die angab, mit der ihr Mann »zu Wasser und zu Lande« eine Affäre gehabt hatte.

Als J. R. ermittelte die Presse Jeanna Rhinelander, eine Riviera-Prominente, die das Ehepaar Onassis ein paarmal in ihrem Haus in Grasse besucht hatten – zum letztenmal im Sommer 1954, als Tina die beiden überrascht hatte. Die Rhinelander gab die Affäre bereitwillig zu, sagte aber auch, sie und Tina seien immer noch Freundinnen. Damit war für die Presse klar, daß sie als Sündenbock herhielt, um einen größeren Skandal zu vermeiden. Es gab keinen konkreten Beweis dafür, daß die Onassis-Callas-Romanze über den immer noch angeblichen Flirt an Bord der *Christina* hinausgegangen wäre. Die Besatzung der Jacht war auf Herz und Nieren überprüft, instruiert und gut bezahlt worden, um Diskretion zu wahren, und die bloße Tatsache, daß bei der ersten Kreuzfahrt die Churchills zugegen gewesen waren, hatte manchen Reporter davon überzeugt, daß nichts Ungebührliches geschehen sein konnte. Und was die zweite betraf, so hatte Onassis selbst freimütig bekannt, Maria Callas habe sich an Bord vom Scheitern ihrer Ehe erholen sollen. Schließlich sei allgemein bekannt gewesen, daß Meneghini ein äußerst habsüchtiger Mensch war und viel zu alt an Jahren und Idealen, um dem Tatendrang einer temperamentvollen, hübschen jungen Frau gewachsen zu sein, die ihr Leben lang gegen Demütigung und Unterdrückung gekämpft habe, und die Verbindung sei mit oder ohne Onassis zum Scheitern verurteilt gewesen.

Jetzt wurden die beiden zum leuchtenden Beispiel der Diskretion. Nur wenige Stunden, nachdem Onassis die Scheidungsklage erhalten hatte, ließ er Maria heimlich ins Grand Hotel von Monte Carlo bringen und dafür sorgen, daß die Presse ihn nach einem Diner mit Fürst Rainier und Fürstin Gracia Patricia allein den Palast verlassen sah. Um die Anschuldigung seiner Frau noch glaubwürdiger zu machen und die Aufmerksamkeit von der Callas abzulenken, ließ er sich noch am selben Abend in Begleitung von Jeanna Rhinelander im Casino sehen. Am nächsten Tag gab er eine Erklärung ab, er sei von dem Schritt seiner Frau überrascht worden – nun wolle er sein Möglichstes tun, eine Versöhnung zu erreichen. Damit setzte er ein bizarres Täuschungsmanöver in Gang, überfiel seine Frau mit Telefonanrufen und Körben von Blumen, während Maria nach Mailand zurückkehrte, wo sie an ihrem sechsunddreißigsten Geburtstag mit Meneghini im Restaurant Biffi Scala gesehen wurde und auf die Weise Gerüchte neu entfachte, die besagten, daß sie bald wieder zusammensein würden. »Ich habe meine Entscheidung getroffen«, sagte sie zu einem Journalisten, der sie ungeniert ansprach. »Jetzt gibt es kein Zurück mehr!«

An ihrem Geburtstag erhielt sie zwei wichtige Telefonanrufe. Der erste kam von Rudolf Bing von der New Yorker Metropolitan Opera, der sich für frühere Taktlosigkeiten entschuldigte und sie wieder an sein Haus einlud, zu ihren eigenen Bedingungen, nun, da sie von Meneghini befreit sei. Sie wußte natürlich, daß der Skandal Nachfrage erzeugte, und war sich bewußt, daß Bing darauf aus war, seine Eintrittspreise hochzuschrauben. Das Geschäft über die Kunst setzend, nahm sie seine Entschuldigungen an und sagte zu, wieder an der Met zu singen, wenn auch nicht sofort. Der zweite Anruf war von Antonio Ghiringhelli, der sie – ohne böse Absicht oder Sarkasmus – zu Renata Tebaldis Comeback an der Scala einlud. Nach fast fünfjähriger Abwesenheit sollte die große Sopranistin mit *Tosca* die neue Spielzeit eröffnen. Mit gleicher Aufrichtigkeit schickte sie die Einladung zurück, auf die sie geschrieben hatte: »Jetzt, da Renata Tebaldi an die Scala zurückkehrt, sollte die öffentliche Aufmerksamkeit darauf gerichtet werden, was für uns alle ein wichtiges Ereignis ist, ohne direkte oder indirekte Ablenkung durch mich. Ich hoffe, Sie werden das verstehen und auch, daß ich ihr alles Gute wünsche.« Das war eine kluge Entscheidung, denn sie hatte recht, die Medien hätten sich gewiß mehr für ihr Intimleben interessiert als für diesen wichtigen Punkt in der Karriere der Tebaldi. Wie dem auch sei, es sollte noch neun Jahre dauern, bis die Tebaldi diese Zeilen zu lesen bekam.

Während ihrer ersten Weihnachtsfestes an Bord der *Christina* waren Marias Gefühle in Aufruhr. Die Kinder, Alexander und Christina, zehn und acht Jahre alt, kamen zu Besuch, ließen aber bald erkennen, daß sie sie niemals als »Stiefmutter« akzeptieren würden, und Onassis verbrachte die Zeit damit, seine Frau anzurufen. Als sie Beschwerden mit den Nasennebenhöhlen bekam und das Singen ihr Schmerzen in der Kehle bereitete, sagte er grob: »Dann hör doch auf mit dem Gejodel!« Er hatte sie schon davon abgebracht, in der Öffentlichkeit eine Brille zu tragen, obwohl er selbst ohne seine kaum sehen konnte, und er hatte es sich angewöhnt, ihr Wäsche zu kaufen und ihr vorzuschreiben, wie sie das Haar tragen sollte. Weit schlimmer war jedoch, daß Onassis sie von der Kreuzfahrt über den Atlantik ausschloß – weil er die Churchills eingeladen hatte und sich keine »Wiederholung« der ersten Seereise wünschte. Ihr Freund Franco Zeffirelli, dem sie sich oft anvertraut hatte, war der Meinung, die Ungeregeltheit ihrer Beziehung sci Onassis' Art gewesen, sie zu demütigen: »Obwohl Onassis sich ihres Ruhmes bedient hatte, um seinen gesellschaftlichen Status aufzuwerten, gab es Momente, in denen er der Meinung war, es wäre für ihn ›unschicklich‹, mit einer Mätresse gesehen zu werden.«

Maria zog sich in die Via Buonarotti zurück. Sie verfiel in eine tiefe Depression, und ihre Zukunft erschien ihr so ungewiß wie nie zuvor. Das Erste, was ihr auffiel, war die große freie Stelle an der Wand des Salons. Meneghini hatte ihr Porträt Silvano Caselli zurückgebracht und den Kaufpreis zurückverlangt. Wieviel der Maler ihm erstattet hat, ist nicht bekannt. Kurze Zeit später jedoch kaufte ein Geschäftsmann das Bild und stiftete es einige Jahre später der Associazione Maria Callas, die es in Theatern und Museen rund um die Welt ausstellte. Am 29. Januar 1996 verbrannte es in dem Feuer, das Venedigs La Fenice zerstörte. Caselli hat es noch einmal gemalt – mit dem berühmten Theater, wie es gerade von den Flammen verzehrt wird, im Hintergrund.

Nachdem Onassis von seinem letzten Abenteuer zurückgekehrt war, mit der Nachricht, Tina habe ihre ursprüngliche Scheidungsklage in New York zurückgezogen und statt dessen einem Schnellverfahren in Alabama zugestimmt, nahm er das Verhältnis mit der Callas wieder auf. Sie fand sich wieder in ein konfuses Wohlergehen hinein und genoß die sexuelle Freiheit in vollen Zügen, die sie jetzt überhaupt zum erstenmal besaß. Gleichzeitig war sie sich der Tatsache bewußt, daß ihre Karriere stockte und daß es für die nächste Zukunft keine Engagements gab. Da wurde ihr eine neue Überraschung zuteil, die Veröffentlichung der »Memoiren« ihrer Mutter. *Meine Tochter Maria Callas* gilt heute als billiger Klatsch, geschrieben von einer alten Frau, die mehr daran interessiert war, sich wegen der vermeintlichen Undankbarkeit ihrer Tochter zu rächen, als an der Wahrheit. Im Jahr 1960 jedoch hatte das Buch dasselbe Echo wie ihre früheren »Bekenntnisse« gegenüber dem Nachrichtenmagazin *Time* – mit anderen Worten, nur wenige Kritiker waren interessiert, Marias Version der Geschichte zu hören, und diejenigen, die sie bereits kannten, hatten es nicht eilig, ihr Verständnis kundzutun, insbesondere da ihre Mutter es so einrichtete, daß alle Interviews in einem schäbigen Hotel eines heruntergekommenen Viertels von New York geführt wurden.

In diesem Buch äußerte sich Litza nicht nur gegenüber Maria verletzend, sondern auch gegenüber ihrem Mann und ihrer anderen Tochter. Der schlimmste Teil des Buches, so sagte diese, waren die Klagen über ihre Armut und die Weigerung ihrer Tochter, ihr zu helfen. »Ich weiß genau, daß meine Mutter ein bequemes Leben führte und daß sie es sich in der griechisch-amerikanischen Gemeinde gutgehen ließ«, sagte Jackie damals.

Ein schallender Erfolg war das Buch allerdings nicht. Da Maria sich nicht provozieren ließ, was der amerikanische Verleger Fleet aus Gründen der Publicity gehofft hatte, geriet das alles schnell in Vergessenheit.

Am 12. Mai 1960 wurde Maria von der Nachricht erschüttert, daß ihr Freund und einstiger Liebhaber Prinz Ali Khan im Alter von achtundvierzig Jahren bei einem Verkehrsunfall ums Leben gekommen war. Ihr blieb jedoch nicht viel Zeit zum Trauern, ein paar Wochen später wurde Onassis' Scheidung endgültig. Anfang Juli flog sie nach London, um ein Album mit Arien von Verdi und Rossini zu besingen. Die Aufnahmen wurden im Rathaus von Watford und in der Kingsway Hall gemacht und von Antonio Tonini dirigiert, der ihr unsympathisch war. Wenn man sie sich heute anhört, kann man kaum verstehen, warum sie die Erlaubnis verweigert hat, sie zu veröffentlichen. Die Arbeit wurde abgebrochen, nachdem gerade erst drei Arien endgültig aufgenommen waren, und ihre Bewunderer mußten bis nach ihrem Tod warten, ehe sie diese Aufnahmen, einige ihrer besten überhaupt, zu hören bekamen.

Ein paar Tage später ging es ihr so schlecht, daß sie gezwungen war, ein Konzert in Ostende abzusagen. Das Problem war wiederum eine Entzündung ihrer Nasennebenhöhlen, begleitet von heftiger Migräne, an der sie schon zuvor einmal gelitten hatte. Onassis, der nicht begreifen konnte, daß sie ganz einfach singen mußte und daß für jemanden, der sich der Kunst so hingab wie sie, Geld gelegentlich eine zweitrangige Rolle spielen konnte, sagte: »Ich verstehe nicht, warum du dich weiter so quälst, wenn du doch so einfach damit aufhören könntest.«

Jetzt, da Onassis ein freier Mann war, lebte sie offen als seine Geliebte mit ihm auf der *Christina*. Sie erholte sich und schien nun alle Vorsicht in den Wind zu schlagen, fast jeden Abend besuchte sie Nachtlokale in Monte Carlo, häufig das MAONA, dessen polynesisch klingender Name eine Verschmelzung von Maria und Onassis war. Hier war es, wo sie am 10. August, um einen zudringlichen Journalisten loszuwerden, süß lächelnd verkündete: »Ja, mein Lieber, natürlich werden wir heiraten!« Und Onassis fühlte sich bemüßigt, demselben Mann zu erklären: »Das war nur ein Scherz, Sie Dummkopf!«

Ihre Freunde, das Fürstenpaar von Monaco, gläubige Katholiken, fanden ihre Äußerungen gar nicht komisch und gaben ihnen vertraulich zu verstehen, sie sollten sich zurückhalten oder sich »freundlicherweise außerhalb der Grenzen des Fürstentum danebenbenehmen«. Darum begaben sie sich Mitte August auf eine »Wallfahrt« nach Griechenland, wo Maria mit Mirto Picchi und unter Tullio Serafin zwei Aufführungen von *Norma* singen sollte, und zwar in dem mächtigen, aus dem vierten Jahrhundert vor Christus stammenden Amphitheater von Epidauros, im Nordosten des Peloponnes. Das war das erstemal, daß in diesem Pantheon der griechischen Tragödie eine Oper aufgeführt werden sollte, und der erste Opernauftritt der Callas in ihrem Heimatland seit 1945, als sie noch als Maria Kalogeropoulos aufgetreten war. Diese Aufführungen, sagte sie, ihre ersten Bühnenauftritte seit neun Monaten, seien nur arrangiert worden als »aufpolierte Experimentierproben« für die Schallplattenaufnahme von *Norma*, die sie Anfang September für EMI machen wollte, nicht mit Picchi, sondern mit ihrem guten Freund Franco Corelli, und das läßt erkennen, welche Sorgen sie sich über die immer häufigeren Unsicherheiten in ihrer Stimme machte. Picchi behauptete seinerseits, die »ersten Anzeichen von Abnutzung« hätte er bereits 1957, bei Aufnahmen zu einer gemeinsamen *Medea* wahrgenommen.

Onassis ließ die *Christina* bei Glyfada vor Anker gehen, um nahe bei dem Theater zu sein. Maria wollte allerdings nicht auf der Jacht bleiben, und sie erhielt eine Wohnung nur wenige Meter vom Veranstaltungsort entfernt. In Epidauros kam sie auch wieder mit ihrem Vater zusammen, der seinen Sommerurlaub bei Jackie verbrachte, die immer noch Milton Emberikos pflegte und einer Aussöhnung mit ihrer Schwester nicht näher gekommen war. Hier begegneten sich auch George und Onassis zum erstenmal, kamen prächtig miteinander aus – tranken an Bord der *Christina* Ouzo bis in die frühen Morgenstunden und prahlten voreinander, Maria zufolge, mit Geschichten über die Frauen, die sie verführt hatten.

Epidauros liegt etwa hundert Kilometer von Athen entfernt, eine ziemliche Geduldsprobe für die 17 000 Zuschauer, die aus ganz Griechenland gekommen waren, denn am ersten Abend mußte die Vorstellung dreißig Minuten vor Beginn abgesagt werden weil es in Strömen regnete. Nach Marias Tod erzählte Mirto Picchi, vielleicht als eine Art Abbitte für das, was er über ihren Gesang gesagt hatte, wie sie in seine Garderobe gekommen sei, beinahe völlig aufgelöst, und ihren Kopf an seine Schulter gelehnt habe: »Sie war an diesem Abend alles andere als eine Tigerin, einfach nur eine schwache Frau, die niemanden hatte, an den sie sich in einem schwierigen Augenblick wenden konnte.«

Die Vorstellung, die dann am 24. August stattfand, war die unvergeßlichste, die die Callas je gegeben hat. Der gesamte Ablauf mußte um fünfzehn Minuten angehalten werden, als sie die Bühne betrat – diesmal waren es keine politischen Aktivisten, sondern eine gesunde, herzzerreißende Ovation, die sie zu Tränen rührte. Die Begeisterung hielt die ganze Vorstellung über an und erreichte den Siedepunkt, als sie *Mira, o Norma* sang, zusammen mit Kiki Morfoniou, einer griechischen Mezzosopranistin, die außerhalb ihres Landes so gut wie unbekannt war. Am Ende des Abends flossen die Tränen, als Maria Callas die höchste Ehre zuteil wurde: Sie wurde mit einem Lorbeerkranz gekrönt. Nach der zweiten *Norma*, vier Tage später, stiftete sie ihre Gage von 10 000 Dollar dem Callas-Stipendien-Fonds für bedürftige junge Sänger. Sie wurde mit einer der angesehensten griechischen Auszeichnungen geehrt, der Verdienstmedaille.

»Nächstes Jahr komme ich wieder, das verspreche ich!« rief sie ihren Fans zu, als sie an Bord der *Christina* ging.

Für ihr Scala-Comeback am 7. Dezember 1960, nach zweijähriger Abwesenheit, hatte sie ein weiteres in Vergessenheit geratenes Werk ausgesucht: Donizettis *Poliuto,* eine Oper, die mit Benjamino Gigli und Maria Caniglia zwei Jahrzehnte zuvor das letztemal aufgeführt worden war. An der Seite von Franco Corelli sang sie die Rolle der

Paolina, die etwas weniger gewichtig war als die des Helden. Sie hätte ein großartiger Spiegel ihrer Talente werden können, mit Luchino Visconti als Regisseur und Nicola Benois' Bühnenbildern, die auf Entwürfen des Architekten Pietro Gonzaga aus dem achtzehnten Jahrhundert basierten, der an der Scala gearbeitet hatte, ehe er als Chefbühnenbildner an die kaiserlichen Theater nach St. Petersburg berufen worden war.

Während sie mit Visconti die Rolle besprach, legte sich ihre Furcht davor, wieder in einem der wichtigen Theater zu singen. Mit ihm zusammenzusein, beruhigte ihre bloßliegenden Nerven und gab ihr das Selbstvertrauen zurück, das ihr im letzten Jahr gefehlt hatte. Visconti hatte gewaltige Probleme mit der italienischen Zensur. Seine Inszenierung von Giovanni Testoris Bühnenstück *L'Araldia* war für obszön erklärt und verboten worden, und man hatte ihn gezwungen, Schnitte an seinem Film *Rocco und seine Brüder* vorzunehmen, der als ein »Epos von Leidenschaft, Brutalität, Mord und kollektiver Vergewaltigung« bezeichnet worden war. Am Ende seiner Kräfte, schickte er Maria Callas am 16. November ein Telegramm, in dem er ihr die Gründe erklärte, aus denen er sich gezwungen sah, die Regie niederzulegen, und daß er sich geschworen hatte, nie wieder an der vom italienischen Staat subventionierten Scala zu arbeiten: »Es schmerzt mich sehr, insbesondere weil ich dadurch davon abgehalten werde, mit dir zusammenzuarbeiten, was mir die größte Freude bereitet hätte. Ich bitte dich um Verzeihung, liebe Maria, bin jedoch überzeugt, daß du meine Lage verstehen und meine Entscheidung billigen wirst.« Unverzüglich antwortete sie, sie habe die Stunden gezählt, bis sie wieder mit ihm hätte zusammenarbeiten können, doch was sie am meisten aufrege, sei die Tatsache, daß er so drangsaliert werde. Sie kritisierte, daß es den Zensoren gestattet sei, sich in die Kunst einzumischen, während nichts dagegen unternommen würde, wenn die Medien ein Menschenleben verpfuschte. Ihr Brief endete bedeutungsvoll: »Liebster Luchino, ich bezweifle, daß du und ich jemals frei von Ärger sein werden.«

Visconti wurde in letzter Minute durch Herbert Graf ersetzt, einen Regisseur, mit dem Maria nicht arbeiten konnte. Weitere Probleme tauchten auf, weil Onassis sich persönlich um die Gästeliste kümmern wollte, assistiert von Elsa Maxwell, die extra von New York eingeflogen wurde. Wenn ihre Nerven nicht bereits jetzt zum Zerreißen gespannt waren, dann waren sie es spätestens, als sie erfuhr, daß sie vor Fürst Rainier und Fürstin Gracia Patricia, der Begum des Aga Khan und Marlene Dietrich singen würde und jeder größeren Berühmtheit in Italien, einigen der berühmtesten und gefürchtetsten Kritiker in der Welt und einem kritischen Publikum von dreitausend Personen, von denen manche bis zu zweitausend Dollar für eine Eintrittskarte auf dem Schwarzmarkt bezahlt hatten. Erleichterung versprach die Tatsache, daß die Paolina weniger anspruchsvoll war als die »neuen« Rollen, die sie in der Vergangenheit gesungen hatte. Zumindest kam kein unberechenbares hohes Es darin vor. Was ihr nichts ausmachte, war, daß die Oper die Paraderolle Franco Corellis war und ihre nur an zweiter Stelle kam. Die meisten Kritiker zeigten sich allerdings bis zu einem gewissen Grad verständnisvoll. Peter Heyworth von der *New York Times* wußte genau, warum ihre Stimme ein bißchen zittrig klang und warum sie in den vier weiteren Vorstellungen besser sang als in der ersten. »Sie ist eine sehr nervöse Sängerin, und die fieberhafte Aufregung, die diesen Abend umgab, hat vermutlich ihren Tribut gefordert.« Harold Rosenthal von *Opera* jedoch hörte nur »eine künstliche Darbietung der Callas, die eine Callas imitierte, die Paolina war«, während H. C. Robbins London von *High Fidelity* sofort den empfindlichsten Punkt berührte, indem er schrieb: »Die Callas ist nicht mehr, was sie einmal war ... Im letzten Akt zuckten die Kritiker in der Presseloge zusammen, und das Publikum hielt vernehmbar den Atem an, als sie verschiedene hohe Noten reduzierte – abflachte wie eine Tonne Stein. Es war ein bemerkenswertes Comeback, aber kein lupenreines.«

Obgleich das keineswegs das Ende war, wie viele sogenannte Callas-Experten behauptet haben, war ihr Vertrauen in die eigenen Fähigkeiten erschüttert. »Wenn man seine Arbeit gut macht, kann das Leben erhebend sein. Gelingt einem das aber nicht, kann es eine Qual sein«, sagte sie ein paar Wochen später und fuhr fort: »Mit den ersten beiden *Poliutos* war ich sehr zufrieden, doch bei der dritten Vorstellung habe ich gedacht, ich sterbe. Es ging zwar ganz gut, aber die Anspannung war zu groß gewesen und forderte ihren Preis. Das ist zuviel verlangt von einem Künstler, wenn ich nur darum bitte, geben zu können, was ich vermag.«

Künftig sollte es kein aufregendes Stöbern im vernachlässigten Repertoire der großen Belcantokomponisten mehr geben.

O, rendetemi la speme
1961

> *Wenn man die Musik wirklich liebt, kann man*
> *angesichts ihrer ungeheuren Macht nicht umhin,*
> *sich klein und winzig zu fühlen und ihr zu*
> *dienen – und das vielleicht für den Preis, niemals*
> *ein echtes, dauerhaftes Glück zu erfahren.*

Das Weihnachtsfest des Jahres 1960 war das unglücklichste ihres Lebens, obwohl sie sich alle Mühe gab, ihre Gefühle zu verbergen. Sie hatte sich nach Kräften bemüht, die Zuneigung der Kinder von Onassis zu gewinnen, und hatte immer wieder versichert, daß sie nicht die Absicht hatte, ihre Mutter, mit der sie immer noch freundschaftlich verbunden war, zu ersetzen, doch vergeblich. Die Kinder beschuldigten sie – und niemals ihren Vater –, die Mutter vertrieben zu haben, und setzten alles daran, ihr das Leben schwerzumachen. Da die *Christina* ein großes Schiff war, war es einfach, einander aus dem Weg zu gehen. Wenn sie aber doch mit ihnen sprach, und zwar immer voller Zuneigung, waren sie verstockt oder ungezogen oder ignorierten sie. Sie gab sich Mühe, Geschenke für sie zu finden, die jedoch ungeöffnet blieben. Beleidigend wurde das Verhalten, als

Onassis seinem Sohn ein Motorboot schenkte. Alexander wartete gern, bis sie begann, die Arien zu üben, die sie im Frühjahr für EMI aufnehmen wollte – dann warf er den Motor an und raste Dutzende Male um die Jacht herum und machte dabei so viel Lärm wie nur möglich. Christina empörte Maria gern damit, daß sie in ihr Zimmer kam, sich den Finger in den Hals steckte und sich auf den Teppich erbrach. »Als ich Aris Kindern zum erstenmal begegnet bin, schienen sie richtige kleine Engel zu sein«, bekannte Maria später gegenüber Roger Normand, »doch nur allzubald stellte ich fest, daß sie abscheuliche kleine Teufel waren. Ari sagte, vielleicht hätte ihnen ab und zu eine Tracht Prügel gutgetan. Ich jedenfalls hätte ihnen am liebsten den Hals umgedreht.«

Im Januar 1961 erhielt Maria Besuch von Sandor Gorlinsky, der nun ihr einziger Agent war. Er kam mit einem Angebot von Rudolf Bing, Bellinis kaum bekannte *Beatrice di Tenda* an der New Yorker Met zu singen. Antonio Ghiringhelli hatte ihr dieselbe Rolle angeboten, allerdings zu viel besseren Bedingungen – mit Franco Corelli als Partner und mit Tullio Serafin als Dirigent. Wie man heute weiß, hatte Covent Garden ihr nicht weniger als fünf Produktionen angeboten: *Don Carlos, Il trovatore, Der Rosenkavalier, Macbeth* und *Salome*. David Webster hatte sie inständig gebeten: »Nehmen Sie eine an – oder alle fünf!« Ein paar Tage später bekam sie einen Anruf vom Filmregisseur Carl Foreman, der ihr eine riesige Gage offerierte – nicht zum erstenmal – für eine Rolle neben Gregory Peck in dem Film *Die Kanonen von Navarone*, mit dessen Dreharbeiten er gerade beginnen wollte. Außerdem wurde ihr die Hauptrolle in der Verfilmung von Hans Habes Roman *Die Primadonna* angeboten, und während sie noch darüber nachdachte, lud Lawrence Kelly sie ein, seine Neuinszenierung von Glucks *Orfeo ed Eurydice* in Dallas zu singen. Nachdem sie mit Onassis gesprochen hatte, schlug sie jedes dieser Angebote aus.

Ähnlich vorsichtig war sie in bezug auf eine Vereinbarung, die sie Ende 1960 mit der *Sunday Times* getroffen, jedoch nicht unterzeichnet hatte – wie drei Jahre zuvor mit *Oggi* – ihre »Memoiren« zu veröffentlichen, ohne Lügen und Fälschungen. Der Journalist, der sie interviewen sollte, war Derek Prouse, und die Callas selbst bestimmte den Ort: das Grandhotel in Monte Carlo. Doch dann vergaß sie, das Haus davon in Kenntnis zu setzen. So geschah es, daß das Personal Prouse, der eines Tages im Februar erschien, erklärte, sie wäre nicht anwesend; und erst nach einer heftigen Auseinandersetzung mit dem Empfangschef wurde in ihrer Suite angefragt, und sie erinnerte sich an die Verabredung.

»Man trifft auf ein freundliches amerikanisches Mädchen mit Brille, das einen Whisky mit Soda mixt«, war Prouses erster Eindruck von Maria Callas. Diesem Mann gegenüber, zu dem sie sich impulsiv hingezogen fühlte und der, wie er bekannte, vor ihr regelrecht erstarrte, war sie offener als gegenüber jedem anderen zuvor. »In der gegenwärtigen Phase meines Lebens«, sagte sie zu ihm, »befinde ich mich in einem Selbstfindungsprozeß und versuche, mich von dem falschen Bild von mir zu lösen, das von anderen stammt. Ich habe stets darum gekämpft, ein normaler Mensch zu sein, doch habe ich leider Leute um mich gehabt, die alles getan haben, mich davon abzuhalten.«

Dann sprach sie über ihre Techniken und Methoden, sich neue Rollen zu erarbeiten, über ihre ausgeprägte Befangenheit und ihren hoffnungslosen, scheinbar unheilbaren Mangel an Selbstvertrauen: »Man bekommt so leicht Angst davor, den Erwartungen nicht gerecht zu werden. Das ist etwas, das mir sehr viel Mißverständnis eingebracht hat. Wenn ich wütend werde, dann geschieht das mitunter weniger wegen der Leute, sondern wegen mir selbst. In gewisser Hinsicht ist das mein Schutz: Man ist unzufrieden und läßt an anderen aus, was man gegen sich selbst hat.«

Bezüglich ihrer Probleme mit der Presse bekannte sie freimütig: »Gewisse Blätter und gewisse Leute haben ein Bild von mir als einer Frau entwickelt, die immerzu ausrastet. Wenn ich spazierengehe, möchte ich nicht ständig an Callas, die Sängerin, erinnert werden. Callas? Ja, sie hat gesungen, und sie ist gut, aber bitte lassen Sie sie wie jeden normalen Menschen über die Straße gehen. Wir brauchen eine entspannte Atmosphäre für unseren Gesang, für unsere geistige Stabilität.«

Sie verteidigte auch ihr Verhältnis zu den großen Opernhäusern, indem sie sagte: »Ich habe zu den meisten Theatern, in denen ich gearbeitet habe, ein gutes Verhältnis gehabt. Doch leider sind es nie die guten Beziehungen, die Schlagzeilen machen.«

Über »moderne« Opersänger äußerte sie sich jedoch abschätzig: »Leider wird es mit der Oper immer schlechter. Ich stamme noch aus der alten Schule, wir haben sehr viel geprobt. Heutzutage gibt es viele Künstler, die sich nicht mehr viel ums Proben scheren. Am liebsten möchten sie erst unmittelbar vor der Vorstellung kommen, Geld kassieren, den Job erledigen und ab, zum nächsten Ort. Das ist eine Art, schnelles Geld zu machen, doch wenn Geld ins Spiel kommt, dann geht die Kunst.«

Schließlich hob sie die Bedeutung der Primadonna hervor: »Mit der Position der Primadonna in einem Ensemble ist eine große Verantwortung verbunden. Sie sollte Disziplin bedeuten. Wir müssen ein Beispiel geben. Wir müssen pünktlich zu den Proben kommen, dann wird der Chor uns respektieren und mit mehr Vergnügen an die Arbeit gehen.«

Derek Prouse verließ die Suite an diesem Nachmittag kaum weniger bebend, als er sie betreten hatte, und bereichert. In der Hotelhalle kritzelte er auf seinen Block: »Der abschließende Eindruck ist der einer einsamen Frau, ungeheuer geistvoll und ganz und gar der Welt der Musik ergeben: abwechselnd ausgelassen und unglücklich, aber fest entschlossen, die eigene Konzeption ihrer Arbeit durchzusetzen, obgleich sie sich ganz darüber im klaren ist, daß die Perfektion, mit der allein sie sich zufriedengeben könnte, ›nicht von dieser Welt‹ ist.«

Kurz nach dem Interview fuhr sie nach Paris, um ihre erste Platte für Pathé-Marconi aufzunehmen. Der künstlerische Direktor, Michel Glotz, hatte sie kurz zuvor mit dem Dirigenten Georges Prêtre bekanntgemacht, mit dem sie sofort ein gutes Verhältnis hatte. »Er war ein Mann ganz nach meinem Herzen«, sagte sie zu Roger Normand. »Bei Georges konnte ich aus tiefstem Herzen fluchen, und er zuckte kaum mit der Wimper. Die meisten Dirigenten wollten mit mir nur essen gehen, nachdem wir mit der Arbeit fertig waren. Dieser, er hatte einen schwarzen Gürtel, wollte immer, daß ich Judo lernte.«

Callas à Paris, mit Unterbrechung innerhalb von zwei Wochen aufgenommen, war eine Neuerung, ein Schlag ins Gesicht jener, die die Callas unbedingt abschreiben wollten. Die Platte enthielt elf Arien französischer Opern, gesungen auf französisch: *Alceste, Carmen, Samson et Dalila, Roméo et Juliette, Mignon* und *Le Cid*, Partien, die gewöhnlich mit einem Mezzosopran assoziiert werden – und um die Sache abzurunden, war noch eine großartige *J'ai perdu mon Eurydice* aus Glucks *Orphée et Eurydice* dabei.

In Paris beschloß sie, sich in einer Wohnung in der Avenue Foch 44 einzurichten, in der als L'Étoile bekannten vornehmen Gegend. Der Gedanke, sich in diesem Stadtviertel eine Wohnung zu nehmen, stammte von Onassis, dessen eigenes Appartement sich in der Nummer 88 befand. Sie blieb jedoch nicht lange dort, nachdem die Wohnung eingerichtet war, denn sobald die Schallplattenaufnahmen für Pathé-Marconi fertig waren, kehrte sie zu Onassis auf die *Christina* zurück. Sie begaben sich erneut auf eine Seereise und kamen erst Ende Mai wieder, für ein Konzert im Londoner St. James' Palace, wo Maria, am Klavier begleitet von Sir Malcolm Sargent, zugunsten des Edwina Mountbatten Fund sang. Dann wieder auf Kreuzfahrt. Ob diese Vergnügungssucht ihren stimmlichen Fähigkeiten tatsächlich abträglich war, wie oft gesagt worden ist? Sie selbst war überzeugt, daß es nicht so war, wie sie Derek Prouse erklärte: »Ich bereite mich viel mehr in Gedanken vor, statt mich in endlosen Übungen zu verlieren, um etwas zu erreichen, was ein paar Minuten Arbeit in der richtigen Gemütsverfassung mühelos erbringen können.«

Wie versprochen, kam sie im August 1961 wieder nach Epidauros, um zwei Aufführungen von *Medea* zu singen – dem Geistesprodukt von Alexis Minotis, der nun einen Traum verwirklichen konnte, indem er seine Inszenierung dieser Cherubini-Oper von Dallas in den heiligen Tempel der antiken griechischen Tragödie übertrug. Maria kam unglaublich gut aus mit dem Ensemble. Sie arbeitete gern mit Jon Vickers zusammen, der wieder die Partie des Jason sang, und sie hatte großen Respekt vor Kiki Morfoniou. Sie brach auch mit einer Tradition, indem sie Freunden gestattete, bei Proben dabeizusein. Und diesmal mischte sich auch Onassis nicht ein, da er einen geschäftlichen Termin in Alexandria hatte – einen, den er absichtlich auf den 6. August, den Tag der Premiere, gelegt hatte, denn es gefiel ihm nicht mehr, im Schatten von Maria Callas zu stehen.

Die erste Vorstellung in Epidauros fand vor dem zahlenmäßig größten Publikum ihrer Karriere statt. Die 17 000 Eintrittskarten für den ersten Abend waren innerhalb von zwei Tagen ausverkauft, und weitere 10 000 Zuschauer hatten sich auf den Bergen rund um das Amphitheater eingefunden, um sie in einer unübertrefflichen Aufführung zu erleben, die auch vom Genius loci profitierte: *Medea* spielt in Korinth, nicht sehr weit entfernt von Epidauros. Die Ehrengäste hatte Maria selbst ausgewählt. Zu ihnen gehörten der griechische Ministerpräsident und fast das gesamte Kabinett, Fürst Rainier und der größte Teil von Monacos Haute société, Antonio Ghiringhelli und David Webster, Melina Mercouri, Elsa Maxwell und George Callas. »Selten in den letzten Jahren war die Callas in so blendender Form«, erklärte Trudy Goth von *Opera News*. »Nur wenige Sängerinnen mit beständigeren hohen Tönen erreichen auch nur annähernd ihre schauspielerische Ausdruckskraft, ihre Musikalität (Stil und Phrasierung), die unfehlbar richtige Stimmfärbung und die

Körpersprache, die sie für die Rolle hat und mit der sie sie ganz sich zu eigen macht.« Sie bekam siebzehn Vorhänge.

Jackie Callas war nicht zur *Medea*-Premiere eingeladen worden, obgleich Maria sie gern dabei gehabt hätte, weil sie gehört hatte, ihre Mutter sei während des Sommers in Athen. Das stimmte nicht, und so lud sie ihre Schwester, die sie seit neun Jahren nicht mehr gesehen hatte, in ein Restaurant ein, nicht weit vom Liegeplatz der *Christina* entfernt. Onassis hatte sich für die zweite Aufführung, am 13. August, angesagt.

Jackie war sehr aufgeregt, Maria nach so langer, erzwungener Trennung wiederzusehen, noch dazu vor so vielen berühmten Leuten. Onassis selbst war nicht erschienen, aber Elsa Maxwell war da und einige bedeutende Geschäftsleute. Obwohl sie sämtliche Zeitungsartikel über ihre Schwester gelesen und die Fotos gesehen hatte, war sie schockiert von der Veränderung in ihrer Erscheinung. »Ihre Hände waren lang, und sie benutzte sie mit schauspielerischem Gespür«, schreibt sie in ihren Memoiren, »und mit einemmal wurde mir klar, daß ich diese Frau überhaupt nicht kannte. Da stand ich und wartete darauf, einer Fremden vorgestellt zu werden. Die Maria, die ich zuletzt gesehen hatte, die Maria, die ich kannte, war dick und häßlich, schlecht gelaunt und unzufrieden. Diese hier war eine Vision vornehmer Eleganz.«

Anfänglich ging alles gut. Maria zeigte Jackie die *Christina*, wo ihr auch Onassis vorgestellt wurde. Maria fühlte sich dort, Jackie zufolge, allmählich nicht mehr wohl, wegen der allgegenwärtigen Bediensteten und der fehlenden Privatsphäre. Ein paar Tage später begleitete Jackie George Callas zur zweiten *Medea*. Die zehntausend Dollar Gage dafür überließ Maria wiederum dem Callas-Stipendium. Jackie berichtete: »Sie agierte mit ihrem ganzen Sein. Sogar die Sandalen an ihren Füßen schienen die Rolle zu projizieren.«

Der Bruch kündigte sich bereits am nächsten Tag bei einem Essen im Haus von Onassis' Schwester in Glyfada an, als einer der Gäste

Jackie fragte, warum sie ihre eigene Gesangskarriere so plötzlich wieder aufgegeben habe, da sie doch auch eine recht gute Stimme gehabt hätte. Noch ehe Jackie antworten konnte, schrie Maria: »Singen ist etwas für junge Leute. Das muß man jahrelang studieren und nicht einfach wiehern wie ein Esel. Eine Stimme! Willst du mal hören, wie man Gläser zerbricht?« Obwohl sie sich für diesen Ausbruch entschuldigte, nachdem die anderen Gäste gegangen waren, wußte Jackie instinktiv, daß sie von nun an kaum mehr als eine Fremde sein würde. »Sie tat mir leid«, sagte sie. »Sie war so mit ihren täglichen Sorgen beschäftigt, außer ihr und Onassis existierte für sie niemand.«

Im November 1961 begleitete Onassis die Callas nach London, wo sie ein Album mit Arien von Bellini, Rossini und Donizetti aufnehmen sollte. Während ihres Aufenthalts wurde sie von Reportern umlagert, die ihre Meinung zu der kürzlichen Heirat von Tina Onassis mit dem Sohn des Herzogs von Marlborough, dem Marquis of Blandford, hören wollten. Mit den Schallplattenaufnahmen war sie so unzufrieden, daß sie nur eine der sechs Arien – *Sorgete* aus *Il pirata* – zur Veröffentlichung freigab. Die anderen kamen erst nach ihrem Tod heraus. Ende des Monats ging sie nach Mailand zur Minotis-Inszenierung der *Medea*, wo sie unterstützt wurde von einem hervorragenden Ensemble, zu dem wiederum Jon Vickers als Jason zählte, ihre Freundin Giulietta Simionato und der großartige bulgarische Baß Nicolai Ghiaurov.

Die Premiere fand am 11. Dezember statt (das Hauptwerk in dieser Spielzeit war Verdis *La battaglia di Legano*, mit Franco Corelli), mit dem üblichen Zischen und Buhen von den Galerien, ohne das, zumal an der Scala, keine Callas-Aufführung vollständig gewesen wäre. Stimmlich war sie nicht in Bestform, obwohl in einer so dramatischen, aktiven Rolle mit einem gelegentlich unsauberen Ton zu rechnen ist. »Was macht es schon, wenn ihre Stimme bisweilen ein bißchen schwach und wacklig ist?« fragte Trudy Goth von *Opera*

News. »Sie hat immer noch alle lyrische Intensität, die emotionalen Modulationen und Nuancen, die dramatische Umsetzung, die ihr keine heutige Sängerin nachmacht.«

In dieser Aufführung gab es auch Augenblicke, sehr zur Freude der »Callas Boys«, in denen die Schauspielerin und die Rolle völlig eins wurden. In der Arie des ersten Akts, *Del tuoi figli la madre*, in der Medea Jason anfleht, zu ihr zurückzukehren, verkündet sie von sich selber: *Tu lo sai quanto un giorno t'amo, crudel! (Du weißt, wie sehr sie dich einst geliebt hat, Grausamer!).* Das letzte Wort, das wiederholt wird, spie sie mit allem Gift, das sie besaß, zu den Pfeifern in einer der Galerien hinauf. Einen Augenblick später, als sie die Zeile *Ho dato tutto a te! (Ich habe dir alles gegeben!)* sang, stürmte sie an die Rampe heran und schleuderte ihnen die Fäuste entgegen. »Das war meine Art zu sagen: ›Zum Teufel mit euch!‹« sagte sie zu Roger Normand.

Weder die Presse noch die Öffentlichkeit erfuhren, daß sie nur unter kaum erträglichen Schmerzen die *Medea* beendete. Ihre Nasennebenhöhlen quälten sie so sehr, daß sie am 15. Dezember, fünf Tage vor ihrer letzten Vorstellung, in eine Klinik ging, um sich operieren zu lassen, was ohne Betäubung geschah und schmerzhafter war als die Beschwerden selbst. Onassis ließ sie wissen, er sei zu beschäftigt, um sie zu besuchen, und gab damit den Gerüchten von einer bevorstehenden Trennung neue Nahrung – Gerüchte, die er noch verstärkte, indem er gegenüber Freunden wie Elsa Maxwell prahlte, die Callas zu umwerben und zu erobern, sei weitaus interessanter gewesen, als die Aussicht, den Rest seines Lebens mit ihr verbringen zu müssen –, während Maria noch für das betete, was sie sich mehr als alles in der Welt ersehnte: eine Ehe und ein Kind.

Die Gerüchte verstummten, als sie Weihnachten ohne seine Kinder in Monte Carlo verbrachten, wurden jedoch sofort wieder laut, weil Onassis nicht zu ihrem Konzert am 27. Februar 1962 in der Londoner Festival Hall erschien, das von den Kritikern gnadenlos verrissen wurde. In einem engen schwarzen Rock und einem rosa Oberteil »ganz und gar die Schlange vom Nil«, wie Charles Reid von der Daily Mail kommentierte, begann sie mit Webers *Ozean, du Ungeheuer*, einer Arie, die sie seit zwölf Jahren nicht mehr auf einer Bühne gesungen hatte. »Die meisten Töne über der Notenlinie waren dermaßen wacklig, daß man die einzelnen Taktschläge heraushören konnte«, fuhr Reid fort. »Trotz allem, das Publikum jubelte.« Die negative Presse erwies sich als Fortsetzung der Kampagne anläßlich ihrer *Sonnambula* auf den Edingburgher Festspielen, denn die Kritiker wurden eines Besseren belehrt, als dieses Konzert als Raubmitschnitt veröffentlicht wurde: Wenngleich ihre Stimme in der Eröffnungsarie und auch in der darauf folgenden *Pleurez mes yeux* aus Massenets *Le Cid* ein bißchen schrill klingt, erstrahlen die übrigen Stücke im vertrauten Callas-Glanz.

Marias Kavalier, der Onassis auf dieser Reise nach London vertrat, war Panaghis Vergottis, ein neunundsechzigjähriger Reeder und Freund von ihm, den sie 1959 kennengelernt hatte. Hochgewachsen und aristokratisch, galant und gebildet, war er das ganze Gegenteil des vulgären Onassis. Wichtiger noch, Vergottis war ein leidenschaftlicher Opernliebhaber. Auch er war den Damen sehr gewogen und soll, wenngleich nie verheiratet, unzählige Geliebte gehabt haben im Laufe der dreißig Jahre, die er Multimillionär war und von denen er die meiste Zeit in einer Suite im Ritz gewohnt hatte. Als die Callas ihn dort zum erstenmal besuchte, war sie erstaunt über die Unpersönlichkeit, die dort herrschte – es gab keinerlei Zierat, nicht einmal Fotos, nichts Persönliches, und sein kostbarster Besitz, ein orientalischer Teppich, das Geschenk eines Freundes, war im Lagerraum des Hotels verstaut. Ob Vergottis mehr gewesen ist als ein Freund, ist nicht bekannt, obgleich Freunde meinten, mit ihrer Neigung zu »Männern eines gewissen Alters« habe alles möglich sein können. Maria selbst sagte später, nach ihrer bitteren Entzweiung: »Es war mir eine große Freude, in Panaghis so etwas wie einen Vater zu sehen. Ich war sehr glücklich mit unserer Beziehung. Er wußte das und betrachtete mich als seine größte Freude. Er war stolz darauf, mit mir herumzureisen und an meinem Ruhm teilzuhaben – und das meine ich wirklich ernst.«

Vergottis begleitete sie zu einem Dinner, das für sie im Savoy gegeben wurde. Sie lief im Saal herum und pickte hier und da ein Häppchen von den Tellern der Gäste, eine Angewohnheit, die sie bei ihrer ersten Kreuzfahrt auf der *Christina* angenommen hatte, als sie Mrs. Churchill zu ihrem Opfer gemachte hatte, indem sie gurrte: »Das macht Sie nur dick, meine Liebe!« Gegen Mitternacht beteiligte sie sich an dem wöchentlichen Twist-Wettbewerb – gegen Margot Fonteyn – und gewann. Am nächsten Tag aß sie im Hotel mit Lord und Lady Harewood, Walter Legge, Sandor Gorlinsky und Olga Franklyn von der *Daily Mail,* die sie unverblümt fragte: »Madame Callas, haben Sie jemals Angst davor, daß Sie Ihre herrliche Stimme verlieren, wie die Kritiker sagen?« worauf sie erwiderte: »Ich diskutiere nie darüber, was man über mich sagt oder schreibt. Außerdem sind die Artikel über mich seit einiger Zeit so lausig, daß ich sie gar nicht erst zu lesen brauche, um zu wissen, was die Leute sagen! Trinken Sie Ihren Wein, und halten Sie den Mund!« Am nächsten Morgen stand in Franklyns Kolumne zu lesen: »Miss Callas braucht sich, meiner Meinung nach, keine Gedanken um ihre Stimme zu machen. Ihr Temperament genügt vollkommen.«

Maria Callas war nicht die einzige berühmte Sopranistin in dieser Woche in London. Joan Sutherland probte gerade in Covent Garden Franco Zeffirellis umjubelte Inszenierung von Händels *Alcina* – eine Partie, mit der sie bereits in Dallas und Venedig das Publikum begeistert hatte. Vergleiche zwischen den beiden waren natürlich unvermeidlich, insbesondere wenn man die Äußerungen bedenkt, mit denen sie sich gegenseitig bedachten. Die Sutherland konnte die Callas gar nicht genug loben, während diese solche Sticheleien von sich gab wie: »Die Sutherland am Covent Garden? Darüber sollten sich die Kanarienvogel-Liebhaber freuen.« J.W. Lambert von der *Sunday Times*, der Maria damit amüsiert hatte, daß er sie einen »Schmied« nannte und ihre Stimme »einen Amboß, den sie fachmännisch einsetzt, um ihre Nuancierungen und Phrasierungen zu schmieden«, schätzte die beiden treffend ein. »Wenn die Callas singt, jagen Sternschnuppen über den sturmgepeitschten Himmel, zischt und kracht ein Feuerwerk und sendet Lichter-Kaskaden auf die staunende Erde hinab. Wenn die Sutherland singt, funkelt Sonnenlicht, mal sanft, mal diamantenscharf auf den morgenfrischen Kaskaden himmlischer Quellen.«

Ungewollt fachte Antonio Ghiringhelli die Rivalität weiter an, indem er der Callas vorschlug, mit der Sutherland in der Inszenierung von Meyerbeers *Les Huguenots* aufzutreten, die in diesem Jahr der Höhepunkt der Mailänder Messe sein sollte. »Kommt nicht in Frage!« war die klare Antwort.

Am 12. März flog sie mit Georges Prêtre zu einer viertägigen Deutschlandtournee nach München, die beinahe in einer Katastrophe geendet hätte, weil eine ihrer Kontaktlinsen zerbrach und sich ein Splitter davon im Augenwinkel festsetzte und eine Infektion verursachte. Kontaktlinsen trug sie seit einer gehässigen Bemerkung von Onassis über ihre »vier Augen«, die er jedesmal machte, wenn sie die Brille aufsetzte, die wegen ihrer überaus starken Kurzsichtigkeit für das Partitur-Studium unbedingt nötig war. Georges Prêtre brachte sie in eine Klinik, wo der Splitter entfernt wurde. Dann kehrte sie zu ihrer Brille zurück, die sie allerdings gewöhnlich in der Hand hielt, wenn sie mit Onassis zusammen war, und nur aufsetzte, wenn er nicht hinschaute.

In München begegnete sie dem Tenor Fritz Wunderlich, der damals ein Glanzlicht der Bayerischen Staatsoper war und als der herausragendste deutschsprachige Mozartinterpret und Liedersänger seiner Zeit galt. Die Callas bewunderte ganz besonders seinen Tamino, und er seinerseits bekannte, daß er nur allzu gern mit ihr zusammenarbeiten würde. Doch da lag das Problem. Wunderlich war stolz auf seinen pfälzischen Dialekt und sang so gut wie nie in italienisch, während die Callas die deutsche Sprache verabscheute. »Sie erinnert mich an die schlimmen Zeiten, die uns die Nazis während des Krieges in Athen bereitet haben«, hat sie einmal zu einem ihrer Klavierbegleiter (Robert Sutherland) gesagt, der versucht hatte, sie für das Kunstlied zu gewinnen. Vier Jahre später war Wunderlich tot. Erst fünfunddreißig Jahre alt, war er einem Verkehrsunfall zum Opfer gefallen. »Wenn er doch nur zu einem Kompromiß bereit gewesen wäre, wenigstens einmal«, sagte sie mit Tränen in den Augen, obgleich sie das natürlich auch von sich selbst hätte sagen können.

Im April 1962 nahm sie in London drei Arien für EMI auf, darunter auch eine endgültige Version von *Ozean, du Ungeheuer*. Ihre Freunde, einschließlich Lord Harewood, hatten sich bemüht, sie die Kritiken bezüglich des Konzerts in der Festival Hall nicht sehen zu lassen, doch jetzt zeigte ihr Walter Legge einen Zeitungsausschnitt. Zutiefst erschüttert darüber, wie die Weber-Arie verrissen worden war, weigerte sie sich, die neue Aufnahme zur Veröffentlichung freizugeben, und sagte zu Legge: »Und Sie sollten auch die anderen wegwerfen.« Somit wurden auch diese schönen Stücke weggeschlossen.

Als ob sie nicht schon genug Kummer gehabt hätte, erfuhr sie am 26. April, während sie in London war, von einem weiteren Versuch ihrer Mutter, öffentliches Mitgefühl zu erringen. Nachdem Litza den Vormittag damit verbracht hatte, »bedeutungsvolle« Geschenke für Freunde und Verwandte einzukaufen, die sie nicht ausstehen konnten, hatte sie eine Nachricht für Maria und eine weitere für die Presse geschrieben und dann eine größere Menge Schlaftabletten geschluckt, so daß sie ins Krankenhaus gebracht werden mußte. Als Maria von einem Sprecher des Roosevelt Hospitals erfuhr, ihre Mutter habe selbst das Krankenauto angefordert und erst dann die Tabletten geschluckt, fauchte sie ins Telefon: »Ich hätte beinahe Lust,

Sie dafür zu belangen, daß sie das alte Aas nicht haben draufgehen lassen!« Dann verlangte sie, daß ihre Mutter dem Psychiater vorgestellt und sofort in ein Heim gesteckt werden sollte.

Litza wurde tatsächlich untersucht, dann jedoch entlassen, weil sie behauptet hatte, Mitte Mai käme Maria nach New York und hätte versprochen, sich um sie zu kümmern. Das war natürlich reinstes Wunschdenken. Gegenüber Roger Normand erklärte Maria: »Das einzige Mal, daß ich meine Mutter noch einmal sehen will, ist, wenn sie in ihrer Kiste liegt, und dann auch nur, um sicher zu sein, daß sie auch wirklich tot ist!«

Der Besuch in ihrer Geburtsstadt war nur kurz. Am 19. Mai nahm sie an einem Galakonzert im Madison Square Garden anläßlich des fünfundvierzigsten Geburtstags von Präsident John F. Kennedy teil. Die Veranstaltung war ein bißchen anrüchig geworden, weil auch Marilyn Monroe auftrat, die damals wegen ihrer persönlichen Tragödie und ihrer Pillenabhängigkeit ein psychisches Wrack war. Niemand hatte mit ihrem Erscheinen gerechnet. In einem aufregenden Kleid hauchte sie *Happy Birthday, Mr. President.* Maria Callas sang zwei Arien aus *Carmen*, die *Habañera* und die *Séguedille*. 18 000 Zuhörer, ihr größtes zahlendes Publikum überhaupt, spendeten rasenden Beifall. Als viele Jahre später bekannt wurde, daß die Monroe und Kennedy damals eine Affäre miteinander hatten, vergaß man, daß auch noch andere Künstler aufgetreten waren, und nur sie erscheint in den Filmberichten, was äußerst schade ist. Maria Callas wurde nach ihrem Auftritt dem Präsidenten und seiner Frau Jacqueline (Jackie) vorgestellt. Vielleicht nicht nur ironisch äußerte sie später: »Er ist gar nicht so übel, aber sie hat etwas an sich, das ich ganz und gar nicht mag.«

E un serto ebb'io di spine
1962–1964

>»*Beruflich ist die Welt der Maria Callas die einer einsamen Frau geworden, die ständig auf der Suche nach ihrer Stimme ist und nach Perfektion in ihrer Kunst strebt. Alles andere besitzt sie, und nur die Kunst bleibt eine Herausforderung.*«

Im Sommer 1962 verschlechterte sich die Stimme der Callas so rapide, daß die Kritiker und auch sie selbst zu dem Schluß kamen, ihre Karriere sei bald zu Ende, wenn sie es nicht gar schon war. Die Ursache waren jedoch nicht ihre Stimmbänder, sondern die wiederkehrenden Nebenhöhleninfektionen, die bereits den rechten Kiefer angegriffen hatten, so daß die Resonanzräume nicht mehr richtig funktionierten, was wiederum das Gehör beeinflußte – kurz, es machte ihr so große Mühe, die höchsten Töne zu erreichen – und sie traf sie nicht immer –, weil sie sie nicht hören konnte. Deutlich wurde das vier Tage nachdem sie in dem Konzert für Kennedy so herrlich gesungen hatte, bei der *Medea* am 23. Mai an der Mailänder Scala, bei ihrer, wie sich dann herausstellen sollte, vorletzten Vorstellung an diesem Theater, das sie gern als »mein zweites Zuhause« bezeichnet hatte. Gleich bei der ersten Zeile, *Io? Medea! (Ich? Medea!)*, versagte ihre Stimme. Von den Galerien ergoß sich ein Sturm des Protests, der sie mit Angst und Schrecken erfüllte.

Später sagte Maria Callas, das sei der entsetzlichste Abend ihres Lebens gewesen, doch mit einer übermenschlichen Anstrengung und Selbstbeherrschung kämpfte sie sich durch die gesamte Vorstellung und machte dabei kaum bemerkenswerte Fehler – und auch wenn einige Kritiker »plötzlich nasale Qualitäten« ausmachten, war sie doch immer noch die große Callas. »Auf dramatische Art und Weise ließ sie keinen Zweifel daran, wer immer noch die überragende Gestalt auf der Opernbühne ist«, erklärte *Opera News*. Das war gewiß wahr, wenngleich selbst der unkritischste unter den Experten, ihr Freund Lord Harewood, erkennen konnte, daß etwas mit ihrer Stimme geschehen war. Was es war, offenbarte er erst nach ihrem Tod – und das ist um so bedauernswerter, als Freunde sagten, es wäre für sie vielleicht hilfreich gewesen, ein paar bittere Wahrheiten zu erfahren. Im *Evening Standard* schrieb er im November 1989: »Ihre Stimme hatte deutlich gelitten. Sie war sehr rauh geworden. Mit Onassis auf See zu sein, war gewiß nicht günstig, und sie hat nicht so auf sich geachtet, wie sie es hätte sollen. Zu viele Partys und solche Sachen. Sie wurde ausgepfiffen, und man hatte das Gefühl, daß diese wunderbare Karriere zu Ende ging. Ich finde aber, sie besaß immer noch gewaltige Kraft, enorme Größe bei allem, was sie tat. Trotz allem, die hat sie nie verloren.«

Kurz nach der zweiten *Medea* ließ sie noch einmal einen chirurgischen Eingriff vornehmen, um die Nebenhöhlen zu reinigen und so den quälenden Schmerz zu lindern. Die Operation war ein Erfolg, und um sich nicht zu sehr zu ermüden, verbrachte sie die nächsten fünf Monate zurückgezogen auf der *Christina*, sah nur ihre engsten Freunde und wurde nur selten in der Öffentlichkeit gesehen. Am 25. September besuchte sie Edith Piafs letzte Galavorstellung in Paris – ein Konzert von der Spitze des Eiffelturms, anläßlich der Premiere des Films *Der längste Tag*. Dem Konzert ging ein Bankett im Garten des Palais de Chaillot voraus. Auf Fotos ist Maria Callas mit dem Schah von Persien, Königin Sophia von Griechenland und Piafs hübschem Verlobten Théo Sarapo, zu sehen. Zwei Tage später eröffnete die Piaf mit Sarapo die neue Saison im Olympia. Am selben Abend hatte auch Maurice Chevaliers Einmann-Show am Théâtre des Champs-Elysées Premiere. Zu wem sie gehen würde, entschied sie, indem sie eine Münze warf. Chevalier gewann.

Am 4. November flog sie mit Georges Prêtre nach London, wo sie in Lew Grades Sonntagabend-Fernsehsendung *Golden Hour* der Überraschungsgast der Woche war. In dieser live von der Bühne vom Covent Garden übertragenen Sendung sang sie *Tu che le vanita* aus Don Carlos und die *Habañera* sowie die *Séguedille* aus Bizets *Carmen*, in einer Produktion, die Covent Gardens Generaldirektor, Sir John Tooley zufolge von Anfang bis Ende eine harte Prüfung gewesen war. »Das Zusammenwirken ihrer Nervosität und des Bauches des Tenors hätte die Sendung beinahe zum Scheitern gebracht«, erinnerte er sich. »Mit etwas Geschick und ein bißchen Glück lief sie doch weiter, aber zum erstenmal in meinem Leben war ich froh über Werbeunterbrechungen, die hin und her geschoben wurden, um fürchterliche Augenblicke auszufüllen, in denen wir uns abmühten, unsere Künstler zum Weitermachen zu bewegen.«

Es hatte sich auch ein kleines Drama ereignet, das am nächsten Tag – zu einer Zeit, da solche Dinge für die Journalisten von größerem öffentlichen Interesse waren als die Stimme der Callas – mit Fotos »vorher« und »nachher« ausgeschlachtet wurde. Der Schmuck, den sie während der ersten Arie trug, fiel herunter. Sie ließ nicht erkennen, ob sie es bemerkt hatte, und mit einer einzigartigen intuitiven Bühnenkunst hatte sie ihn bis zum Ende des Auftritts trotz ihrer Kurzsichtigkeit wiedergefunden und angesteckt, ohne eine Unterbrechung oder Störung.

Der Fernsehauftritt brachte Maria Callas aus aller Welt eine Flut von Angeboten ein, die *Carmen* zu singen, was sie allerdings klugerweise bleiben ließ. Die meisten Kritiker waren der Meinung, sie hätte die stimmliche Krise überwunden. Sie selbst war sich im klaren, daß dieses Urteil nur auf drei Arien basierte und daß das Singen einer ganzen Oper im Kostüm eine ganz andere Sache war. Zudem mußte sie kurz nach dem Fernsehauftritt erneut ins Krankenhaus. Es wurde ein Bruch in der Nähe des Blinddarms diagnostiziert, und nach der Operation wurde sie vor einem Rückfall gewarnt, wenn sie nicht mindestens zwei Monte lang vom Singen mit voller Stimme absah, denn der Bruch hatte ihre Bauchmuskulatur geschädigt, und die ist ein ebenso wichtiger Teil des Gesangsapparates wie die Stimmbänder.

Das Jahr 1963 begann mit einem neuerlichen Mutter-Tochter-Spektakel. Litza wurde sechzig und hatte nach amerikanischem Recht nun keinen Anspruch mehr auf die 250 Dollar Sozialhilfe, die sie jeden Monat bekommen hatte. Kein großes Problem für sie. Sie erklärte sich für mittellos und machte sich eine andere Verordnung zunutze, nach der die Kinder für die Versorgung heruntergekommener Eltern aufkommen mußten. Zunächst ignorierte Maria die auf ihre amerikanischen Einkünfte gerichtete Verfügung, doch nachdem ihr Anwalt sie darauf hingewiesen hatte, das würde nicht anders enden als im Bagarozy-Fall – mit anderen Worten, sie würde verhaftet werden, sobald sie amerikanischen Boden betrat, und im Angesicht Litzas auf der Anklagebank sitzen –, gab sie nach.

Das New Yorker Gericht legte die monatliche Unterhaltszahlung mit zweihundert Dollar fest, also fünfzig Dollar weniger, als Litza vom Staat bekommen hatte. Außerdem sah eine Klausel vor, daß sie sich, um überhaupt Geld zu bekommen, jeglicher Art von Arbeit zu enthalten hatte – einschließlich »persönlicher Auftritte in Rundfunk, Fernsehen und sonstigen Medien, die dazu angetan wären, aus dem Verhältnis zu Maria Callas Nutzen zu ziehen, wofür die erwähnte Miss Callas nach einer Probezeit von sechs Monaten diese

Zuwendung erhöhen wird.« Die Zuwendung wurde natürlich nie erhöht, denn für Litza war es unmöglich, sich still zu verhalten. Auf die Frage des Herausgebers des italienischen Magazins *Gente*, ob sie nach Litzas jüngster »Exklusivstory« etwas zu ihrer Verteidigung hinzufügen wolle, erwiderte Maria sarkastisch: »Nur daß meine Mutter die schlimmste Art von Krebs darstellt.«

Nachdem das Jahr ungut begonnen hatte, setzte es sich fort mit Unschlüssigkeiten und Absagen. Maria hatte vereinbart, unter der Regie von Visconti in einer neuen Produktion von *Il trovatore* am Covent Garden zu singen, und die Premiere war auf den 28. Februar festgelegt. Außerdem hatte sie mit der Pariser Oper einen Vertrag unterschrieben, im April *La traviata* zu singen, und Antonio Ghiringhelli hatte ihr zwei Rollen angeboten: die Gräfin Almaviva in Mozarts *Le nozze di Figaro* und die Titelpartie in Monteverdis *L'incoronazione di Poppea*. Sie sagte alles ab außer dem *Trovatore* in London. Der wurde auf später verschoben und dann abgesagt.

Zwischen dem 17. Mai und dem 9. Juni gab sie sechs Konzerte: in Berlin, Düsseldorf, Stuttgart, London, Paris und Kopenhagen. Mit Ausnahme von Paris sang sie an jedem Abend dasselbe Programm aus Belcantoarien, ergänzt durch Musettas *Quando m'en vo'* aus *La Bohème* sowie aus Puccinis *Gianni Schicchi* die Arie, die künftig als ihre »Erkennungsmelodie« galt und meist als Zugabe eingesetzt wurde: *O mio babbino caro*. Seltsamerweise sang sie nur in Paris die reizenden französischen Arien – aus *Faust*, *Iphigénie en Tauride*, *Manon*, *Werther* und *Les Pêcheurs de perles* –, die sie kurz zuvor mit Georges Prêtre aufgenommen hatte. Das sollte die letzte mit Walter Legge produzierte Platte sein, der sich im darauffolgenden Sommer von seinem Posten bei EMI zurückzog. Mit Legge hatte es angeblich schon Gespräche für eine Schallplattenaufnahme von Verdis Requiem gegeben, mit Maria Callas, Elisabeth Schwarzkopf und Nicolai Ghiaurov, dirigiert von Carlos Maria Giulini. Den Part der Callas bekam dann jedoch Christa Ludwig, und daraufhin soll sie nie wieder mit Legge – oder Elisabeth Schwarzkopf – gesprochen haben.

Die Tournee war ein strahlender Erfolg. Jedes einzelne Konzert war innerhalb weniger Stunden ausverkauft. Stimmlich hatte sie sich wieder erholt, wenn sie auch nicht die alte Callas war, was die Kritiker – vielleicht zu Recht – mehr auf ihre sylphidenhafte Figur als auf ungenügende Proben oder zu lange Abwesenheit von der Konzertbühne zurückführten. »Das Liebäugeln mit dem Mezzorepertoire scheint vorüber zu sein, und wir haben es wieder mit den Sopranrollen zu tun«, schrieb Harold Rosenthal von *Opera* und fuhr fort: »Aber die Atemkontrolle ist nicht so perfekt, wie sie es einmal war. Man hat schlichtweg das Gefühl, daß dieser zierliche Körper einfach nicht allem gerecht werden kann, was die Sängerin in ihre Stimme legt.«

Sie verbrachte einen weiteren müßigen Sommer auf der *Christina*. Während einer Kreuzfahrt auf dem Ionischen Meer verlebte sie mit Onassis ein paar Tage auf Ithaka, dem mythischen Geburtsort von Odysseus, ein Ort, den er, wie er ihr sagte, schon lange liebend gern besessen hätte, mit allen seinen 60 000 Einwohnern. Ein solches Ziel war allerdings nur in seinen Seefahrerträumen zu erreichen, darum gab er sich mit dem zufrieden, was er für das Nächstbeste hielt, nämlich die anderthalb Quadratkilometer große Insel Skorpios, fünfzehn Kilometer nördlich von Ithaka, die zum Verkauf stand. Onassis hielt sich nur wenige Stunden auf der Insel auf, spazierte zwischen den Olivenhainen umher, erklärte, er wolle eine Kopie des Palastes von Knossos auf Kreta auf dem höchsten Hügel bauen lassen und unterschrieb dann die Papiere.

Etwa zur gleichen Zeit zog Meneghini in Brescia vor Gericht, um zu erreichen, daß seiner Frau die alleinige Schuld für das Scheitern der Ehe zugesprochen wurde. Einen ähnlichen Vorstoß hatte er schon zu Beginn des Jahres unternommen, mit der Begründung, ihr »ehebrecherisches Verhalten« habe den Namen Meneghini in Verruf gebracht. Auch die zweite Klage wurde zurückgewiesen. Um dennoch nicht klein beizugeben, lud Meneghini die Presse nach Sirmione ein und informierte sie davon, Onassis habe Maria »abgelegt« und sei nun in eine Affäre mit Jacqueline Kennedys Schwester, der Fürstin Lee Radziwill, verstrickt, deren Ehemann, Stanislas, einer der engsten Freunde von Onassis sei. Das stimmte aber nicht. Zwar hatten die Radziwills sich in letzter Zeit häufig auf der *Christina* aufgehalten, Onassis war jedoch immer noch sehr verliebt in Maria, wenngleich er ihr, seit er sie Meneghini abspenstig gemacht hatte, nicht immer treu geblieben war und sie ihm auch nicht. In Amerika wurden die Zeitungsenten von der Onassis-Radziwill-Romanze sehr ernst genommen, mehr noch, als das Gerücht die Runde zu machen begann, Mrs. Radziwill wolle sich scheiden lassen, Onassis heiraten und ihn somit zum Schwager des Präsidenten machen. John F. Kennedys Bruder Robert, der gerade im Begriff war, eine entscheidende politische Aktion zu starten, ging an die Öffentlichkeit und sagte vor dem Kongreß: »Wir wollen keine Griechen im Weißen Haus haben und schon gar keinen, der einmal unter Anklage gestanden hat, den amerikanischen Staat um Millionen Dollar an Steuern betrogen zu haben.« Dann schickte Kennedy Lee Radziwill eine persönliche Botschaft und riet ihr, die *Christina* zu verlassen und nach Washington zurückzukehren. Das tat sie auch, aber aus Gründen, die persönlich waren: Jacqueline Kennedy hatte ein Kind zur Welt gebracht, eine Frühgeburt, Patrick, der am nächsten Tag gestorben war. Und Lee kam, um sie zu trösten. Danach kehrte sie zu ihrem Mann auf die *Christina* zurück. Sobald Onassis hörte, in welcher Verfassung Mrs. Kennedy war, lud er sie – ohne Rücksicht auf Marias Proteste und die der Kennedys – ein, mit ihnen eine Kreuzfahrt um die griechischen Inseln zu unternehmen, sobald sie wieder reisen konnte. Mrs. Kennedy schockierte ihre Familie damit, daß sie die Einladung annahm, während Onassis der Presse mitteilte, seine Gründe für die Einladung wären rein platonischer Natur. Außerdem seien nicht nur die Radziwills als Anstandspersonen mit an Bord, sondern zahlreiche Freunde aus der Gesellschaft, darunter der amerikanische Staatssekretär für Handel, Frank Roosevelt. Nur wenige schluckten die Geschichte – noch weniger, als die Callas, sobald Jackie Kennedy in Athen eingetroffen war, im Zorn nach Paris flog.

Sie verschloß sich in der Avenue Foch, nicht ohne Grund verstimmt, und studierte während der folgenden beiden Wochen die Zeitungs- und Fernsehberichte über die Kreuzfahrt. Mit der amerikanischen First Lady als Ehrengast an Bord wurden keine Kosten gescheut: acht Sorten Kaviar, ein schwedischer Masseur und zwei Friseure sowie ein Orchester, falls sie Lust zum Tanzen gehabt hätte. Maria erregte sich über die Maßen, als sie Filmmaterial von den Besuchen der Jacht an Orten sah, wohin Onassis vier Jahre zuvor sie selbst geführt hatte, einschließlich Smyrna. Als Fotos auftauchten, auf denen die Kennedy und Onassis zu sehen waren, wie sie Wange an Wange tanzten, war es der Präsident, der außer sich geriet und forderte, vergeblich, sie solle sofort nach Washington zurückkehren. Dann kamen Maria Fotos zu Gesicht, die ihre »Rivalin« mit einem Kollier aus Brillanten und Rubinen im Wert von 500 000 Dollar zeigten, das Onassis ihr am letzten Tag der Kreuzfahrt als Abschiedsgeschenk gegeben hatte. Nun glaubte sie wirklich, daß sie ihn verloren hatte.

Die Kreuzfahrt endete Mitte Oktober, und Onassis und die Callas trafen sich in Monte Carlo wieder. Vier Wochen später reiste er zu einer geschäftlichen Besprechung nach Hamburg, und hier erfuhr er am 22. November von der Ermordung Kennedys. Ohne einen Gedanken an Maria, flog er sogleich nach Washington, um sich Jacqueline Kennedy zu widmen. Er beteiligte sich nicht nur an der Totenwache, was so manchem Mitglied des Kennedy-Clans zum Ärger wurde, auf den ausdrücklichen Wunsch der Witwe wohnte er auch in einer Suite im Weißen Haus und beriet sie bei der Ausrichtung der Trauerfeier, ein Ereignis, das die Kennedys mehr als alles, was der Präsident in seinen zwei Jahren und zehn Monaten im Amt getan hatte, in den Status einer königlichen Familie erhob. Der schwarze »königliche« Schleier, den die Witwe trug; die Lafette, auf der der Präsident zu Grabe gefahren wurde; die Beisetzung auf dem Nationalfriedhof für die amerikanischen Soldaten in Arlington; die ewige Flamme, eine Kopie derjenigen unter dem Arc de Triomphe in Paris; die Errichtung der JFK Memorial Library in Boston und sogar die Umbenennung von New Yorks Flughafen Idlewild; all das hatten sich Jackie Kennedy und Onassis ausgedacht und sich dabei die tiefe Trauer und Betroffenheit im Lande zunutze gemacht.

Vor ihrem vierzigsten Geburtstag war Maria Callas einsamer denn je. Der einzige Trost, dem sie immer vertrauen durfte, war ihre Karriere. »Wenn ich meine Arbeit nicht habe, was mache ich denn dann von morgens bis abends?« hatte sie einmal Derek Prouse gefragt, als ob sie in die nahe Zukunft schaute. »Ich bin immer aktiv gewesen in meinem Leben, und ich habe keine Kinder. Eigentlich habe ich auch keine Familie. Was mache ich also, wenn ich meine Karriere nicht habe? Ich kann nicht einfach bloß Karten spielen oder tratschen. Dafür bin ich nicht der Typ.«

Sie stürzte sich wieder in die Arbeit. Einer plötzlichen Eingebung folgend, beschloß sie, eine zweite Platte mit Verdi-Heroinen aufzunehmen und die Alben zu komplettieren, die sie mit Antonio Torelli in London begonnen hatte. Da sie ihn als Dirigenten abgelehnt hatte und da Georges Prêtre wegen anderer Verpflichtungen nicht zur Verfügung stand, wurde Nicola Rescigno aus Chicago geholt. Die erste Aufnahme wurde am 4. Dezember in Paris gemacht. Bis zum 24. April nahm sie siebenundzwanzig Arien aus so verschiedenen Werken wie Verdis *Aroldo* und *Attila* und Donizettis *Lucrezia Borgia* auf, von denen nur zwei zu ihren Lebzeiten nicht veröffentlicht wurden.

Ein Anruf von Franco Zeffirelli Anfang 1964, der angeblich nur ihrer Gesundheit gegolten hatte, machte sie überglücklich. Zeffirelli war am Covent Garden, wo er *Rigoletto* dirigierte. Später gestand er, er hätte niemals über Arbeit gesprochen, wäre nicht die Verzweiflung in ihrer Stimme hörbar gewesen, aus der er erriet, daß in ihrer Beziehung mit Onassis tatsächlich nicht alles stimmte, wie er schon bei einem Besuch auf der *Christina* vermutet hatte. »Marias verzweifelte Bewunderung für Onassis rief in ihm nur das Schlimmste hervor«, erinnerte sich Zeffirelli später. »Er behandelte sie so schlecht, wie er nur konnte. Sein Sadismus kannte keine Grenzen. Immerzu demütigte er sie vor ihren Freunden und ließ durch nichts erkennen, daß er sie einmal bitten würde, ihn zu heiraten.«

Zeffirelli sagte ihr, vielleicht sei ein Comeback das, was sie brauchte, um ihre Depression zu bekämpfen. Er behauptete, schon immer davon geträumt zu haben, die *Tosca* mit ihr zu erarbeiten, mit Tito Gobbi als Scarpia an ihrer Seite. Ohne zu zögern sagte sie zu, machte aber zur Bedingung, daß innerhalb der nächsten Wochen begonnen würde. David Webster vom Covent Garden brauchte nur fünf Minuten, um dem zuzustimmen, vorausgesetzt, sie akzeptierte seine Dirigentenwahl. Er wartete mit einem nervösen jungen Italiener auf, Carlo Felice Cillario, der später gestand, die Callas habe ihm, in Sorge über seinen möglichen Widerwillen, wegen ihrer »kapriziösen« Art mit ihr zusammenzuarbeiten, einen Brief geschrieben, der mit den Worten schloß: »Bitte glauben Sie den Gerüchten nicht, ich sei ein Monstrum und eine fürchterliche Frau. Ich bin nur an einem interessiert: gute Musik zu machen. Das ist das einzige Ziel, das ich habe.«

Am nächsten Tag flog Franco Zeffirelli zu einem sehr gefühlsbetonten Wiedersehen mit Maria Callas nach Paris. Sie sagte ihm, sie hätte schon seit Wochen jeden Tag geübt, und zeigte ihm sogar Fotos, auf denen sie am Klavier zu sehen war. »Ich ließ sie eine Weile reden«, berichtete er, »dann habe ich mir ihre Hände angeschaut. Die Nägel waren lang und makellos lackiert. Sie hatte das Klavier wochenlang nicht angerührt.«

Zu anderen Zeiten war sie von ihrer Karriere besessen gewesen, und alles, was nicht direkt damit zu tun hatte, sogar ihr eigenes Glück, hatte sie rigoros beiseite geschoben. Jetzt richtete sich ihr ganzes Interesse auf einen Mann, der immer und immer wieder bewiesen hatte, daß er ihre Zuneigung nicht verdiente. Zeffirelli konnte sogar Vergleiche zwischen Onassis und Scarpia ziehen, dem Haupthelden in *Tosca*. »Ich erklärte ihr, wie ich in dem Verhältnis zwischen Tosca und Scarpia den Schlüssel zur dramatischen Struktur der Oper sah«, sagte er. »Weit davon entfernt, Scarpia zu hassen, fühlt sich Tosca auf mysteriöse Weise von seiner Macht und Grausamkeit angezogen. Am Ende tötet sie ihn nicht nur, um ihren Geliebten zu retten, sondern um sich vor sich selber zu retten. Ich sagte ihr nicht, daß ihre Gefühle für Onassis nicht anders waren. Dann fragte ich sie, wie sie auf einen solchen Mann reagieren würde, und sie nickte. Sie hatte genau erkannt, wer Scarpia war.«

Die Proben verliefen zunächst in entspannter Atmosphäre und wurden ausnahmsweise nicht aufgrund von Wutausbrüchen unterbrochen, sondern wegen des tosenden Gelächters von Tito Gobbi, der Maria mit seinem Sinn für Humor amüsierte und ihr wieder das Gefühl gab, lebendig zu sein. Besonders gefiel ihr, was er sich für die Szene der Ermordung Scarpias ausgedacht hatte: Scarpia sollte Tosca an den Handgelenken packen, rückwärts über den Tisch werfen und fast vergewaltigen, bevor es ihr gelingen konnte, ihn zu erstechen. Es war kein Geheimnis, daß Onassis bei seinen Liebespraktiken gern aggressiv war, und Maria sagte einmal, wenn auch im Scherz, sie hätte gern seinen Gesichtsausdruck sehen mögen, wenn sie plötzlich einen Dolch gezogen hätte. Sie gab der Geschichte ihren eigenen kalten, berechnenden Akzent, indem sie zeigte, daß Toscas Rache mehr als eine impulsive Handlung ist – indem sie sich losreißt, schenkt sie sich ein Glas Wasser ein, stürzt es hinunter und fährt, als Scarpia sich ihr von hinten nähert, plötzlich herum und stößt ihm die Klinge ins Herz. Ein Meisterstück.

Der 21. Januar, der Tag der *Tosca*-Premiere, fast fünf Jahre nachdem sie zum letztenmal eine Oper auf dieser Bühne gesungen hatte, rückte näher, und sie wurde von unerträglicher Aufregung ergriffen. Die Karten für die sechs Vorstellungen waren in Rekordzeit ausverkauft, manche Enthusiasten hatten bei Temperaturen unter Null sogar nach den billigsten Plätzen achtundvierzig Stunden lang angestanden. Franco Zeffirelli und Tito Gobbi konnten ihr nicht oft genug versichern, daß sie stimmlich wieder ganz auf der Höhe war. Der Sänger des Cavaradossi, Renato Cioni, war der hübscheste Tenor, mit dem sie je gearbeitet hatte. Sie war sich ihrer Stimme nicht ganz sicher, faßte aber eine große Zuneigung zu ihm. Cioni aber empfand für sie nicht dasselbe, und wieder einmal baute sie auf den geistigen und moralischen Beistand eines älteren Mannes, Tito Gobbi, der nur zehn Jahre älter war als sie. Viele Jahre später schrieb er in seinen Memoiren: »Für ein Geschöpf mit Marias Empfindsamkeit muß es die reinste Tortur gewesen sein. Es gibt kaum etwas Schlimmeres, als ein Bühnencomeback zu wagen, wenn man für Schlagzeilen sorgt. Da steht man gnadenlos im Scheinwerferlicht eines öffentlichen Interesses, um von allen beobachtet und kritisiert zu werden.«

Bei den Kostümproben war sie inzwischen so angespannt, daß der Arzt ihr Beruhigungsmittel verschreiben mußte, damit sie überhaupt zum Singen bewegt werden konnte. Einmal befand sie sich in einem solchen Zustand, daß sie gar nicht merkte, daß ihre Perücke an einer brennenden Kerze Feuer gefangen hatte, bis Tito Gobbi Wasser über sie goß. Als der Bühnendolch versagte und sich nicht zusammenschob, »stach« sie weiter auf Gobbi ein, bis Blut durch sein Hemd sickerte und er sie sanft wegschieben mußte. Ihre Probleme waren vor allem psychosomatischer Natur. Mittlerweile ein regelrechter Hypochonder, redete sie sich alle möglichen Krankheiten ein – Kehlkopfentzündung, Grippe, Rheuma, Brust- und Rückenschmerzen –, bis sie dann tatsächlich die Symptome verspürte. Drei Stunden vor der Premiere war sie völlig heiser und konnte sich kaum noch bewegen. Doch in dem Moment, als Franco Zeffirelli sie von ihrer Garderobe hinter die Bühne führte, waren alle Hemmungen und Ängste mit einem Schlag verschwunden.

An dieser *Tosca*, die in einer zwölfminütigen Ovation und vierzigminütigem Applaus endete, konnte niemand mehr etwas auszusetzen haben. »Ihre Bestform hatte sie nicht erreicht, aber immer noch war sie besser als jede andere«, sagte Sir John Tooley, und Harold Rosenthal, häufig einer ihrer schärfsten Kritiker, erklärte, die drei Vorstellungen, die er gesehen hatte, seien die besten seit den *Traviata*-Aufführungen 1957 gewesen. Am 9. Februar wurde der gesamte zweite Akt von der BBC aufgezeichnet und in der Reihe *Golden Hour* im Fernsehen übertragen. Nun konnten alle, Freund und Feind, die sie bisher nur gehört hatten, ihre darstellerische Leistung bewundern und begreifen, warum jedes Publikum bereit war, ihr gelegentlich »fehlerhaftes« Singen zu tolerieren – die Tatsache, daß es nicht ganz einfach ist, ein hohes C zu treffen, wenn man gerade von einer Seite der Bühne zur anderen jagt. Jeder sah auch den gequälten Ausdruck in ihrem Gesicht, während sie *Vissi d'arte* sang, jene Arie, die zu dieser Zeit mehr über Maria Callas aussagte als die Figur, die sie auf der Bühne darstellte. Ihre Interpretation war so erschütternd, daß, nachdem sie geendet hatte, ein paar Sekunden lang ergriffenes Schweigen herrschte. So sehr war das Publikum in Bann geschlagen.

Einer, der über ihren Gesang nicht vor Begeisterung aus dem Häuschen geriet, war Herbert von Karajan, und er konnte mit seiner Meinung auch nicht hinter dem Berg halten. Die Callas sei nur noch ein Schatten ihrer selbst, erklärte er während der Pause in Covent Gardens Crush Bar. Mehr noch, da die Leistung dieses Abends etwas Vergängliches sei, sollte sie lieber das Handtuch werfen und nur noch die Gespielin des Kapitäns sein. Karajans Frau, eine Zeitlang mit Maria befreundet, wußte nichts von diesem Ausbruch, als sie zu ihr in die Garderobe ging, um ihr zu gratulieren. Maria selbst hatte aber bereits davon gehört und verweigerte ihr den Zutritt, indem sie ihr bedeutete: »Sagen Sie Ihrem Mann, er kann mir den Buckel runterrutschen!« Diese Bemerkung sollte ein nachhaltiges Echo haben.

Mittlerweile gab es wieder Probleme mit der Familie. Deutlich wurden sie mit der Reise ihrer Schwester im Frühjahr 1964 nach Italien. Milton Emberikos war im Juni des Vorjahres gestorben und hatte ihr außer der Wohnung, die er ihr vor vielen Jahren gekauft hatte, kaum etwas hinterlassen. Jackie hatte sie sogleich verkauft und einen Teil des Geldes darauf verwendet, mit Freunden aus ihrer Musikschule in Crema, unweit von Mailand, einen Urlaub zu verbringen. Durch einen merkwürdigen Zufall, an den Maria allerdings nicht glauben wollte, kannten diese Meneghini, der mittlerweile wie ein Einsiedler in Sirmione lebte, und am nächsten Tag war Jackie in die Villa eingeladen worden. Das erste, was sie dort erblickte, sei Marias Mantel gewesen. Überhaupt habe das ganze Haus hätte den Eindruck ihrer Gegenwart erweckt. »Ihre Zimmer waren unverändert, so wie damals, als sie noch dort lebte«, sagte sie später. »Die Kleider, die sie nicht mitgenommen hatte, hingen noch im Schrank. Es schien, als sei alles bereit für ihre Rückkehr, sollte sie sich dazu entschließen.«

Von der Zusammenkunft hatte Maria nur wenige Stunden danach erfahren und sofort geargwöhnt, die beiden wollten sich zusammentun und auf eine Aussöhnung hinarbeiten, die ihnen finanziellen Nutzen bringen könnte: Meneghini, indem er erneut das Management in die Hände bekam, jetzt, da es mit ihrer Karriere wieder aufwärts ging, und ihrer Schwester, indem sie sich eine Unterstützung erhoffte. Sie schwor sich, mit keinem von beiden jemals wieder etwas zu tun zu haben, sie verkaufte auch das Mailänder Haus und sagte zu Freunden: »Ich mußte es einfach verkaufen. Jedesmal, wenn ich es betrat, sah ich sein mürrisches Gesicht vor mir. Ich wollte jede Spur von ihm aus meinem Leben tilgen.«

Ein paar Monate zuvor hatte sich ihr Vater eine Lungenentzündung zugezogen, von der er sich nicht wieder richtig erholt hatte;

und obgleich er die Absicht gehabt hatte, seinen Lebensabend bei seiner Tochter Jackie in Athen zu verbringen, war er nach New York zurückgekehrt, um die medizinische Behandlung in Anspruch zu nehmen, die ihm dort als Teil seines Rentenanspruchs zustand. Es kränkte Maria, daß niemand es für nötig hielt, sie über seine Krankheit zu informieren, bis er ins Lenox Hill Hospital eingeliefert worden war. Kurz zuvor hatte er noch seine langjährige Lebensgefährtin Alexandra Papajohn geheiratet. Es waren die Angehörigen Alexandras gewesen, die ihr die Nachricht über seinen Gesundheitszustand telegrafiert hatten. Sofort schickte Maria ein Telegramm zurück und brachte darin ihre Empörung zum Ausdruck, daß er sie nicht in seine Heiratsabsichten eingeweiht hatte. »Zuerst meine Mutter und meine Schwester, dann mein Mann und nun mein Vater«, sagte sie zu einer guten Bekannten. »Zu guter Letzt kann ich sagen, ich habe keine Familie mehr, und dafür danke ich Gott. Ich hoffe nur, daß man es mir nicht zum Vorwurf macht, wenn einer von ihnen vor mir stirbt. Ich habe nie darum gebeten, mit solchen habgierigen, eigennützigen Leuten verwandt zu sein.«

Ritorna vincitor!

1964–1965

*Ich weiß nicht, ob ich noch einmal heiraten würde,
wenn ich Gelegenheit dazu hätte. Kaum ist man
verheiratet, nimmt einen der Mann als gegeben
hin, und ich will nicht, daß man mir sagt, was ich
zu tun habe!*

Im April 1964 wurde Maria Callas bestürmt, in einem für den August geplanten Gastspiel der Scala in Moskau Donizettis *Anna Bolena* zu singen. Von Antonio Ghiringhelli hörte sie, daß sie für die Spielzeit 1964/65 nicht vorgesehen sei, deshalb lehnte sie es ab, mit dem Ensemble nach Rußland zu fahren. Der Plan der *Anna Bolena* mußte aufgegeben werden, weil Ghiringhelli keine andere Sopranistin finden konnte, die in der Lage gewesen wäre, eine so anspruchsvolle Rolle zu übernehmen. Maria widmete sich indessen ihrem neuesten Projekt: acht *Normas* mit Franco Corelli an der Pariser Oper, dirigiert von Georges Prêtre und inszeniert von Franco Zeffirelli.

»Was mich wunderte, war, wie Maria glauben konnte, sie könne monatelang mit Onassis zusammensein und ganz und gar das Singen sein lassen, um dann wiederzukommen und aufzutreten, als sei sie nie weggewesen«, sagte Sir John Tooley vom Covent Garden einmal und fuhr fort: »Das war natürlich nicht möglich, und jede Vorstellung wurde zu einer Uraufführung, zu einer immer größeren Belastung.« Bei der Premiere ihrer ersten Oper auf einer französischen Bühne am 22. Mai jedoch war sie entspannter als gewöhnlich – Onassis war nicht anwesend, darum fühlte sie sich nicht so unter Druck, wie sie es gewesen wäre, wenn er die Gästeliste »gestaltet« hätte. Zeffirellis Inszenierung war beinahe allegorisch: eine Waldkulisse, deren Farben sich vier Akte hindurch mit den Jahreszeiten änderten. Die Callas schien aus den Kulissen aufzusteigen, ein Traumbild an Schönheit und Liebreiz, gehüllt in prächtige pastellfarbene Gewänder. Janet Flanner, die verruchte »Genet« vom *New Yorker* – eine Zeitgenossin der inzwischen verstorbenen Elsa Maxwell, die bei den Franzosen so beliebt war, daß sie sie in die *Légion d'Honneur* aufgenommen hatten – saß wie seit 1925 bei jeder größeren Pariser Premiere im Publikum. Maria fühlte sich geschmeichelt, der legendären Flanner zu begegnen, obwohl sie von kaum einem ihrer Kommentare Notiz nahm, wenn sie erst einmal das Stadium des Drucks erreicht hatten: »Keiner von den musikbesessenen freitagabendlichen Galeriegöttern, die ihre höchsten Pfauenschreie ausgepfiffen haben, konnte so unsensibel sein, nicht zu bemerken, daß die fabelhafte Callasstimme in ihrem ästhetisch schlanken Körper über einem F oder einem G nicht mehr richtig funktioniert, so daß ihr Pfeifen ganz besonders ungehobelt klang. Die Verfasserin dieser Zeilen hat die Callas zum erstenmal 1948 gehört, als sie in Neapel *Turandot* sang. Wir waren vorgewarnt worden, daß sie dick, jung, unbekannt und launisch wäre, aber über eine große, herrliche, noch unerfahrene Stimme verfügte – was sich alles als wahr erwies. Heute ist sie, selbst ohne ihre höchsten Töne, als verspäteter Opernneuling in Paris eine echte Sensation.«

Zu dieser Zeit hatten keine zwei Callas-Vorstellungen Ähnlichkeit miteinander, und das spiegelt sich auch in den Besprechungen wider, die von schmeichlerisch bis vernichtend reichten. »Ich bedaure jeden, der nach neunundneunzig vollkommenen Tönen, die eine hervorragende Phrase bilden, mit einem einzigen häßlichen oder beinahe häßlichen Ton alles verdirbt«, kommentierte Andrew Porter von *Music Times* und fügte gewissermaßen als Nachsatz hinzu: »Aber sie ist gegenwärtig dennoch die bedeutendste Musikerin auf der Bühne.« Auf ähnliche Weise verteidigte sie der nicht genannte Kritiker des *Figaro*: »Kümmern wirklich jemanden die wenigen betrüblichen Bruchteile von Sekunden im Vergleich zu jenen herrlichen halben Stunden, in denen das Genie der Callas in reinstem Zustand erstrahlt? Ich glaube nicht!«

Es geschah während der vierten *Norma*, am 6. Juni, daß sie einen kritischen Punkt erreichte. Onassis, der bis zu dieser Vorstellung zu beschäftigt gewesen war, um sich in ihr neues Wagnis einzumischen, hatte sich entschlossen, dem Abend den Anstrich einer Galaveranstaltung zu geben, und lud eine halbe Hundertschaft der oberen Gesellschaft ein, darunter die Begum des Aga Khan, Fürstin Gracia Patricia, Marlene Dietrich, Yves St. Laurent, Charlie Chaplin und Rudolf Bing, mehrere französische Minister und Vertreter der Botschaften Frankreichs, Italiens, der USA und Griechenlands. Als sie davon hörte, geriet sie so in Aufregung, daß ein Arzt gerufen wurde, um ihr auf dem Weg von ihrer Garderobe, auf dem sie getragen werden mußte, ein Beruhigungsmittel zu spritzen.

Während der ersten drei *Normas* hatte es eine Neuauflage der Rivalität mit Fiorenza Cossotto gegeben, der Mezzosopranistin, die sie schon fünf Jahre zuvor während der *Medea* am Covent Garden aufgeregt hatte. Die Cossotto sang die Partie der Adalgisa und hatte es inzwischen zu einer ansehnlichen Fangemeinde gebracht, die sich nun mit der Anti-Callas-Faktion auf den oberen Rängen zusammentat und tosend applaudierte, wenn die Cossotto auf der Bühne erschien, während sie die Callas mit Buhrufen und Sticheleien bedachte. Mit erstaunlicher Beherrschung beendete die Callas das Spektakel, indem sie die Cossotto nach ihrem Duett *Mira o Norma* an die Hand nahm und an die Rampe führte. Indem sie das Publikum ermutigte, ihre Rivalin anzuerkennen, wendete sie das Blatt zu ihren eigenen Gunsten, und der Applaus hielt einige Minuten an. Dann allerdings legte sich ihr die nervliche Anspannung auf die Stimme, so daß sie einige sehr wacklige hohe Töne produzierte und in der Schlußszene des letzten Akts das hohe C ganz verfehlte und nur einen Kickser von sich gab. Dieser Überschlag der Stimme war genau das, worauf ihre Gegner gewartet hatten. Zunächst herrschte Totenstille, dann ertönte die Stimme einer Frau aus dem Parkett: »Verschwinden Sie in Ihre Garderobe, Célise!« – womit sie sich auf Elyane Célise bezog, einen beliebten französischen Operettenstar aus den dreißiger Jahren, die eine sehr schöne Stimme gehabt hatte, gegen Ende ihrer Karriere aber regelmäßig am Schluß ihrer Arien den Ton verfehlte. Maria tat, als überhörte sie das, trat tapfer an den Bühnenrand und sagte zu Georges Prêtre: »Wiederholung!« Sie sang das Rezitativ noch einmal, und diesmal saß der Ton, und sie erhielt die Ovation, die sie wirklich verdient hatte, während Fiorenza Cossotto hastig das Theater verließ.

Damit war der Skandal jedoch noch nicht vorüber, denn als das Licht anging, kam es zwischen den rivalisierenden Fraktionen unter den Zuschauern zu Tumulten. Auf den Rängen bekämpften die »Callas Boys« einen Trupp dienstfreier Legionäre, der begonnen hatte, lauthals *Non, je ne regrette rien* zu singen, als Maria die Bühne verließ. Unten im Parkett kam es zu einem Handgemenge der feinen Herrschaften, ein Zuschauer mußte auf einer Bahre aus dem Haus getragen werden, nachdem ihm ein Opernglas auf den Kopf geschlagen worden war. Yves St. Laurents Brille wurde in den Orchestergraben geschleudert. Die Prügelei dauerte dreißig Minuten und konnte erst unter Kontrolle gebracht werden, nachdem der Direktor des Opernhauses die *Garde Républicaine* gerufen hatte. Zwölf Knochenbrüche, vier Platzwunden am Kopf und fünfunddreißig Festnahmen wegen Unruhestiftung waren das Ergebnis.

Während des Handgemenges geleitete Onassis Marias Gäste hinter die Bühne. Sie freute sich, Rudolf Bing zu sehen, obgleich sie fürchtete, die Chance, einen neuen Vertrag von der Met zu bekommen, verspielt zu haben. Von einer großen Sängerin hatte Bing noch nie einen Kickser gehört. »Ich bin in ihre Garderobe gegangen und wußte nicht, ob ich darüber sprechen sollte oder nicht«, sagte er später. »Es ist wie bei einer Frau mit einem tiefen Dekolleté. Man weiß nicht recht, ob man hinschauen soll oder nicht. Ich beschloß, die Sache nicht zu erwähnen, und sie erwähnte sie auch nicht.«

Am nächsten Tag war die Callas mit Bing und ihrem französischen Agenten, Michel Glotz, in einem Restaurant verabredet, dem Pré Catalan im Bois de Boulogne. Bing fragte, ob sie nicht *La traviata* singen wolle, die sie tatsächlich geplant hatte, im folgenden Frühjahr auf Schallplatte aufzunehmen, zusammen mit Carlo Bergonzi – zu ihren Bedingungen natürlich –, doch sie fürchtete sich, eine Partie zu singen, die sie von Grund auf neu einstudieren mußte. Also einigte man sich schließlich auf zwei *Toscas* an der Met, und zwar im März 1965.

Die letzte *Norma*-Aufführung fand am 24. Juni statt. Franco Corelli hatte den Pollione nur in zwei Vorstellungen gesungen, doch zur abschließenden Feier kehrte er nach Paris zurück und begleitete sie am nächsten Nachmittag zum Salle Wagram, wo sie, einer Jamsession nicht unähnlich, Duette aus *Pollutio, Il puritani, Un ballo in maschera, Don Carlos, Il pirata* und *Aida* aufnahmen. In technischer Hinsicht waren die meisten dieser Stücke perfekt, doch sie war wieder nicht mit sich selbst zufrieden. Mit Ausnahme von *Pur ti riveggo*, dem bezaubernden *Nilduett* aus *Aida*, das 1990 veröffentlicht worden ist, sollen die Masterbänder vernichtet worden sein. Außerdem wurde die langersehnte Studioaufnahme von *Macbeth* abgesagt, mit der sie, wiederum mit Carlo Bergonzi, am 25. August hatte beginnen wollen, ebenso ihre Aufnahme von Massenets *Werther* mit Nicolai Gedda und ein Album mit geistlichen Liedern.

Nach einem kurzen Aufenthalt an Bord der *Christina* war sie im Juli bereit, im Salle Wagram eine Mezzosopran-Partie aufzunehmen, die der Carmen, mit Nicolai Gedda als Don José. Die Sitzungen wurden von heftigen Gewittern gestört, die am Dach dieses berühmten Theaters rüttelten. Das Quintett im zweiten Akt zum Beispiel mußte fünfzehn Mal wiederholt werden, ehe es perfekt war, und Marias Nerven waren wegen der Anwesenheit von Onassis zum Zerreißen gespannt. Obwohl sie ihn nicht sehen konnte, wußte sie, daß er irgendwo im dunklen Zuschauerraum saß.

Den Rest des Sommers verbrachte sie mit ihm auf einer Kreuzfahrt im Mittelmeer, mit Zwischenstationen auf Skorpios und der nahe gelegenen Insel Levkás. Während eines Aufenthalts dort gab sie eine ihrer seltsamsten Vorstellungen. Es war die Woche des Folklorefestivals, und als eine alte Frau aus der Menge sie fragte, ob sie nicht ein Stück aus ihrer Lieblingsarie, *Casta Diva*, singen könnte, erwiderte sie lächelnd: »Ich kann mir nichts vorstellen, was mir mehr Vergnügen bereiten würde.« Dann betrat sie die Bühne, mit einem finsteren Blick auf Onassis, der sie davon abhalten wollte. In einem ärmellosen karierten Kleid, mit Sandalen an den Füßen und der Handtasche unterm Arm, sang sie die Arie zur Freude von Tausenden, die wie aus dem Nichts aufgetaucht waren. Statt danach die Bühne wieder zu verlassen, sang sie noch einige Arien und ging dann zu einem Repertoire über, das sie längst vergessen glaubte: griechische Volks- und Seemannslieder. Danach wurde sie von der gesamten Bevölkerung der Insel zur *Christina* zurück begleitet.

Ein häufiger Gast auf der Jacht war im Sommer 1964 Panaghis Vergottis. Da er wußte, wie sehr es sie quälte, über ihre Arbeit zu reden, insbesondere, wenn Onassis anwesend war, redete er ihr zu, Geschäftsfrau zu werden. »Ich bin vollkommen glücklich, mich auf einer kleinen Insel zu verstecken, wenn ich nicht gerade arbeite«, sagte sie zu Peter Dragadze von *Life*, der sie Anfang September interviewte. »Jetzt fasziniert mich die Börse, und ich rede gern über

Aktien, Obligationen und Investments – vielleicht ist das mein größtes persönliches Interesse.«

Zu den geschäftlichen Dingen, an denen sie interessiert war, gehörte auch der Kauf von *Artemision II*, eines 28 000-Tonnen-Tankers, der auf einer spanischen Werft gebaut wurde. Der ursprüngliche Preis lag bei 1,4 Millionen Pfund, ein Fünftel bei Lieferung zu zahlen, und der Rest wurde als achtjähriges Hypothekendarlehen gewährt. Onassis gelang es, den Preis auf 1,2 Millionen Pfund zu drücken, und dann gingen Maria und Onassis auf Vergottis' Vorschlag ein, in Liberia eine Reederei zu gründen, unter dem Namen Overseas Bulk Carriers Corporation, von der die Callas mit 51 Prozent die Aktienmehrheit erhalten sollte. Dazu kaufte sie fünfundzwanzig von hundert Aktien und Onassis fünfzig, von denen er ihr später sechsundzwanzig geben sollte, und die anderen vierundzwanzig wollte er unter seine Neffen aufteilen. Die restlichen fünfundzwanzig Aktien übernahm Vergottis. Ihr gefiel der Name des Schiffes. Es war nach Artemis benannt, der griechischen Göttin der Keuschheit und der Jagd. »Keusch bin ich wohl nicht mehr«, scherzte sie, »aber ich weiß gewiß viel über die Jagd und darüber, unfähig zu sein, etwas zu fangen, das es wert ist, festgehalten zu werden.« Das Geschäft, das sie 60 000 Pfund kostete – ein Zehntel des Betrags, den sie dann noch für die fünfundzwanzig Aktien aufzubringen hatte –, war schnell unter Dach und Fach, und am 31. Oktober feierten sie es mit einem kleinen Essen im Maxim's in Paris, wobei sie als neue Schiffseignerin beglückwünscht wurde – was sie später bitter bereuen sollte.

Am 3. Dezember, dem Vorabend ihres einundvierzigsten Geburtstags, nahm sie mit Tito Gobbi und Carlo Bergonzi *Tosca* für EMI auf. Dann, nach den Weihnachtsferien, begann sie, dieselbe Rolle für die Pariser Oper zu proben – wiederum die Zeffirelli-Inszenierung, deren acht Vorstellungen abwechselnd von Georges Prêtre und Nicolai Rescigno dirigiert werden sollten. Die Premiere fand am 19. Februar statt, und Renato Cioni sang wieder den Cavaradossi.

Sie sehnte sich danach, seine Zuneigung zu gewinnen. Roger Normand gestand sie: »Er ist so hübsch, daß es schmerzt, ihn nicht zu bekommen. Und so stark – der ideale Vater für meine Kinder. Doch selbst wenn er Interesse an mir hätte, wie sollten wir damit durchkommen?« Schon eher einmal hatte sie Peter Dragadze von *Life* gesagt: »Wegen des italienischen Scheidungsgesetzes befinde ich mich in einer abscheulichen Situation. Ich habe keine echte Freiheit, denn Battista beobachtet mich ständig. Ich habe Angst, mit einem guten Freund fotografiert zu werden, weil er sofort behaupten würde, ich hätte ein Verhältnis. Ich wage es nicht, mich an drei aufeinanderfolgenden Tagen in Paris mit demselben Mann in der Öffentlichkeit sehen zu lassen. Wenn ich morgen heiratete und ein Kind bekäme – und wie alle Frauen möchte ich viele Kinder haben –, könnte ich nach italienischem Recht zwei Jahre ins Gefängnis wandern.«

Die Zeffirelli-*Tosca* war Bestandteil eines Austauschprogramms zwischen der Pariser Oper und Covent Garden. Dafür sollte die *Norma* nach London gebracht werden, und David Webster hoffte, Callas würde sie singen. *Tosca* hatte in Paris einen solchen Erfolg, daß eine neunte Vorstellung hinzu kam, und zwar am 13. März – was ein gewisses Risiko darstellte, da Maria sechs Tage später die erste von zwei *Toscas* an der New Yorker Met singen sollte.

Ende Februar 1964 sprach sie in einem Interview mit Micheline Banzet vom Rundfunksender *France Inter* offen über sich selbst: »Am Anfang habe ich niemals Lampenfieber gehabt. Wenn man jung ist, denkt man, daß einem die ganze Welt gehört, und darum hatte ich vor nichts Angst. Ich hätte nicht unbesorgter sein können. Heute ist alles anders. Die leiseste Reaktion des Publikums beeinflußt mich. Mitunter kommt man sich gewaltig vor, größer noch als das Theater. Dann wieder winzig, man schämt sich, ist verängstigt.

Dann möchte man am liebsten weglaufen. Es ist schwer, wissen Sie, berühmt zu sein und gleichzeitig die Bescheidenheit eines kleinen Mädchens zu bewahren.«

Am 14. März flog sie nach New York, im Ungewissen, wie sie empfangen werden würde, nachdem ihr Vater gedroht hatte, seine Geschichte der Presse zu verkaufen. Für seine Behandlung hatte ihr das Lenox Hill Hospital eine Rechnung über fünftausend Dollar nach Paris geschickt. Da er das Pensionierungsalter überschritten hatte und angeblich mittellos war, war sie gesetzlich verpflichtet, für ihn zu bezahlen. In ihrem Zorn hatte sie an den Geschäftsführer des Krankenhauses geschrieben: »Wenn er nicht bezahlen kann, dann sollten Sie ihn dazu bewegen, seinen Körper für wissenschaftliche Zwecke zur Verfügung zu stellen – oder schicken Sie meine Mutter auf die Straße.« Ein paar Tage vor ihrer Abreise aus Paris hatte sie jedoch ihren Anwalt in New York angerufen und ihn beauftragt, die Rechnung zu begleichen. Das geschah prompt, und obwohl George Callas nichts mehr mit seiner Tochter zu tun haben wollte, war er doch nicht böswillig wie seine Frau. Die Presse bekam keine Story.

»Das war hervorragende Schauspielkunst, unvergeßliche Schauspielkunst«, erklärte Harold Schonberg von der *New York Times* nach Marias erstem Auftritt an der Met seit sieben Jahren, für den sie 14 000 Dollar erhielt. Von ihrem Gesang war er allerdings weniger begeistert: »Miss Callas singt heutzutage nur noch mit den Resten einer einstigen Stimme. Ihre Höhen, von jeher unsicher, sind bloß noch ein verzweifeltes Losgehen auf hohe Noten ... Ihre Töne sind schrill, gepreßt und unsauber.« Und das *Time*-Magazin, das den drei Minuten langen Applaus kommentierte, den sie gleich nach ihrem ersten *Mario! Mario!* erhalten hatte und bei dem sie unglaublicherweise in ihrer Rolle verharrte, konnte dem nur hinzufügen: »Aber *Tosca* ist kein Schauspiel. Auf den Gesang kommt es an. Und nicht einmal die Callas kann das ändern.« Probleme, die sie mit ihrer Stimme gehabt haben mochte, waren bei der zweiten Vorstellung, am

25. März, wie weggeblasen – wobei man auch noch bedenken muß, daß die Anti-Callas-Faktion die beiden genannten Publikationen inzwischen verschlungen hatte. Alan Rich von der *New York Herald Tribune*, der diese Darbietung als »eine der bemerkenswertesten stimmlichen Leistungen, an die ich mich erinnern kann«, beschrieb, war wie Franco Zeffirelli in der Lage, die Künstlerin und die Figur, die sie darstellte, als Einheit zu sehen. Rich fuhr fort: »Was sie im ersten Akt mit ihrer Stimme machte, war eine Erweiterung der absolut bezaubernden mädchenhaften Konzeption, die sie entworfen hat. Was sie im zweiten Akt damit machte, war noch bemerkenswerter, weil es dieses altmodische Melodrama gründlich entstaubte. Ihre *Vissi d'arte*, zart und schwebend, wurde zu dem, was sie eigentlich sein sollte: das Gebet eines verängstigten, verwirrten, in die Enge getriebenen menschlichen Wesens. Im Grunde genommen war der gesamte Akt eine staunenswerte Studie in Menschlichkeit.«

Über die ganze Front des Opernhauses hatten ihre Anhänger ein Transparent gespannt: WILLKOMMEN DAHEIM, MARIA CALLAS. Die Vorstellung dauerte über eine Stunde länger als üblich, wegen des donnernden Applauses nach jeder einzelnen Szene und sogar nach jedem Rezitativ; am Schluß gab es sechzehn Vorhänge, für sie und Franco Corelli, und in der Abgeschiedenheit ihrer Garderobe einen lauen, doch für die Medien wichtigen Händedruck von Jacqueline Kennedy, die in der ersten Reihe gesessen hatte. Und doch hatte sich Maria vor dieser Schmeichelei mehr gefürchtet als vor einem Versagen, wie sie den Reportern erzählte: »Wenn ich auf die Nase falle, damit kann ich ganz gut fertig werden. Als großer Erfolg gefeiert zu werden, steigert nur die Erwartungen des Publikums, so daß es bei der nächsten Vorstellung von mir verlangt, absolut perfekt zu sein. Und wer auf dieser Welt ist das schon?«

Am 14. Mai 1965, dem Tag der ersten ihrer fünf *Norma*-Vorstellungen in Paris, befand sie sich in einem fürchterlichen Zustand. Ihr Blutdruck war gefährlich niedrig, sie litt an psychosomatischer

Rachenentzündung und Menstruationsschmerzen, und ihre Nerven waren so angespannt, daß sie Beruhigungsmittel nehmen mußte, um überhaupt das Bett verlassen zu können. Eine Stunde vor Vorstellungsbeginn, als es ihr allmählich besser ging, erhielt sie einen Anruf vom Anwalt Meneghinis, der sie davon in Kenntnis setzte, daß er weiterhin eine Revision des Trennungsurteils anstrebe und daß er sie diesmal als Ehebrecherin verklagen und dem Gericht die Namen ihrer Liebhaber vorlegen würde. Normalerweise hätte sie mit dem Anrufer kurzen Prozeß gemacht, doch diesmal verlor sie die Fassung. Ihre Freundin Giulietta Simionato, die die Partie der Adalgisa sang und mit sechsundfünfzig Jahren zum erstenmal auf einer Pariser Bühne auftrat, beruhigte sie, so gut sie konnte, und der Leiter des Opernhauses entschloß sich zu dem ungewöhnlichen Schritt, sich wenige Minuten, bevor der Vorhang hochging, über die Lautsprecheranlage an das Publikum zu wenden: »Madame Callas fühlt sich heute abend nicht wohl, aber sie wird singen und bittet Sie um Verständnis.«

Bei der ersten Vorstellung hatte sie kaum etwas zu befürchten. Die Simionato geleitete sie hinter die Kulissen, und der hysterische Applaus, als sie die Bühne betrat, reichte aus, um sie für den Rest des Abends aufzubauen. Stimmlich war sie fast perfekt, allerdings hatte sie Schwierigkeiten, sich auf den Beinen zu halten. Der Journalist Jacques Bourgeois, der Edith Piafs selbstmörderischer Tour von 1960 gefolgt war, als sie so krank gewesen war, daß sie jeden Abend auf die Bühne und zurück gebracht werden mußte, zog Vergleiche zwischen den beiden und schrieb in *Arts*: »Die Tatsache, daß sie in einem solchen Gesundheitszustand die schwierigste Partie des internationalen Repertoires darbieten konnte, zeugt von einem außergewöhnlichen Berufsethos. Daß sie es mit eindeutig verminderten Mitteln fertiggebracht hat, diese Darbietung in einen persönlichen Triumph zu verwandeln, wie selbst sie ihn nur selten gekannt hat, ist ein echtes Wunder.«

Die zweite Norma war ein noch größerer Triumph, diesmal aber einer des Geistes über die Materie. Am Nachmittag war sie in ihrer Wohnung zusammengebrochen, und um ihren niedrigen Blutdruck wieder aufzubauen, hatte sie eine Coramin-Injektion erhalten. Außerdem mußte sie wegen der möglichen Nebenwirkungen dieses Medikaments, wie Übelkeit, Ohnmacht und heftige Kopfschmerzen, ruhen. Das lehnte sie jedoch ab. »Ich mußte singen«, sagte sie am Ende des Abends und eines weiteren Triumphes, »aber nicht meinetwegen, das müssen Sie verstehen. Das war das Paris-Debüt meiner Freundin Giulietta Simionato, und das wollte ich ihr nicht verderben. Sie hat mich durch dick und dünn begleitet, solange ich mich erinnern kann.«

Die Simionato war nur für die ersten beiden der fünf *Normas* engagiert und wurde am 21. Mai vertragsgemäß gegen die verhaßte Fiorenza Cossotto ausgetauscht, die wie schon ein paarmal zuvor Maria bewußt bekämpfte, sehr zur Freude ihrer Anhänger, von denen viele sie vermutlich nur unterstützten, weil sie gegen Maria waren und ihr einen »Denkzettel« verpassen wollten. Das war eine regelrechte Neuauflage der Scala und der Tebaldi-Skandale, mit dem Unterschied, daß die Callas diesmal der Mut und die Kraft verließen, zurückzuschlagen.

Bei der hastig anberaumten Probe am Nachmittag war die Atmosphäre zwar ein wenig gespannt gewesen, doch die beiden Frauen verhielten sich höflich zueinander und verschmolzen in ihrem Duett *Mira, o Norma* harmonisch miteinander. Das sollte sich jedoch ändern, als sie vor dem Publikum standen. Ihre angeschlagene Gesundheit und ihren Gemütszustand ausnutzend, stach die Cossotto die Callas ganz bewußt aus, indem sie den Schlußton ein paar Sekunden länger hielt als vorgesehen, was den Anschein erwecken sollte, sie wäre die bessere der beiden. Damit stahl sie ihr erfolgreich den Applaus. Nach der Vorstellung warnte Zeffirelli sie, er würde sie feuern, wenn sich das wiederholen sollte. Die Cossotto wußte natürlich, daß er so kurzfristig keine andere Adalgisa finden konnte, und nach dem Duett am nächsten Abend fühlte sich Maria dermaßen gedemütigt, daß sie die Cossotto fast geohrfeigt hätte. Ihre Nerven versagten schließlich bei der letzten Norma, am 29. Mai, als sich der Schah von Persien unter den Ehrengästen befand. Den ganzen Tag lang hatte der Arzt sie beschworen, den Auftritt abzusagen. Um den vermutlich nicht ausbleibenden Skandal zu mildern, bot er ihr ein ärztliches Attest für die Presse an. Maria, die jene andere *Norma* in Rom nicht vergessen konnte, ließ sich nicht darauf ein. Überspannt wurde der Bogen schließlich in dem Duett mit der Cossotto, die überglücklich war, als sie die Callas übertönte, und als diese sich so verausgabte, daß sie auf dem Weg zur Garderobe zusammenbrach.

Diesmal gab es keine Mißfallensbekundungen vom Publikum, als mitgeteilt wurde, daß die Aufführung abgebrochen werden müsse, und selbst viele von den notorischen Störenfrieden, die gezischt und gepfiffen hatten, fühlten sich jetzt ein wenig schuldig. Eine Stunde später wurde sie, gestützt auf den Arzt und einen Sanitäter und noch nicht abgeschminkt, durch eine Schar ihrer traurigen Anhänger zum Auto geführt. Mit schwacher Stimme sagte sie: »Es tut mir so leid. Doch ich werde wiederkommen, um eure Vergebung zu erringen. Das verspreche ich!« Später gab sie der Presse eine förmliche Erklärung: »Maria Callas wird nicht eher ruhen, bis sie an die Opéra de Paris zurückgekehrt ist und die Erinnerung an ihr Versagen und ihren Zusammenbruch dort am Sonnabend getilgt hat.« Das war ein Versprechen, das sie nicht halten konnte.

Die Medien zeigten sich verständnisvoll. Kurz vor den *Norma*-Aufführungen hatte sie im französischen Fernsehen, in der Kultserie *Les Grands Interprètes*, ein paar Arien gesungen und sich dann den Fragen von Bernard Gavoty gestellt. Dabei hatte sie unter anderem gesagt: »Wenn ich allein bin, bereitet mir meine Stimme niemals Schwierigkeiten. In einem ausverkauften Theater gerate ich jedoch in Panik, und dann verliere ich die hohen Töne.« Es war unvermeidlich, daß das wiederholt werden würde, diesmal war es die *Daily Mail* mit der Schlagzeile: »Callas: War es Panik? War es Krankheit? War es Eifersucht?«

»Die berühmteste Opernsängerin der Welt kreuzt auf dem Mittelmeer an Bord der berühmtesten Luxusjacht der Welt in Gesellschaft eines hingebungsvollen Freundes, der auch noch Millionär ist«, begann Robin Smyth seinen Artikel, bevor er fragte: »Könnte sich eine Frau da noch mehr wünschen? Leider, ja!« An Smyths Gebaren regte Maria alles auf: seine Beschuldigung, sie hätte die *Norma* 1957 in Rom geschmissen, sein Lob von Fiorenza Cossottos Fähigkeit, die hohen Töne sicher zu treffen, während sie selbst nur nach ihnen »schnappen« könnte. Am stärksten kränkte sie, daß er die Stimme der Cossotto als »rein wie Gold« bezeichnete und die Bemerkung eines Zuschauers wiederholte: »Das Duett war eher wie Clay/Liston als wie Callas/Cossotto.« – womit er sich auf den Weltmeisterschaftskampf im Schwergewichtsboxen im Jahr zuvor bezog, dem etliche äußerst widerwärtige verbale Auseinandersetzungen zwischen den beiden Kontrahenten in der Öffentlichkeit vorausgegangen waren. »Wie schön wäre es gewesen, diesen ganz speziellen Journalisten zu einer Kreuzfahrt auf Aristos Jacht mitzunehmen«, hatte sie zu Roger Normand gesagt, »und den Bastard dann über Bord zu werfen!«

Am nächsten Tag flog sie nach Monte Carlo, zu Onassis. Bis zu ihrer nächsten Saison in London – vier *Toscas* im Covent Garden, wobei die letzte eine Wohltätigkeitsgala sein sollte, mit Königin Elizabeth als Ehrengast – blieb ihr gerade ein Monat Zeit, und sie war völlig am Ende. Doch kaum war die *Christina* nach Skorpios ausgelaufen, da erfuhr sie, daß das Gericht in Brescia Meneghinis Antrag – dem Trennungsurteil die Worte »frei von jeglicher Schuld« hinzuzufügen, damit er, nach italienischem Recht, Anspruch auf einen größeren Teil von Marias Einkünften erhielt – an das Staatsanwaltsbüro in Mailand überwiesen hatte und daß eine Entscheidung getroffen worden war. Beide Parteien wurden für das Scheitern ihrer Ehe gleichermaßen verantwortlich gemacht. Meneghini wegen der habgierigen Art, mit der er die finanziellen Aspekte ihrer Karriere gehandhabt hatte, und wegen der Schädigung ihres Ansehens durch Erklärungen gegenüber der Presse – und Maria wegen ihres nicht zu verheimlichenden Ehebruchs mit Onassis und ihrer »leichtfertigen und unverantwortlichen Verhältnisse« mit anderen, ungenannten Männern.

Die *Tosca*-Premiere war auf Freitag, den 2. Juli angesetzt, und zwei Wochen davor wurde mit dem Verkauf der Eintrittskarten für die drei öffentlichen Vorstellungen begonnen. Dabei stellte sich heraus, daß über tausend Bewunderer vier Tage und Nächte lang im Freien angestanden hatten. Am Sonnabend vor der Premiere erschienen Fotos in den Zeitungen, aufgenommen auf dem jährlichen Rothschild-Ball in Paris: Sie sah blendend aus, und den kurzen begleitenden Artikeln zufolge sollte sie gesagt haben, die kleine Kreuzfahrt hätte ihr sehr gut getan und sie freue sich auf ihre Reise nach London.

Der Flug von Paris war gebucht, ebenso die übliche Suite im Savoy, und sie sollte am Montag, dem 28. Juni, nachmittags in London eintreffen. Als sich herausstellte, daß sie nicht mit diesem Flug gekommen war, wurde David Webster unruhig. Als er sie nach unzähligen Versuchen an diesem Tag und in der folgenden Nacht und sogar noch den ganzen nächsten Tag nicht aufzuspüren vermochte, weil der Hörer neben dem Telefon gelegen hatte, wandelte sich seine Nervosität in Panik. Am Mittwochabend, achtundvierzig Stunden vor der Premiere, rief sie ihn an und erklärte ihre mißliche Lage. Sie litt an viel zu niedrigem Blutdruck, und der Arzt hatte ihr verboten zu reisen, zumindest für den Augenblick. Und dann ließ sie die Bombe platzen: Den ausdrücklichen Anweisungen ihres Arztes folgend, könne sie höchstens eine der vier Vorstellungen singen. Webster verlangte ein ärztliches Attest mit detaillierten Angaben über die Art ihrer Erkrankung, und Maria ließ ihren Arzt selbst sprechen, der, wie sie sagte, die ganze vergangene Woche nicht von ihrer Seite gewichen war. Webster mußte akzeptieren, was er hörte. Sogleich befand sich die Regenbogen-Presse im Alarmzustand. Sie hatte ihren großen Tag, zumal Callas entschied, diese eine Vorstellung solle die vor der Königin sein.

Sydney Edwards vom *Evening Standard* erfuhr von ihrem französischen Agenten, daß sie einen Rückfall erlitten hatte. »Vermutlich war es doch nicht so schlimm«, folgerte Edwards jedoch, »denn die Callas hat sich immerhin entschlossen, die Königin nicht zu enttäuschen.« David Webster indessen blieben kaum noch achtundvierzig Stunden, um eine geeignete Sängerin zu finden, sie mit Renato Cioni und Tito Gobbi proben zu lassen und die Kostüme zu richten. Er entschied sich für eine australische Sopranistin, Marie Collier, die sehr gut war, aber gewiß keine Callas, wenngleich Cioni gestand, es sei ein Vergnügen gewesen, mit ihr zu arbeiten, und Gobbi in einer plötzlichen Woge von Über-Begeisterung prahlte: »Ich werde sie zur größten Tosca der Welt machen!«

Franco Zeffirelli sagte später, in Anbetracht des wachsenden neurotischen Verhaltens der Callas hätte er wissen müssen, daß es mit ihren Londoner *Toscas* Schwierigkeiten geben würde: »Sobald sie in London ankam, wußte ich, daß das das Ende sein würde. Darum rief ich meine Freunde an und sagte ihnen, sie sollten unter allen Umständen ins Covent Garden kommen, denn ich wäre mir sicher, daß das die letzte Gelegenheit wäre, die Callas zu sehen. Und ich hatte recht.«

Es begann der letzte Kampf, ein beinahe schizophrener Kampf zwischen der dem Vergnügen lebenden Prominenten und der einst peinlich genauen, hart arbeitenden Künstlerin, zwischen ihrem Gewissen und ihrem furchtbarsten Gegner – der Stimme. Am 5. Juli im Covent Garden sang Callas gut, aber nicht herausragend. Es bereitete ihr kaum Anstrengungen, die umstrittenen hohen Töne zu erreichen, aber sie wurden mechanisch dargeboten, beinahe ohne Gefühl. Es gab keine Überanstrengung auf schauspielerischem Gebiet, keine theatralischen Gesten, wie erwartet, gegenüber jenen Kollegen, die sich respektlos über sie geäußert hatten. Es gab eine Ovation, die ihr nichts bedeutete, denn das war ja eine königliche Galaveranstaltung gewesen, *un grand spectacle*, zu dem der größte Teil der Anwesenden nur erschienen war, um gesehen zu werden, bei dem auf den Galerien die wahren Fans und die alles entscheidenden »Callas Boys« gefehlt hatten, für die es sich gelohnt hätte.

»Sie hat sich tapfer geschlagen, und das Publikum sparte nicht mit Applaus, aber das war es auch«, so hat Franco Zeffirelli den letzten Auftritt der Callas auf der Opernbühne zusammengefaßt. »Ohne eine größere Krise, ohne verpatzte Töne oder einen plötzlicher Temperamentsausbruch, weder ein Zusammenbruch noch eine glorreiche Darbietung. Mit einem anfangsbetonten, verklingenden Ton gab Maria schließlich die Bühne auf.«

Hanno confin le lagrime

1965–1967

*Jeder ist verwundbar. Ich bin es ganz besonders
und habe mich zu meinem Schutz natürlich bemüht,
es nicht zu zeigen.*

Im August 1965 flog Maria Callas nach London, wo sie diesmal die Suite im Savoy verschmähte und statt dessen ins Ritz ging, so daß sie Panaghis Vergottis näher sein konnte, dessen Bruder gestorben war. »Wir waren die meiste Zeit zusammen«, sagte sie später und fügte vorsichtshalber hinzu, »aber ich bin nie in seinen Räumen gewesen, denn da stank es nach Zigarrenqualm, und natürlich durfte er in meinen niemals rauchen oder sonst welchen Unfug anstellen.« Während sie in London war, sah sie auch Franco Zeffirelli häufig, der immer noch wegen der Covent-Garden-*Toscas* bekümmert war, darauf brannte, wieder mit ihr zu arbeiten. »Ich war nicht bereit, das größte Bühnentalent, das ich je gekannt habe, mir einfach so durch die Finger gleiten zu lassen«, sagte er und rühmte sich, »wenn ich Shakespeare verfilmen konnte, warum dann nicht Oper und warum nicht die Callas in *Tosca*?«

Ihr gefiel der Gedanke, und so lud sie Zeffirelli ein, auf die *Christi-*

na zu kommen, die bei Skorpios lag, wo sie in freundlicher Umgebung weiter über diese Angelegenheit sprechen konnten. Sie führe nie geschäftliche Verhandlungen und schließe keine Verträge, wenn Onassis zugegen wäre, fügte sie noch hinzu. Im Frühjahr war Zeffirelli einige Zeit in Dublin gewesen, um Elizabeth Taylor und Richard Burton für seine Verfilmung von *Der Widerspenstigen Zähmung* zu gewinnen, und versicherte später, daß selbst ein Ehekrach dieser beiden nichts gewesen wäre im Vergleich zu dem, was er auf der Jacht erlebt habe.

Als Zeffirelli Mitte September auf Skorpios ankam, hatte Onassis bereits Anthony Havelock-Allan und Lord Brabourne von der staatlichen Filmgesellschaft British Home Entertainments eingeladen, aber während der ersten geschäftlichen Besprechung verkündete die Callas, Onassis wäre derjenige gewesen, der darauf bestanden hätte, daß sie den Film drehte, während sie selbst nichts anderes gewünscht hätte, als um die Welt zu fahren und es sich gutgehen zu lassen. Sie fügte jedoch hinzu, daß sie durchaus gewillt sei, dieses Projekt durchzuführen für eine Festgage von 500 000 Dollar plus fünfzig Prozent der Einnahmen. Diesen Bedingungen stimmten Havelock-Allan, Brabourne und Zeffirelli bereitwillig zu, doch Onassis sperrte sich erst einmal.

Onassis hatte während des letzten Besuchs von Zeffirelli die Stimme der Callas als »eine Pfeife, die nicht mehr funktioniert« verunglimpft. Diesmal ging er noch weiter und herrschte sie an: »Sei still und heb dir deine Stimme für die Bühne auf, Schätzchen, wo du sie gebrauchen kannst!« »Maria verstummte, während wir verlegen von einem Fuß auf den andern traten«, erzählte Zeffirelli. »So weit war es mit dieser großen Liebe gekommen. Plötzlich hatten wir alle Angst um sie. Man hatte ja schon Gerüchte gehört, wie solche griechischen Magnaten mit ungeliebten Frauen verfuhren, Geschichten von Gewalt und sogar Mord.«

Onassis hat Maria regelmäßig geschlagen. Das gestand sie Roger Normand und zeigte ihm die blauen Flecken. Manchmal habe sie, wie sie sagte, den Mut gefunden zurückzuschlagen. Einmal habe sie ihm sogar eine Weinflasche auf den Kopf geschlagen, wodurch er das Bewußtsein verloren hätte, doch die Versöhnung hinterher sei jedesmal göttlich gewesen. Ein paar Jahre später sprach auch Onassis' Sekretärin, Kiki Moutsatsos, davon, heftige Schlägereien miterlebt zu haben.

Es ist nicht bekannt, ob Onassis während Zeffirellis Besuch gewalttätig gewesen ist, sein Verhalten war auch so abscheulich. Mehrfach soll sie beim Essen auf das kostbare Tischzeug hingewiesen oder auf die Lakaien, die um sie herumschwirrten, und erklärt haben: »Warum sollte ich arbeiten, wenn ich all das hier haben kann?« Das Gespräch wurde hitziger, als Havelock-Allan, der langjährige Produzent des großen Regisseurs David Lean, verkündete, Herbert von Karajan habe sich in die Verhandlungen eingeschaltet und von der Mailänder Gesellschaft Ricordi, die das Copyright an allen Puccini-Opern hielt, die Filmrechte für *Tosca* erworben, und nun sei es seine Absicht, diesen Film für die Münchner Filmgesellschaft Beta zu drehen. Zeffirelli war sogleich zu einer Gemeinschaftsproduktion bereit, Maria jedoch wandte ein: »Zwei Primadonnen in einer Show ist eine zu viel!« Karajan seinerseits hatte geknurrt: »Ich, mit diesem ekelhaften griechischen Weibsbild arbeiten? Lieber würde ich mich umbringen!« Onassis, dessen »Sprache« zumeist in klingender Münze bestand, bot sich an, Karajan »auszuzahlen« – »als ob der Dirigent der Wiener Staatsoper ein konkurrierender Schiffsmagnat wäre«, äußerte sich Zeffirelli. Daraufhin gab es einen heftigen Wortwechsel zwischen Maria und Onassis, auf griechisch, der damit endete, daß sie unter Tränen hinausstürmte, während Onassis weitertrank, als wäre nichts geschehen.

Zeffirelli hat später erzählt, er sei aufgestanden und auf Zehenspitzen zu ihr gegangen, und sie habe sich ihm in die Arme geworfen und sich ausgeweint. »Zwischen ihren heftigen Schluchzern begann sie zu reden und erzählte mir, daß Ari der erste gewesen war, der ihr das Gefühl vermittelt hatte, eine Frau zu sein, der erste, mit dem sie wirklich richtig Sex gehabt hatte, und wie groß ihre Angst war, ihn zu verlieren: ›Ich bin ihm völlig ausgeliefert‹, sagte sie. Ich tröstete sie, so gut ich konnte.«

Am nächsten Morgen sagte Onassis für die Verfilmung von *Tosca* mit Maria eine »Unterstützung« von zehntausend Dollar zu, was nur ein Bruchteil der Vorlaufkosten war. »Daran ließ sich ablesen, was er von dem Projekt hielt«, sagte Zeffirelli. »Indem er so wenig wie möglich gab, aber immer noch genug, daß es den Anschein hatte, er fördere sie, während er in Wirklichkeit alles daransetzte, daß nichts geschah.«

Zeffirellis Wunsch, wieder mit Maria zu arbeiten, war jedoch so groß, daß er einen Drehbuchautor und einen Ausstatter engagierte und nach einem geeigneten Drehort suchte. Anfang September wurden mit Callas und Tito Gobbi in Rom Probeaufnahmen in Farbe gemacht, die allen gefielen, und ein paar Tage später wurde ein Stück Filmmusik aufgenommen, mit der gesamten Covent-Garden-Mannschaft – einschließlich Renato Cioni, von dem Maria schwärmte: »Er ist vielleicht nicht der beste Tenor der Welt, doch mit seinem Aussehen wird er todsicher die Leinwand in Brand setzen.« Es gab auch heimliche Besprechungen mit William Wyler, ihrem bevorzugten Filmregisseur, und mit ihrem Vorbild, Audrey Hepburn, die ein paar »einschlägige Tricks« verriet. Sie sprach sogar mit dem Maskenbildner Alberto di Rossi über Schminktechniken.

Herbert von Karajan erwies sich jedoch als harte Nuß: Er weigerte sich, Zeffirelli die Filmrechte zu verkaufen, und das Projekt mußte aufgegeben werden. Maria verlangte das Geld zurück, das natürlich längst ausgegeben war; Zeffirelli tröstete sie, es sei ja das Geld von Onassis gewesen, und 10000 Dollar bedeuteten doch für einen Mann wie ihn einen Pappenstiel, aber sie schrie: »Das war mein Geld. Er hat mich gezwungen, es von dem wenigen zu nehmen, das ich habe. Gib mir mein Geld wieder, sonst ...«

»Das war die andere Maria«, schloß Zeffirelli, »die Frau, die Geld hortete, die nur mit Widerwillen die Krankenhausrechnungen für ihren Vater bezahlte, die gern bei Woolworth einkaufen ging. Meine Bemühungen, ihr zu helfen und sie für die Kunst zu bewahren, endeten in Bitterkeit und Entfremdung.« Vor einer Pressekonferenz sagte er damals: »Das war das traurigste Erlebnis meiner Laufbahn. Auf allen Seiten gibt es Leute, die behaupten, sie seien die Verlierer bei diesem Geschäft. Ich bin der Meinung, der große Verlierer ist das Publikum, das der Gelegenheit beraubt wurde, die größte Opernvorstellung unserer Zeit zu erleben.«

Sie schwor, nie wieder mit Franco Zeffirelli zu reden, und ein paar Jahre lang – bis sie sich von Onassis getrennt hatte – hielt sie auch Wort. In diesem Zustand sagte sie alle Engagements für die nahe Zukunft ab: *Medea*- und *Traviata*-Aufführungen, die für das Frühjahr in Paris geplant waren, und, mit schrecklichen Folgen, die Covent-Garden-*Norma*, bis zu der es nur wenige Wochen gewesen wären. Für den Vorstandsvorsitzenden des Royal Opera House, Lord Drogheda, war das der Tropfen, der das Faß zum Überlaufen brachte. Sein Jahresbericht für 1964/65, den er bereits vor ihrer Krankheit erstellt hatte, besagte, daß sich die Schulden des Unternehmens bis zum Frühjahr auf 230 000 Pfund belaufen würden, und sie hatte die Lage nur noch verschlimmert. Darum fühlte Lord Drogheda sich genötigt, am 17. November eine Presseerklärung abzugeben: »Maria Callas' Rückzug von drei Vorstellungen der *Tosca* im Juli und sechs vorgesehenen Aufführungen der *Norma* nächsten Monat haben unsere Einnahmen um 30 000 Pfund verringert. Wir haben nicht nur große Summen für *Tosca* rückerstatten müssen, sondern wir haben auch unsere Zuschüsse von 17 Schilling und 6 Pence für jedes Pfund an Einnahmen eingebüßt. Demnach hat der niedrige Blutdruck von Miss Callas Covent Garden um weitere 56 250 Pfund in die roten Zahlen gebracht.«

Die abgebrochene *Tosca*-Verfilmung hatte außerdem zu einer höchst unangenehmen Auseinandersetzung zwischen Callas und

Panaghis Vergottis geführt, der das Projekt von Anfang an unterstützt hatte. Vergottis hatte bereits Bedenken gegen ihre 60 000-Pfund-Investition in sein Unternehmen zum Ausdruck gebracht. Die *Artemision II* hatte in letzter Zeit Maschinenschaden gehabt, und selbst Vergottis war davon überzeugt, daß sie ein verhextes Schiff gekauft hatten. Er hatte sie zu bewegen versucht, ihre fünfundzwanzig Prozent Aktienanteil in einen Kredit umzuwandeln, den sie dem Unternehmen gewähren und für den sie 6,5 Prozent Zinsen erhalten sollte. Sie hatte zugestimmt, doch jetzt, da er Onassis bezichtigte, das *Tosca*-Projekt durch Knausrigkeit sabotiert zu haben, ergriff sie dessen Partei und verlangte, in der Hoffnung, den Betrag zurückzuerlangen, den er (oder sie) Franco Zeffirelli gegeben hatte, den Kredit wieder in Aktien umzuwandeln. Vergottis lehnte das ab. Per Telefon machte sie ihrem Zorn Luft, mit den vulgärsten Ausdrücken, die er je gehört hatte, und drohte, ihn zu verklagen; Vergottis warnte sie: »Tretet in den Zeugenstand, und ihr bekommt jede Menge Skandale an den Hals, vor Gericht und in der Presse.« Dann fügte er noch hinzu, er betrachte ihre Freundschaft nunmehr als beendet.

Heute scheint es sehr wahrscheinlich, daß Callas, die schnell aufbrauste und dann bedauerte, was sie gesagt hatte, und danach trachtete, alles wiedergutzumachen, Vergottis um Verzeihung gebeten hätte, und der Schlamassel, der angerichtet worden war, wäre ausgeräumt worden. Onassis jedoch machte alles zunichte. Die beiden gerieten aneinander, und Vergottis drohte, Onassis den Schädel einzuschlagen, und der wiederum bezichtigte Vergottis öffentlich der Erpressung und erklärte, er werde ihn verklagen, ungeachtet der Folgen. Noch am selben Tag wurde die Sache ins Rollen gebracht, doch es dauerte einige Zeit, bis sie das Gericht erreichte.

Etwa zur gleichen Zeit ging auch Onassis' Freundschaft mit Fürst Rainier und Fürstin Gracia Patricia von Monaco zu Ende, denen er schon seit Jahren mißfallen hatte – nicht nur, weil sie seinen Ehebruch mißbilligten, sondern weil er seit über einem Jahrzehnt mit dem Fürstentum umgegangen war, als gehörte es ihm, und es öffentlich als »mein Hauptquartier« bezeichnet hatte. Tatsache ist, daß Onassis praktisch die Kontrolle über den Staat Monaco ausübte, und zwar durch eine Mehrheitsbeteiligung an der Gesellschaft, über die so gut wie sämtliche Aktivitäten des Fürstentums abgewickelt wurden. Die Situation änderte sich jedoch gegen Ende 1965, als Fürst Rainier eine halbe Million neuer Aktien dieser Gesellschaft ausgab und Onassis den Kauf verwehrte. Außerdem wurden ihm für die Aktien, die er besaß, zehn Millionen Dollar ausgezahlt, und man bedeutete ihm, er sei nicht mehr willkommen.

Die Entzweiung galt auch Maria, denn obwohl die Fürstin sie häufig eingeladen hatte, war das nur eine Floskel gewesen; und wie in der Auseinandersetzung mit Vergottis, ergriff Maria auch hier für Onassis Partei und ließ bissige Bemerkungen über Gracia Patricia vom Stapel. Sie rief Roger Normand in Paris an und fragte ihn: »Was ist sie denn schon, als ein besseres Filmsternchen, das Geld geheiratet hat?« Und so wie der Kreis ihrer engen Freunde kleiner wurde, so begann auch, langsam aber sicher, ihr Verhältnis mit Onassis zu zerfallen. Im Zuge des scheinbar Unvermeidlichen begann Maria etwas zur Sicherung ihrer Unabhängigkeit zu unternehmen.

In ihre neueste Biki-Kreation gekleidet, mit Sonnenbrille und breitkrempigem Hut, durch und durch eine reiche Touristin, begab sie sich am 28. März 1966 in die amerikanische Botschaft in Paris, gab ihren Paß ab und unterschrieb die Papiere, die erforderlich waren, um sie aus der amerikanischen Staatsbürgerschaft zu entlassen. Am 6. April erklärte sie gegenüber der Presse: »Nach sieben Jahren ständigem Hin und Her in meinem Scheidungsverfahren haben meine Anwälte jetzt herausgefunden, daß meine Ehe, wenn ich die griechische Staatsbürgerschaft wieder annehme, in der ganzen Welt, außer in Italien, null und nichtig wird.« Ihre Anwälte waren auf ein wenig bekanntes Gesetz aus dem Jahr 1946 gestoßen, das besagte, daß eine griechische Ehe, die außerhalb der orthodoxen Kirche geschlossen wurde, rechtlich nicht existierte.

Wenn sie jedoch gehofft hatte, ein solcher Schritt könnte Onassis dazu bewegen, ihr einen Heiratsantrag zu machen, wurde sie gewiß enttäuscht, denn während sie ihre Neigung weiterhin offen zur Schau trug, gab Onassis, nach Maria befragt, immer wieder dieselbe Antwort: »Maria Callas und ich sind sehr gute Freunde. Das ist alles, was ich dazu zu sagen habe.« Jackie Callas faßte ein paar Jahre später in Worte, was damals jeder außer Maria dachte: »Sie hat Onassis angebetet, und er hat mit ihr gespielt. Er hatte sich mit dem Glanz schmücken wollen, die berühmteste Sängerin der Welt zu besitzen. Und nun, da ihre große Zeit vorüber war, hatte er das Interesse verloren.«

Trotzdem klammerte sie sich kindlich an ihren Glauben, alles würde gut werden, wenn sie es nur wollte. Im Frühjahr 1966 wäre ihr Traum beinahe Wirklichkeit geworden. Sie erfuhr, daß sie im zweiten Monat schwanger war. »Mehr als alles in der Welt habe ich mir immer ein Kind gewünscht«, hatte sie gesagt. »So sehr, daß ich, wenn es so wäre, gleich morgen meine Karriere aufgeben und absolut nichts bedauern würde.« Zunächst hielt sie die Neuigkeit noch vor Onassis zurück. Er war geschäftlich unterwegs, und sie wollte ihm die gute Nachricht von Angesicht zu Angesicht mitteilen. So vertraute sie sich nur ihren engsten Freunden an, die damals an den Fingern einer Hand abzuzählen waren. Sie kaufte sogar schon die Babyausstattung, wobei sie weiß wählte, passend für ein Mädchen und für einen Jungen, obgleich sie überzeugt war, daß Onassis lieber noch einen Sohn gehabt hätte.

Tatsache ist, Onassis wollte kein Kind. Seine Reaktion gab Maria später gegenüber Roger Normand wieder: »Wenn du mich behalten willst, dann sieh zu, daß du den Bastard in die Gosse spülst!« Maria war von diesem mittlerweile so abscheulichen Menschen wie besessen. Sie ließ nicht nur die Abtreibung vornehmen, sondern gleich die

Gebärmutter entfernen, um nicht noch einmal schwanger zu werden. Mit der Beziehung zu Onassis ging es zu Ende, und ihr langer, schwerer Leidensweg hatte begonnen.

Verstört über das, was sie getan hatte, und zutiefst beschämt, wie sie mit sich hatte umspringen lassen, von einem Mann, den sie geliebt und dem sie vertraut hatte, zog sie ein paar Wochen später aus der Avenue Foch in eine viel größere Wohnung in der Avenue Georges-Mandel. Es ist nicht bekannt, wieviel ihr neues Heim gekostet hat, fest steht aber, daß sie es mit eigenem Geld bezahlt hat, und zwar in bar. Und während ihr Haus in Mailand erstaunlich geschmacklos eingerichtet gewesen war, gab es nun einen eigenen Stilwillen, was vielleicht daran gelegen haben mag, daß sie diesmal nicht von einem Mann herumkommandiert worden war. »Ich fange noch einmal an, ganz von vorn«, sagte sie zu Roger Normand, der sie zusammen mit ihrer Hausangestellten, Bruna, zu den Auktionsräumen von Drouot begleitete. »Und außerdem ist mir alles gleichgültig. Das wird mein letztes Heim sein, und von jetzt an tue ich nur noch, was ich will. Um mich hat sich niemand wirklich gekümmert. Alle waren immer nur daran interessiert, was sie aus Callas, der Essensmarke, herausholen konnten oder aus Callas, dem Schlüssel zur High Society. Unabhängig zu werden und ein eigenes Dach über dem Kopf zu haben, das ist meine Art zu sagen: ›Ihr könnt mich alle mal!‹«

Das Mobiliar, das sie mit Normands Hilfe fand, war Louis Quinze und Regency; Gemälde von Renoir, Fragonard, Bassano und Marie Laurencin schmückten die Wände; Teppiche und Brücken stammten von Gesmar; das riesige, weiß und rosa gehaltene und verspiegelte Bad hatte Georges Grandpierre entworfen, einer der berühmtesten französischen Innenarchitekten – und einer von Marias größten Bewunderern. »Wie meine großartige Freundin Piaf, verbrachte auch Maria Stunden in ihrem Bad«, sagte Roger. »Im Grunde genommen war es eher ein Salon, mit mächtigen Plüschsesseln, in denen man verschwinden konnte, und einem passenden Sofa, einem

Plattenspieler, Kühlschrank, Schreibtisch, Hausbar, zwei Telefonen und unzähligen Blumenbouquets. In den letzten Jahren ihres Lebens hielt Maria Hof in ihrem Bad und lenkte von da aus auch ihre Geschäfte.«

Fast ein ganzes Jahr lang konzentrierte Maria Callas ihre gesamte Energie darauf, Georges-Mandel in eine Art Mausoleum mitten in Paris zu verwandeln. Sie war immer noch nicht wieder bei guter Gesundheit, was deutlich wurde, als sie Onassis am 17. April 1967 wegen des Rechtsstreits mit Panaghis Vergottis in London begegnete: Dickes Make-up konnte kaum die Tränensäcke verbergen, und ihre Beine und Knöchel waren von angestautem Wasser geschwollen. Trotzdem hatte sie ein strahlendes Lächeln, als sie im Gerichtssaal Platz nahm, wo sie dem vorsitzenden Richter, Mr. Roskill, als Maria Kalogeropoulos vorgestellt wurde – was kundtun sollte, daß sie eine griechische Staatsbürgerin und unverheiratet war, was immer auch behauptet wurde. Trotzdem wurde sie mit Madame oder Miss Callas angesprochen. Der Anspruch auf »Ehrbarkeit« war jedoch für viele nur schwer nachzuvollziehen: Die Wahl des Kostüms für diese Gelegenheit hatte sie Madame Bikis Urteil überlassen und war in einem leuchtendroten Kleid und mit einem weißen Hütchen erschienen. Etwas Ähnliches trug auch gern die auf Capri wohnende Cockney-Berühmtheit und Gastwirtin Gloria Magnus, die sie während eines ihrer Besuche bei Gracie Fields kennengelernt hatte – eine notorische Femme fatale, »die mit allem und jedem durchkommt«, wie ein Journalist sich einmal geäußert hatte. Mindestens eine italienische Zeitung verglich die beiden miteinander.

Der Prozeß war eine Qual für sie. Im Laufe der nächsten zehn Tage wurde viel zu viel schmutzige Wäsche vor den gierigen Augen der Weltpresse gewaschen. Ebenso litt der siebenundsiebzig Jahre alte Vergottis, der zu dieser Zeit so krank war, daß er seinen Arzt um sich haben mußte. Nur Onassis war in seinem Element, machte Witze mit den Reportern und amüsierte sich auf Kosten eines einstmals guten Freundes und der Frau, die doch die größte Liebe seines Lebens sein sollte. Sir Milner Holland, ihr Verteidiger, schilderte dem Gericht, wie Onassis im Sommer 1959 Maria mit Vergottis bekannt gemacht hatte und daß letzterer »überaus freundlich« zu ihr gewesen war – womit er ein Grinsen auf Onassis' Gesicht hervorrief und ein Gemurmel unter den versammelten Leuten von der Presse. Dann brachte er den Erwerb der *Artemision II* zur Sprache. Ein Dokument, das auf den 17. November 1965 datiert war, das sie jedoch erst im Januar darauf erhalten hatte und aus dem ihre 60 000-Pfund-Investition als ungesichertes Darlehen hervorging, wurde als Beweismaterial vorgelegt, ebenso von Vergottis unterschriebene Belege, die besagten, daß sie seitdem zwei Zinszahlungen erhalten hatte. Ihre »vulgären Äußerungen« gegenüber Vergottis am Telefon wurden angesprochen und ein Brief vorgelegt, der bewies, daß sie den Versuch unternommen hatte, sich für ihr Verhalten zu entschuldigen.

Vergottis' Verteidiger, Peter Bristow, brauchte jedoch nicht lange, um in der Beziehung Callas-Onassis herumzustochern. Nachdem Bristow Onassis gefragt hatte, ob sie sich von ihren Ehepartnern getrennt hätten, nachdem sie sich kennengelernt hatten, und zu hören bekommen hatte: »Jawohl, Sir. Hatte mit unserem Kennenlernen nichts zu tun. Reiner Zufall«, wollte er weiter wissen, ob er Maria ehelichen würde, wenn sie frei wäre. Sie bebte sichtlich, als er erwiderte: »Nein. Wenn das der Fall wäre, gäbe es für mich kein Problem, sie zu heiraten – so wie es für sie kein Problem gäbe, mich zu heiraten.« Und dann konnte sie sich kaum noch der Tränen erwehren, als Onassis auf die Frage, ob er ihr gegenüber eine Verpflichtung empfände, die über solche einer bloßen Freundschaft hinausginge, selbstgefällig antwortete: »Nein, nicht im geringsten.«

Der Schlagabtausch zwischen Bristow und Onassis wurde am nächsten Tag fortgesetzt. Onassis tat Vergottis' Erklärung, Marias Investition sei ein Darlehen gewesen und keine Aktienzeichnung, als

»äsopsche Fabel« ab. Die Frage, ob es während der Verhandlungen mit Zeffirelli über den *Tosca*-Film zum Bruch mit Miss Callas gekommen sei, verneinte er zu ihrer Freude, jedoch nur, um einzugestehen, daß sie sich gestritten hatten, als sie Vergottis im Ritz über den Tod seines Bruders hinweggetröstet hätte. Ob er sie davon abgehalten habe, den Film zu drehen, beantwortete Onassis ausreichend: »Madame Callas ist doch kein Gefährt, das ich steuere. Sie besitzt ihre eigenen Bremsen und ihren eigenen Verstand.« Trotzdem hakte Bristow nach: »Aber haben Sie einen gewissen Einfluß auf sie?« Worauf er brummte: »Ich habe sie nicht abgehalten, und ich würde nicht die Verantwortung übernehmen, sie abzuhalten!« Maria erklärte, ihre Gefühle für Vergottis seien die einer Tochter für ihren Vater gewesen. Darin hätten auch ihre Gründe gelegen, wie sie sagte, ihn »liebevoll zu drängen«, zu gestatten, ihr Geld in sein Unternehmen zu investieren. Mit Onassis hätte sie eine ganz andere Art von Beziehung gehabt, denn er sei ja ein jüngerer Mann gewesen. Betont kühl und mit festem Blick auf Richter Roskill fügte sie dann noch hinzu: »Aber keine solche, deren uns Mr. Bristow unterschwellig bezichtigt haben mag.«

Wie um dem besonderen Nachdruck zu verleihen, besuchte sie an diesem Abend eine Aufführung von *La traviata* im Covent Garden. Natürlich war der Auftritt präzise inszeniert: Obwohl über ihren Besuch strenges Stillschweigen gewahrt wurde, um demonstrative Aufmerksamkeit zu vermeiden, ließ man die Nachricht, eine Stunde bevor sie eintraf, an die Öffentlichkeit dringen, und als sie, hinreißend anzusehen, der Limousine des Savoy entstieg, stürzten dreihundert ihrer getreuen »Callas Boys« auf sie zu und skandierten ihren Namen, während sie Autogramme gab. Für sie war das der dritte Kostümwechsel innerhalb von zwölf Stunden. Am Vormittag war sie in einem violetten Kostüm und mit demselben barettartigen weißen Hütchen wie zuvor erschienen, doch bei der Verhandlung am Nachmittag hatte sie einen leuchtend orangefarbenen Mantel und einen dazu passenden Hut getragen. Jetzt weigerte sie sich, mit den anwesenden Vertretern der Presse über den Gerichtsprozeß zu sprechen und sagte statt dessen: »Wenn Sie mich das nächste Mal hier sehen, meine Lieben, werde ich diejenige auf der Bühne sein!«

Im Kreuzverhör von Peter Bristow war sie nicht so geduldig, wie Onassis es gewesen war, als ihr Verhältnis zur Sprache kam. Nachdem sie ihre Äußerung »Mr. Vergottis war wie ein Vater für mich« wiederholt hatte und Bristow weiterhin versuchte, sie über Meneghini und ihre Freundschaft zu »diesen beiden Griechen« zu befragen und ihr bedeutete: »Diese Fragen müssen gestellt werden, Madame Callas!« – da fuhr sie ihn an, indem sie über den ganzen Saal schrie: »Nein, das müssen sie nicht! Wir sind hier wegen fünfundzwanzig Aktien, für die ich bezahlt habe, und nicht wegen meiner Beziehung zu einem anderen Mann!« Dann fragte Bristow sie, ob sie noch mit Meneghini verheiratet sei, worauf sie kaum weniger lautstark reagierte: »Nach italienischem Recht bin ich allerdings noch mit ihm verheiratet. Das ist ja das Problem, denn eine amerikanische Scheidung wäre in Italien ungültig.« Als Bristow weiter bohrte, ob sie sich darum nun als ledig betrachte, geriet sie mit ihrer Geduld ans Ende und schnappte: »In Italien, nein! Überall sonst, ja!« Dann bewirkte sie sogar ein amüsiertes Geraune auf der Zuschauergalerie, indem sie Bristow eindrucksvoll in die Schranken wies, der angedeutet hatte, sie sage nur die Wahrheit, wenn sie ihr passe. Ohne eine Miene zu verziehen, sagte sie zu ihm: »Ich bin hier, um alle Fragen zu beantworten. Fragen Sie, was Sie möchten, aber bitte reden Sie etwas lauter. Ich bin kurzsichtig und kann nicht sehen, was Sie sagen!«

Der Prozeß endete am 28. April. Richter Roskill erklärte in seiner Zusammenfassung, daß das Alter der Beteiligten in diesem Fall – Maria Callas war 44, Onassis 61 und Vergottis 77 – von gewisser Bedeutung wäre, und fuhr fort: »Die Ereignisse vom Herbst 1965 haben zu einem bitteren Bruch zwischen ihnen geführt, den die Aussagen, die auf beiden Seiten gemacht wurden, keinesfalls überwanden, sondern eher noch vertieften. Der Fall hat tatsächlich etwas von einer sophokleischen Tragödie an sich ... Die endgültige Entscheidung hängt einzig und allein von der Frage der Glaubwürdigkeit ab. Wer sagt die Wahrheit – Mr. Onassis, Madame Callas oder Mr. Vergottis?... Man kommt nicht darum herum – man wünschte, man könnte es – festzustellen, daß entweder die eine Seite falsch ausgesagt hat oder die andere. Wenn die Verteidigung recht hat, dann kann es keinen Zweifel daran geben, daß Mr. Onassis und Madame Callas sich zusammengetan haben, um Mr. Vergottis hereinzulegen. Wenn aber die Kläger recht haben, dann kann kein Zweifel daran bestehen, daß Mr. Vergottis bewußt ein Geschäft mit den Klägern gebrochen und gelogen hat, mehr als einmal, um nicht die Folgen dieses Bruchs tragen zu müssen. In diesem Fall gibt es keinen Kompromiß, und die Aufgabe, zu entscheiden, wo die Wahrheit liegt, ist für einen Richter genauso unangenehm wie jede richterliche Aufgabe.«

Trotzdem fällte Richter Roskills eine einfache Entscheidung: Maria und Onassis waren von ihrem ehemaligen Freund betrogen worden, und damit fiel das Urteil zu ihren Gunsten aus. Außerdem hatte Vergottis die Prozeßkosten zu tragen, die sich auf rund 25 000 Pfund beliefen. Vergottis legte Berufung ein und gewann. Schließlich gelangte die Sache noch vor das House of Lords, wo sie am 31. Oktober 1968 abschließend entschieden wurde. Diesmal hatte er keinen Erfolg. Maria wiederholte, was sie schon im April 1967 vor Richter Roskill gesagt hatte: »Ich bin eine Frau, die für ihren Lebensunterhalt arbeitet, die aber in ein Alter kommen könnte, wo das nicht mehr möglich ist.« Und nachdem der Richter das berücksichtigt hatte sowie die Tatsache, daß sie ja schon halb im Ruhestand war, gewann sie den Prozeß.

Für Maria und Onassis bedeutete die Vergottis-Episode den Anfang vom Ende. Im August 1967 versuchte Onassis, den Autor Willi Frischauer zu bestechen, der beauftragt worden war, eine nicht autorisierte, ungeschminkte Biographie zu schreiben. Frischauer wies die 50 000 Dollar ab, die ihn bewegen sollten, die Biographie nicht zu schreiben, und drängte darauf, den Gegenstand seiner Darstellung zu sehen, und die beiden wurden auf der Stelle Freunde. Onassis versicherte Frischauer, sein Buch würde die absolute Onassis-Biographie werden, nur in der luxuriösesten Umgebung dürfe daran gearbeitet werden, mit anderen Worten, während einer Kreuzfahrt auf der *Christina*. Frischauer verbrachte so viel Zeit mit Onassis, daß dieser Maria fast völlig ignorierte und sie nach wenigen Tagen wieder nach Paris flog.

Die gespannte Atmosphäre bekam im September neue Nahrung, als Maria am Tag nach Onassis' Rückkehr nach Paris in seiner Wohnung in der Avenue Foch anrief und zu hören bekam, er habe strikte Anweisungen erteilt, nicht gestört zu werden. Währenddessen aß er mit einem mysteriösen Gast zu Abend. Instinktiv wußte sie, daß es sich dabei nur um Jacqueline Kennedy handeln konnte und daß die Heimlichkeit mit den strengen Sicherheitsmaßnahmen zu tun hatte, von denen die ehemalige amerikanische First Lady umgeben war. Sie wußte, daß sich Jacqueline seit dem Tod Kennedys immer mehr von ihrer Familie entfremdet fühlte, ein Gefühl, das sie selbst nur allzu gut kannte und für das sie Verständnis hatte. Sie scheint auch nichts dagegen gehabt zu haben, daß Onassis sich Jacqueline als persönlicher Berater empfohlen hatte, einfach weil Onassis ihr nie den Eindruck vermittelt hatte, sie zu betrügen. Er überhäufte sie immer noch mit teuren Geschenken und Blumen – und auch diesmal, nachdem die Kennedy Paris wieder verlassen hatte, erschien er mit einem riesigen Strauß rosaroter Rosen und einem Armband im Wert von 20 000 Dollar in der Avenue Georges-Mandel.

Maria war sogar überzeugt, ihre Beziehung hätte sich wieder zum Besseren gewendet, als Onassis sie am 14. November ins Régine's begleitete, einen der gefragtesten Nachtklubs von Paris. Aus irgendeinem Grund – wie vermutet wird, hatte Onassis, aus Angst, sie könnte seine wirklichen Absichten durchschauen, der Presse einen

Wink gegeben – trat ein junger Reporter vom italienischen Magazin *Oggi* an sie heran und fragte sie, ob an den Gerüchten, sie wollten bald heiraten, etwas dran wäre. Ausnahmsweise war sie sprachlos, doch ihr Begleiter machte das mehr als wett, indem er brummte: »Da kommen Sie zu spät. Wir sind bereits verheiratet!«

Am nächsten Tag erschienen in den Zeitungen überall in der Welt Fotos von dem »glücklichen Paar«, während Onassis' Londoner Sprecher mit so vielen Herausgebern telefonierte, wie er nur konnte, und einen Widerruf verlangte. Der erfolgte nie, und bald hieß es, die »Zeremonie« habe irgendwo in Mexiko stattgefunden. »Mr. Onassis ist griechisch-orthodox«, erklärte Sam White vom *Evening Standard*. »Darum kann die Ehe in Griechenland nicht als rechtmäßig anerkannt werden. Es besteht jedoch die Möglichkeit, daß das Paar noch einmal kirchlich heiratet.«

Was die meisten dieser Blätter zu berichten unterließen, war, daß Maria Callas immer noch rechtmäßig mit einem Battista Meneghini verheiratet war, wenngleich der natürlich keinen Augenblick zögerte, die Presse seine Meinung in dieser Sache wissen zu lassen. »Diese Geschichte ist absoluter und vollkommener Unsinn«, tönte er. »Onassis benutzt Maria, so wie er sie immer benutzt hat – nur muß diesmal etwas ganz Großes dahinterstecken. Was, wird die Zeit lehren.«

Meneghini hatte natürlich recht, obwohl nicht einmal er mit seinem vermeintlichen Heer von Spionen und seiner überanstrengten Phantasie wissen konnte, was bevorstand.

Solitaria ... a sospirar

1968

> *Ich habe geglaubt, wenn ich einem Mann begegne,*
> *den ich liebe, dann brauchte ich nicht mehr zu singen.*
> *Für eine Frau ist es das Wichtigste, einen Mann zu*
> *haben und ihn glücklich zu machen.*

Das Jahr 1968 sollte sich als das betrüblichste in ihrem ganzen Leben erweisen, doch jenseits des Atlantik fühlte sich, als das neue Jahr anbrach, die andere Frau in Onassis' Leben, Jacqueline Kennedy, genauso elend. Was die beiden Frauen miteinander gemein hatten, war eine lähmende Einsamkeit. Callas war wohlhabend, hatte ein hübsches Heim, und gesundheitlich ging es ihr so gut wie lange nicht. Sie hatte allerdings nur wenige gute Freunde, an die sie sich wenden konnte, und gewiß keine Vertraute, die ihr half, die wachsende Last der Neurasthenie zu tragen, die sie bisweilen zu ersticken drohte und mehr als einmal ernsthaft darüber nachdenken ließ, sich das Leben zu nehmen.

Jacqueline andererseits wurde geradezu von Zuneigung erdrückt – allerdings nur von fern betrachtet. Nach der Ermordung des Präsidenten hatte die amerikanische Öffentlichkeit sie auf ein goldenes

Podest gehoben: die Verkörperung all dessen, was einer Witwe anstand, gute, gläubige Katholikin und vor allem tadellose Mutter, die in den Augen der Allgemeinheit nichts Unrechtes tun konnte. Fern vom Scheinwerferlicht der Medien und der Öffentlichkeit hatte sie außer ihrer Mutter und den Kindern niemanden. Und ganz gewiß fühlte sie sich nicht wohl unter den Kennedys, abgesehen von Robert Kennedy, der seit dem grauenvollen Tag im November 1963 ihr engster Freund und Vertrauter war – so eng, im Grunde, daß er im ersten Jahr ihrer Witwenschaft mehr Zeit mit ihr verbrachte als mit seiner eigenen Frau und den Kindern.

Seit Kennedys Tod hatte es ihr nicht an männlicher Begleitung gefehlt: Frank Sinatra, Lord Harlech, Leonard Bernstein und J. K. Galbraith hatten sie auf die verschiedensten gesellschaftlichen Veranstaltungen begleitet, doch die amerikanischen Medien hatten einen solchen Respekt vor dieser Frau, daß es nicht einmal einen Hauch von einem Skandal gegeben hatte, und jedesmal war sie in die teure Ehrbarkeit ihrer riesigen Wohnung in der Fifth Avenue mit Blick auf den Central Park zurückgebracht worden. Das begann sich jedoch im Frühjahr 1968 zu ändern, als Onassis – nachdem er Freunden gegenüber geprahlt hatte: »Die Kennedy-Frau wird die ultimative Trophäe. Das wird nicht anders sein, als mit einem heißen Messer Butter zu schneiden!« – sie überredete, Robert Kennedy zu eröffnen, daß sie die Absicht hätten zu heiraten. Robert befahl ihr geradezu, den Mann, den er als den »verdammten griechischen Gauner« bezeichnete, zu meiden.

Dabei dachte Kennedy natürlich genauso an seinen eigenen Ruf wie an den seiner Schwägerin. Nachdem er 1965 zum Senator von New York gewählt worden war, spaltete er jetzt die öffentliche Meinung, indem er verkündete, er werde für das Amt des Präsidenten kandidieren. Seine Anhänger bejubelten ihn als idealistischen Reformer, der sich mit den darbenden, benachteiligten Minderheiten identifizierte, während seine Gegner ihn als einen publicity-süchtigen Opportunisten brandmarkten. Doch da er Jacqueline geholfen hatte, mit ihrer Trauer fertigzuwerden, gab sie ihm jetzt ihr Wort, ihn in seinem Wahlkampf zu unterstützen. Aus Dankbarkeit versprach er ihr, der Verbindung seinen Segen zu geben, vorausgesetzt, sie »enthielte sich jeglichen Heiratsgefasels«, bis seine Nominierung bei den Demokraten sicher war. Insgeheim hoffte er natürlich, daß sie in der Zwischenzeit Onassis als das erkennen würde, was er wirklich war, und ihm den Laufpaß gäbe.

Das geschah allerdings nicht, und im Mai 1968 begab sie sich an Bord der *Christina*, zu einer Kreuzfahrt in der Karibik, während Maria Callas in die Avenue Georges-Mandel zurückkehrte, um das Ereignis durch die Augen der Medien zu beobachten. »Manchmal wünschte ich, ich wäre tot«, sagte sie eines Tages zu Roger Normand und meinte es vermutlich auch – sie schluckte Schlaftabletten und Antidepressiva, aß wenig und rauchte zehn Zigaretten pro Tag, eine überaus hohe Zahl für eine Frau, die behauptete, gegen Rauch allergisch zu sein, und bei anderen diese Angewohnheit verabscheute. Nicht einmal ihren engsten Freunden – einschließlich Onassis – erlaubte sie in ihrer Gegenwart Zigaretten. Nach dem Ende der Kreuzfahrt kehrte der Abtrünnige nach Paris zurück und nahm das Verhältnis zu Maria wieder auf, als wäre nichts geschehen. Am 5. Juni, nur wenige Minuten, nachdem er die kalifornischen Vorwahlen gewonnen hatte, wurde Robert Kennedy in einem Hotel in Los Angeles von einem vierundzwanzigjährigen jordanischen Immigranten namens Sirhan Sirhan angeschossen. Am nächsten Tag starb er, und Onassis verlor keine Zeit, zu Jacqueline zu eilen. Wie es hieß, hatte die Ermordung Roberts sie fast genauso getroffen wie die ihres Mannes, und sie machte sich verzweifelte Sorgen um Ethel, die Witwe, die mit ihrem elften Kind schwanger war.

Ein paar Tage nach dem Begräbnis Robert Kennedys setzte Onassis, da es nun niemanden mehr gab, der etwas dagegen hatte, das Datum für die Hochzeit fest: den 20. Oktober 1968. Aus zwei Gründen gaben sie es jedoch noch nicht öffentlich bekannt. Erstens wollte die zukünftige Braut Kardinal Cushing konsultieren, der ihre erste Ehe getraut hatte, und zweitens wollte Onassis Maria die Neuigkeit schonend beibringen. Tatsächlich ist daraus nichts geworden. Im Laufe der nächsten beiden Monate pendelte Onassis zwischen der *Christina* und Jacqueline Kennedy hin und her. Er traf seine zukünftigen Schwiegereltern und bemühte sich, ihre Kinder, Caroline und John-John, für sich zu gewinnen. Er besuchte die Matriarchin der Familie, Rose Kennedy, die auf der Stelle verkündete, ihn nicht ausstehen zu können, und schließlich »trat er in Verhandlungen« mit Edward ein, Roses letztem Sohn. Edward überraschte später jedermann damit, daß er sich für eine Begnadigung von Sirhan Sirhan aussprach, dessen Strafe in lebenslängliche Haft umgewandelt wurde. Edward Kennedy mochte Onassis nicht, aber er verabscheute ihn nicht so wie Robert, und so gab er Jacqueline zögernd seine Zustimmung. Christina Onassis jedoch, die ihren Vater auf den meisten dieser Reisen begleitete, fühlte sich nicht sehr zu der neuen Familie hingezogen. Inzwischen siebzehn und sehr eigensinnig, haßte sie Jacqueline genauso, wie sie Maria gehaßt hatte, und ließ keine Gelegenheit aus, ihr das auch zu sagen und meist sogar auf eine unangenehme Art.

Was Maria betrifft, sie mußte selbst dahinterkommen, was vor sich ging. Um ihre Einsamkeit erträglicher zu machen, bat sie Anfang August ihren alten Freund Lawrence Kelly von der Chicago Opera, ihr auf der *Christina* Gesellschaft zu leisten, doch kaum hatte Kelly seine Koffer ausgepackt, kam ein Anruf von Onassis: Er sei auf dem Weg zur Jacht, wo er einen wichtigen Gast erwarte; sie solle nach Paris zurückkehren und dort auf ihn warten. Sie blieb, bis er eintraf. Dann tat sie, was ihr gute Freunde schon seit Monaten geraten hatten – sie sagte ihm ins Gesicht, sie werde ihn verlassen und nie wiederkommen.

Lawrence Kelly begleitete sie nach Paris, wo er mit ihr über ihr Comeback zu sprechen begann, obgleich er überzeugt war, daß sie das nicht mehr schaffen würde – nicht nur wegen stimmlicher Probleme, die mit intensivem Training hätten behoben werden können, sondern wegen ihres zerstörten Selbstvertrauens. »Ich möchte jetzt nicht gleich auf Tournee gehen«, sagte sie. »Ich will nur so tun, als ob!«

Von Paris flogen sie nach New York, von wo aus die »Tournee« quer durch Amerika ging. Nur weil sie es nicht ertragen konnte, allein zu sein, und ohne an den Skandal zu denken, ging sie mit Kelly ins Bett. In Cuernavaca rutschte sie auf den nassen Fliesen im Bad aus und brach sich zwei Rippen, und während sie sich erholte, brachte ihr der Zimmerservice mit dem Frühstück ein Exemplar des Nachrichtenmagazins *Newsweek* mit einem Titelfoto von Jacqueline und Edward Kennedy beim Aufbruch zu ihrer Reise auf die *Christina*, wo sie den vorehelichen Vertrag mit Onassis besprechen wollten. In Los Angeles schaltete Maria den Fernsehapparat an, um die *Merv Griffin Show* zu sehen. Einer der Gäste war Doris Lilly, die bissige Klatschkolumnistin der *New York Post*, die vorhersagte, daß Onassis und Jacqueline Kennedy bis zum Jahresende verheiratet sein würden. Die Öffentlichkeit nahm das nicht sehr freundlich auf: Die Lilly wurde angespuckt und ausgepfiffen, als sie das Studio verließ, und im Laufe der nächsten Wochen erhielt sie säckeweise bitterböse Briefe, weil sie es gewagt hatte, dieser hübschen jungen Frau, die Rose Kennedy für so vollkommen hielt, daß sie sie einmal sogar als »Madonna« bezeichnet hatte, zu unterstellen, so tief sinken zu können und sich mit einem Mann vom Ruf eines Aristoteles Onassis einzulassen.

Von Los Angeles flog Maria mit Kelly nach Dallas, wo sie ein paar Tage im Hause ihres Freundes John Ardoin verbrachten, der damals Musikkritiker der *Morning News* war und später als Autorität des auf Tonband aufgenommenen Vermächtnisses der Callas galt und zwei umfangreiche Studien und zahllose Artikel über sie verfaßt hatte. Ende September flog sie, immer noch mit Kelly, nach New York. Ihre Rivalin Renata Tebaldi, die sich inzwischen an der Met häuslich niedergelassen hatte, hatte Premiere in einer Neuinszenierung von *Adriana Lecouvreur*, und Rudolf Bing hatte Maria in seine Loge eingeladen. Vielleicht ein bißchen provokativ, erschien sie in einem schwarzen Samtkleid und mit Juwelen beladen – und erntete lebhaften Beifall vom Publikum, als sie ihren Platz einnahm. Die Tebaldi in ihrer Garderobe glaubte, der Aufruhr gälte Bings Lieblingssopranistin, Zinka Milanov, die, wie es ihre Gewohnheit war, zur Premiere erschienen war.

Nach der Vorstellung eilte Bing hinter die Bühne, um der Tebaldi mitzuteilen, daß »eine alte Freundin« sie ein paar Minuten allein zu sehen wünschte. Sofort wurde die Tebaldi mißtrauisch – noch am Nachmittag war sie die Gästeliste durchgegangen und hatte entschieden, wen sie zu sehen gedachte und wen nicht. Im Begriff, Bing die Meinung zu sagen, erblickte sie Marias Gestalt am Ende des Korridors. Dreiundzwanzig Jahre später erklärte die Tebaldi dem Musikkritiker Mel Cooper, was dann geschah: »Im ersten Moment war es schwierig. Und dann dachte ich an den Zustand, in dem sich ihr Leben mittlerweile befand, die Probleme mit ihrer Stimme – und Onassis bereits mit Jacqueline Kennedy zusammen. Vielleicht erkannte sie die Gedanken in meinem Gesicht, sah, daß ich Mitgefühl hatte. Denn mit einemmal kam sie den Korridor entlanggefegt und schlang die Arme um mich. Sie sagte mir immer und immer wieder, wie wunderbar die Vorstellung gewesen sei und wie froh sie für mich sei und darüber, daß es mit meiner Karriere so gut laufe. Und ich wußte, daß sie das auch meinte – sie war wirklich glücklich für mich. In ihr war eine Veränderung vor sich gegangen, etwas war anders geworden. Es war, als hätte man eine alte Schulfreundin getroffen ...«

Einige Minuten lang hielten die beiden Frauen einander umschlungen und weinten. Während sie sich die Tränen trockneten, führte Bing, der inzwischen den Bühnenpartner der Tebaldi, Franco Corelli, »informiert« hatte, die Presse herein. Fotos des innigen, lächelnden Trios, mit Bing selbst im Hintergrund, wurden in alle Welt telegrafiert.

Bis an Marias Lebensende blieb Renata Tebaldi eine gute Freundin, und jedesmal wenn sie in Paris war, wurde sie in der Avenue Georges-Mandel erwartet. Rudolf Bing jedoch versagte in seinem, wie manch einer dachte, Bemühen, die Callas wieder für die Met zu gewinnen. Sie sagte zu ihm: »Ich werden Ihnen immer dafür dankbar sein, daß Sie mir die Wiederbegegnung mit Renata ermöglicht haben, aber ich glaube nicht, daß ich jemals wieder für Sie werde singen können, so gern ich es auch täte.«

Gegen Ende des Jahres 1967 hatte sie dem amerikanischen Opernenthusiasten Edward Downes ein außergewöhnlich entspanntes Interview gegeben. Er war ein ganz unaufdringlicher Mensch, den sie sehr bewunderte und der nur das Beste in ihr zum Vorschein brachte. Sie hat es immer bedauert, daß dieses Interview – gesendet in den Pausen zwischen zwei Rundfunkübertragungen aus der New Yorker Met – nicht gefilmt worden war. Jetzt jedoch gab sie ihr Einverständnis, *The Callas Conversations* zu filmen, ein zweiteiliges Interview für die BBC mit ihrem Freund Lord Harewood, doch während sie gegenüber Downes ein bißchen kokett aufgetreten war, schien sie sich vor Harewood, der kaum zu Worte kam, zu hüten. Einen unbekümmerten, heiteren Augenblick gab es dennoch – als Marias Pudel ins Zimmer gestürmt kam und zu jaulen begann, als sie ein hohes C demonstrierte. Doch leider fiel diese Szene, wie einige andere, die den Zuschauern vielleicht ein bißchen mehr Einblick gestattet hätten, wie die größte Diva des Jahrhunderts wirklich war, der Schere im Schneideraum zum Opfer.

»Der Respekt, den die nahezu stationäre Kamera dem Objekt erweist, läßt ein Interview mit einem Mitglied der königlichen Familie vermuten«, verkündete Sean Day-Lewis vom *Daily Telegraph*. »Die Callas in Brokat sitzt da, in ihrer behaglichen Pariser Wohnung, sieht blendend aus mit ihren schönen Augen und feinen Gesichtszügen, spricht mit hervorragender Artikulation und sagt unglaublich wenig.«

In dieser Hinsicht müssen Vergleiche zwischen der »Downes«-Callas und der Lord Harewoods angestellt werden. In dem ersten Interview hatte sie ungezwungen über ihren Gewichtsverlust gesprochen, über die Presseattacken und ihre Abneigung gegenüber *Tosca* und die Arie *Vissi d'arte* insbesondere, die sie für den Fluß des zweiten Aktes als hinderlich betrachtete. Gegenüber Downes hatte sie nur so gesprudelt und kaum einmal richtig Luft geholt. »Entscheidungen kommen von mir selbst. Ich rede häufig mit mir selber. Ab und zu ziehe ich mich in mich zurück und mache mir Gedanken: Dies ist geschehen und das. Warum ist dies geschehen? Warum habe ich das getan, und warum sollte ich jenes tun? Und warum mache ich das nicht besser? Und warum habe ich nicht genügend Willenskraft? So macht man sich seine Gedanken. Passiert Ihnen das nie?«

Gegenüber Lord Harewood sprach sie über ihre Entwicklungsjahre mit Elvira de Hidalgo und Serafin, die intensive Vorbereitung auf jede einzelne Partie. Sie schwärmte für die Rollen, die sie geliebt hatte: Norma, Medea, Traviata – und verwarf Carmen als »gegen ihre Prinzipien gehend«. Der Film wäre gewiß bedeutend interessanter gewesen, wären die Fragen, oder zumindest einige von ihnen, etwas explosiver gewesen. Solche über die Familienstreitigkeiten und die künstlerischen Rivalitäten, die Freundschaft mit Onassis und ihren offenbaren Rückzug von der Opernbühne, zum Beispiel, wurden nicht gestellt, und sobald Lord Harewood etwas zu weit zu gehen schien, wechselte sie sehr schnell die Richtung. Es gab sogar Augenblicke, in denen es ihr so gut wie unmöglich war, ihre Arroganz und ihren Unwillen zu verbergen – wenngleich man natürlich ihre damalige Gefühlslage und den heiklen Zustand, in dem sie sich befand, berücksichtigen muß.

Am 17. Oktober 1968 erreichte sie ein Anruf von Lawrence Kelly aus Dallas. An diesem Nachmittag war in den Fernsehnachrichten eine Mitteilung von Mrs. Hugh D. Auchincloss, Jacqueline Kennedys Mutter, verlesen worden, und Kelly war der Meinung, sie würde diese Nachricht sicher gern von jemandem hören, der sich wirklich um sie sorgte, bevor die Presse an ihre Tür klopfen kam. Zwar standen Datum und Ort angeblich noch nicht fest, dennoch wurde angekündigt, daß Onassis Jacqueline in den nächsten Tagen heiraten würde.

Maria war nicht so erschüttert, wie die meisten geglaubt hatten – zumindest war das der Eindruck, den sie vermittelte – nur überrascht, daß die Hochzeit so schnell arrangiert worden war, denn sie hatte Doris Lillys Vorhersage nicht ernst genommen. Mit Roger Normand machte sie sogar Witze, indem sie sagte: »Ari hat Jackie vermutlich geschwängert. Mein Gott, was für ein häßlicher kleiner Bastard das wohl werden wird!« Am Telefon sagte sie einem Redakteur von *France-Soir*: »Ich bin Jacqueline Kennedy nicht böse, und ich bin mit der Nachricht von ihrer bevorstehenden Heirat gut fertig geworden. Ich bin sicher, sie passen gut zueinander.« Ihr Kommentar etwas später einem amerikanischen Reporter gegenüber war weniger schmeichelhaft: »Jackie hat gut daran getan, ihren Kindern einen neuen Großvater zu geben. Ari ist so schön wie Krösus.« Sie bezog sich damit auf den sagenhaften letzten König von Lydien, in Kleinasien, dessen Habgier und Reichtum sprichwörtlich sind.

Drei Tage nach Mrs. Auchincloss' Bekanntgabe wurden Onassis und Jackie Kennedy in einer schlichten griechisch-orthodoxen Zeremonie in der winzigen, weißgetünchten Kapelle auf Skorpios verheiratet. Die neununddreißig Jahre alte Braut, die ein weißes Valentino-Minikleid trug, wurde von ihrem Stiefvater Hugh dem Bräutigam zugeführt. Das hatte er auch schon getan, als sie Jack Kennedy heiratete und ihr eigener Vater zu betrunken gewesen war, um an der Trauung teilzunehmen. Callas befand sich in Paris und nahm an der Feier zum fünfundsiebzigjährigen Bestehen des Maxim's teil, doch falls sie verzweifelt versucht hatte, sich ihre wahren Gefühle nicht anmerken zu lassen, so war ihr das nicht ganz gelungen, denn man sah sie an diesem Abend häufig mit vom Weinen geröteten Augen.

Nach den ersten idyllischen Wochen auf Skorpios – wo die Sicherheitsvorkehrungen so streng gewesen waren, daß praktisch kein Reporter auch nur einen flüchtigen Blick von dem Paar erhaschen konnte und mindestens zwei Fotografen von Bodyguards verprügelt wurden – war die Ehe kaum mehr als eine Farce und ganz gewiß nicht das Produkt einer Liebesheirat. Als Onassis Jackie heiratete, wurde sein Vermögen auf über 220 Millionen Dollar geschätzt, und wenn der voreheliche Vertrag, der, größtenteils zu ihren Gunsten, hundert Klauseln enthielt, etwas war, an das man sich halten konnte, dann gewiß, daß sie nicht leer ausging, wenn die Ehe scheitern sollte. Außer einer jährlichen sechsstelligen Zuwendung hatte Jackie beträchtliche Zuwendungen für ihre bereits äußerst gut versorgten Kinder gefordert sowie getrennte Schlafzimmer, sollte sie das für erforderlich halten, und keinerlei Verpflichtungen gegenüber Onassis' Kindern.

Der größte Teil der amerikanischen Öffentlichkeit, diejenigen, die sie vergöttert hatten, betrachteten sie nun als Witzfigur und als Beleidigung von John F. Kennedys Andenken – das ebenfalls in dem Maße getrübt wurde, wie seine Frauengeschichten ans Licht kamen. Säckeweise ging in Jackies New Yorker Wohnung bösartige Post ein, während die amerikanischen Medien sie mit einem Schlag von ihrem Podest stürzten. In ihren Augen war Onassis einfach widerwärtig, und viele von ihnen hielten Jackie, weil sie sich überhaupt mit ihm eingelassen hatte, für kaum besser. Allgemein wurde angenommen, sie hätte ihn nur des Geldes wegen geheiratet, und solange sie nicht das Gegenteil beweisen konnte, wurde sie als »eine, die nur auf das Geld der Männer aus ist« und als »Kurtisane« angesehen, was noch die höflichsten Bezeichnungen für sie waren. Jackie bemühte sich nicht, das Gegenteil zu beweisen. Onassis' scheinbar grenzenlosen Reichtum nutzend, unternahm sie eine Reihe regelrechter Einkaufsorgien, wie es sie in der amerikanischen Gesellschaft noch nie gegeben hatte, die zu astronomischen Rechnungen führten, für Dinge, auf die sie leicht hätte verzichten können. Als sie sich einmal nicht entscheiden konnte, welche der sechs Farbnuancen in einer Valentino-Kollektion am besten zu ihrem Teint paßte, nahm sie kurzerhand alle, für 10 000 Dollar. Einmal gab sie auf einen Schlag 25 000 Dollar für Unterwäsche aus, schalt Onassis aber als verschwenderisch, weil er ihren Kindern – die ihn kaum weniger mochten als seine Kinder sie – Hundert-Dollar-Scheine für Süßigkeiten und Coca-Cola schenkte. Als sie bei einem anderen fünfzehnminütigen Großangriff auf ein New Yorker Kaufhaus informiert wurde, daß die Rechnung sich bereits auf 150 000 Dollar belaufe, zuckte sie nur mit den Achseln, wie sie das immer tat, und erwiderte: »Schön. Berechnen Sie das Mr. Onassis!« Es wird geschätzt, daß Jackie in den sieben Jahren ihrer Ehe mit Onassis 50 Millionen Dollar seines Geldes für sich selber ausgegeben hat und daß er angeblich noch ein Vielfaches dieser Summe an sie verschwendet hat, um sie bei Laune zu halten, während er sich mit anderen Frauen amüsierte.

Maria erhielt unterdessen Tausende von Briefen, Karten und Telegrammen von ihren Fans – und nur ein paar von fürsorglichen Freunden wie Visconti, Fürstin Gracia Patricia, Maurice Chevalier und Marlene Dietrich –, die sie bestürmten, ihre Karriere wieder aufzunehmen und Onassis, den alleinigen Verursacher ihres Elends und Grund dafür, daß ihre Karriere zum Stillstand gekommen war, hinter sich zu lassen. Angebote trafen ein, nicht nur für die Oper, sondern auch für Theater und Film. Tennessee Williams, der die Massenhysterie bei Marias »Schwulenkonzert« 1958 in San Francisco miterlebt hatte, sah in ihr einen Ersatz für seine »Schwulenikone« Tallulah Bankhead, den unglaublichen Star, der Ende 1968 gestorben war. Maria und Tallulah waren einander ein paarmal begegnet, so auch im November 1958 anläßlich einer Aufführung von *Crazy October*, in der Tallulah Bankhead neben der britischen Schauspielerin Estelle Winwood auftrat. Nach der Vorstellung unternahmen die Damen mit Tennessee Williams und dem Schauspieler Montgomery Clift einen »Mädchenabend«, bei dem die Callas und Clift eine gemeinsame Vorliebe dafür entdeckten, ihren eigenen Teller unberührt zu lassen und die besten Happen von den Tellern der anderen zu stibitzen.

Jetzt bot Williams Maria zwei Rollen an. Die erste war die der Flora Goforth in der Filmversion seines Stücks *Der Milchzug hält hier nicht mehr*, die Tallulah 1964 auf einer New Yorker Bühne gespielt hatte, an der Seite von Tab Hunter. Tab Hunter gab seine Zustimmung, in dem Film mitzuspielen, und Maria dachte ernsthaft darüber nach, die Rolle eines sterbenden einstigen Varietéstars zu übernehmen, die ihre letzten Tage an der italienischen Riviera verbringt, ihre Memoiren diktiert und eine Affäre mit einem opportunistischen Gigolo hat, der den Spitznamen »Todesengel« trägt, wegen seiner Neigung, die Gefühle kranker, schwacher Frauen auszunutzen. Die Bankhead hatte die Flora als »eine häufig die Partner wechselnde, von Tablettenkonsum gezeichnete Kreatur, die in einem Sumpfland von Georgia geboren war« abgelehnt, und auch Callas entschied sich dagegen, weil das Drehbuch ein bißchen zu dicht an der Wahrheit war. Aus demselben Grund lehnte sie auch die Hauptrolle in der Filmversion von Williams' *Boom!* ab, wobei sie witzelte: »Geben Sie die lieber Elizabeth Taylor!«, was er auch tat. Sie lehnte außerdem die Rolle der Sarah in John Hustons Filmepos *Die Bibel* ab, die dann Ava Gardner bekam; und wenige Stunden nach Viscontis Eintreffen in der Avenue Georges-Mandel mit dem Vertrag zog sie sich aus dessen neuer Inszenierung von *La traviata*, mit Franco Corelli, zurück, die im Frühjahr 1969 an der Pariser Oper auf die Bühne kommen sollte.

Wiederum griff sie übermäßig zu Beruhigungsmitteln. Außerdem hatte sie zu trinken begonnen – wenngleich diese letztere Phase nur von kurzer Dauer war und abrupt endete. Sie erhielt einen Anruf von dem italienischen Filmproduzenten Franco Rosselini, den sie in Rom kennengelernt hatte, als sie sich von Meneghini trennte. Damals war Rosselini versessen darauf gewesen, eine der Opern, die sie sang, zu verfilmen, doch ehe er sich entschließen konnte, welche, brachte sie ihn mit einem: »Nein danke!« zum Schweigen. Jetzt erzählte er ihr, sein Freund, der umstrittene Regisseur Pier Paolo Pasolini, suche eine Schauspielerin für die Darstellung einer Medea, die weder der der Oper entsprach noch der des Euripides, sondern seine eigene Adaptation darstellte – die, wie alles, was Pasolini machte, gewiß etwas Ausgefallenes werden würde.

Maria Callas war nie eine glühende Bewunderin von Pasolini gewesen, dem in Bologna geborenen, selbsterklärten Champion aller, nach seinen eigenen Worten, »Homosexuellen, Kriminellen, Armen und Kommunisten«. Er war ein Jahr älter als sie und in Friaul aufgewachsen. Dort hatte er eine Lehrerstelle bekommen und war Mitglied der kommunistischen Partei geworden, was er beides wieder aufgeben mußte, nachdem seine antikommunistischen Gegner in einer Zeitung seine Homosexualität ausgeschlachtet hatten, wodurch er gezwungen gewesen war, nach Rom zu fliehen. Dort suchte er Trost bei den Strichern im verkommensten Teil des Rotlichtviertels. Und dort begann er auch, Gedichte und Romane zu schreiben, in denen er seiner heimlichen sexuellen Phantasie Ausdruck verlieh und daraufhin häufig obszöner Handlungen bezichtigt wurde. Sein erster größerer Roman, *Ragazzi di vita (Halbstarke)*, war 1955 erschienen, und Maria hatte ihn gelesen. Doch diese brutale Welt von Dieben, Strichjungen und Mördern hatte sie angewidert und das um so mehr, weil ein Mann das Buch geschrieben hatte, der sich selbst als gläubigen Katholiken bezeichnete, und sie hatte das Buch verbrannt, noch ehe sie es zu Ende gelesen hatte. Gleichermaßen schockiert war sie von einem seiner jüngsten Filme, *Teorema (Geometrie der Liebe)*, in dem ein geheimnisvoller junger Mann, dargestellt von dem englischen Schauspieler Terence Stamp, durch eine Provinzstadt kommt, nacheinander die Mutter, die Tochter, das Hausmädchen, den Sohn und den Vater einer Familie der Mittelschicht verführt, ehe er seine

Reise gleichmütig fortsetzt. Noch ekelhafter, von Marias Standpunkt, war der Inhalt des Films *Porcine*, der gerade herauskam, in dem nicht Frauen Objekt der sexuellen Begierden des Helden sind, sondern Schweine. Sein früheres Werk *Das 1. Evangelium nach Matthäus* jedoch, das sie erst sah, nachdem Pasolini *Medea* vorgeschlagen hatte, rührte sie zu Tränen, und deshalb entschloß sie sich, mit ihm zu arbeiten. Sie rief Franco Rosselini an und sagte: »Wenn Signor Pasolini meinen Film wenigstens halb so gut machen kann wie diesen, dann mache ich mit.« Rossellini versicherte ihr, daß das der Fall sein würde. Weder über die Vertragsbedingungen noch über die Gage wurde gesprochen.

Bevor die Begegnung mit Pasolini stattfand, erhielt sie Besuch von einem aufgeregten Luchino Visconti. Er hatte von dem *Medea*-Projekt gehört und bedrängte sie nun, nicht mit einem Mann zu arbeiten, dessen Ideale – offene Homosexualität mit häufigem Partnerwechsel und freizügiges Bekenntnis zu seinen marxistischen Überzeugungen – sie mit ziemlicher Gewißheit bedrücken würden, und das zu einer Zeit, da sie verzweifelt nach innerer Ruhe suche. Visconti empfahl sogar, sie sollte, jetzt, da weder Onassis noch Meneghini im Wege waren, mit ihm einen Film drehen. Er schlug *Macbeth* vor, ein Gedanke, der ihr sicher einmal gefallen hätte, aber nicht jetzt. Sie sagte: »In deinem Film müßte ich zur Lady Macbeth werden, während ich Medea bereits bin.«

Sie hatte Angst, Pasolini zu begegnen. Visconti war nicht der einzige ihrer Freunde gewesen, der nichts Gutes über ihn zu sagen hatte, doch sie freute sich auf einen klaren Schnitt – eine Gelegenheit, mit jemandem zu arbeiten, ungeachtet seines Ansehens, der nichts mit ihrer Vergangenheit zu tun hatte. Bruno Rosi, ein junger venezianischer Journalist, der viele Jahre später eine Callas-Pasolini-Ausstellung von Fotos und Erinnerungsstücken über diesen Abschnitt ihrer Karriere organisierte, sagte: »Medea war von der Callas gewiß gedacht gewesen als ihre Art, Onassis zu sagen: Das Ende unserer

Liebesbeziehung hat mich nicht umgebracht. Schau her, ich lebe noch!«

Sie war überrascht, in Pasolini einen sanftmütigen, sensiblen Menschen zu finden – einen Menschen, der sich, wie sie selber, den Beleidigungen des Glücks geduldig unterworfen hatte, wenn auch größtenteils selbstverschuldet. Pasolini hatte auch gerade Probleme mit seinem Partner, Ninetto Davoli. Im Grunde genommen konnte Callas also in keinem passenderen Augenblick in sein Leben treten. Kurz gesagt, diese beiden überaus gegensätzlichen Ikonen brauchten einander. Was jedoch alle überraschte, war die Tatsache, daß das Unmögliche geschah. Zu wissen, daß sich nie etwas Körperliches zwischen ihnen abspielen würde, hielt sie nicht davon ab, sich in Pasolini zu verlieben, doch anders als bei ihren einseitigen Zuneigungen zu Visconti, Cioni, Corelli und Zeffirelli wurde diese Liebe erwidert. Im Laufe des nächsten Jahres sollte sie mehr Zeit mit Pasolini verbringen als sie mit jedem anderen Mann zuvor. Er sollte ihr sogar zehn recht hübsche Gedichte widmen, wie zum Beispiel *Verba*, das mit den Worten begann: *Quest' ombra caduta su di te, che io sento (Ich spüre diesen Schatten, der auf dich fällt)*. Er sagte damals über sie: »Maria war so wehrlos gegen Liebe, daß man sie einfach beschützen wollte. Vielleicht empfand sie ihr selbstauferlegtes Exil von der Bühne als etwas Unverzeihliches und Schmerzliches, so daß sie sich begierig und entschlossen der Liebe hingab.«

Die Dreharbeiten zu *Medea* begannen in der ersten Juniwoche 1969 in Göreme, einem entlegenen Ort in der Türkei, der vollkommen der Gewalt und Mystik des Drehbuchs entsprach. Am Anfang gibt es eine besonders grausige Szene, in der ein Jugendlicher geopfert wird. Er wird in Stücke zerhackt und unter den Bauern aufgeteilt, die damit ihr Getreide einschmieren, damit es wächst. »Schenke der Saat Leben und sei wiedergeboren in der Saat«, deklamiert Medea. In einer anderen Szene schlachtet sie einen hübschen jungen Mann ab, der ihr geholfen hat, das Goldene Vlies zu stehlen, dann wirft sie seinen Kopf von ihrem Wagen in den Wüstensand. Und wie in allen Pasolini-Filmen wimmelt es von Homoerotismen, zum Beispiel von zahllosen Großaufnahmen behaarter Torsos und Schenkel. Mindestens zwanzig von den jungen Männern sollen während der Vorstellungsgespräche für die Besetzung mit Pasolini geschlafen haben und mindestens noch einmal genauso viele während der Dreharbeiten.

Die Liebesszenen mit Jason sind allerdings nicht sehr überzeugend, vielleicht weil sie den Darsteller, Giuseppe Gentile, nicht mochte. »Er hatte einen Bart«, sagte sie zu Roger Normand, »und ich habe Männer mit Bart immer gehaßt.« Sie posierte allerdings gern für Pasolini, und einige ihrer Profilaufnahmen sind wirklich erstaunlich – eine ganz besonders, in der sie schläft und dann plötzlich die großen, schönen Augen aufschlägt. Die Dialoge lassen viel zu wünschen übrig. An Synchronisierung war Pasolini wenig interessiert. Teilweise waren die Dialoge zunächst in Englisch, dann wurden sie in Italienisch darübergesprochen, wobei viel von der unerläßlichen Kontinuität des Films verlorenging – die dann noch mehr gestört wurde durch das nachträgliche Einfügen mehrerer Szenen. Wie sie spielt, jedoch, ist wunderbar und läßt diejenigen unter ihren Fans, die sie nie gesehen haben, erkennen, wie sie auf der Bühne gewesen sein muß – der Ausdruck von Angst und Leid spiegelt wider, was sie nach der Trennung von Onassis empfunden haben muß. Selbst in den Liebesszenen mit Jason, ganz und gar untypisch in transparentem Gewand, ist sie für Vergnügen unempfänglich und lächelt erst, als sie, gegen Ende des Films, ihre Rache schmiedet. »Nichts ist mehr möglich«, schreit sie, während der Abspann zu laufen beginnt.

So weit weg von der Opernwelt, war sie entspannter, als sie es je in ihrem Berufsleben gewesen war. Es gab keine Wutanfälle, keine Probleme mit den Nerven, keine Schlafstörungen, und sie kam mit jedermann gut aus, selbst mit Giuseppe Gentile, und sie bestand darauf, daß jeder sie nur mit dem Vornamen anspracht. Natürlich lauerten ihr überall Reporter auf. Etliche von ihnen bestachen sogar die Leute, die die Kostüme verwalteten, um sich als Komparsen verkleiden zu können und möglichst nah an sie heranzukommen. Mit einem solchen jungen Mann scherzte sie sogar, indem sie zu ihm sagte: »Zieh dein Hemd aus, und ich bereite alles vor, um dich zu opfern!« Sie war geduldig mit diesen Leuten, denn ausnahmsweise richteten sich die Fragen auf ihre erste gesanglose Rolle und nicht auf ihr Privatleben. Nur ein einziges Mal kam der Name Onassis ins Spiel, und zwar als sie einem Reporter vom *Daily Telegraph* einen versteckten Kommentar lieferte: »Medea war eine Halbgöttin, deren Untergang erfolgte, als sie ihr ganzes Vertrauen in einen Mann setzte.«

Nach sechs Wochen in der sengenden Hitze dieser Einöde wurde im syrischen Aleppo weitergedreht, dann in Pisa und schließlich am Rande von Rom. Und während die Arbeit an dem Projekt dem Ende entgegen ging, wurde Maria wieder die alte, reizbar und launisch. Pasolini konnte ihr noch helfen, indem er sie einlud, ihm beim Schnitt und bei der Filmmusik zu »assistieren«, wobei die letztere kaum mehr war als geräuschvolles Gemisch von griechisch-orthodoxer Musik und Wehklagen. Dann, im September, erhielt sie aus heiterem Himmel einen Anruf von Onassis, der ihr scheinbar in aller Aufrichtigkeit – und Dreistigkeit – sagte, wie sehr er sie vermißte. Zehn Minuten lang sprachen die beiden von den alten Zeiten. Weder seine neue Frau noch Marias Karriere wurden dabei erwähnt, sondern nur, daß er auf den Film gespannt sei und ihre Darstellung der Rolle, die sie beide einst zusammengebracht hätte. Bevor Onassis auflegte, fragte er noch, ob sie in Erwägung ziehen könnte, mit ihm auszugehen. Sie erwiderte, sie würde darüber nachdenken. Wie bei der Covent-Garden-*Medea* 1959 trafen vom nächsten Tag an Blumen und Geschenke ein, diesmal sogar ein kleiner Pudel, den Maria Djedda nannte.

Nachdem *Medea* Ende 1969 auf dem Filmfestival von Mar del Plata in Argentinien erstmals vorgestellt worden war, fand die eigentliche Premiere am 28. Januar 1970 in Anwesenheit der Gattin des Staatspräsidenten, Madame Pompidou, in der Pariser Oper statt. Das geladene Publikum applaudierte stürmisch – nicht, weil der Film so gefallen hätte oder verstanden worden wäre, sondern, wie es hieß, weil Maria Callas und Pasolini anwesend waren. Die Kritiker waren, wie auch stets bei ihren Opern- und Konzertauftritten, geteilter Meinung. Die meisten von ihnen behielten Recht mit ihrer Voraussage, daß der Film kein kommerzieller Erfolg werden würde, sie waren aber auch der einhelligen Meinung gewesen, daß Callas für die Rolle wie geschaffen war. »Sie besitzt das, was ich mir als das perfekte indo-europäische Gesicht vorstelle, in dem die Starrheit der Vergangenheit und die Impulsivität der Zukunft – asiatische Gelassenheit und europäische Rücksichtslosigkeit, wenn man so will – ungezwungen nebeneinander bestehen«, schlußfolgerte der (ungenannte) Filmkritiker vom Observer. Was das Darstellerische betrifft, so wurde Pasolini vorgeworfen, ihr nicht genügend zu tun gegeben und seine Medea viel zu passiv angelegt zu haben, weit entfernt von dem Scheusal, das die Callas auf der Opernbühne geschaffen hatte. »Es war schrecklich langweilig«, erklärte der *Evening Standard*, »und ist es nicht beunruhigend, sich bei dem Wunsch zu ertappen, die Zauberin von Kolchis käme mit dem Töten ihrer Kinder zügig voran und ließe uns nach Hause gehen?«

Die Callas war ungehalten über die abfälligen Äußerungen, schob sie jedoch von sich als auf Pasolini gemünzt. Sie hatte schließlich auch eingewilligt, Onassis zu sehen, und ihn zu einem kleinen Dinner in ihre Wohnung in der Avenue Georges-Mandel eingeladen, wo er sich bemühte, vor den anderen Gästen den Gleichgültigen zu spielen. Dennoch fand er Gelegenheit, ihr zu sagen, daß er sie nicht weniger vermißte als sie ihn und daß seine Heirat mit Jackie Kennedy ein gewaltiger, kostspieliger Fehler gewesen sei. In den folgenden Wochen kamen sie regelmäßig zusammen und sahen schließlich keinen Sinn mehr darin, zu verheimlichen, daß sie ihr Verhältnis wieder aufgenommen hatten. Ob Onassis in Betracht zog, es dieses Mal auf eine feste Basis zu stellen, indem er sich von Jacqueline scheiden ließ, ist nicht bekannt, wenngleich Maria das, Freunden zufolge, wohl erwartet haben mag. Solche Träume zerstoben jedoch, als sie am 21. Mai im Maxim's fotografiert wurden. Jacqueline erfuhr davon fast unmittelbar danach und lange bevor die Bilder in der Presse erschienen, und statt ihm Vorhaltungen zu machen, setzte sie sich ins nächste Flugzeug nach Paris und bestand darauf, daß er sie noch am nächsten Abend ins Maxim's führte. Dort setzten sie sich an denselben Tisch und hatten genau dieselbe Speisenfolge, die Onassis zuvor mit Maria gehabt hatte.

Nach Marias naiver Denkweise hatte Onassis – dem sie an dem Abend ihre innersten Geheimnisse und Gefühle anvertraut hatte – sie verraten, indem er sie mit seiner eigenen Frau betrog. Drei Tage später, am 25. Mai um 6:45 Uhr, wurde sie mit Blaulicht ins Hôpital Americain de Neuilly am Rande von Paris eingeliefert. Radio Luxemburg meldete: »Maria Callas ist nach einem Selbstmordversuch ins Krankenhaus gebracht worden. Sie soll eine Überdosis an Beruhigungsmitteln genommen haben, ihr Zustand sei jedoch nicht besorgniserregend.«

Minuten später wimmelte es von Presseleuten vor dem Krankenhaus, wo keine Erklärung abgegeben wurde, vor ihrem Haus in der Georges-Mandel jedoch erhöhte das Hausmädchen unwillentlich den Wirbel, indem es erklärte: »Madame ist zu einer Routineuntersuchung ins Krankenhaus gefahren.« Bruna hatte übersehen, daß sich ambulante Patienten gewöhnlich mit eigener Kraft zur Klinik begeben und nicht im Krankenauto, noch dazu mit eingeschalteter Sirene. Nun erinnerte man sich wieder an eine frühere Äußerung der Callas, die in einem Gespräch mit Kenneth Harris vom *Observer* erklärt hatte, warum die Norma immer ihre Lieblingsrolle gewesen war: »Als sie sich in einer tiefen Liebeskrise befindet, wählt sie lieber den Tod, als dem Mann weh zu tun, den sie liebt, und das, obgleich er sie verraten hat.« Andere sprachen davon, sie habe versehentlich zu viele Tabletten genommen. Sie brauchte derart viele Medikamente, daß einige ihrer Freunde überzeugt waren, es sei nur eine Frage der Zeit, bis so etwas geschähe.

Zehn Stunden blieb sie im Krankenhaus – lange genug, um ihr den Magen auszupumpen, und lange genug, daß die Nachricht, es sei tatsächlich ein Selbstmordversuch gewesen, zu einem Reporter des Wochenmagazins *Noir et Blanc* gelangen konnte. Die Anwälte hatten es, unterstützt von Frankreichs drakonischem Persönlichkeitsrecht, erreicht, daß die Nachricht unterdrückt wurde. *Noir et Blanc* ließ sich jedoch nicht abhalten, die Story zu veröffentlichen. Maria Callas verklagte das Blatt und auch Radio Luxemburg und erhielt einen Schadensersatz von schmählichen 20 000 Franc zugesprochen sowie die Erstattung ihrer Auslagen.

Sollte es tatsächlich ihr Plan gewesen sein, sich das Leben zu nehmen, weil sie sich von Onassis wieder hatte demütigen lassen, so erwartete sie dennoch nicht, daß er ihr zu Hilfe kam. Ihre Zuflucht in dieser schmerzlichen Zeit war Pasolini, der sie, nachdem sich der erste Aufruhr gelegt hatte, zu einem Urlaub auf Trigonissi mitnahm, einer Privatinsel in der Ägäis, die der Familie Emberikos gehörte. Fast vier Wochen lang lebten sie wie jeder andere Tourist auch, gingen schwimmen und tauchen, zwei Sportarten, in denen Maria sich besonders hervortat, unternahmen mit Djedda, ihrem Pudel, lange Spaziergänge am Strand und teilten ein Bett in einer kleinen Hütte mit Blick aufs Meer. Nach der ersten Woche lud sie Nadia Stancioff ein und erwog sogar, ihre Memoiren zu schreiben. Dann entschied sie sich dagegen, denn, anders als ihre Feinde und mancher Kritiker, war sie überzeugt, daß ihre Geschichte keineswegs schon zu Ende war. Kurz vor der Arbeit an *Medea* hatte sie in Paris zusammen mit Nicola Rescigno sechs Arien aus *Il corsaro*, *Attila*, *I Lombardi* und *I vespri siciliani* aufgenommen. »Alle im Studio waren hingerissen«, hatte sie dem Magazin *Elle* gesagt, »aber wie gewöhnlich mußte ich sie zerstören, Spur für Spur.« Und obwohl sie nur zwei zur Veröffentlichung freigab, war das an sich ein Zeichen dafür, daß sie mit ihrer Stimme zufriedener war als seit langem. Dazu kam die Tatsache, daß sie immerhin erst sechsundvierzig Jahre war, stimmlich also eigentlich im besten Alter.

Einen gab es, der von ihren »intimen Abenden« mit Pasolini erfuhr: Onassis, dem es unerträglich war, sie mit einem anderen Mann zu teilen, und sei es auch ein berechnender, unersättlicher Homosexueller. Am 15. August, ihrem Namenstag, landete ein Hubschrauber mit Onassis zu einem Blitzbesuch auf Trigonissi, der allerdings auch wieder lang genug war, um die Welt wissen zu lassen, daß er, was die Callas betraf, immer noch der Herr war. Onassis hatte alles arrangiert: ein Festessen, Geschenke für alle Gäste und für sie selbst, zu ihrem »Ehrentag«, antiken Ohrschmuck im Wert von hunderttausend Dollar – und natürlich einen Fotografen, der dokumentierte, wie sie sich unter einem Strandschirm leidenschaftlich küßten. Nicht lange zuvor war sie mit Pasolini ähnlich umschlungen fotografiert worden, doch was die Presse zu diesen Bildern geschrieben hatte, war nicht schmeichelhaft gewesen, wie auch nicht der sarkastische Kommentar von Onassis: »Die Callas ist ihr halbes Leben lang hinter Homos hergerannt, wo sie doch immer nur einen richtigen Mann gebraucht hat!« Ein paar Tage später kehrte Pasolini zu seinem schwierigen Geliebten, Ninetto Davoli, zurück, Maria zu ihrem fast einsiedlerischen Leben in der Avenue Georges-Mandel und Onassis zu seiner Frau – doch das Leben aller drei blieb von dem kurzen Aufenthalt in der Ägäis seltsam berührt.

Ha forse alcuno cura di me?

1970–1974

Ich habe niemals aufgehört zu lernen.
Wissen Sie, was das bedeutet?
An sich zu arbeiten, ein Leben lang.

Ende November 1970 flog die Callas zu einem Auftritt in David Frosts Fernsehtalkshow nach New York. Ihre Freundin Montserrat Caballé hielt sich ebenfalls dort auf, und Maria begab sich sofort zu ihr. »›Wir haben den ganzen Nachmittag miteinander verbracht‹, hat mir die Caballé erzählt. »Irgendwie hatte Maria Angst, ihm zu begegnen. ›Ich möchte so gern, daß die Leute mich verstehen‹, sagte sie ›und doch ist es so schwer, ihnen begreiflich zu machen, wie ich wirklich bin, wenn sie schon ein vorgefaßtes Bild von mir haben, bevor ich überhaupt das Studio betrete. Was für Fragen der Mann auch stellen wird, das Publikum wird nicht glauben, was ich sage. Und dann wird es all die leidigen Komplimente geben.‹ Maria verabscheute dergleichen. Sie wußte, daß sie, wie jeder andere Mensch auch, Fehler machte, und wenn dann die Leute sagten: ›Madame Callas, Sie sind wundervoll!‹ konnte sie es nicht ertragen.«

Frosts Fragen waren hauptsächlich Routine, und sie blieb während des gesamten Interviews ruhig. Trotzdem sagte sie hinterher, sie wünschte sich nicht, noch einmal bei ihm aufzutreten.

In New York hörte sie von den Feiern in Italien anläßlich der Zustimmung des Parlaments zu einem Gesetz, das Ehescheidungen legalisierte. Dem war ein fünf Jahre langer heftiger Kampf zwischen der Christdemokratischen Partei und dem Vatikan vorangegangen. Dennoch blieb das italienische Scheidungsrecht eines der strengsten in Europa. Bevor man sich scheiden lassen konnte, mußte man fünf Jahre rechtmäßig getrennt leben, und die – größtenteils römischkatholische – Bevölkerung war überwiegend heftig dagegen. Maria war begeistert, denn nun konnte sie endgültig von ihrem Mann loskommen. Sie rief ihren französischen Anwalt an, damit er die entsprechenden Schritte in die Wege leitete.

Der Presse, die natürlich wissen wollte, ob sie wieder heiraten würde, gab sie ein definitives Nein zur Antwort, was sie jedoch nicht davor bewahrte, einem besonders anstrengenden Kreuzverhör über ihr persönliches Leben unterworfen zu werden, das sie auch so hätte führen können. Ihre Mutter war wieder nach Athen gegangen, und obwohl die monatliche Zuwendung weiterlief – und aufgrund eines gesunden Zinssatzes ständig wuchs – erwartete Litza immer noch mehr und hatte, erst kurz bevor sie New York verließ, öffentlich über ihre Armut geklagt, und die Sympathie war, auch noch Jahre nach dem *Time*-Artikel, auf ihrer Seite. Außerdem hatte Maria einen der »Bettelbriefe« ihrer Schwester Jackie erhalten, die nun ebenfalls gesetzlich verpflichtet war, die Eltern zu unterstützen. »Sämtliche Briefe, die ich von meiner sogenannten Familie erhalte, wandern sofort in den Papierkorb, ungeöffnet«, hatte Maria einmal zugegeben. Jetzt überdachte sie die Fragen sorgfältiger, bevor sie antwortete, brauste sogar auf und hätte das Interview beinahe abgebrochen, doch am Ende hatte die Presse bekommen, was sie wollte: »Nein, ich habe nicht versucht, mich umzubringen. Ich bin zu sehr voller Leben. Die französischen Zeitungen haben mir garantiert, daß sie nie wieder etwas über mein Privatleben drucken werden. Wenn sie es doch tun, verklage ich sie. Machen Sie diesbezüglich keinen Fehler!«

»Ja, Mr. Onassis ist mein bester Freund. Er ist es, er war es, und er wird es immer bleiben! Und warum sollte etwas Ungewöhnliches daran sein, daß wir uns ab und zu sehen, seit er verheiratet ist? Wir haben so manche Geschäfte miteinander getätigt, und wenn zwei Menschen so zusammen waren wie wir, dann gibt es viele Dinge, die verbinden. Mr. Onassis weiß, daß er immer Fröhlichkeit, Ehrlichkeit und wahre Freundschaft antreffen wird, wenn er mich besucht.«

»Skandal? Was für ein Skandal? Ein Skandal entsteht nur, weil ich Mr. Onassis' Frau noch nicht getroffen habe. Das wird von der anderen Seite nicht gewünscht, und ich verstehe einfach nicht, wieso sie nicht in mein Leben treten will. Wenn wir uns begegneten, würde das gewiß allen Tratsch und Klatsch in Ihren Blättern beenden!«

»Meine Mutter und mein Mann? Ich habe schon seit Jahren nicht mehr mit ihnen gesprochen, und ich habe auch nicht die Absicht, das zu tun. Er ist ein Bramarbas. Er hat Lügen verbreitet und versucht, meinen Erfolg für sich zu beanspruchen. Er ist auch nicht so reich, wie er immer zu sein vorgibt. Nein, meine Herrschaften, in bezug auf meine Mutter habe ich nichts zu sagen.«

In diesem Jahr verbrachte Maria Callas sehr einsame Weihnachtstage in ihrer Wohnung in der Avenue Georges-Mandel. Freunde, die sie anrief, konnten oder wollten sie nicht besuchen, weil sie zu dieser Zeit mit kaum etwas anderem beschäftigt war, als ihre eigenen alten Schallplatten und heimlichen Tonbandmitschnitte zu hören, und selbst die, die ihr am nächsten standen, waren gelangweilt. Außerdem passierten ihr einige Mißgeschicke: Sie stürzte über einen Couchtisch, stieß gegen eine geschlossene Tür, die sie offen geglaubt hatte, und rutschte erneut im Bad aus. Sie schrieb ihre »Tolpatschigkeit« dem geradezu tödlichen Cocktail aus Beruhigungsmitteln und Antidepressiva zu, die ihr verschrieben wurden, von denen sie aber, weil sie damit nicht zurechtkam oder nicht schlafen konnte, einfach eine höhere Dosis einnahm, bis sie von einer Freundin ermahnt wurde, ihre Augen untersuchen zu lassen.

Nun bildete sie sich ein, blind zu werden. Sie hatte sich verpflichtet, im Februar 1971 am Curtis Institute in Philadelphia einen zweiwöchigen Meisterkurs für Operngesang zu geben, reiste aus Paris aber schon ein paar Tage eher ab, um in New York einen Augenarzt aufzusuchen. Sie fand ihre Ängste bestätigt, denn es wurde festgestellt, daß sie an einem Glaukom im Anfangsstadium litt und ohne Behandlung gewiß einmal das Augenlicht verloren hätte.

Trotzdem war sie guter Dinge, als sie sich zu einer »Fragestunde« am 3. Februar in der angesehenen New Yorker Juilliard School bereit erklärte, einer Veranstaltung, die nicht nur von der Presse, sondern auch vom größten Teil der Operngemeinde der Stadt besucht wurde. Bevor sie das Podium betrat, wurde die Warnung ausgegeben: »Wer Fragen über Miss Callas' Privatleben stellt, wird unverzüglich aus dem Gebäude hinausbegleitet!« Sie war erstaunlich offen und ehrlich und tat die These als »Unsinn« ab, ihre Stimme sei dadurch beeinträchtigt worden, daß sie so stark an Gewicht verloren hatte. »Zuerst muß man eine Stimme haben. Dann und erst dann sollte man sich um die äußere Erscheinung kümmern. Was außen ist, ist nicht innen. Wenn man äußerlich dick ist, bedeutet das nicht unbedingt, daß auch das Zwerchfell innen gut funktioniert.«

Sie verteidigte sich auch gegen jene Kritiker, die ihr vorwarfen, sie opfere ihre außerordentliche stimmliche Leistung dem dramatischen Inhalt: »In der Oper kommt das Dramatische zuerst, noch vor der Musik. Wenn man aufgewühlt, zornig ist, kann die Stimme nicht schön und melodisch sein. Wenn man wütend ist, dann kreischt man! Sonst wäre es langweilig, wäre es Oratorium!«

Hinsichtlich ihrer »früheren« stimmlichen Probleme war sie jetzt äußerst optimistisch: »Ich hatte einige schlechte stimmliche Gewohnheiten angenommen. So zog ich mich zurück, um neu beginnen zu können. Jetzt bin ich bereit. Ich habe niemals aufgehört zu lernen, und ich habe die Absicht, meine Pläne, wieder zu singen, vielleicht schon bald bekanntzugeben. Ich habe nie um etwas gebeten. Ich bin gebeten worden. Ich kann warten, und ich bin immer bereit, wenn sich eine Chance bietet.«

Und sehr zur Überraschung aller sprach sie freimütig über Liebe: »Liebe ist mitunter wie eine Krankheit. Damit eine Liebesbeziehung oder eine Ehe funktioniert, bedarf es unserer ganzen Aufmerksamkeit. Frauen sind für Männer nicht Kumpel genug, darum müssen sie sich unentbehrlich machen. Schließlich haben wir die beste Waffe schon damit in der Hand, daß wir einfach Frauen sind! Im Bett, das ist nicht genug. Nach ein, zwei Jahren kommt all das andere – das Lügen und das Nicht-Lügen. Ich hasse das Lügen, aber manchmal muß man sich einfach einer Notlüge bedienen. Und mitunter muß man auch die Wahrheit sagen, selbst wenn dann der Teufel los ist!«

Der Meisterkurs in Philadelphia kam nicht zustande, denn sie war mit den Studenten unzufrieden, die das Curtis Institute für den Unterricht ausgewählt hatte. Sie hatte die Freundlichkeit, sich jeden einzelnen anzuhören, doch nachdem sie sie als einen »talentlosen Haufen von Versagern« abgelehnt hatte, kehrte sie nach Paris und zu weiteren Monaten lähmender Einsamkeit zurück. Am 3. März erhielt sie unerwarteten Besuch von ihrem Anwalt: Meneghinis Anwalt, der frühere Kabinettsminister Giuseppe Trabucchi, hatte Italiens neues Scheidungsgesetz offiziell für »verfassungswidrig« erklärt und beim Verfassungsgericht in Rom Beschwerde eingelegt, so daß ihr Scheidungsverfahren, ebenso wie Hunderte anderer, vorübergehend ausgesetzt war. »Verdammter alter Idiot!« empörte sie sich gegenüber Roger Normand. »Auch er wird das Gesetz nicht ändern!«

Normand war einer der wenigen Freunde, der in diesen Tagen Zeit für sie hatte. Mitunter aßen sie gemeinsam in einem Restaurant dicht am Place Blanche oder spazierten über einen nahe gelegenen Friedhof. Stark vermummt sah sie einmal zu, wie zwei Arbeiter ein

Grab zuschaufelten, und bemerkte: »Es muß ja schrecklich sein, da unten zu liegen und von den Würmern gefressen zu werden. Wenn meine Zeit einmal kommt, möchte ich verbrannt werden. Gott, ich wünschte, es wäre bald!«

Montserrat Caballé dagegen kannte Maria unbeschwert. Sie habe sogar herzhaft lachen können, obgleich immer auch Verzweiflung und Einsamkeit unter der Oberfläche lauerten. »Ich war im Begriff, am Théâtre des Champs-Elysées die *Norma* zu singen«, hat die Caballé mir erzählt. »Am Nachmittag vor der Premiere rief Maria an und lud meinen Mann und mich zum Dinner ein. Ich sagte ihr, daß ich an diesem Abend singen würde. Sie erwiderte: ›Nein, keineswegs. Das Orchester und der Chor streiken. Der Direktor hat mich heute vormittag angerufen!‹ Weil Maria zur Premiere eingeladen war und weil der Direktor sie für wichtiger hielt als seine eigene Norma, hatte er es ihr noch vor mir gesagt, und sie bemühte sich den ganzen Abend lang, mich aufzumuntern.«

Wegen der Ereignisse auf Trigonissi riskierte es Pasolini kaum, mit Maria etwas zu tun zu haben. Einmal rief er an, und Onassis ging ans Telefon und ließ einen derartigen Schwall von Unflätigkeiten vom Stapel, daß der friedliche Pasolini fürchterliche Angst hatte, in der Georges-Mandel aufzutauchen. Was Onassis anbelangt, so machte auch er ziemlich viel Aufregung durch. Seine Tochter Christina, die Maria selbst ihm gegenüber als »abscheuliches kleines Biest« bezeichnete, heiratete im Juli einen amerikanischen Immobilienmagnaten namens Joseph Bolker, der mehr als doppelt so alt war wie sie, worauf Onassis sie sofort enterbte. Diesen Schritt machte er jedoch im Jahr darauf wieder rückgängig, als Christina und Bolker geschieden wurden. Im September erfuhr er dann, daß seine Ex-Frau Tina, die erst unlängst vom Marquis von Blandfort geschieden worden war, vorhatte, wieder zu heiraten, und zwar seinen Erzfeind Stavros Niarchos, der einmal mit Onassis' Schwester Eugenia verheiratet gewesen war und seiner Meinung nach mit ihrem Tod im

Jahr 1969 zu tun gehabt hatte. Bei einer Autopsie waren schwere körperliche Verletzungen und eine große Menge Schlaftabletten festgestellt worden. Obwohl Niarchos verhaftet worden war, wurde die Anklage fallengelassen. Später bezichtigte Onassis Niarchos, die Behörden »bestochen« zu haben, und vergaß dabei, daß er genau dasselbe getan hatte, als er in den Vereinigten Staaten wegen Steuerhinterziehung eingesessen hatte. Wie dem auch sei, die Tatsache, daß seine geliebten Kinder nun einen solchen Mann zum Stiefvater hatten, quälte Onassis den Rest seines Lebens.

Maria interessierten die Sorgen ihres Liebhabers wenig, denn nach dem Curtis-Institute-»Fiasko« war Peter Menin von der Juilliard School of Music an sie herangetreten und hatte sie eingeladen, dort eine Reihe von Meisterkursen zu geben. Zunächst hatte sie extrem hohe Forderungen gestellt. Gegenüber Freunden begründete sie sie damit: »Ich habe Blut gespuckt, um dahin zu gelangen, wo ich heute bin. Wenn sie mich haben wollen, dann sollen sie auch zahlen!« Die Höhe des Honorars für die vom 11. Oktober 1971 bis zum 16. März 1972 zweimal wöchentlich stattfindenden Kurse ist nicht bekannt. Ihre anderen Forderungen waren anstandslos erfüllt worden: Anreise erster Klasse und eine Suite im Plaza Hotel, ein eigenes Mädchen und eine Limousine mit Chauffeur sowie die Dienste von Alberta Maziello, einer erstklassigen Gesangslehrerin, denn ihre Stimme mußte nicht nur in Top-Form sein, damit sie ihr Können an die anderen weitergeben konnte, sie mußte auch die Welt, die Kritiker und vor allem sich selber davon überzeugen, daß sie immer noch die große Callas war. Und sie mußte die Spannung ertragen, auf der Bühne vor einem Publikum zu stehen. Außerdem hatte sie gefordert, die tausend Plätze für Publikum müßten zu »Opernpreisen« weggegeben werden. Nachdem dies alles erfüllt war, verzichtete sie mit ungewöhnlicher Großzügigkeit auf ihr Honorar.

Callas war nicht bekannt für ihr Zutrauen in junge Sänger. Zu viele, hatte sie einmal zu Edward Jones gesagt, wären der Meinung gewesen, sie könnten sofort ganz oben beginnen, indem sie ihr Debüt an den großen Häusern gäben. »Wir haben Erfahrungen dadurch gesammelt, daß wir in kleinen Theatern angefangen und uns dann emporgearbeitet haben. Das ist zwar etwas, was die jungen Leute nicht mögen, aber es führt zum Erfolg oder zum Mißerfolg«, hatte sie gesagt. »Wenn man dann an die Scala oder die Metropolitan kommt, ist man bereits eine reife Sängerin, denn für Laien ist da kein Platz.«

Die Juilliard-Meister-Kurse wurden von prominenten Zuschauern besucht: Man sah die Filmstars Lillian Gish und Ben Gazzara, Sängerkollegen wie Tito Gobbi und Placido Domingo, und auch Franco Zeffirelli erschien. Sie selbst sah gar nicht Callas-mäßig aus, sie trug einen schwarzen Hosenanzug und eine Hornbrille, und ihr langes, dunkles Haar fiel offen auf die Schultern. Der Unterricht wurde auf Tonband aufgenommen und dann auf Schallplatten veröffentlicht, und 1987 wurde alles von ihrem Freund John Ardoin in fließendes Englisch übertragen und als Buch herausgebracht, das sich sehr gut verkaufte. Für diejenigen im Saal, die nicht vertraut waren mit dem Musik-Jargon, müssen diese Stunden ziemlich harte Brocken gewesen sein, wenngleich sie einem historischen Ereignis beiwohnten, denn die Callas machte den Eindruck eines sprechenden Wörterbuchs, und auch ihr seltsamer Akzent trug zur Verwirrung bei. Für die fünfundzwanzig jungen Sängerinnen und Sänger, die das Privileg hatten, von ihr »zurechtgestutzt« zu werden, mögen diese Stunden zu den größten Augenblicken ihrer Karriere gehört haben – selbst für die wenigen, wie John Woods und Shirley Verrett, die es zu einer internationalen Karriere gebracht haben.

Sie erwies sich als respekteinflößende, bisweilen strenge Lehrerin, die diszipliniert exakt um 17:30 Uhr die Bühne betrat, wie es im Programm stand, und jeden ihrer Studenten wie eine energische, aber freundliche Schulmeisterin behandelte. Einem Bariton, der *Il lacerato spirito* aus Verdis *Simone Boccanegra* vortrug, sagte sie: »Diese

Arie wird von einem Mann gesungen, der große Qualen leidet. Gram bedeutet aber nicht, daß man stöhnt. Er hat Würde, sehen Sie also zu, daß Sie mit Souveränität und dramatischer Erregtheit singen.« Einen schüchternen jungen Koreaner, der den Prolog zu *I Pagliacci* begann, unterbrach sie und belehrte ihn: »Sie haben eine mächtige Stimme da drin. Lassen Sie sie raus! Es ist mir egal, ob Sie dann den höchsten Ton verpatzen. Caruso ist das oft genug passiert.« Den Tenor, der *Vesti la giubba* aus demselben Werk in Angriff nahm, warnte sie: »Bitte keine Schluchzer! Gigli hat das getan, aber ich muß sagen, mir hat das nicht gefallen. Er hat bei seinem Gesang zuviel geheult. Man kann Canias Herzeleid auch vermitteln, ohne zu schluchzen.«

Einer Sopranistin, die sich an Beethovens *Abscheulicher, wo eilst du hin* versuchte, erklärte sie: »Eine Frau, die von ihrem Geliebten verlassen wurde, schreit zum Himmel, ihn zu bestrafen, dann fleht sie die Götter an, statt dessen ihr das Leben zu nehmen. Kurz, sie weiß nicht, was sie will.« Eine andere Sopranistin durfte ein farbloses *Caro nome* aus Verdis *Rigoletto* zu Ende bringen, bevor die Callas sie ermahnte: »Miss Benson, Gilda ist ein leidenschaftliches Mädchen, wissen Sie. Und Sie müssen dem Publikum ihre heftigen Gefühle vermitteln, noch ehe Sie überhaupt zu singen anfangen. Schon der Akt des Atmens ist Emotion!« Dann wurde Miss Benson demonstriert, wie diese Arie gesungen werden muß, wobei Callas ihr zuredete, zu versuchen, mitzuhalten, was natürlich unmöglich war. Der Kritiker Alan Blyth, der unter den Zuschauern saß, erinnerte sich an den Schauer, der durch das Auditorium ging: »Wir müssen uns mit dem traurigen Gedanken abfinden, daß dieser besondere Zauber nicht einmal auf die talentierteste Schülerin übertragen werden kann.«

In der ersten Märzwoche, am Abend ihrer vorletzten Meisterklasse, wurde ihr die Position der künstlerischen Leiterin der Met angeboten. Ein paar Monate zuvor war sie in Paris bereits zur Ehrenpräsidentin der Gala de l'Union des Artistes berufen worden. Diese neue Ehrung erfüllte sie mit Genugtuung, dennoch lehnte sie ab, weil sie der Meinung war, dem Publikum weiter auf der Bühne dienen zu müssen.

Nach ihrer letzten Meisterklasse am 16. März 1972 wandte sie sich mit einer Rede an die Studenten und Zuhörer, die ergreifend war, denn sie war aufrichtig: »Das einzige, was ich mir als Dank von Ihnen allen wünsche, ist, daß Sie richtig singen, daß Sie das Wissen, das ich Ihnen vermittelt habe, auf Ihre Partituren übertragen. Das ist es, was ich in diesem Augenblick sagen möchte. Für keinen von Ihnen hört es hier auf. Es muß immer weitergehen, denn Sie sollen fortsetzen, was wir begonnen haben. Ob ich weitersinge, ist ohne Belang. Sie sind die junge Generation, und Sie sind es, die sich befleißigen müssen. Das ist der einzige Dank, den ich mir wirklich wünsche. Machen Sie weiter und auf die rechte Art – nicht auf die spektakuläre, nicht mit einem leicht verdienten Applaus, sondern mit der wahren Bedeutung des Textes, der Diktion und mit Ihrem echten Gefühl, was immer es ist. Das ist es, was ich sagen wollte. Ich bin keine große Rednerin. Das ist alles!«

Ein legendärer Star, der sich verausgabt hatte, war der Tenor Giuseppe di Stefano. Mit der Callas hatte er zuletzt 1957 an der Scala gesungen. Nun war er fünfzig und ein gutes Beispiel dafür, was mit der Stimme geschehen kann, wenn sie überstrapaziert wird. Seine Karriere als einer der besten lyrischen Tenöre des Jahrhunderts war zu Ende, weil er zu viel, zu schnell und mit ungebändigter, beinahe übermenschlicher Kraft gesungen hatte, so daß nicht mehr viel zum Singen übriggeblieben war. Sie begegneten sich im März 1972 im Anschluß an eine ihrer Juilliard-Meisterklassen wieder, begruben ihre Zwistigkeiten und beschlossen, gemeinsam etwas zu unternehmen. »Arme Maria«, sagte eine Freundin, »sie hielt sich damals für so kaputt, daß sie sich an einen Mann hängte, der keine zwei von drei Noten richtig singen konnte. Nicht nur das, sie verliebte sich in ihn und rief sogar seine Frau an, um es ihr zu sagen, weil sie sich schämte.«

In diesem Sommer verbrachten sie einige Wochen in San Remo und probten zehn Arien für ein geplantes Album bei Philips. Michel Glotz von EMI hatte sie wegen der Wahl ihres Partners kritisiert, worauf sie mit dem Wechsel der Plattenfirma reagierte. Trotz der Aufregungen, die das Projekt mit sich brachte, und ihrer »herbstlichen Liebe« – beide hatten sich offenbar zwei Jahrzehnte lang dagegen gesträubt – war es auch eine sorgenvolle Zeit. Di Stefanos jugendliche Tochter starb allmählich an Krebs, und Maria erhielt aus Athen die Nachricht, daß ihr sechsundachtzigjähriger Vater, der in den letzten Jahren wiederholt an Lungenentzündung gelitten hatte, schwer erkrankt war. Sie hatte davon abgesehen, ihn zu besuchen, um in diesem entscheidenden Stadium ihrer Karriere negative Publicity zu vermeiden. Sie war sich sicher, daß ihre Mutter, die sich wieder auf heimischem Terrain befand, bei der griechischen Presse dafür sorgen würde.

Es gab noch einen Grund, nicht nach Griechenland zu reisen. Obwohl sie sich ihr Leben lang aus der Politik herausgehalten hatte, fühlte sie sich jetzt, als griechische Staatsbürgerin, verpflichtet, sich gegen das Militärregime von Oberst Georgios Papadopoulos, der 1967 die Monarchie gestürzt hatte, auszusprechen. Der Schauspielerin und politischen Aktivistin Melina Mercouri, die später Kulturministerin werden sollte, sagte sie: »Was auch geschehen mag, ich werde nicht wiederkommen, solange die Obristen das Sagen haben. Und, verhüte Gott, daß ich sterbe, während das der Fall ist, ich treffe Vorkehrungen, daß meine Asche in Paris beigesetzt wird. Nach Griechenland zieht mich im Augenblick nichts. Unter den Deutschen haben wir genug von dieser Sorte gehabt.«

Am 28. November traf sie mit di Stefano in London ein, wo sie zwei Tage später im Philips-Studio in der Saint Giles Church, Cripplegate, mit den Einspielungen für das neue Album begannen.

Mehrere Dirigenten waren dagegen, daß sie mit einem Mann arbeitete, der nicht mehr singen konnte, wohingegen ihr selbst, mit einem Minimum an Training, ein erfolgreiches Comeback gelingen würde. Die Aufnahmen wurden schließlich von Antonio de Almeida dirigiert. Das erste Stück, *Una parola, o Adina* aus Donizettis *L'elisir d'amore*, wurde mittendrin abgebrochen; fünf weitere konnten bis zum Ende der Arbeiten am 20. Dezember vollendet werden, darunter das passable Duett *Pur ti riveggo* aus *Aida*, das jedoch bei weitem nicht so gut war wie die unveröffentlichte Version vom Juni 1964 mit Corelli. Sie lehnte es ab, auch nur ein einziges von diesen Stücken zu veröffentlichen, wohingegen di Stefano mit seinen Leistungen zufrieden schien.

Am 4. Dezember 1972, ihrem neunundvierzigsten Geburtstag, erfuhr sie von ihrer Schwester, daß ihr Vater gestorben war. An dem Begräbnis nahm sie nicht teil. Die französische Presse akzeptierte ihre kurze, bequeme Erklärung: »Le spectacle doit continuer!« In Athen sagte die scheinbar mitfühlende Jackie am Grabe zu einem Reporter, Maria habe wegen Aufnahmeverpflichtungen Paris nicht verlassen können und die Familie teile diese Entscheidung. In ihren Memoiren heißt es allerdings: »Ich habe gesagt, sie wäre über den Tod ihres Vaters sehr traurig gewesen, doch als Profi hätte sie weitermachen müssen. Wenn man bedenkt, wie viele Verträge sie in der Vergangenheit gebrochen hatte, aus wie vielen Opernhäusern sie einfach hinausmarschiert war, dann frage ich mich, wieso sie mir nicht einfach ins Gesicht gelacht hat!«

Am 22. Januar 1973 wurde sie, wenn auch nur indirekt, von einer ganz anderen Tragödie erschüttert: Der vierundzwanzigjährige Sohn von Onassis war bei einem Probeflug in Athen mit einer Privatmaschine seines Vaters abgestürzt. Länger, als sie sich erinnern mochte, hatte Maria Callas versucht, die Zuneigung der Kinder von Onassis zu gewinnen; und wenn sie es in bezug auf Christina auch längst aufgegeben hatte, hegte sie doch immer noch eine Schwäche für Alexander, obgleich er ihr häufig das Leben schwergemacht hatte, weil er sie für das Scheitern der Ehe seiner Eltern verantwortlich machte. Alexander war nicht sofort tot gewesen. Er hatte einen irreparablen Gehirnschaden erlitten und blieb so lange an lebenserhaltende Apparate angeschlossen, bis die ganze Familie sich an seinem Bett versammeln konnte.

Onassis war zusammengebrochen. Bis zur Unkenntlichkeit war Alexanders hübsches Gesicht zerschmettert, und während er mit dem Tode rang, hatte sein Vater, außer sich, die Ärzte gebeten, plastische Operationen an ihm vorzunehmen. Das war natürlich unmöglich gewesen, und so verlangte er, daß das Gesicht nun, nach dem Tod, hergerichtet würde. Im übrigen weigerte er sich, seinen Sohn begraben zu lassen, bis nicht sein »Mörder« gefunden wäre und vor Gericht gestellt würde. Sein tiefer Schmerz suggerierte ihm, wie beim Tod seiner Schwester Eugenia, daß die Schuld bei jemand anderem liegen müsse, und er bezichtigte jeden, von Stavros Niarchos angefangen bis zur amerikanischen Regierung, der Sabotage an dem Flugzeug. Erst nachdem verschiedene unabhängige Untersuchungen ergeben hatten, daß es tatsächlich ein Unfall gewesen war, ließ Onassis Alexander neben der kleinen Kapelle auf Skorpios zur letzten Ruhe betten.

Diese Tragödie war der Beginn von Onassis' Untergang. Monatelang hatte er keinerlei Interesse an geschäftlichen Dingen, und seine Beteiligungen stürzten von der geschätzten Milliarde Dollar auf weniger als die Hälfte. Jacqueline, die während der ganzen letzten Jahre mehr damit beschäftigt gewesen war, sein Vermögen auszugeben, als sich um ihn selbst zu kümmern, versuchte sich jetzt in der Rolle der sorgenden Ehefrau. Onassis hatte zwar kein inniges Verhältnis zu Alexander gehabt, aber er hatte seinen Sohn als Garanten für die Zukunft angesehen, als Bürgschaft dafür, daß sein Name und sein Ansehen als Pionier weiterleben würden. Nachdem Alexander nicht mehr da war, rückte seine Tochter in den Mittelpunkt. Jacqueline indessen geriet, nicht unverdient, zur Nebenfigur und mußte sich Mäßigung anraten lassen. »Die Geldschefflerin versteht ihn nicht«, hat Maria später zu ihrem Freund und Klavierbegleiter Robert Sutherland gesagt. »Er hat ein nationales Monument geheiratet. Sie war nie die Richtige für ihn. Sie hat versucht, seine ganze Lebensweise zu ändern. Es ist typisch für sie, daß sie alles renoviert – sogar die Jacht. Das ist ein großer Fehler. Das ist, als ob man ihm die Vergangenheit nähme. Ich habe das nie getan – das hätte ich gar nicht gewagt!«

Maria überließ Onassis seinem Schmerz und stürzte sich in die Arbeit und ihre jüngste Liebesaffäre. Nachdem die Schallplattenaufnahmen mit di Stefano in der Versenkung verschwunden waren und weil sie sich davor fürchtete, in der Öffentlichkeit zu singen und als Versagerin zu erscheinen, verkündete sie, daß sie gern jenseits der Bühne etwas tun würde, gab aber auch zu verstehen, daß es nicht wieder Meisterklassen sein sollten. Sofort nahm Fulvio Vernizzi, der künstlerische Leiter des Teátro Regio in Turin, mit ihr Kontakt auf. Das Gebäude war 1936 abgebrannt und sollte am 10. April 1973 mit einer Galavorstellung von *I vespri siciliani* wiedereröffnet werden.

Vernizzis sehnlichster Wunsch, Maria Callas würde die Elena singen, konnte nicht in Erfüllung gehen, und so hatte er Raina Kabaivanska für diese Rolle engagiert und bat Maria, die Regie zu übernehmen. Sie erklärte sich einverstanden, unter der Bedingung, daß di Stefano Koregisseur würde. Darüber kam es zu einer heftigen Auseinandersetzung mit Gianandrea Gavazzeni, einem ihrer engsten Freunde, der dirigieren sollte. Gavazzeni weigerte sich kathegorisch, in ein und derselben Produktion tätig zu sein wie di Stefano, und so wurde Vittorio Gui gerufen, der fast neunzig Jahre alt war. Gui wurde während der Proben krank, und Vernizzi blieb nichts anderes übrig, als selbst zum Taktstock zu greifen.

Die Premiere verlief zufriedenstellend, doch die Kritiker waren einer Meinung: Als Regisseurin würde es die Callas nicht weit bringen. Sie verteidigte sich mit einem erbitterten Angriff auf das gegenwärtige Opernklima. Von ihrer Hotelsuite in Turin aus sagte sie einem Reporter von *Associated Press*: »Heutzutage stimmen die Werte nicht mehr. Regisseure glauben, sie machen die Oper, aber die Oper ist eine Leiche ohne die Sänger. Manche haben Verstand und Sensibilität. Andere singen und spielen wie Dummköpfe und interessieren sich viel zu sehr für das Materielle. Sie haben keinen anderen Gesprächsstoff als ihr hübsches Heim, ihren Schmuck und ihre Pelze. Sie mögen sonstwo gut sein, nur nicht auf der Bühne.«

»Doch was ist mit den großen Stars der gegenwärtigen Oper?« wollte der Reporter wissen. »Ist nicht Joan Sutherland großartig?« Worauf sie spottete: »Sutherland? Ein hübsches Instrument, ja. Sie hat einmal gesagt, sie würde in meine Fußstapfen treten. Das Problem ist nur, daß sie das nicht getan hat. Ich habe Verzierungen als Ausdrucksmittel eingesetzt. Sie benutzt sie als Showeffekte!«

Hätte Maria auf den Rat sachkundiger Freunde wie Zeffirelli, Corelli, Lawrence Kelly und selbst Renata Tebaldi gehört, hätte sie ihr berufliches Verhältnis – wenn nicht auch ihr amouröses – mit Giuseppe di Stefano auf der Stelle beendet und sich auf ihre eigene Karriere konzentriert. Antonio Ghiringhelli, John Tooley und Lawrence Kelly empfahlen ihr eine kurze – für den Anfang nicht zu schwere – Konzerttournee mit Glanznummern wie *O mio babbino caro, D'amor sull'ali rosee, Quando m'en vo* und so weiter. Aber sie hatte nur di Stefano im Sinn und lehnte jedes lohnende Angebot, das sie erhielt, ab. Am 20. Mai flog sie mit ihm nach Japan, um in Osaka eine Meisterklasse für die Sieger des dritten Madame-Butterfly-Wettbewerbs zu geben. Auf dem Flugplatz von Tokio wurden sie von einer Delegation unter Leitung der Sopranistin Nobue Kobayashi empfangen, die, ohne di Stefano einen Blick zu gönnen, Maria umarmte, die mit ihrer auffälligen »Butterfly«-Frisur fast zwei Köpfe größer war als sie.

Ende Mai kehrte sie in die Avenue Georges-Mandel zurück und wurde wiederum mit Angeboten für eine Konzerttournee überschwemmt, diesmal mit dem Orchester ihrer Wahl. Sie entschied sich für Georges Prêtre und war bereit, einen Vertrag zu unterschreiben. Zudem verkündete di Stefano, er seinerseits wolle auf Tournee gehen – im Stil von Maurice Chevalier, das heißt, auf riesigen leeren Bühnen singen, mit nur einem Klavier als Begleitung. Sandor Gorlinsky konnte jedoch nicht genügend Häuser finden, die bereit gewesen wären, sich mit dem Star vergangener Tage einzulassen, und so drängte di Stefano darauf, weiterzuarbeiten – obwohl das bis dahin zu nicht sehr viel geführt hatte – und schlug vor, zusammen eine Welttournee zu unternehmen. Interessant dabei ist, daß sie für jedes Engagement eine gemeinsame Gage bekamen, die Maria Callas nach ihrem Ermessen aufteilen sollte. Der Vertrag lautete nur auf ihren Namen und enthielt eine Klausel, die besagte, daß ihr ein Tenor zur Seite stehen sollte.

Ende Juni lud Gracie Fields sie auf die Insel Capri ein. Nur allzu gern wäre sie darauf eingegangen, fürchtete jedoch, ohne di Stefano würde sie sofort ihre Meinung über die Tournee ändern. »Jeden Morgen, wenn ich aufwache, würde ich am liebsten Gorlinsky anrufen und ihm sagen, daß ich die Tournee nicht machen kann«, gestand sie ihrer alten Freundin. »Nach der ersten Tasse Kaffee kann ich es dann jedoch kaum abwarten, daß es losgeht, denn dann denke ich an die Tausende von Fans, die mich immer noch gern haben und die ganze Nacht nach Karten anstehen. Was soll ich da machen?«

Ein paar Tage vor diesem Gespräch hatte Gracie den altgedienten Pianisten Ivor Newton zu Besuch gehabt, der schon während des letzten Krieges mit ihr herumgereist war. Newton hatte so manchen legendären Star begleitet, wie etwa Tetrazzini, Melba und Gigli. Maria hatte angenommen, Newton wäre längst tot, aber Gracie entgegnete mit typischem Lancashire-Humor: »Nun, meine Liebe, er sieht tatsächlich aus, als stünde er mit einem Fuß im Grab, aber solange er den Löffel nicht abgibt, steckt noch viel Magie in seinen Fingern.«

Maria sorgte mit Sandor Gorlinsky dafür, daß Newton engagiert wurde, allerdings unter der Bedingung, daß er einen Ersatz stellte, denn da er bereits über achtzig war und nicht bei bester Gesundheit, wollte ihn sonst niemand versichern. Newton schlug einen jungen Schotten namens Robert Sutherland vor. Das erste Konzert wurde für den 22. Oktober in der Londoner Royal Festival Hall festgesetzt, und Mitte August flogen Newton und Sutherland nach Paris.

Marias erste Frage war, wie Sutherland sich erinnerte, kaum daß sie den Raum betreten und dabei »bemerkenswert langbeinig und sehr bestimmt« ausgesehen hatte: »Sutherland? Sind Sie Australier?« Di Stefano beschrieb er als einen »schwarzäugigen Sizilianer, der einem augenblicklich sympathisch war«. Nur wenige Augenblicke danach klingelte der kleine Wecker, den Maria an einer Kette trug, und sie verschwand kurz, um sich Tropfen in die Augen zu träufeln, was sie alle zwei Stunden tun mußte; wenig später verkündete di Stefano, sie erwarteten den Chauffeur, der sie nach San Remo bringen sollte, und außerdem wüßten sie nicht, wann sie wiederkommen würden. Das war der Beginn ihrer Zusammenarbeit.

Mit Robert Sutherland verband Maria Callas bald eine Freundschaft, Ivor Newton jedoch mochte sie nicht. »Er ist zu aufdringlich«, sagte sie zu Roger Normand, »Gracie Fields hat sich geirrt. Er steht schon mit beiden Beinen im Grab! Der Jüngere ist okay. Ein reizender Junge, der findet, ich hätte ich eine Männerstimme, wenn ich spreche. Er muß ja seltsame Männer kennen!«

Die Proben für die Tournee begannen Anfang September und wurden schnell wieder unterbrochen, weil Maria einen Anruf von einer Londoner Zeitung erhielt: Renata Tebaldi, die seit Mitte der fünfziger Jahre nicht mehr in der britischen Hauptstadt aufgetreten war, sollte zusammen mit Franco Corelli am 9. Oktober in der Royal Albert Hall ein Konzert geben. Agent war Sandor Gorlinsky. Das war in ihren Augen natürlich gleichbedeutend mit Verrat. Ihr eigenes Londoner Konzert sowie ein weiteres, für November geplantes, waren bereits überzeichnet, während sich die Tebaldi/Corelli-Karten schleppender verkauften. »Das (Tebaldi-)Konzert trägt alle Merkmale in sich, in aller Eile arrangiert worden zu sein«, schrieb die *Times*. »Darum werden wir Zeugen einer Wiederholung der großen und legendären Opernrivalitäten werden.«

Sie war untröstlich und weinte sich an der Schulter von Sutherland aus, dann rief sie Gorlinsky an und sagte ihm, was sie von ihm hielt. Sie drohte sogar, ihn zu feuern, lenkte dann jedoch ein, denn, so erklärte sie Sutherland: »Kein anderer Agent bringt uns so viel Geld ein, also werde ich ihn behalten müssen.« Dennoch sagte sie das erste Londoner Konzert ab. Zwar war die Stimme der Tebaldi in letzter Zeit als »hart und dünn« beschrieben worden, trotzdem fürchtete Maria den direkten Wettstreit, der nur zu den unvermeidlichen Vergleichen geführt hätte.

Die Callas/di-Stefano-Tournee, die am 25. Oktober in Hamburg begann, ist nahezu einstimmig als tragischer Höhepunkt einer der beeindruckendsten Karrieren des Jahrhunderts bezeichnet worden. Das stimmt natürlich nur zum Teil, worauf Harold Schonberg hinwies, einer von Marias aufrichtigsten Kritikern. »Es wäre töricht, zu behaupten, von Miss Callas' Stimme sei noch viel vorhanden«, schrieb er in der New York Times, »aber im Gegensatz zu dem Tenor ist sie immer noch eine Künstlerin ... und jedermann hat sie mit sehr viel Liebe überschüttet. Sie zumindest hat die Anerkennung verdient.« Man kann nicht anders, als an die letzten, herzzerreißenden Auftritte von Judy Garland oder Edith Piaf zu denken, die, wenn sie stimmlich auch längst nicht mehr auf ihrem Höhepunkt waren und, wie die Piaf, buchstäblich auf der Bühne starben, einfach nur anwesend zu sein brauchten, genau wie Maria Callas.

Das Repertoire blieb während der gesamten Tournee im wesentlichen unverändert: Arien aus *Cavalleria rusticana, Werther, Carmen* und *La Gioconda*, einige sizilianische Lieder von di Stefano und Duette aus *I vespri siciliani, Faust* und *L'elisir d'amore*. Über das aktuelle Programm wurde erstaunlicherweise mitunter erst entschieden, wenn sie bereits auf der Bühne standen.

In Hamburg verzögerte sich der Beginn des Konzerts um zehn Minuten. Elizabeth Taylor befand sich in der Stadt. Sie hatte um Freikarten gebeten, Maria hatte der Bitte aber nicht entsprechen wollen, weil sie glaubte, die Taylor im Saal würde alle Aufmerksamkeit auf sich ziehen. Fast wäre es auch so gewesen, denn die Taylor hatte eine ganze Reihe gekauft und betrat das Auditorium unter einem Blitzlichtgewitter. Maria war zu nervös, um sich darüber aufzuregen, und das machte sich auch an ihrer Stimme bemerkbar. Trotzdem wurde sie hier, wie überall auf der Tournee, geradezu hysterisch gefeiert. Es war, als hätten ihre Fans, und die »Callas Boys« insbesondere, gewußt, daß sie sie nie wieder sehen würden.

Eine ganze neue Generation verfiel Maria Callas, während die Tournee sich durch Deutschland fortsetzte – Berlin, Düsseldorf, München, Frankfurt/Main und Mannheim – und di Stefanos Stimme immer schlechter wurde. Ivor Newton war nicht mehr in der Lage, sich den Wechseln in Tonart und Tempo anzupassen. So sprang Robert Sutherland ein. Er blätterte nicht nur die Noten um, er mußte di Stefano auch den Text der Arien leise vorsprechen, damit der nicht steckenblieb. Auch zwischen den einzelnen Auftritten gerieten die beiden Begleiter immer wieder in die Auseinandersetzungen des impulsiven Paars, das sich trotz eines angeblichen leidenschaftlichen Verhältnisses meist zankte wie Hund und Katze, sich gegenseitig die unangenehmsten Vorwürfe und Anklagen machte und sich endlose Beschwerden anderer Hotelgäste über den Lärm und die vulgäre Ausdrucksweise einhandelte. Robert Sutherland schilderte eine der Tiraden der Callas als geradezu unvergeßliches Erlebnis. »Nie habe ich Wut derart zum Ausdruck kommen gesehen«, schrieb er. »Die Worte, die sie benutze, waren eigentlich überflüssig. Es war die Intensität des Ausdrucks, die riesigen Augen, schwarz vor Raserei, und die elektrische Spannung in ihrem physischen Sein. Ich saß zitternd an der Klaviatur, und di Stefano stand erstarrt da, den Mund weit offen. Die Spannung in Marias Händen hatte ihre langen Finger gekrümmt, so daß sie aussahen wie die Klauen eines Adlers.«

Mehr als einmal forderte sie von Sandor Gorlinsky, Newton zu entlassen. Er war so gebrechlich, daß sie überzeugt war, er würde noch einmal auf der Bühne tot umfallen. Gorlinsky lehnte ab: Wenn sie ihn entlassen wolle, erklärte er, müsse sie das schon selber tun und den Zorn aller riskieren, die sie immer noch für herzlos hielten, wegen ihres Verhaltens gegen ihren Ehemann und ihre Eltern. Gegen ihren Wunsch blieb Newton.

Die nächste Station, am 20. November, war Madrid, wo das Konzert von der griechischen Prinzessin Sofia besucht wurde. Für diese Gelegenheit hatte Madame Biki ein fließendes rotes Chiffonkleid kreiert, das Maria durch ein schlichtes griechisch-orthodoxes Kreuz ergänzte. Statt einen Knicks anzudeuten, ignorierte Maria das Protokoll und küßte die Prinzessin auf beide Wangen. Dann sprach sie auf griechisch über die »beklagenswerte« Lage Spaniens und Griechenlands, in denen Diktatoren herrschten. »Es wird nicht mehr lange dauern«, flüsterte sie, »warten Sie es ab!« Soweit es Spanien betraf, hatte sie recht: Zwei Jahre später, nach dem Tod Francos und der Wiedererrichtung der Monarchie, wurden der »Prätendent« Juan Carlos und Prinzessin Sofia zu König und Königin gekrönt.

Am 22. November traf sie mit di Stefano für zwei Konzerte in der Royal Festival Hall in London ein. Das zweite fand am 2. Dezember statt, dem Tag, den alle, sogar di Stefano, für ihren fünfzigsten Geburtstag hielten. Zum Abschluß des Abends führte di Stefano das Publikum zu einem *Happy Birthday*, das die Wände erbeben ließ, und Maria stand nur da und ließ ihren Tränen freien Lauf. »Mit fünfzig noch genauso glamourös, nur noch verfeinert, wie immer«, stellte ein Reporter fest. Die Karten für die beiden Konzerte waren auf dem Schwarzmarkt für über hundert Pfund gehandelt worden, weil allgemein behauptet worden war, die Callas würde nie wieder singen.

Die Zwistigkeiten zwischen den beiden hörten auch in Paris und Amsterdam nicht auf. Hier, in dem berühmten Concertgebouw, gingen sie sogar aufeinander los, als sie auf der Bühne standen. Während sie den tobenden Massen strahlend zulächelten, zischten sie sich Obszönitäten zu.

Weihnachten gingen sie getrennte Wege. Di Stefano fuhr zu seiner Familie nach Mailand und Maria in die Leere der Avenue Georges-Mandel. Feiertage waren ihr immer ein Graus gewesen und dieser ganz besonders. Zu Robert Sutherland sagte sie: »Man ist gezwungen, Geschenke zu kaufen und lustig und froh zu sein, wenn einem womöglich gar nicht danach ist.« Außerdem war es furchtbar, von der Bühne weggezerrt zu werden, nachdem es eine so große und lange Anstrengung gewesen war, den Mut zu finden, wieder zu singen. Darum war es gut, daß das erste Konzert im neuen Jahr nicht vor zahlendem Publikum stattfand, sondern vor den Patienten eines Mailänder Krankenhauses.

Am 23. Januar 1974 bekam di Stefano eine halbe Stunde vor Konzertbeginn Halsschmerzen und war unfähig zu singen. Das Publikum machte ein solches Theater, daß Maria ihn mit auf die Bühne nahm, damit er sich persönlich entschuldigen konnte. Dann sang sie *O mio babbino caro* und hätte allein weitergemacht – die Zuhörer waren, ihrer Meinung nach, sowieso nur ihretwegen gekommen. Sutherland hatte bereits die Noten von *Suicidio* aufgelegt, als plötzlich ein Mann mittleren Alters und Pfeife rauchend zur Bühne gepoltert kam und sie beschimpfte. Maria entschied, genug sei genug, und den Leuten wurde das Eintrittsgeld zurückerstattet.

Zehn Tage später flogen sie zum zweiten Teil der Tournee nach New York. Ivor Newton, dem die Strapazen nun doch zu groß geworden waren, hatte sich schließlich zurückgezogen. Im neunten Stock des Stanhope Hotels war ein Apartment gemietet worden.

Dort wurden Besucher und Reporter empfangen, meistens um zu erleben, daß vier Fernseher gleichzeitig plärrten und Maria und di Stefano über den Krach hinwegschrien. Ihre Nerven lagen so blank, daß sie Unmengen von Tabletten schluckte, einmal sogar so viele, daß ein Arzt, Louis Parrish, gerufen werden mußte, der allerdings Psychiater war. Trost gaben ihr nur die Telefonate mit Onassis, der dreimal täglich anrief und in ähnlicher seelischer Verfassung war wie sie. Sein Foto stand auf ihrem Nachtschränkchen.

Bei der Pressekonferenz liebkoste sie fahrig ihren Pudel Djedda und umarmte ihren gebrechlichen, fünfundachtzigjährigen amerikanischen Impresario, Sol Hurok, der ihr täglich zwei Dutzend rote Rosen schickte. Reportern, mit denen sie auf Kriegsfuß stand und von denen sie wußte, daß sie der Tournee überallhin folgen würden, sagte sie: »Ich habe es mir zur Gewohnheit gemacht, keine Kritiken zu lesen. Ich habe immer wieder festgestellt, der beste Kritiker ist das Publikum, das kommt, zahlt und seine Freude hat. Außerdem bin ich selbst mein bester Kritiker.« Einem impertinenten Reporter, der sie fragte, ob es wahr wäre, daß ihre Stimme nachgelassen hätte, antwortete sie ruhig und ernsthaft: »Niemand kann singen wie früher, mein Guter. Es wäre töricht, das zu erwarten. Mit zwanzig oder dreißig ist man stark wie ein Athlet – wenig Erfahrung, aber große Möglichkeiten. Mit uns Opernsängern ist es genauso. Man wird als Künstler geboren oder nicht. Und man bleibt ein Künstler, selbst wenn die Stimme kein Feuerwerk mehr ist. Der Künstler bleibt!«

Am 3. Februar wurde sie für das CBS-Fernsehmagazin *Sixty Minutes* von Mika Wallace interviewt und war aufs äußerste gereizt. Sie wußte, daß Wallace mit seinen Gesprächspartnern häufig recht schroff umging, beinahe sogar aggressiv. Wallace begann scharf: »Sie haben sich mit Onassis eingelassen ...«, worauf sie ihn anfauchte: »Was ist dagegen einzuwenden?« »Maria Callas verschlang den gräßlichen Mike Wallace, wie eine ausgehungerte Löwin einen ängstlichen Christen verspeist«, schrieb eine Zeitung.

»Wenn eine Künstlerin wie Maria Callas wiederkommt, dann ist Enttäuschung vorprogrammiert«, verkündete der *Philadelphia Enquirer* nach dem Eröffnungskonzert am 11. Februar. »Es ist äußerst bewundernswert, wie sehr und wie viel sie gesungen hat, doch der Eindruck bleibt: Ihre Stimme sollte man am besten von ihren Schallplattenaufnahmen aus den fünfziger Jahren her in Erinnerung behalten.« Ihre Fans waren da ganz anderer Meinung – mehr als zweihundert folgten ihr zu ihrer nächsten Station und dem, was der Höhepunkt der Tournee werden sollte: das Konzert in der New Yorker Carnegie Hall.

Robert Sutherland berichtet, daß sie am Tag des Konzerts zunächst ausgezeichnet bei Stimme war. Doch dann regte sie sich auf, weil es eine Benefizveranstaltung zugunsten der Metropolitan Opera sein sollte: »Was hat die Met jemals für mich getan? Sie haben mir nicht einmal eine neue Produktion gegeben!« Im Laufe des Tages ereiferte sie sich immer mehr, so daß sie am Nachmittag schließlich die Stimme verlor. Dr. Parrish versicherte ihr, daß das nur psychosomatische Ursachen hätte. Sie war in der Tat erschöpft, weil sie zu wenig Schlaf gehabt hatte, und das, obgleich sie das Dreifache ihrer Schlaftablettendosis nahm. Alle Bemühungen des Arztes, ihr die Stimme wiederzugeben, scheiterten. Schließlich blieb dem Organisator der Tournee – der sinnigerweise Mario de Maria hieß – nichts anderes übrig, als neunzig Minuten vor Beginn zu verkünden, das Konzert müsse auf den 5. März verschoben werden.

Es kam zum Tumult. Viele, die bis zu hundert Dollar für eine Eintrittskarte bezahlt hatten, waren auf der Straße, in der Hoffnung, einen Blick auf die Callas zu erhaschen, wenn sie eintraf. Als immer mehr Fans dazukamen, wurde die Situation so brisant, daß berittene Polizei die Menge zerstreuen mußte. Robert Sutherland wurde geschickt, um sich einen Überblick über die Situation zu verschaffen, und bekam zu hören: »Es mag eine Absage sein, na gut, aber es ist das größte kulturelle Ereignis der Saison.« Sol Horuk und Dr. Parrish versuchten, die aufgebrachte Menge zu beruhigen, die bereits begonnen hatte, Plakate herunterzureißen und mit Füßen zu treten. Hurok, der sich kein Gehör verschaffen konnte, winkte mit dem ärztlichem Attest, das besagte: akute Infektion der Atemwege. Dann verlas Parrish eine Erklärung: »Miss Callas hat mich um die Erlaubnis gebeten, das Konzert zu geben, aber ihr Hals ist so entzündet, daß sie kaum sprechen kann, geschweige denn singen.« Dann fuhr er zaghaft fort: »Wir sind auch keineswegs sicher, ob Miss Callas ihrer Verpflichtung nächste Woche in Toronto wird nachkommen können«, worauf es aus der Menge tönte: »Genau dasselbe hat sie in London gemacht! Sie ist gar nicht krank. Am liebsten möchte ich sie eigenhändig umbringen!«

Das Konzert am 21. Februar in Toronto fand statt, und drei Tage später folgte in Washington die längste Veranstaltung bis dahin. Sie standen sie über zwei Stunden lang auf der Bühne, vierzig Minuten davon, um den Applaus entgegenzunehmen. Dann richtete sie ihre Aufmerksamkeit auf Boston – »Kennedy country«, wie Maria es nannte –, auf ein Konzert ohne di Stefano, der an einer Kehlkopfentzündung litt. Sie machte sich das zunutze und erweiterte ihr Programm von vier auf sechs Arien, und eine befreundete Konzertpianistin, Vasso Divetzi, sprang freundlicherweise ein und spielte zwischen den Gesangsstücken – obgleich das Publikum an nichts anderem interessiert war, als an der Callas. Richard Dyer von *The Nation* bekannte, sie habe ihn zum Weinen gebracht: »Am meisten hat es mich bewegt, weil es ein solcher menschlicher Triumph gewesen ist ... Lange schon verdient sie unsere Aufmerksamkeit, unseren Respekt, unsere Dankbarkeit, unsere Bewunderung. Jetzt, in ihrem Kampf und ihrer Erschöpfung, fordert und erhält sie, was sie scheinbar nie zuvor nötig hatte – unsere Liebe.«

Die Tortur ging weiter. In Chicago war ein Hotel reserviert, das keine Hunde zuließ. Davon ließ sie sich jedoch nicht schrecken, und als sie mit ihrem Troß das Foyer betrat, schickte Mario de Maria sich an, Djedda in eine Reisetasche zu stecken, während er ihr erklärte: »Das müssen wir tun, Madame Callas. Hunde sind gegen die Vorschriften.« Vor Dutzenden von Leuten brauste sie auf: »Reden Sie nicht von Regeln, mein Lieber. Wo ich bin, mache ich die verdammten Regeln!«

Das Chicagoer Konzert machten die »Callas Boys« zum Inbegriff des Triumphs. Während des Duetts aus *Don Carlos* versagte di Stefanos Stimme, und er entschuldigte sich, er sei erkältet und habe allein Maria zuliebe gesungen. Daraufhin breitete sie die Arme aus und verkündete: »Nicht für mich! Sagen wir, wir tun es für unser Chicagoer Publikum!«

Der Wahnsinn ging weiter. Sie kündigte *Vissi d'arte* an, und von der Galerie schrie es: »Danke, Maria!« Mit gequältem Lächeln erwiderte sie: »Ich tu es gern, aber ich kann nicht versprechen, wie ich es singen werde.« Sie verfehlte ein paarmal den Ton, dennoch erhielt sie eine siebenminütige Ovation.

Drei Tage später kehrte sie mit dem nun überflüssigen di Stefano nach New York zurück, zu dem verschobenen Konzert in der Carnegie Hall. Noch in ihrer Suite im Stanhope Hotel erhielt sie die Nachricht vom Tod Sol Huroks.

Allgemein wurde damit gerechnet, daß sie das Konzert absagen würde, wofür sie ausnahmsweise sogar einen guten Grund gehabt hätte. Zudem litt sie unter der Vorstellung, etwas Schreckliches würde geschehen, wenn sie auftrat, denn sie war überzeugt, sie sei verhext. Schließlich geleitete di Stefano sie ans Mikrofon, und verkündete, nachdem der Applaus sich gelegt hatte, an diesem Abend werde sie allein für Sol Hurok singen. Der Saal knisterte vor Spannung. Am Ende des Konzerts ließ sie sich zu einem Ausfall gegen das schlechte Management von Opernhäusern hinreißen, um so unbegreiflicher, als das Konzert zugunsten der Met veranstaltet worden war. Manchem im Publikum mag da die Notwendigkeit eines Psychiaters in ihrem Troß eingeleuchtet haben.

Wie überall auf der Tournee hatte sich nach dem Konzert einige Prominenz im Hotel eingefunden, in der Hoffnung, von einem der allgegenwärtigen Fotoreporter zusammen mit ihr abgelichtet zu werden. Diesmal wurden sie jedoch enttäuscht. Nachdem sie weggeschickt worden waren, hatte Maria zu Montserrat Caballé gesagt, die gleichfalls in dem Hotel logierte: »Ich will mein Foto mit dir bekommen. Die meisten meiner sogenannten Freunde und Kollegen wollten immer nur wegen ihrer eigenen Publicity mit mir fotografiert werden. Du hast das nie getan, du bist eine von den wenigen, die mich wirklich lieben und achten. Ich möchte, daß du weißt, wie sehr ich das schätze.«

Die Tournee nahm ihren Lauf: Detroit, Dallas, Miami Beach, Columbus, Long Island, und am 14. April wieder New York, wo sie gebeten wurde, für die CBS-Fernsehshow *Today* ein Interview aufzunehmen, das am nächsten Morgen gesendet werden sollte, dem Tag, an dem sie ihr zweites Konzert in der Carnegie Hall geben sollten. Sie sträubte sich sofort, als sie den Namen Wallace auf dem Vertrag las, und lenkte erst ein, nachdem ihr ein Studioangestellter versicherte, daß es sich nicht um den unangenehmen Mike handelte, sondern um eine freundliche Journalistin namens *Barbara* Wallace. Aber auch deren Fragen waren indiskret und drehten sich fast ausschließlich um ihr Verhältnis zu Onassis, der ihr am Telefon gesagt hatte, nachdem ihm ein Tonband ihrer Duette mit di Stefano geschickt worden war: »Vielleicht sollte ich hinüberkommen und mich mit dir zusammentun. Sogar ich kann ja noch besser bellen als er!« Bei dem Interview mit Barbara Wallace war Maria souverän, aber auch vorsichtig. Sie seien immer noch die besten Freunde, sagte sie, ihre Ehelosigkeit rechtfertigend: »Für die Liebe gibt es keine Ketten. Doch warum sollte ich wieder heiraten? Nennen Sie mir einen vernünftigen Grund, warum ich heiraten sollte. Mir geht es sehr gut!« Es gab allerdings eine versteckte Drohung gegen Jackie Onassis, denn auf die Frage, ob sie eine Abneigung gegen sie hätte, erwiderte sie: »Nicht im geringsten. Warum sollte ich? Wenn sie Mr. Onassis schlecht behandelt, dann könnte ich natürlich böse werden ...«

Nach dem Konzert in der Carnegie Hall traf sie mit Renata Tebaldi zusammen. Entspannt erklärte sie, die Konzerte liefen nun besser, da sie sich stimmlich sicherer fühle und einige Abende allein gestaltet habe, denn di Stefano war wegen Kehlkopfentzündung wieder ausgefallen. Er schlug vor, das für den 28. März in Montreal vorgesehene Konzert zu verschieben, weil er dagegen war, daß sie »mit ihrer Ein-Personen-Show« weitermachte, worauf sie von Sandor Gorlinsky verlangte, er solle di Stefano abberufen. Gorlinsky warnte sie eindringlich, denn seiner Meinung nach würde di Stefano nicht nur ihre Beziehung beenden, sondern sie mit Sicherheit verklagen. Sie erkannte die Zwickmühle, in der sie sich befand: Sie hielt es mit di Stefano nicht mehr aus, aber sie wußte auch, daß sie den Strapazen der Tournee ohne seine Unterstützung nicht gewachsen sein würde. Nach Cincinnati, Seattle, Portland, Vancouver, Los Angeles und San Francisco endete die Tournee am 13. Mai mit dem verschobenen Konzert in Montreal, und ihre Erleichterung war grenzenlos. Dort wurde di Stefano von seiner Ehefrau erwartet.

Einem Zusammenbruch nahe, kehrte sie nach Paris zurück. Trotzdem machte sie Pläne für die Zukunft, und alle schlossen di Stefano ein: Schallplattenaufnahmen, Konzerte, Opern. Vor dem fatalen Auftritt in Stuttgart hatte sie eine neue Produktion der *Carmen* angekündigt, geplant für das folgende Jahr in Dallas. Callas und di Stefano sollten als Sänger und Regisseure tätig sein. Inzwischen hatte sie ihre Meinung geändert. Nun sollte es »etwas von Verdi« sein, und es war auch keine Rede mehr vom Regieführen oder davon, di Stefano zu beteiligen. »Ich wünsche mir einen großartigen Dirigenten, einen guten Kollegen und vor allem einen guten Regisseur«, sagte sie dem *Evening Standard*. »Heutzutage vergessen die Regisseure die Sänger. Sie lassen ihnen auf der Bühne keinen Raum mehr. Ich habe die neue *Vespri siciliani* an der Met nicht gesehen, aber ich höre, daß es da nur Treppen gibt und nichts über Sizilien.« An den Gerüchten, sie hätte sich mit ihrem guten Freund Lawrence Kelly überworfen, stimmte nichts. Kelly reagierte sofort und erklärte: »Unsinn! Die Callas und ich kommen seit jeher gut miteinander aus. Wir sind ehrlich in bezug auf die Musik. Sie macht keinen Zirkus wegen Kleinigkeiten, so wie manche unserer italienischen Freunde, die einem wirklich auf die Nerven gehen können!«

Sie dachte auch daran, mit di Stefano zusammenzuleben. Zu Freunden sagte sie, nach einer angemessenen Zeit der Trauer um die verstorbene Tochter würde er es seiner Frau sanft beibringen. Im Sommer 1963 hatte sie mit Onassis die Insel Arkoudhi besucht, ein knapp fünfhundert Hektar großes Naturschutzgebiet unweit von Skorpios, das der wohlhabenden Familie Dendrinos gehörte. Von Jasminduft berauscht, hatten sie mit dem einzigen Bewohner der Insel, einem Schäfer, ein Mahl geteilt. Jetzt war der letzte Dendrinos gestorben, und die Vermögensverwalter der Familie hatten die Insel zum Verkauf ausgeschrieben. »Ich muß sie haben«, sagte sie zu Onassis. »Es ist einer der schönsten Orte, die ich je gesehen habe!« Der Preis war gepfeffert, angeblich handelte es sich um 750 000 Dollar. Trotzdem nahmen Marias Anwälte mit den Vermögensverwaltern Kontakt auf, und ihr Angebot wurde registriert.

Einen ganzen Monat ruhte sie sich aus, dann begann sie mit den Proben für den dritten Teil ihrer Tournee mit di Stefano: zwei Konzerte in Korea und sieben in einem Land, das sie in der Vergangenheit niemals hatte besuchen wollen, wegen seiner Greueltaten während des Krieges – Japan. »Jetzt sind doch die meisten dieser Leute tot«, sagte sie zu Roger Normand, »warum sollte ich also noch Groll hegen?« Auch von mehreren Konzerten an Bord des Kreuzfahrtschiffes *Renaissance* war die Rede gewesen, die in den ersten beiden Septemberwochen stattfinden sollten, wenn das Schiff Malta, die Türkei, Israel und Griechenland anlief, mit 220 Passagieren, von denen Preise um tausendfünfhundert Pfund gefordert wurden.

»Wenn Liebhaber es sich leisten können, Eintrittskarten für hundert Pfund auf dem Schwarzmarkt zu erwerben und um die halbe Welt zu reisen«, tönten die Organisatoren, »dann werden sie ganz gewiß auch unseren Preis zahlen, um die Callas auf einem von Sonne überfluteten, von einer Brise umwehten schwimmenden Luxuspalast zu hören.« Als sie das in der Zeitung las, sagte sie prompt ihre Engagements ab, mit der Begründung, ein solches Unternehmen hätte zu sehr einen Beigeschmack nach ihrer Zeit auf der *Christina*.

Etwa zu dieser Zeit begann sie, Roger Normand ihre Memoiren zu diktieren, das heißt solche Ereignisse ihres Lebens, die sie mit der Welt teilen zu können glaubte: die »verdrehten« Jahre mit ihrer Mutter und ihrer Schwester, ihre Untreue wegen der Unfähigkeit Meneghinis, ihr verzehrender Wunsch nach einem Kind und ihr schulmädchenhaftes Schwärmen für Schauspieleridole wie Cary Grant und Gérard Philipe. Normand, den die französische Gesellschaftsdame Marie-Louise Courtois auf einer von Marlene Dietrichs Partys mit Maria Callas bekannt gemacht hatte, war mit vielen Berühmtheiten eng befreundet, wie zum Beispiel mit Maurice Chevalier, Greta Garbo, Edith Piaf, der Mistinguett und den umstrittenen Schauspielerinnen Alice Sapritch und Arletty, zwischen die Maria einmal bei einem Dinner plaziert worden war. Normand erzählte: »Auf Anhieb verabscheute Maria alle beide, während die ihrerseits versuchten, sie zu schockieren, indem sie sich zu ihr hinneigten und lautstark über die männlichen Geschlechtsteile palaverten. Als sie merkten, daß sie sich vergeblich bemühten, stieß Alice Sapritch sie an und sagte: »Maria, wissen Sie denn gar nichts über Pißdüsen?« Worauf sie in einem seltenen Ausbruch von Callasschem Humor erwiderte: »Nein, meine Liebe, nur daß ich gerade zwischen zweien sitze.«

Die Chansonette Lucienne Boyer, eine Patin von Normand, deren berühmtester Titel *Parlez-moi d'amour* gewesen ist, überredete Maria im Sommer 1974, dieses Chanson zu singen. Es wurde auf

Band mitgeschnitten und ist eine recht hübsche Aufnahme. Es sollte ihre allerletzte werden. Ein großes Foto, das die drei zusammen zeigt, hing in der Pariser Wohnung von Normand. Die Callas-Anekdoten und -Erinnerungen sind zusammen mit denen seiner anderen berühmten Freunde in einem riesigen Wälzer mit dem Titel *Le Ring* gesammelt, der sich im Besitz des Verfassers dieses Buches befindet und nicht vor dem Tod Normands veröffentlicht werden wird.

Eines Morgens kam Normand und brachte ein Drehbuch mit in die Avenue Georges-Mandel, über das er schon am Telefon mit der Callas gesprochen hatte. *Love, Love, Sarah!* erzählt die ungeschminkte Geschichte der legendären Schauspielerin Sarah Bernhardt, die im Jahr vor Marias Geburt gestorben war. Sie war hingerissen von dem Projekt und sogar bereit, die Tournee im Fernen Osten abzusagen, um dem Film mehr Zeit widmen zu können. Sie hatte mit Zeffirelli und Visconti darüber gesprochen, der zu dieser Zeit bereits an den Rollstuhl gefesselt war, und es wurde ein Kompromiß dahingehend erzielt, daß Zeffirelli Regie führen sollte, während Visconti von einem Krankenfahrstuhl aus ein Auge auf das Ganze hatte.

Das Drehbuch war in drei Abschnitte gegliedert: *Henri, Prince de Ligne; La Dame aux Camelias* und *Damala* – der erste Liebhaber der Bernhardt und Vater ihres Sohnes, ihr berühmtestes Theaterstück und ihr griechischer Ehemann. »Ich habe so vieles mit der göttlichen Sarah gemein«, sagte Maria zu Normand. »Sie verliebte sich in jeden einzelnen ihrer Hauptdarsteller und mußte schließlich entdecken, daß alle, die nicht in Methusalems Alter waren, homosexuell waren. Sie hat viele der Rollen gespielt, die ich gesungen habe: Traviata, Fedora, Ernani, Tosca. Und sie hat einen Griechen geheiratet, was auch ich getan hätte, wäre da nicht die kleine Miss Sie-wissen-schon gewesen! Das einzige, was mir Sorgen bereitet, ist, daß man von mir verlangen könnte, mir ein Bein amputieren zu lassen oder, noch schlimmer, zu singen. Ich mache den Film, aber auf gar keinen Fall will ich singen!«

Sandor Gorlinsky wurde informiert, und Roger Normand flog nach London, um den Vertrag auszuhandeln. Dabei ergaben sich gewisse Schwierigkeiten. Maria bestand darauf, daß der Film in einem Studio in der Nähe von Versailles gedreht wurde, weil Sarah Bernhardt Französin gewesen war. Da sie jedoch mit ihrem französischen Agenten, Michel Glotz, nicht mehr sprach, sollte er nicht mit einbezogen werden. Gorlinsky seinerseits wollte nicht in das Territorium eines anderen Agenten eindringen und erklärte gegenüber Normand, er werde sich nur um den Vertrag kümmern, wenn die Callas den Film in England drehen würde. Das wollte sie nicht in Erwägung ziehen. Roger Normand hat ihre Reaktion, als er in die Avenue Georges-Mandel kam, um das Drehbuch wieder abzuholen, folgendermaßen festgehalten: »Es gab keinen Wutausbruch, keinen der berüchtigten Callas-Auftritte. Sie nahm den Telefonhörer in die Hand und sagte ihrem britischen Agenten ganz ruhig, was sie von ihm hielt: »Sie sind der dümmste, selbstsüchtigste und arroganteste Mensch, der mir je begegnet ist. Das einzige, was Sie während der ganzen Zusammenarbeit mit mir im Kopf hatten, war, Ihre eigene Tasche zu füllen, und was Kunst anbelangt, haben Sie nicht die geringste Ahnung und haben Sie nie gehabt. Wenn ich aus Japan zurückkomme, wünsche ich, daß Sie aus meinem Leben verschwinden – basta!«

Im Fernen Osten fühlte sie sich weniger unter Druck. Di Stefano erging es ebenso. Sie waren stimmlich in besserer Verfassung, und es gab auch weniger Streit. Außerdem hatte sie von den Vermögensverwaltern der Familie Dendrinos Bescheid bekommen, daß die Ausschreibungsfrist für Arkoudhi in wenigen Tagen zu Ende ging, niemand sie überboten hatte und die Insel so gut wie ihr gehörte. Währenddessen wurde der Auftritt in Hiroshima, am 7. November, zu einer schmerzlichen Erfahrung, und trotz der Bewunderung, des Blumenteppichs auf der Bühne am Ende des Konzerts und des Beifallsturms in den Zeitungen hatte Maria, wie sie später gestand,

Tränen über die vergossen, die 1945 dort umgekommen waren. Gleichzeitig erfuhr sie, daß Onassis ins Krankenhaus gebracht worden war, obwohl man nicht wußte, was ihm fehlte.

Zwei Tage später, am 11. November 1974, in Sapporo, Japan, sang Maria Callas zum letzten Mal in ihrem Leben auf der Bühne.

Vissi d'arte, vissi d'amore ...

1974–1977

Wenn man die Musik wirklich liebt, kann man sich vor ihren ungeheuren Möglichkeiten nur winzig vorkommen und muß ihr dienen – vielleicht sogar um den Preis, niemals ein dauerhaftes Glück zu erfahren.

Kurz bevor Maria Callas am 8. Oktober 1974 in Seoul die Bühne betrat, erlitt sie in ihrer Garderobe innere Blutungen, lehnte es jedoch ab, in ein Krankenhaus zu gehen, und wollte auch die Tournee nicht abbrechen, um nach Paris zurückzukehren. Außerdem hatte sie einen erneuten Anruf von Verwaltern des Dendrinos-Vermögens erhalten, diesmal jedoch mit einer enttäuschenden Nachricht: Arkoudhi war verkauft worden. Im allerletzten Augenblick hatte sie ein deutscher Volkswirtschaftler namens Wolfgang Müller überboten; in einer Presseerklärung sagte er: »Ich habe bis zur letzten Minute gewartet, weil ich die Insel für Idealisten und Naturfreaks bewahren möchte.« Darauf die Callas bissig: »Was zum Teufel dachte er denn, hätte ich damit gemacht – sie in einen Zoo verwandelt?«

Auch in Japan erhielt sie dreimal täglich Anrufe von Onassis. Inzwischen glichen sie verzweifelten Hilferufen. Seine Tochter Christina war wegen eines Selbstmordversuchs ins Krankenhaus gebracht worden. »Zwei Schlaftabletten mehr, und sie wäre tot«, sagte er zu ihr. Nach außen hin zeigte sie Mitgefühl, doch zu einer Freundin sagte sie später: »Nur zwei? Ich wünschte, ich hätte das gewußt, dann hätte ich ihr zwei von meinen gegeben.« Bedrückend war die Nachricht, daß Onassis' Ex-Frau Tina in ihrem Pariser Hotelzimmer tot aufgefunden worden war. Onassis war überzeugt, daß sie sich das Leben genommen hatte, nach allzu vielen Komplikationen und traumatischen Erfahrungen. Wie Maria, war auch Tina stets sensibel und übererregbar gewesen. Ein Autopsie hatte jedoch ein Lungenödem ergeben.

Nachdem sie in die Avenue Georges-Mandel zurückgekehrt war, berichtete Onassis ihr am Telefon von seiner »mysteriösen« Krankheit. Man hatte Myasthenia gravis diagnostiziert, eine seltene, aber nicht unheilbare Krankheit, die sich in einer Schwächung der Muskulatur, hauptsächlich von Gesicht und Hals, äußert. Er machte sogar Witze darüber, daß man ihm für geschäftliche Besprechungen die Augenlider mit Heftpflaster nach oben kleben mußte, damit er überhaupt sehen konnte. Außerdem habe er einen Privatdetektiv zur Überwachung seiner Frau engagiert, die seit ihrer Heirat, genau wie er selbst, zahlreiche Affären gehabt hätte, nur sei sie diskreter gewesen als er; sobald er etwas Konkretes in Händen habe, wolle er die Scheidung einreichen. Maria war weit davon entfernt, optimistisch zu sein, und hatte sich scheinbar damit abgefunden, allein zu bleiben.

Was immer er gegen Jackie geplant haben mochte, im Januar 1975 wurde es hinfällig, als er, nachdem es ihm nicht gelungen war, seine Öltanker zu verkaufen, um seine Beteiligungen zu konsolidieren, in einer heimlichen, stufenweisen Verkleinerung seines Imperiums Skorpios auf den Markt brachte und mit der griechischen Regierung Verhandlungen aufnahm über den Verkauf eines seiner persönlichsten, aber unsäglichsten Unternehmens der letzten Jahre, Olympic Airways. Das Dokument, zu dem es den Nachtrag gab, daß ihm außer dem Barpreis seine Hubschrauber und sein Privatflugzeug belassen werden sollten, wurde am 15. Januar unterzeichnet. Drei Wochen später erlitt er in Athen einen Zusammenbruch. Ein Spezialist diagnostizierte Gallensteine und riet ihm dringend, nach Paris zu fliegen und sich dort operieren zu lassen. Das geschah am 10. Februar im American Hospital in Neuilly. Es kam jedoch zu Komplikationen, und am nächsten Tag erhielt Maria Callas einen Anruf, in dem ihr mitgeteilt wurde, daß die größte Liebe ihres Lebens, der Mann, den sie für unsterblich gehalten hatte, mit dem Tode rang.

Hier spielte sich ein Drama ab, das sie nicht so nah miterleben wollte. Die Mutter der Konzertpianistin Vasso Devetzi, die während der Amerikatournee hin und wieder für den indisponierten di Stefano eingesprungen war, lag auf derselben Station wie Onassis, und so konnte die Devetzi sie über Jacquelines Anwesenheiten informieren. Am Sonntag, dem 9. Mai, besuchte Maria ihn zum letztenmal. Er war an ein Atemgerät angeschlossen und hat sie wohl kaum noch erkannt. Am nächsten Tag flog sie nach Palm Beach, wo sie in der Golf View Road ein Haus gemietet hatte. Und hier erhielt sie sechs Tage später die Nachricht von Onassis' Tod.

Achtundvierzig Stunden lang hat Maria Callas sich selbst den Tod gewünscht. Die Ärzte im Krankenhaus hatten ihr zu verstehen gegeben, daß sie mit dem Schlimmsten rechnen mußte, daß er sich in einer Lage befand, aus der ihn seine eigene Kraft nicht würde retten können. Nun war ihr der Glaube ein Trost. »Wenn ich bete, bitte ich Gott nicht um irgendeine Gunst«, hatte sie zu Robert Sutherland gesagt. »Das einzige, worum ich bitte, ist die Kraft, mit allem fertig zu werden, was er mir sendet, Gutem wie Bösem.« Jetzt schien es jedoch, als habe Gott sie verlassen, und in einem durch Drogen erzeugten Dunstschleier sah sie vor sich nur Finsternis und Elend. Als sei Onassis' Tod nicht schon genug gewesen, erhielt sie zwei Tage später die Nachricht, daß ihr großer Freund Visconti im Schlaf gestorben war, neunundsechzigjährig, genauso alt wie Onassis.

Visconti hatte zwei Schlaganfälle erlitten, und obwohl er während der letzten sechs Monate seines Lebens im Rollstuhl saß, hatte er die Ratschläge seiner Ärzte in den Wind geschlagen und wie vorher exzessiv gelebt. Als sie ihn das letzte Mal gesehen hatte, war sie über sein Aussehen erschrocken gewesen, doch der Löwenmut, mit dem er sich dem Unvermeidlichen stellte, hatte sie gerührt. Nun war es die Erinnerung auch daran, die ihr die Kraft gab, ihren eigenen Kampf fortzusetzen. Ermutigung erhielt sie in den nächsten Tagen von den Hunderten Beileidsbezeugungen, die in der Golf View Road eingingen. Sie übertrieb nicht und tat es nicht aus Bosheit gegenüber Jackie Onassis, als sie sagte: »Jetzt bin ich Witwe.«

Die »Witwe« war jedoch gezwungen, privat zu trauern, denn das »feindliche Lager« – Jackie und Christina – hatte zu verstehen gegeben, daß ihre Anwesenheit bei Onassis' Begräbnis auf Skorpios nicht erwünscht war. Christina war jetzt das Oberhaupt des Onassis-Imperiums. Zwei Wochen vor seinem Tod hatte ihr Vater sie mit ihrem Verlobten, Peter Goulandris, dem dreißigjährigen Erben eines gewaltigen Reederei-Vermögens, ans Krankenbett gerufen und ihnen das Eheversprechen abverlangt. »Ich hoffe, daß sie sehr glücklich ist«, hatte Maria gesagt und hinzugefügt, »der arme Mann weiß gar nicht, worauf er sich einläßt. Dieses Weib ist so selbstsüchtig, daß sie am Ende alles zerstören wird, was sie anfaßt.«

Zwei Wochen lang spielte die Callas mit dem Gedanken, das Haus in Palm Beach zu kaufen und in die Vereinigten Staaten überzusiedeln. Die Opernhäuser in Mailand, Rom, Paris und vermutlich auch in London hatten sie aufgegeben – zumindest wollte man sich nicht auf teure Produktionen einlassen, die dann in letzter Minute wieder abgesagt werden mußten. In Amerika hatte man noch Hoffnung. Mit der Met hatte sie über die Partie der Cassandra in Berlioz' *Les Troyens* gesprochen, und es gab noch die geplante Saison in Dallas.

Dann erhielt sie einen Anruf von Lawrence Kellys Assistenten: Ihr wunderbarer Freund starb an Krebs, konnte schon nicht mehr sprechen und wollte sie noch einmal sehen. Auf sanfte Weise schlug sie das aus, in der Hoffnung, er würde verstehen, daß sie schon zu sehr gelitten hatte. »Sagen Sie ihm, ich werde für ihn beten, Tag und Nacht. Mehr als das vermag ich nicht zu tun.« So verabschiedete sie sich von Amerika.

Ein Trost, so glaubte sie zumindest, würde Giuseppe di Stefano sein. Wäre sie nicht in so kläglicher seelischer Verfassung gewesen, wäre sie gewiß nicht so unüberlegt nach Paris zurückgekehrt, wie sie es nun tat. Obwohl viele Kritiker der Tournee beide Sänger vernichtend beurteilt hatten, waren sich die meisten einig, daß sie in Japan beinahe wieder ihre alte stimmliche Form erreicht hatten. Man hatte ihnen sogar, noch während sie dort gewesen waren, eine neue Produktion von *Tosca* angeboten, doch waren sie damals nicht daran interessiert gewesen. Jetzt übermittelte di Stefano ihr eine gute Nachricht: Vier *Tosca*-Aufführungen waren ihnen angeboten worden. Drei sollten im November in Yokohama stattfinden und eine als Gala-Vorstellung am 6. Dezember in Tokio. Ihr Freund Giuseppe Modesti war bereits für die Rolle des Scarpia engagiert worden, und Alberto Ventura sollte das New Japan Philharmonic Orchestra leiten. Sie nahm das Projekt sehr ernst. Dann erfuhr sie, sie sei nicht di Stefanos ursprüngliche Wahl für *Tosca* gewesen, sondern die spanische Sopranistin Montserrat Caballé. Sowohl di Stefano als auch Madame Caballé stritten das ab. Sie glaubte es dennoch und stieg sofort aus der Produktion aus. Zu Roger Normand sagte sie: »Jetzt bleibt mir nichts anderes übrig, ich muß diesen Mann loswerden.« Das tat sie auch. Als di Stefano und die Caballé Ende des Jahres aus Japan zurückkehrten, waren die Callas und er kein Paar mehr und kaum noch Freunde.

Im Lauf der nächsten Monate besuchten alte und neue Freunde sie in ihrem »Mausoleum« in der Avenue Georges-Mandel: Leonard

Bernstein, Marlene Dietrich, Vasso Devetzi und John Tooley. Doch nur wenige brachten es fertig, länger zu bleiben und es mit ihren neusten Marotten aufzunehmen: ihre eigene Berliner *Lucia* anzuhören oder alte John-Wayne-Filme anzuschauen. Wie die Piaf und die Dietrich in den späteren Jahren, war auch die Callas *une créature de minuit* geworden, schraubte ihre Telefonrechnungen in astronomische Höhen, indem sie mit Freunden, Verwandten und flüchtigen Bekanntschaften bis zwei, drei Uhr morgens telefonierte, und verließ selten vor Mittag das Bett. Ende Oktober meldete sich Pasolini seit Onassis' Tod zum erstenmal wieder. In ein paar Wochen wollte er nach Paris kommen. Zu einem Rendezvous kam es nicht mehr. Am 1. November 1975 wurde Pasolini nach einer Begegnung mit einem Strichjungen an der Promenade bei Ostia mit mehreren Stichwunden tot aufgefunden. Ob der Mord sexuell oder politisch motiviert gewesen war, konnte nie geklärt werden.

Maria gab vor, überrascht zu sein von den Umständen, die Pasolinis Tod umgaben, und versuchte sogar, einen Journalisten zu überzeugen, von seiner Homosexualität nichts gewußt zu haben. Verzweifelt bemühte sie sich, zu vergessen, wie sie Pasolini während der Planungsphase von *Medea* ertappt hatte, als er einen jungen Mann für eine Rolle »vorsprechen« ließ. In Wirklichkeit wußte sie, wie viele andere auch, daß Pasolini immer mit der Gefahr gespielt hatte und daß es nur eine Frage der Zeit gewesen war, bis ihm etwas passierte. Sein Tod jedoch, der sich so schnell nach den anderen ereignet hatte, traf sie mit aller Härte. Sie war sogar vom Tod Josephine Bakers im April, nur zwei Tage nach der Eröffnung einer neuen Saison im Bobino, berührt gewesen. Obgleich sie die *meneuse de revue* nie so recht gemocht hatte, hatte sie doch ihren Kampf gegen die Rassendiskriminierung bewundert und im Juli 1969 Fürstin Gracia Patricia dabei unterstützt, Josephine Bakers Rot-Kreuz-Gala in Monte Carlo zu organisieren, um Geld für sie und ihre große Schar verwaister Kinder aller Hautfarben zu sammeln, nachdem sie aus dem Château in der Dordogne ausgewiesen worden waren. Bei dieser Gelegenheit war es auch gewesen, daß Maria Callas Anna Magnani für ein Foto posiert hatte, vier Jahre vor dem Tod der Schauspielerin.

»Maria war zu einem lebenden Leichnam geworden«, sagte Roger Normand. »Immer noch eine schöne, begehrenswerte Frau. Aber das war nur eine äußere Hülle. Ihr ganzes Leben war zu einer Parodie geworden, einer Maske, einem Kampf zwischen Maria, der Frau, und der Callas, dem monströsen Star. Sie sprach sogar mit zwei verschiedenen Stimmen, wobei ständig die eine die andere attackierte. Maria, das traurige Geschöpf, das Onassis geliebt und verloren hatte. Callas, das Biest, das ihr das Leben zur Qual gemacht hatte. Und dazwischengepfercht waren all die Figuren, die sie gespielt hatte und zu denen sie geworden war. Sie war stets vom Tod besessen gewesen, doch jetzt sagte sie, er könne nie früh genug kommen. Sie hoffte nur, daß ihre Verwandten – ihre Mutter und ihre Schwester in Griechenland – vor ihr stürben. Sie wollte auch das Singen nicht wieder aufnehmen und nur noch ein einziges Konzert geben, bevor sie stürbe. In dem Zusammenhang kamen wir auf das Théâtre des Champs-Elysées zu sprechen.«

Maria hatte das Abschiedskonzert besucht, das Maurice Chevalier am 21. Oktober 1968 im Théâtre des Champs-Elysées gegeben hatte, dem Theater direkt gegenüber von Marlene Dietrichs Wohnung in der Avenue Montaigne. Hier wollte sie ursprünglich ein Comeback starten, und zwar im Frühjahr 1976 mit einem Programm von Belcanto-Arien. Sie änderte ihre Meinung nach zahlreichen Anrufen und Besuchen von John Tooley und beschloß, in einer neuen Inszenierung von *Cavalleria rusticana* an der Seite von Placido Domingo die Partie der Santuzza zu singen. »Sie war der Meinung, daß diese Rolle für sie stimmlich gut geeignet sei und daß sie gewaltig davon profitieren würde, mit einem Künstler von Domingos Format zu arbeiten«, sagte Tooley später. Doch dann erwies sich der

Übereifer von Covent Garden und dem Pariser Theater, wo Maria für die Londoner Inszenierung proben durfte, als beider Verderben und als Verlust für die Welt. Der französischen Boulevardzeitung *France-Dimanche* zufolge hatte ein Angestellter vom Covent Garden angerufen und »enthüllt«, was in der Avenue Montaigne vor sich ging. Dann ist vermutlich Geld geflossen, so daß sich ein Reporter dieses Blattes in das Theater einschleichen und einige unvorteilhafte Fotos machen konnte, die eine Woche darauf zusammen mit der Behauptung veröffentlicht wurden, dies wären Bilder einer Frau, die nicht mehr singen könne. Sofort blies Covent Garden die Produktion ab, und die Callas zog sich noch tiefer in ihr Schneckenhaus zurück.

Montserrat Caballé berichtet von einem Gespräch mit ihrer Freundin im September: »Ich stand kurz vor der Premiere von *Tosca* am Covent Garden, einer Wiederaufführung der Zeffirelli-Inszenierung, und der Regisseur hatte mich gebeten, dieselben Gesten zu machen wie Maria. Als ich ihr das sagte, wurde sie wütend, rief den Regisseur an und sagte ihm, er sei verrückt, denn erstens sei sie viel größer als ich, und ihre Arme seien viel länger. Und zweitens, fuhr sie fort, sollte man mir erlauben, die Tosca auf meine Art zu singen, und man sollte mich nicht dazu bringen, sie zu imitieren. Am nächsten Tag rief ich noch einmal an, um mich bei ihr zu bedanken, und da klang sie sehr erschöpft, sehr müde. Wir sprachen nur fünf Minuten miteinander. ›Du wirst eine wunderbare Tosca singen‹, sagte sie. ›Aber bitte, trage diesmal meine Ohrringe!‹ Vor einigen Jahren, als ich mein Norma-Debüt an der Scala gab, hat sie mir zusammen mit einer Karte, in der sie mir Glück wünschte, die hübschen silbernen Ohrringe geschickt, die sie bei ihrer eigenen ersten *Norma* getragen hatte. Bis zum Abend der Premiere hatte ich sie getragen, sie dann aber abgenommen. Ich hatte sie so sehr bewundert, daß es mir wie ein Sakrileg vorgekommen wäre. Und jetzt, während sie am Telefon war, griff ich nach ihnen und steckte sie an, und wir vereinbarten, uns Ende des Monats zu treffen. Sie brauchte jemanden, mit dem sie reden konnte, und ich hatte sie furchtbar gern. Das war das letztemal, daß wir miteinander sprachen.«

Das Ende kam sehr schnell, so wie sie es sich sicher gewünscht hätte. Am 16. September 1977 um 14:15 Uhr wurden zwei Gendarmen vom 16. Arrondissement in die Wohnung von Maria Callas in der Avenue Georges-Mandel gerufen. Als sie etwa zehn Minuten später dort eintrafen, lag sie auf ihrem Bett. Die Augen waren geschlossen, und die Hände lagen, die Handflächen nach oben, überkreuzt auf ihrem Schoß. Das lange Haar ergoß sich über die Kissen, und neben dem Bett saßen Bruna, das Mädchen, und Ferruccio, der Butler, in seiner Uniform und den weißen Handschuhen. Ebenfalls anwesend war ein Arzt, der nur wenige Minuten zuvor ihren Tod bescheinigt hatte. Dann erfolgte eine zügige, doch vollständige Untersuchung, um festzustellen, ob sie eines natürlichen Todes gestorben war, ob sie sich selbst das Leben genommen hatte oder ob gar ein Verbrechen vorlag.

Die untröstliche Bruna erklärte, Madame Callas sei etwa um 13:00 Uhr in ihrem Bad zusammengebrochen. Es habe einen dumpfen Aufschlag gegeben, Madame habe um Hilfe gerufen, und sie habe ihr schließlich in ihr Schlafzimmer und aufs Bett helfen können. Dann habe sie ziemlich verständlich eine starke Tasse Kaffee verlangt. Nachdem sie sie aufgerichtet, mit den Kissen gestützt und ihr geholfen habe, den Kaffee zu trinken, habe sie den Arzt angerufen, aber nicht angetroffen. Dann habe sie das American Hospital in Neuilly angerufen, da sei aber besetzt gewesen. Warum sie nicht nach einem Krankenwagen geschickt hatte, wußte sie nicht zu sagen. Aber der Schock über den nahenden Tod der Callas hat dabei sicher eine Rolle gespielt. Endlich, dreißig Minuten nach dem Kollaps, war Ferrucios Arzt gerufen worden, der nichts anderes mehr tun konnte, als die Polizei zu verständigen.

Der Fall wurde rasch abgeschlossen, und es gab keine Obduktion. Zwei Ärzte unterzeichneten den Totenschein, der Herzversagen als

Todesursache angab. Sofort gab es unter den Callas-Anhängern Getuschel und Mutmaßungen über eine Verschleierung. Niemand vermutete ein Verbrechen, dennoch schlossen nur wenige Selbstmord aus, denn sie hatte schon seit langem den Eindruck vermittelt, daß das Leben für sie nicht mehr lebenswert war, seit es so einsam um sie geworden war. Montserrat Caballé ist noch heute überzeugt, Maria Callas habe sich das Leben genommen. Sie hat mir gesagt: »Ich habe es damals geglaubt, und mein Verdacht hat sich ein paar Jahre später bestätigt, als ich in einem Konzert zu Marias Gedenken in der Pariser Oper sang. In dem Programm wurde bestätigt, daß sie Selbstmord begangen hatte.« Roger Normand stützte diese Theorie, indem er sagte: »Hier in Frankreich kann man von den Toten kaum reden, und unsere Gesetze diesbezüglich sind so drakonisch, daß niemand es wagen würde, zu behaupten, Maria sei von eigener Hand gestorben, wenn es nicht wahr wäre. Und während ihrer letzten Monate hat sie oft von Selbstmord gesprochen.«

Michel Glotz andererseits sprach sich gegen die Selbstmordtheorie aus und erzählte der Presse, er habe noch kurz zuvor Pläne für neue Schallplattenaufnahmen und ein Fernseh-Comeback mit der Callas besprochen. Etliche Jahre später allerdings bekannte er in einer für einen britischen Rundfunksender aufgenommenen Erklärung, zur Zeit ihres Todes hätten sie wegen der Auseinandersetzung über die Tournee mit di Stefano noch nicht wieder miteinander geredet. Nach dem Debakel mit dem Fotoreporter von *France-Dimanche* hatte sie zu Freunden wie Roger Normand gesagt: »Nun ist es aus. Ich werde nie wieder singen.« Diesmal, schien es, hatte sie es auch gemeint. »Glotz hat ja nur versucht, Marias Andenken zu schützen«, sagte Normand. »Nämlich damit, daß er der Welt sagte, sie sei immer noch daran interessiert gewesen, ihre Karriere fortzusetzen.«

Placido Domingo vertrat eine ganz andere Theorie. Und das ist die Theorie, die wir, die sie geliebt haben, am liebsten glauben würden und die gar nicht einmal so unwahrscheinlich ist: »Ich glaube, daß

Maria es sich erlaubt hat, an Traurigkeit zu sterben. Man kann wirklich sterben, wenn man es will, ohne Selbstmord zu begehen, indem man einfach das Leben aufgibt. So einfach ist das.«

Die Ehrungen waren Legion. »Wir haben eine der wirklich größten Künstlerinnen aller Zeiten verloren. Ohne sie wird die Welt ärmer sein«, hieß es in dem offiziellen Statement vom Covent Garden. »Sie war eines der strahlendsten Lichter dieses Jahrhunderts und führte die Kunst des Gesangs zu Höhen, wo sie für immer regiert«, erklärte der Intendant der Pariser Oper, Rolf Liebermann, und fügte hinzu: »Göttinnen sterben niemals!« Und Marias alter Antagonist Rudolf Bing zollte ihrem berüchtigten Temperament Tribut und schloß: »Ihresgleichen werden wir nicht wieder erleben.«

Was die Presse betraf, so stand der Tod von Maria Callas nicht im Mittelpunkt. Der Dirigent Leopold Stokowski war in derselben Woche gestorben, und am selben Tag wie sie war der Rockstar Marc Bolan bei einem Verkehrsunfall ums Leben gekommen. »Zwei große Stars, völlig verschieden, doch miteinander verbunden durch die Trauer ihrer jeweiligen Bewunderer«, lautete die Headline eines Boulevardblattes. Kritiker, die sich über die Jahre oft gegen sie ausgesprochen hatten, wußten jetzt nur Gutes über sie zu sagen, aber nicht alle meinten es wirklich ehrlich.

Die *Times* pries sie als »die farbenprächtigste, aufregendste und mächtigste Primadonna der Mitte des zwanzigsten Jahrhunderts«. Der *Guardian* nannte sie einfach »göttlich« und fügte ihren Namen der kurzen Liste von Opern-Koryphäen hinzu, die durch einen frühen Tod zum Mythos geworden waren: Kathleen Ferrier, Fritz Wunderlich und Jussi Björling. Alan Blyth schrieb im *Daily Telegraph*: »Nur eine Persönlichkeit, die auf so wahrhaftige Weise verletzlich und gleichzeitig so einfühlsam war wie sie, konnte eine so kreative Sängerin werden und sich bis ins Innerste in jede ihrer Heroinen hineinversetzen.« Die wärmste Huldigung kam jedoch von Lady Rachel Ellenborough, die die Meneghinis 1950 in Mailand kennengelernt hatte, als Maria noch allerhand Übergewicht mit sich herumtrug, und die ihr viele Jahre später in Monte Carlo wiederbegegnet war – »schlank und schön, eine vitale Frau, die die Langweiligkeit der Jet-set-Dummköpfe allmählich umbrachte«. In einem langen Artikel für den *Sunday Telegraph* pries Lady Ellenborough nicht nur Marias musikalisches Genie, sondern auch ihre Fähigkeit, sich zu amüsieren und ihre Umgebung zum Lachen zu bringen mit ihren brillanten Parodien und Geschichten, die sie in einer ganzen Anzahl italienischer Dialekte darzubieten wußte: »Maria Callas hätte ganz allein jedes Theater füllen können, auch wenn sie nicht eine einzige Note zu singen vermocht hätte. Sie besaß einen ausgeprägten Sinn für Humor, eine Mischung von Maria Lloyd und Rosa Lewis (in bezug auf die pikantesten Anekdoten) mit einem Schuß Gertrude Lawrence. Man kann nur einen Seufzer ausstoßen – und ihre Platten spielen. Es hat gewiß perfektere Stimmen gegeben, aber wer Maria Callas in einer Rolle erlebt hat, kann der wirklich jemals an eine andere glauben? Dieser Zauber ist flüchtig, schwindet dahin, wenn der Zauberer gegangen ist. Und wo gäbe es diesen Zauber denn noch einmal?«

Epilog

Vier Tage lang war Maria Callas in ihrem stattlichen Bett aus dem 18. Jahrhundert in ihrer Wohnung in der Avenue Georges-Mandel aufgebahrt, während Freunde, Kollegen und sorgfältig ausgewählte Verehrer nacheinander das Zimmer betraten und wieder verließen. »Ihr Gesicht ist vollkommen ebenmäßig. Es sieht aus, als ob sie sich nur ausruhte«, teilte Michel Glotz der Presse mit, die nicht hinein durfte. Es war durchgesickert, daß eines der Boulevardblätter für ein Foto des Totenbettes eine horrende Summe geboten hatte, und Maria Callas war entsetzt gewesen vom Anblick Edith Piafs in ihrem Sarg und ebenso vom Bild des toten Elvis Presley.

Die Trauerfeierlichkeit, am 20. September, war beinahe eine Wiederholung der Art und Weise, wie sie den größten Teil ihres Lebens zu verbringen gezwungen gewesen war: Verwandte und einstige Freunde, nun Feinde, deren Anwesenheit sie sich nicht gewünscht hätte, waren erschienen. Die Feierlichkeit wurde durch das Klicken Hunderter von Fotoapparaten gestört, und wie eine letzte Beleidigung wirkte es, als ein Journalist den Sarg beiseite rückte, um Gelegenheit zu einer Großaufnahme von Fürstin Gracia Patricia zu geben, die zusammen mit Jackie Callas, Bruna und Ferruccio die Trauergemeinde in die griechisch-orthodoxe Kirche in der Rue Georges-Bizet führte. Ihnen folgten die Gorlinskys, Franco Rosselini, Vasso Devetzi, Repräsentanten von Regierungen, Botschaften und Opernhäusern aus aller Welt. Am wichtigsten jedoch waren die zweitausend Fans, von denen viele vor der Kirche bleiben und dort dem Gottesdienst folgen mußten, den der griechische Erzbischof von Frankreich, Spanien und Portugal, Melittios Carabinis, leitete und der über Lautsprecher übertragen wurde. Danach wurden die sterblichen Überreste von Maria Callas verbrannt und die Asche in einem Keller auf dem Friedhof Père Lachaise aufbewahrt, der letzten Ruhestätte so großer Persönlichkeiten wie Oscar Wilde, Colette, Edith Piaf, Victor Hugo und Frédéric Chopin, die sie bewundert hatte.

Zur selben Zeit fand in der griechisch-orthodoxen Kirche in Rom eine Messe statt, die Nadia Stancioff und Marias engste Freundin, Giulietta Simionato, lesen ließen, und eine weitere in Londons Bayswater, von Franco Zeffirelli und John Tooley. Als ihr Credo, *Vissi d'arte*, über die Lautsprecher ertönte, weinten die Anwesenden; und eine letzte Ironie wollte es, daß sie, nachdem die Arie verklungen war, nicht aufhörten zu applaudieren, ehe sie nicht eine Zugabe erzwungen hatten. Auch in Mailand und New York wurden Trauergottesdienste abgehalten. Und in Moskau, wo sie nur einmal gewesen war, um bei einem Tschaikowsky-Klavier-Wettbewerb in der Jury mitzuwirken, gab es eine Schweigeminute.

Im Tod wurde Maria Callas von einigen ebenso schäbig behandelt wie im Leben. Meneghini wirkte fast aufrichtig, als er der Presse gegenüber sagte: »Ich bin völlig am Ende. Lieber wäre ich selber gestorben. Ich bin verzweifelt!« Bis die Seifenblase zerplatzte und er prahlte: »Natürlich bin ich derjenige, der sie zu dem gemacht hat, was sie war, bis dieser Onassis sie mir weggenommen hat!« Niemand dachte daran, ihre Mutter zu informieren, so daß sie es durch die Nachrichten erfuhr.

Jackie Callas wurde nach Paris bestellt, zögerte aber zunächst, hinzufahren. »Maria hat mich nie bei sich haben wollen«, gestand sie später, »und jetzt sollte ich auf Veranlassung der toten Maria hingehen, weil ich ihre Schwester bin.« Solange sie sich erinnern konnte, hatte sie ein bescheidenes Leben geführt, und sie mußte sich auch diesmal das Fahrgeld leihen. In Paris geriet sie in eine Kontroverse über die Beisetzungsmodalitäten. Daß der Leichnam eingeäschert werden sollte, war ungewöhnlich, denn die griechisch-orthodoxe Religion erlaubt Verbrennung nicht, es sei denn, es läge eine besondere Genehmigung vor. »Fürchtete man etwa, eine Obduktion könnte Marias Abhängigkeit von all diesen Tabletten offenbaren?« fragte Jackie in ihren Memoiren. »Wollte man einen Skandal vermeiden? Wenn das der Fall gewesen sein sollte, dann war es vielleicht am besten so, wenn ich mich auch nur schwer an den Gedanken gewöhnen konnte, daß meine Schwester verbrannt werden sollte.«

Dann begann das Gerangel um das Vermögen der Callas, das auf zwölf Millionen Dollar geschätzt wurde und sich bis zum Ende des Jahrhunderts, wie Experten schätzten, durch den Verkauf von Schallplatten verdoppeln würde. Im April 1977 hatte sie ein Schreiben aufgesetzt, demzufolge sie alles Bruna und Ferruccio vererbte, hatte es jedoch nicht unterschrieben. Das und die Tatsache, daß kein anderes Testament gefunden werden konnte, war den Anwälten unverständlich, und so kam es erneut zu Spekulationen darüber, wie sie gestorben war. Wäre es Selbstmord gewesen, hätte sie dann nicht ein Testament unterschrieben, und sei es nur, um zu verhindern, daß das Vermögen an ihre verhaßten Verwandten fiel? Andererseits, hätte Selbstmord nachgewiesen werden können, so hätte die Versicherungssumme nicht geltend gemacht werden können, ein Betrag von über einer Million Dollar, mit oder ohne Testament. Schließlich präsentierte Jackie die Theorie, daß eine so abergläubische Frau wie ihre Schwester keinesfalls »das Schicksal herausgefordert« hätte, indem sie ein Testament unterschrieb, denn das wäre ein Bekenntnis gewesen, daß sie zu sterben beabsichtigte.

Nach französischem Recht durfte aus der Wohnung nichts entfernt werden, bevor nicht die gesetzliche Frist von vierzig Tagen verstrichen war. Damit sollte gewährleistet werden, daß alle, die Anspruch darauf erheben wollten, die gleichen Chancen hätten. Jackie kehrte nach Athen zurück, in der festen Annahme, sie und ihre Mutter, als die einzigen Verwandten und da Maria ja geschieden gewesen war, würden alles erben. Am 26. Oktober traf jedoch Meneghini in Paris ein und behauptete, er habe aus »Verzweiflung« nicht an der Trauerfeier teilnehmen können. Nur wenige Minuten nach Verstreichen der Vierzig-Tage-Frist legte er dem Gericht ein Testament aus dem Jahr 1954 vor, das unterschrieben war und demzufolge er alles erben sollte. Seinen Anspruch bekräftigte er außerdem damit, Maria sei in den Augen der katholischen Kirche im Augenblick ihres Todes immer noch seine Frau gewesen. Aufgrund dieser Dokumente war Meneghini gesetzlich befugt, die Wohnung in der Avenue Georges-Mandel versiegeln zu lassen, mit Ausnahme der Unterkünfte für die Bediensteten, und das tat er sofort.

Litza reagierte umgehend und sagte der Presse: »Maria hatte keine Zeit, ein Testament zu machen, weil sie so plötzlich gestorben ist. Aber sie hatte gegenüber allen Anwälten erklärt, daß meine Tochter und ich die tatsächlichen Erben sein sollten.« Das stimmte natürlich nicht. In Paris hatte Maria nie über ihre Angehörigen gesprochen. Viele waren regelrecht schockiert, als Jackie zur Trauerfeier auftauchte. Außerdem konnte sich Litza nicht enthalten zu erklären, Maria wäre ihre älteste Tochter gewesen. Sie schloß mit einer weiteren Erfindung: »Ich habe den besten Anwalt in Frankreich beauftragt, und wir werden bekommen, was rechtmäßig uns gehört.«

In Wirklichkeit lebte sie von Sozialhilfe, und da die monatlichen Beträge von Maria nun nicht mehr kamen, konnten sie sich nicht einmal den billigsten Anwalt leisten. Dieses Problem wurde jedoch durch Marias Freundin, die Pianistin Vasso Devetzi, gelöst, die vorschlug, eine außergerichtliche Vereinbarung mit Meneghini zu erreichen und das Vermögen zu teilen, statt lange Prozesse zu führen. Die Parteien kamen außerdem überein, Bruna und Ferruccio für ihre Treue zu belohnen, und sie wurden jeder mit einem Betrag von einer

Viertelmillion Dollar abgefunden. Bruna ging nach Italien, der ehemalige Butler beging »Hochverrat«, indem er in Christina Onassis' Dienste trat.

Jackie Callas bedauerte später, zugelassen zu haben, daß sich Vasso Devetzi um ihre finanziellen Angelegenheiten kümmerte. Die Devetzi, deren Karriere aufgrund von Arthritis vorzeitig geendet hatte, hatte jahrelang von Maria Callas gelebt und behauptete nun, Marias größter Wunsch wäre es gewesen, eine Stiftung für junge Sänger ins Leben zu rufen, zusätzlich zu der, die es bereits in Athen gab. Die Tatsache, daß sie in der Auseinandersetzung mit Meneghini eine so große Hilfe gewesen war und vorher die Trauerfeierlichkeiten so gut arrangiert hatte, waren für ihre Vertrauenswürdigkeit Beweis genug gewesen, so überwiesen Jackie und Litza im Laufe der nächsten Jahre über eine Million Dollar für eine Stiftung, die nie gegründet wurde. Schließlich wurde die Devetzi von griechischen Gerichten als Betrügerin entlarvt.

Am 4. Juni 1978 fand im Hotel Georges V. die Versteigerung der Habe von Maria Callas statt und erbrachte 800 000 Dollar. Ihre märchenhafte Schmucksammlung gehörte nicht dazu. Darüber hatten sich Meneghini und Jackie ebenfalls geeinigt. Die Stücke, die er ihr gekauft hatte, gingen an ihn zurück, während die, die sie von Onassis erhalten hatte, an die beiden Frauen gingen.

Gegen Ende des Jahres erwog Litza, nach Paris überzusiedeln. »Wenn sie dorthin ging, wo Maria immer noch vergöttert wurde, konnte sie ein neues Leben anfangen«, stellte Jackie fest. »Maria war die Königin der Pariser Gesellschaft gewesen, sagte sie. Dieselbe Gesellschaft würde sicher gern die Königinmutter willkommen heißen.«

Am 26. Dezember wurde die Urne aus dem Kolumbarium des Friedhofs Père Lachaise gestohlen, jedoch nur wenige Stunden, nachdem der Rundfunk die Meldung verbreitet hatte, an anderer Stelle wieder aufgefunden. Litza hatte Meneghini der Tat bezichtigt, doch in einer offiziellen Verlautbarung erklärte ein Vertreter der Stadtverwaltung, die Urne sei tatsächlich nie in der Gruft gewesen: »Die Urne mit den Überresten von Madame Callas ist auf Bitten ihrer Angehörigen im Januar 1978 aus der Urnenhalle an einen anderen Ort gebracht worden.«

Das Rätsel ist nie gelöst worden, und am 3. Juni 1979 wurde die Asche auf Bitten der griechischen Regierung nach Athen gebracht und in die Ägäis gestreut. Dabei ereignete sich die allerletzte Ironie. Weder Litza noch Meneghini waren anwesend. Das Meer war ruhig, als der Zerstörer der griechischen Marine im Hafen von Piräus die Leinen löste. Doch kaum hatte er den Hafen verlassen, kam heftiger Sturm auf. Vasso Devetzi und der griechische Kulturminister mühten sich, offenen Mundes gegen den Sturm kämpfend, den Deckel der Urne zu öffnen, und plötzlich schlug allen Marias Asche ins Gesicht. »Ich blickte mich in der illustren Gesellschaft um und sah, daß wir alle Marias Überreste schluckten«, berichtete Jackie. »Wir waren machtlos dagegen, meine Schwester aufzuessen. Die größte Diva des Jahrhunderts wurde von denen konsumiert, die gemeint hatten, ihren Geist zu besänftigen.«

Von dem Gefolge, dem gutem wie dem bösem, sind inzwischen beinahe alle dahingegangen. Meneghini starb am 20. Januar 1981 in Verona, fünfundachtzig Jahre alt und allein. Litza starb am 20. August 1982, verbittert und bis zum Ende immerzu klagend. Sie wurde in Athen in einem Grab für sich beerdigt, doch ein paar Jahre später ließ Jackie sie exhumieren und in das Grab von George Callas legen: »Damit sie jetzt für die Ewigkeit die Rolle hatte, die sie im Leben hätte erfüllen sollen.« Vasso Devetzi starb im November 1987. Das Vermögen, das sie sich aus dem Callas-Erbe erschwindelt hatte, konnte nicht wieder beigebracht werden, und ihr letzter Wunsch, ihre Asche an derselben Stelle zu verstreuen wie die der Callas, wurde ihr von der griechischen Regierung verwehrt.

Dahingegangen sind auch viele Kollegen, Freunde und Feinde:

ihre Lehrerin Elvira de Hidalgo, Fürstin Gracia Patricia, Jacqueline Kennedy Onassis und Christina Onassis, Carol Fox, Walter Legge, Ebe Stignani, Nicola Rossi-Lemeni, Mario del Monaco, Boris Christoff, Herbert von Karajan, Leonard Bernstein und Tito Gobbi, der Maria Callas wahrscheinlich anrührender charakterisiert hat als jeder andere: »Sie erstrahlte in der Welt der Oper viel zu kurz. Wie eine lodernde Flamme zog sie die Aufmerksamkeit der Welt auf sich, und sie hatte einen seltsamen Zauber, der allein ihr zu eigen war. Ich habe immer gedacht, sie sei unsterblich – und sie ist es auch.«

Danksagung

Dieses Buch wäre unmöglich gewesen ohne die Anregungen, die Kritik und die Liebe all jener, die ich als meine wahre Familie und *autre cœur* betrachte: Barbara, Irene Bevan, Montserrat Caballé, René und Lucette Chevalier, Jacqueline Danno, Hélène Delavault, Marlene Dietrich, Tony Griffin, Roger Normand, Betty Paillard, Annick Roux, Monica Solash, Terry Sanderson, John und Anne Taylor, François und Madeleine Vals. Gott segne sie alle!

Ganz besonderen Dank meinem unermüdlichen Agenten, David Bolt, und dem hervorragenden Verlagsteam von Robson Books. Einen besonderen Dank auch an Kathryn Burton von EMI. Vor allem aber, eine Verbeugung vor Ihnen, Maria, für Ihren Beitrag zu *Le Ring* und weil Sie all dies möglich gemacht haben ... und an Jeanne, die allen Widrigkeiten zum Trotz immer noch die Hüterin meines Herzens ist.

David Bret

Anhang

Anhang I

Konzertauftritte

1938
11. April, Parnassos Hall, Athen.
Weber: *Der Freischütz*: »Leise, Leise«.
Gounod: *La Reine de Saba*: (Arie nicht bekannt).
Psaroudas: Lied »Zwei Nächte«.
Puccini: *Tosca*: mit Zanni Kambani (Duett nicht bekannt)
Begleitung am Flügel: Stefanos Valtetsiotis.

1939
22. Mai, Parnassos Hall, Athen.
Weber: *Oberon*: »Ocean! thou mighty monster«.
Offenbach: *Les Contes d'Hoffmann*: »Belle Nuit, O nuit d'amour«, mit Anita Bourdakou.
Verdi: *Aida*: »Ritorna Vincitor«.
Psaroudas: Lied: »Ich vergesse nicht«.
Verdi: *Aida*: »O, terra addio« mit Zanni Kambani.
Begleitung am Flügel: Stefanos Valtetsiotis.

23. Mai, Parnassos Hall, Athen.
Weber: *Oberon*: »Ocean! thou mighty monster«.
Massenet: *Thaïs*:»Dis-moi que je suis belle«.
Begleitung am Flügel: Stefanos Valtetsiotis.

25. Juni, Parnassos Hall, Athen.
Verdi: *Un Ballo In Maschera*: 3. Akt. Callas als Amelia.
Mascagni: *Cavalleria Rusticana*: 2. Szene, Callas als Santuzza.
Begleitung am Flügel: Elli Necolaidou.

1940
23. Februar, Odeon Konzert Halle, Athen.
Bellini: *Norma*: »Mira, O Norma«, mit Arda Mandikian.
Begleitung am Flügel: Gerassimos Coundouris.

1942
Palace Theater, Saloniki.
Vorstellung für Truppen der ital. Armee, Rossini-Arien. Keine weiteren Angaben.

1943
28. Februar, Sporting Cinema, Nea Smerni, Athen.
Wohltätigkeitsveranstaltung, ohne weitere Angaben.

21. Juli, Costa Moussouri Sommer Theater, Athen.
Erster Solo-Auftritt.
Händel: *Atalanta*: »Care selve«.
Rossini: *La Cenerentola*: »Nacqui all'affanno«.
Cilea: *Adriana Lecouvreur*: »Poveri fiori«.
Verdi: *Il Trovatore*: »Tracea la notte«.
Lavda: Lied: *Sie verheiraten meinen Liebsten*.
Palantio: *Kimitri*.
Begleitung am Flügel: A. Paredis.

September, White Tower Theatre, Saloniki.
Solo-Auftritt für ital. Truppen, Werke von Schubert, Brahms und Rossini.

26. September, Olympia Theater, Athen.
Beethoven: *Fidelio*: »Abscheulicher!«
Massenet: *Thaïs*: »Dis-moi que je suis belle«.
Verdi: *Aida*: »Ritorna Vincitor«.
Mozart: »Messe in c-moll«.
Turina: Lied: *Canzone spagnola*.
Lavda: Lied: *Sie verheiraten meinen Liebsten*.
Begleitung am Flügel: Costas Cydoniatis.

12. Dezember, Cotopouli-Rex Theater, Athen.
Wohltätigkeitskonzert.
Beethoven: *Fidelio*: »Abscheulicher!«
Rossini: *Semiramide*: »Bel raggio«.
Verdi: *Il Trovatore*: »Tracea la notte«.
Turina: Lied: *Canzone spagnola*.
Begleitung am Flügel: L. Androutsopoulos.

1944
22. Mai, Olympia Theater, Athen.
Wohltätigkeitskonzert.
Bellini: *Norma*: »Casta diva«.

Oktober, White Tower Theatre, Saloniki.
Vorstellung vor ital. Truppen. Keine weiteren Angaben.

1945
20. März, Olympia Theater, Athen.
Wohltätigkeitskonzert vor brit. Truppen. Liederabend.
Anonymus: *Willow, willow*.
Ronald: *Love, I have won you*.
Vaughan Williams: *On Wenlock Edge*.
Nimey und Jornay: *Think not strange*.
Dirigent: Totis Caralevanos.

3. August, Cotopouli-Rex Theater, Athen.
Abschiedsvorstellung.
Mozart: *Don Giovanni*: »Non mir Dir«.
Rossini: *Semiramide*: »Bel raggio«.
Verdi: *Aida*: »Ritorna vincitor«.
Verdi: *Il Trovatore*: »Tracea la notte«.
Weber: *Oberon*: »Ocean! thou mighty monster«.
Außerdem griech. und span. Lieder von Lavda und Turina. Begleitung am Flügel: Alice Lycoudi.

1949
9. Juli, Téatro Colón, Buenos Aires.
Bellini: *Norma*: »Casta diva«, Puccini: *Turandot*: Akt 3.

Callas, del Monaco, Rossi-Lemeni, Arizmendt.
Dirigent: Serafin.

18. September, Church of San Pietro, Perugia.
Stradella: *San Giovanni Battista* (Oratorio).
Callas, Siepi, Corsi, Pirazzini, Berdini.
Dirigent: Santini.

31. Oktober, Arena, Verona.
Bellini: *Norma*: »Casta diva«, *I Puritani*: »Qui la voce«.
Wagner: *Tristan und Isolde*: »Liebestod«.
Meyerbeer: *Dinorah*: »Ombra leggiera«.
Verdi: *La Traviata*: »Ah! fors'è lui«.
Dirigent: wahrscheinlich Serafin.

1951
21. April, Téatro Verdi, Triest.
Bellini: *Norma*: »Casta diva«, *I Puritani*: »Qui la voce«.
Verdi: *Aida*: »O patria mia«, *La Traviata*: »Ah, forse'è lui«.
Dirigent: La Rosa Parodi.

11. Juni, Grand Hotel, Florenz.
Bellini: *Norma*: »Casta diva«.
Meyerbeer: *Dinorah*: »Ombra leggiera«.
Verdi: *Aida*: »O patria mia«. Proch: *Variations*.
Verdi: *La Traviata*.
Am Flügel: Bartoletti.

14. September, Municipal Theatre, Rio de Janeiro.
Verdi: *La Traviata*: »Ah, fors'è lui«, *Aida*: »O patria mia«.
Dirigent: wahrscheinlich Votto.

20. (?) September, Municipal Theatre, Rio de Janeiro.
Verdi: *La Traviata*: »Sempre libera«.
Dirigent: (wahrscheinlich) Tullio Serafin.
Das berühmte Wohltätigkeitskonzert, mit dem die Rivalität Callas/Renata Tebaldi begann.

1952
8. Februar, Circolo della Stampa, Mailand.
Verdi: *La Traviata*: »Ah, fors'è lui«. Keine weiteren Angaben.
Am Flügel: Tonini.

17. November, Italienische Botschaft, London.
Privatvorstellung mit Arien von Bellini und Puccini. Keine weiteren Angaben.

1953
? Mai, Auditorio di Palazzo Pio, Rom.
Verdi: *Il Trovatore*: »D'amor sull'ali rosee«.
Verdi: *La Forza del Destino*: »Pace, pace«.
Meyerbeer: *Dinorah*: »Ombra leggiera«.
Dirigent: de Fabritiis.

1956
17. Dezember, Italienische Botschaft, Washington.
Verdi: *Il Trovatore*: »D'amor sull'ali rosee«.
Bellini: *Norma*: »Casta diva«.
Verdi: *La Traviata*: »Ah, fors'è lui«, Puccini: *Tosca*: »Vissi d'arte«.
Donizetti: *Lucia di Lammermoor*: »Regnava nel silenzio«.
Am Flügel: Schaefer.

1957
15. Januar, Civic Opera House, Chicago.
Bellini: *La Sonnambula*: »Ah, non credea«.
Meyerbeer: *Dinorah*: »Ombra leggiera«.
Puccini: *Turandot*: »In questa reggia«, Bellini: *Norma*: »Casta diva«.
Verdi: *Il Trovatore*: »D'amor sull'ali rosee«.
Donizetti: *Lucia di Lammermoor*: »Il dolce suono«.
Dirigent: Cleva.

19. Juni, Tonhalle, Zürich.
Verdi: *La Traviata*: »Ah, fors'è lui«.
Donizetti: *Lucia di Lammermoor*: »Ardon gli incensi«.
Dirigent: Moralt.

5. August, Herodes Atticus Theatre, Athen.
Verdi: *Il Trovatore*: »D'amor sull'ali rosee«.

Verdi: *La Forza del Destino*: »Pace, pace«.
Thomas: *Hamlet*: »Ai vostri giochi«.
Wagner: *Tristan und Isolde*: »Liebestod« (italienisch gesungen).
Bellini: *Lucia di Lammermoor*: »Regnava nel silenzio«.
Dirigent: Votto.

21. November, Civic Opera House, Dallas.
Mozart: *Die Entführung aus dem Serail*: »Tutte le torture«.
Bellini: *I Puritani*: »Qui la voce«.
Verdi: *Macbeth*: »Vieni t'affretta«. *La Traviata*: »Ah, fors'è lui«.
Donizetti: *Anna Bolena*: »Al dolce guidami«.
Dirigent: Rescigno.

1958
22. Januar, Civic Opera House, Chicago.
Mozart: *Don Giovanni*: »Non mi dir«.
Verdi: *Macbeth*: »Vieni t'affreta«.
Rossini: *Il Barbiere di Siviglia*: »Una voce poco fa«.
Boito: *Mefistofele*: »L'altra notte«.
Thomas: *Hamlet*: »Ai vostri giochi«. Verdi: *Nabucco*: »Ben io t'invenni«.
Dirigent: Rescigno.

24. März, Cinema Monumental, Madrid.
Bellini: *Norma*: »Casta diva«.
Verdi: *Il Trovatore*: »D'amor sull'ali rosee«.
Boito: *Mefistofele*: »L'altra notte«.
Thomas: *Hamlet*: »Ai vostri giochi«.
Dirigent: Morelli.

10. Juni, Covent Garden, London.*
Bellini: *I Puritani*: »Qui la voce«. Dirigent: Pritchard.

Konzert-Tour
11. Oktober, Municipal Auditorium, Birmingham.
14. Oktober, Municipal Auditorium, Atlanta.
17. Oktober, Forum, Montreal.

---

* Callas-Auftritt für Covent Garden Centenary.

21. Oktober, Maple Leaf Garden, Toronto.
15. November, Public Music House, Cleveland.
18. November, Masonic Auditorium, Detroit.
22. November, Constitution Hall, Washington.
26. November, War Memorial Opera House, San Francisco.
29. November, Kiel Auditorium, St. Louis.
Spontini: *La Vestale*: »Tu che invoco«.
Verdi: *Macbeth*: »Vieni t'affreta«.
Rossini: *Il Barbiere di Siviglia*: »Una voce poco fa«.
Boito: *Mefistofele*: »L'altra notte«.
Puccini: *La Bohème*: »Quando me'n vo«.
Thomas: *Hamlet*: »A vos jeux, mes amis«.
Dirigent: Rescigno.

19. Dezember, Paris Opera.
Bellini: *Norma*: »Sedisiose voci«, »Casta diva«, »Fine al rito«, »Ah! bello a me ritorna«.
Verdi: *Il Trovatore*: »D'amor sull'ali rosee»; »Miserere«. Mit Albert Lance.
Rossini: *Il Barbiere di Siviglia*: »Una voce poco fa«.
Puccini: *Tosca*. Akt II. Mit Tito Gobbi, Albert Lance, Louis Rialland, Jean-Paul Hurteau.
Dirigent: Sebastian.

1959
11. Januar, Kiel Auditorium, St. Louis.
Konzert, Programm und Dirigent wie Konzerttour 29. November 1958.

24. Januar, Academy of Music, Philadelphia.
Boito: *Mefistofele*: »L'altra notte«.
Rossini: *Il Barbiere di Siviglia*: »Una voce poco fa«.
Thomas: *Hamlet*: »A vos jeux, mes amis«.
Dirigent: Ormandy.

27. Januar, Carnegie Hall, New York.
29. Januar, Constitution Hall, Washington.
Bellini: *Il Pirata* (konzertant).
Imogene: Maria Callas, Ernesto: Constantino Ego, Gualtiero: Pier Miranda Ferraro, Itulbo: Glade Peterson.
Dirigent: Nicola Rescigno.

2. Mai, Téatro de la Zarzuela, Madrid.
Mozart: *Don Giovanni*: »Non mi dir«.
Verdi: *Macbeth*: »Vieni t'affretta«.
Rossini: *Semiramide*: »Bel raggio«, Ponchiello: *La Gioconda*: »Suicidio!«
Bellini: *Il Pirata*: »Col sorriso«.
Dirigent: Rescigno.

5. Mai, Téatro del Liceo, Barcelona.
Verdi: *Don Carlos*: »Tu che le vanità«.
Bolto: *Mefistofele*: »L'altra notte«.
Rossini: *Il Barbiere di Siviglia*: »Una voce poco fa«.
Puccini: *Tosca*: Vissi d'arte, *La Bohème*: »Quando m'en vo«.
Bellini: *Il Pirata*: »Col sorriso«.
Dirigent: Rescigno.

Konzert-Tour
15. Mai, Musikhalle, Hamburg.
19. Mai, Liederhalle, Stuttgart.
21. Mai, Deutsches Museum, München.
24. Mai, Kursaal, Wiesbaden.
Spontini: *La Vestale*: »Tu che invoco«.
Verdi: *Macbeth*: »Vieni t'affretta«.
Rossini: *Il Barbiere di Siviglia*: »Una voce poco fa«.
Verdi: *Don Carlos*: »Tu che le vanità«.
Bellini: *Il Pirata*: »Col sorriso«.
Dirigent: Rescigno.

11. Juli, Concertgebouw, Amsterdam.
14. Juli, Théâtre de la Monnaie, Brüssel.
Spontini: *La Vestale*: »Tu che invoco«.
Verdi: *Ernani*: »Ernani involami«, *Don Carlos*: »Tu che le vanità«.
Bellini: *Il Pirata*: »Col sorriso«.
Dirigent: Rescigno.

17. September, Coliseo Albia, Bilbao.
Verdi: *Don Carlos*: »Tu che le vanità«.
Thomas: *Hamlet*: »A vos jeux, mes amis«.
Verdi: *Ernani*: »Ernani involami«, Bellini: *Il Pirata*: »Col sorriso«.
Dirigent: Rescigno.

23. September, Royal Festival Hall, London.
Verdi: *Don Carlos*: »Tu che le vanità«.
Bellini: *Il Pirata*: »Col sorriso«.
Thomas: *Hamlet*: »A vos jeux, mes amis«, Verdi: *Macbeth*: »Una macchia«.
Dirigent: Rescigno.

23. Oktober, Titiana Palast, Berlin.
Mozart: *Don Giovanni*: »Non mi dir«.
Verdi: *Ernani*: »Ernani involami«, *Don Carlos*: »Tu che le vanità«.
Thomas: *Hamlet*: »A vos jeux, mes amis«.
Dirigent: Rescigno.

28. Oktober, Loew's Midland Theater, Kansas City.
Mozart: *Don Giovanni*: »Non mi dir«.
Donizetti: *Lucia di Lammermoor*: »Regnava nel silenzio«.
Verdi: *Ernani*: »Ernani involami«, Bellini: *Il Parata*: »Col sorriso«.
Dirigent: Rescigno.

1961
30. Mai, St. James's Palace, London.
Bellini: *Norma*: »Casta diva«, Massenet: *Le Cid*: »Pleurez mes yeux«.
Verdi: *Don Carlos*: »Tu che le vanità«.
Boito: *Mefistofele*: »L'altra notte«.
Am Flügel: Sargent.

1962
27. Februar, Royal Festival Hall, London.
Weber: *Oberon*: »Ocean, thou mighty monster«.
Massenet: *Le Cid*: »Pleurez mes yeux«.
Rossini: *La Cenerentola*: »Nacqui all'affanno«.
Verdi: *Don Carlos*: »O don fatale«, *Macbeth*: »La luce langue«.
Donizetti: *Anna Bolena*: »Al dolce guidami«.
Dirigent: Prêtre.

Konzert-Tour
12. März, Deutsches Museum, München.
16. März, Musikhalle, Hamburg.
19. März, Städtischer Saalbau, Essen.
23. März, Beethoven Halle, Bonn.

Verdi: *Don Carlos*: »O don fatale«.
Massenet: *Le Cid*: »Pleurez mes yeux«.
Rossini: *La Cenerentola*: »Nacqui all'affanno«.
Bizet: *Carmen*: »Habañera«, »Séguedille«.
Verdi: *Ernani*: »Ernani involami«.
Dirigent: Prêtre.

19. Mai, Madison Square Garden, New York.
Bizet: *Carmen*: »Habañera«, »Séguedille«.
Am Flügel: Wilson.

1963

Konzert-Tour
17. Mai, Deutsche Oper, Berlin.
20. Mai, Rheinhalle, Düsseldorf.
23. Mai, Liederhalle, Stuttgart.
31. Mai, Royal Festival Hall, London.
5. Juni, Théâtre des Champs-Elysées, Paris.*
Falkoner Centre, Kopenhagen.
Rossini: *Semiramide*: »Bel raggio«, Bellini: *Norma*: »Casta diva«.
Verdi: *Nabucco*: »Ben io t'invenni«.
Puccini: *La Bohème*: »Quando m'en vo«, *Madama Butterfly*: »Tu, tu«.
Piccolo iddio, *Gianni Schicchi*: »O mio babbino caro«.
Dirigent: Prêtre.

1973

Konzert-Tour mit Giuseppe di Stefano.
25. Oktober, Hamburg. 29. Oktober, Berlin. 2. November, Düsseldorf.
6. November, München. 9. November, Frankfurt. 12. November, Mannheim.
20. November, Madrid. 26. November & 2. Dezember, London. 7. Dezember, Paris. 11. Dezember, Amsterdam.
Donizetti: *L'Elisir d'Amore*: »Una parola Adina«.

---

* In Paris wurde »Casta diva« aus dem Programm genommen, hinzugefügt wurde Rossini: *La Cenerentola*: »Nacqui all'affano«, Massenet: *Werther*: »Air des lettres«, *Manon*: »Adieu notre petite table«.

Gounod: *Faust*: »O silence! O bonheur … O nuit d'amour!«.
Bizet: *Carmen*: »C'est toi, c'est moi; »Habañera«.
Verdi: *I Vespri Siciliani*: »Quale, o prode«.
Mascagni: *Cavalleria Rusticana*: »Tu qui, Santuzza?«; »Voi lo sapete«.
Verdi: *La Forza del Destino*: »Ah! per sempre«.
Verdi: *Don Carlo*: »Io vengo a domandar«; »Tu che le vanità«.
Ponchielli: *La Gioconda*: »Sucidio«. Verdi: *Tosca*: »Vissi d'arte«.
Puccini: *Manon Lescaut*: »Sola, perduta, abbandonata«.
Puccini: *Gianni Schicchi*: »O mio babbino caro«.
Massenet: *Werther*: »Air des lettres«; *Manon*: »Adieu, notre petite table«.
Puccini: *La Bohème*: »Si, si chiamano Mimi«.
Am Flügel: Newton/Sutherland.

1974

Konzert-Tour. Mit Giuseppe di Stefano.
20. Januar, Mailand (nicht öffentlich). 23. Januar, Stuttgart. 11. Februar, Philadelphia. 21. Februar, Toronto. 24. Februar, Washington. 27. Februar, Boston. 2. März, Chicago. 5. März, New York. 9. März, Detroit. 12. März, Dallas. 21. März, Miami Beach. 4. April, Columbus. 9. April, Brookville LI. 15. April, New York. 18. April, Cincinnati. 24. April, Seattle. 27. April, Portland. 1. Mai, Vancouver. 5. Mai, Los Angeles. 9. Mai, San Francisco. 13. Mai, Montreal. 5. & 8. Oktober, Seoul. 12., 19. & 27. Oktober, Tokio. 24. Oktober, Fukuoka. 2. November, Osaka. 7. November, Hiroshima. 11. November, Sapporo.
Am Flügel: Sutherland, Programm wie 1973.

Anhang II

Opernauftritte

1939
2. April, Olympia Theatre, Athen.
Mascagni: *Cavalleria Rusticana*. (Studentenproduktion) (Santuzza)
Callas, Semeriotis, Copanou, Atheneos, Euthemiadou.
Dirigent nicht bekannt.

1940
16. Juni. Odeon Concert Hall, Athen.
Puccini: *Suor Angelica*. (Suor Angelica).
Wiederholt am 27. November, National Theatre. Keine weiteren Angaben.

1941
21. Januar, Palace Theatre, Athen.
Suppé: *Boccace*. (Beatrice).
Wiederholt am 3. Juli, Park Summer Theatre. Keine weiteren Angaben.

1942
27. August, 8. September, Summer Theatre, Athen.
Puccini: *Tosca*. (Floria Tosca).
Callas, Dellendas und Calogeras (in der Wiederholung ersetzt durch Couroussopoulos bzw. Xirellis)
Dirigent nicht bekannt.

1943
19. Februar, Royal Theatre, Athen. Kalomiras: *Ho Protomastoras* (The Master Builder).
Callas sang im Chor im Intermezzo zwischen Akt I und II.

17. Juli, Summer Theatre, Athen.
Puccini: *Tosca.*
Callas, Dellendas, Xirellis.
Dirigent nicht bekannt.

1944
22., 23., 30. April, 4., 7., 10. Mai, Olympia Theatre, Athen.
d'Albert: *Tiefland.* (Martha).
Callas, Mangliveras, Dellendas.
Dirigent nicht bekannt.

21. Mai, Olympia Theatre, Athen.
Mascagni: *Cavalleria Rusticana.* (Santuzza).
Callas, Dellendas, Tsoubris, Courahani.
Dirigent: Karalivanos.
29., 30. Juli, Herodes Atticus Amphitheatre, Athen.
d'Albert: *Ho Protomastoras.* (Smaragda).
Callas, Mangliveras, Tsoubris.
Dirigent: Kalomiras.

14., 19. August, Herodes Atticus Amphitheatre, Athen.
Beethoven: *Fidelio.* (Griechisch gesungen) (Leonore).
Callas, Dellendas, Mangliveras, Vlachopoulou.
Dirigent: Hörner.

1945
14. März, Olympia Theatre, Athen.
d'Albert: *Tiefland.* (Martha).
Keine weiteren Angaben.

5. September, Summer Theatre, Athen.
Millöcker: *Der Bettelstudent.* (Laura).
Keine weiteren Angaben.
Nach dieser Vorstellung verließ Callas Griechenland und ging in die Vereinigten Staaten.

1947
2., 5., 10., 14., 17., August, Arena, Verona.
Ponchielli: *La Gioconda* (Gioconda).
Callas, Nicolai, Rossi-Lemeni, Tucker, Tagliabue, Canali.
Dirigent: Serafin.

30. Dezember, 3., 8., 11. Januar, La Fenice, Venedig.
Wagner: *Tristan und Isolde* (Italienisch gesungen) (Isolde).
Callas, Barbieri, Christoff, Torres, Tasso.
Dirigent: Serafin.

1948
29., 31. Januar, 3., 8., 10. Februar, La Fenice, Venedig.
Puccini: *Turandot*. (Turandot).
Callas, Rizzieri, Soler, Carmassi.
Dirigent: Sanzogno.

11., 14. März, Puccini Theatre, Udine.
Puccini: *Turandot*.
Callas, Ottani, Soler, Maionica.
Dirigent: de Fabritiis.

17., 20., 21., 25. April, Politeama Rossetti, Triest.
Verdi: *La Forza del Destino*. (Leonore).
Callas, Canali, Vertecchi, Franci, Siepi, Parenti.
Dirigent: Serpo.

12., 14., 16. Mai, Grattacielo, Genua.
Wagner: *Tristan und Isolde*. (Italienisch gesungen). (Isolde).
Callas, Nicolai, Rossi-Lemeni, Torres, Lorenz.
Dirigent: Serafin.

4., 6., 11. Juli, Terme di Caracalla, Rom.
Puccini: *Turandot*.
Callas, Montanari, Masini, Flamini.
Dirigent: de Fabritiis.

27. Juli, 1., 5., 9. August, Arena, Verona.
Puccini: *Turandot*.

Callas, Rossi-Lemeni, Rizzieri, de Cecco, Salvarezza, Tognoli.
Dirigent: Votto.

11., 14. August, Carlo Felice, Genua.
Puccini: *Turandot*.
Callas, del Monaco, Salvarezza, Maionica.
Dirigent: Montanari.

18., 19., 23., 25. September, Lyric Theatre, Turin.
Verdi: *Aida*. (Aida).
Callas, Nicolai, Colasanti, Turrini, de Falchi.
Dirigent: Serafin.

19., 21., 24. Oktober, Sociale Theatre, Rovigo.
Verdi: *Aida*.
Callas, Pirazzini, Turrini, Viaro.
Dirigent: Berretoni.

Mitte November, Pisa.
Puccini: *Turandot*.
Callas, Campagno. Dirigent: de Ruggero. Keine weiteren Angaben.

30. November, 5. Dezember, Communale Theatre, Florenz.
Bellini: *Norma*. (Norma).
Callas, Barbieri, Picchi, Siepi.
Dirigent: Serafin.

1949
8., 12., 14., 16. Januar, La Fenice, Venedig.
Wagner: *Die Walküre*. (Italienisch gesungen). (Brünnhilde).
Callas, Magnoni, Pini, Voyer, Torres, Dominici.
Dirigent: Serafin.

19., 22., 23. Januar, La Fenice, Venedig.
Bellini: *I Puritani*. (Elvira).
Callas, Christoff, Pirino, Savarese.
Dirigent: Serafin.

28. Januar, 10. Februar, Téatro Massimo, Palermo.
Wagner: *Die Walküre*. (Italienisch gesungen).

Callas, Mangoni, Sani, Voyer, Neri, Carmassi.
Dirigent: Molinari-Pradelli.

12., 16., 18., 20. Februar, Téatro San Carlo, Neapel.
Puccini: *Turandot*.
Callas, Montanari, Petri, R. Gigli.
Dirigent: Perlea.

26. Februar, 2., 5., 8. März, Opera House, Rom.
Wagner: *Parsifal*. (Italienisch gesungen). (Kundry).
Callas, Siepi, Beirer, Cortis.
Dirigent: Serafin.

20., 29. Mai, 11., 22. Juni, Téatro Colón, Buenos Aires.
Puccini: *Turandot*.
Callas, del Monaco, Arizmendi, Zanin/Rossi-Lemeni.
Dirigent: Serafin.

17., 19., 25., 29. Juni, Téatro Colón, Buenos Aires.
Bellini: *Norma*.
Callas, Barbieri, Rossi-Lemeni, Vela, Damiani.
Dirigent: Serafin.

2. Juli, Téatro Colón, Buenos Aires.
Verdi: *Aida*.
Callas, Barbieri, Rossi-Lemeni, Vela, Damiani.
Dirigent: Serafin.

20., 22., 27. Dezember, Téatro San Carlo, Neapel.
Verdi: *Nabucco*. (Abigaille).
Callas, Pini, Sinimberghi, Bechi, Neroni.
Dirigent: Gui.

1950
13., 15., 19. Januar, La Fenice, Venedig.
Bellini: *Norma*.
Callas, Nicolai, Penno, Pasero.
Dirigent: Votto.

2., 7. Februar, Téatro Grande, Brescia.
Verdi: *Aida*.
Callas, del Monaco, Pini, Brotti.
Dirigent: Erede.

6., 9., 19., 25., 28. Februar, Teatro dell'Opera, Rom.
Wagner: *Tristan und Isolde*. (Italienisch gesungen).
Callas, Nicolai, Seider, Franci, Neri/Nerone.
Dirigent: Serafin.

23., 26. Februar, 2., 4., 7. März, Opera House, Rom.
Bellini: *Norma*.
Callas, Stignani, Massini, Neti, Cassinelli.
Dirigent: Serafin.

16., 19., 22., 25. März, Téatro Massimo Bellini, Catania.
Bellini: *Norma*.
Callas, Gardino, Picchi, Stefanoni.
Dirigent: Berretoni.

2., 5., 18. April, La Scala, Mailand.
Verdi: *Aida*.
Callas (für Renata Tebaldi), Barbieri, del Monaco, de Falchi, Protti.
Dirigent: Capuana.

27., 30. April, 2., 4. Mai, Téatro San Carlo, Neapel.
Verdi: *Aida*.
Callas, Picchi, Stignani, Saverse.
Dirigent nicht genannt.

23., 27. Mai, Palacio de Bellas Artes, Mexico City.
Bellini: *Norma*.
Callas, Baum, Simionato, Moscona.
Dirigent: Picco.

30. Mai, 3., 15. Juni, Palacio de Bellas Artes, Mexico City.
Verdi: *Aida*.
Callas, Baum/Filippeschi, Simionato, Weede.
Dirigent: Picco.

8., 10. Juni, Palacio de Bellas Artes, Mexico City.
Puccini: *Tosca.*
Callas, Weede, Filippeschi.
Dirigent: Mugnai.

20., 24., 27. Juni, Palacio de Bellas Artes, Mexico City.
Verdi: *Il Trovatore.* (Leonora).
Callas, Baum, Moscona, Simionato, Warren/Petroff.
Dirigent: Picco.

22. September, Téatro Nuovo, Salsomaggiore.
Puccini: *Tosca.*
Callas, Pelizzoni, Inghilleri.
Dirigent: Questa.

24. September, Téatro Duse, Bologna.
Puccini: *Tosca.*
Callas, Turrini, Azzolini.
Dirigent: Questa.

2. Oktober, Teatro dell'Opera, Rom.
Verdi: *Aida.*
Callas, Picchi, Stignani, Neri, de Falchi.
Dirigent: Bellezza.

7., 8. Oktober, Téatro Verdi, Pisa.
Puccini: *Tosca.*
Callas, Masini, Polli.
Dirigent: Santarelli.

19., 22., 25., 29. Oktober, Téatro Eliseo, Rom.
Rossini: *Il Turco in Italia.* (Fiorilla).
Callas, Valletti, Stabile, Canali.
Dirigent: Gavazzeni.

1951
14., 16., 20. Januar, Téatro Comunale, Florenz.
Verdi: *La Traviata.* (Violetta).

Callas, Mascherini, Albanese.
Dirigent: Serafin.

27., 30. Januar, 1. Februar, Téatro San Carlo, Neapel.
Verdi: *Il Trovatore*.
Callas, Lauri-Volpi/Vertecchi, Elmo, Tajo, Silveri.
Dirigent: Serafin.

15., 20. Februar, Téatro Massimo, Palermo.
Bellini: *Norma*.
Callas, Nicolai, Neri, Gavarini.
Dirigent: Ghione.

28. Februar, Téatro Comunale, Reggio Calabre.
Verdi: *Aida*.
Callas, Pirazzini, Soler, Manca-Serra.
Dirigent: del Cupolo.

14., 18. März, Téatro Massimo, Cagliari.
Verdi: *La Traviata*.
Callas, Capora, Polli.
Dirigent: Molinari-Pradelli.

26., 30. Mai, 2., 5. Juni, Téatro Comunale, Florenz.
Verdi: *I Vespri Siciliani*. (Elena).
Callas, Kokolios-Bardi, Mascherini, Christoff, Carmassi.
Dirigent: Kleiber.

9., 10. Juni, Téatro La Pergola, Florenz.
Haydn: *Orfeo ed Euridice*. (Euridice).
Callas, Tygeson, Christoff.
Dirigent: Kleiber.

3., 7., 10. Juli, Palacio de Bellas Artes, Mexico City.
Verdi: *Aida*.
Callas, del Monaco, Taddei, Dominguez.
Dirigent: de Fabritiis.

17., 19., 21., 22. Juli, Palacio de Bellas Artes, Mexico City.
Verdi: *La Traviata.*
Callas, Valetti, Taddei/Morelli.
Dirigent: de Fabritiis.

7. September, Municipal Theatre, São Paulo.
Bellini: *Norma.*
Callas, Barbieri, Picchi, Rossi-Lemeni.
Dirigent: Serafin.

9. September, Municipal Theatre, São Paulo.
Verdi: *La Traviata.*
Callas, di Stefano, Gobbi.
Dirigent: Serafin.

12., 16. September, Municipal Theatre, Rio de Janeiro.
Bellini: *Norma.*
Callas, Nicolai, Picchi, Christoff.
Dirigent: Votto.

24. September, Municipal Theatre, Rio de Janeiro.
Puccini: *Tosca.*
Callas, Poggi, Silveri.
Dirigent: Votto.

28., 30. September, Municipal Theatre, Rio de Janeiro.
Verdi: *La Traviata.*
Callas, Possi, Salsedo.
Dirigent: Gaioni.

20., 23. Oktober, Téatro Donizetti, Bergamo.
Verdi: *La Traviata.*
Callas, Prandelli, Fabbri.
Dirigent: Giulini.

3., 6., 17., 20. November, Téatro Massimo Bellini, Catania.
Bellini: *Norma.*
Callas, Simionato, Penno, Christoff/Wolovski.
Dirigent: Ghione.

8., 11., 13., 16. November, Téatro Massimo Bellini, Catania.
Bellini: *I Puritani*.
Callas, Tagliabue, Christoff, Wenkow.
Dirigent: Wolf-Ferrari.

7., 9., 12., 16., 19., 27. Dezember, 3. Januar, La Scala, Mailand.
Verdi: *I Vespri Siciliani*.
Callas, Mascherini, Christoff/Modesti, Quadri, Conley.
Dirigent: de Sabata.

29. Dezember, Téatro Regio, Parma.
Verdi: *La Traviata*.
Callas, Pola, Savarese.
Dirigent: de Fabritiis.

1952
9., 11. Januar, Téatro Comunale, Florenz.
Bellini: *I Puritani*.
Callas, Tagliabue, Rossi-Lemeni, Conley.
Dirigent: Serafin.

16., 19., 23., 27,. 29. Januar, 2., 7., 10. Februar, 14. April, La Scala, Mailand.
Bellini: *Norma*.
Callas, Stignani, Rossi-Lemeni, Penno.
Dirigent: Ghione.

12., 14., 16. März, Téatro Massimo Bellini; Catania.
Verdi: *La Traviata*.
Callas, Mascherini, Campora.
Dirigent: Molinari-Pradelli.

2., 5., 7., 9. April, La Scala, Mailand.
Mozart: *Die Entführung aus dem Serail*. (Constanze).
Callas, Munteanu, Prandelli, Baccaloni, Menotti/Duval.
Dirigent: Perlea.

26., 29. April, 4. Mai, Téatro Communale, Florenz.
Rossini: *Armida*. (Armida).

Callas, Albanese, Ziliani, Salvarezza, Filippeschi, Raimondi.
Dirigent: Serafin.

2., 6., 11. Mai, Teatro dell'Opera, Rom.
Bellini: *I Puritani*.
Callas, Lauri-Volpi/Pirino, Silveri, Neri.
Dirigent: Santini.

29., 31. Mai, Palacio de Bellas Artes, Mexico City.
Bellini: *I Puritani*.
Callas, di Stefano, Campolonghi, Silva.
Dirigent: Picco.

3., 7. Juni, Palacio de Bellas Artes, Mexico City.
Verdi: *La Traviata*.
Callas, di Stefano, Campolonghi.
Dirigent: Mugnai.

10., 14., 26. Juni, Palacio de Bellas Artes, Mexico City.
Donizetti: *Lucia di Lammermoor*. (Lucia).
Callas, di Stefano, Campolonghi, Silva.
Dirigent: Picco.

17., 21. Juni, Palacio de Bellas Artes, Mexico City.
Verdi: *Rigoletto*. (Gilda).
Callas, di Stefano, Campolonghi, Garcia, Ruffino.
Dirigent: Mugnai.

28. Juni, 1. Juli, Palacio de Bellas Artes, Mexico City.
Puccini: *Tosca*.
Callas, di Stefano, Campolonghi.
Dirigent: Picco.

19., 23. Juli, Arena, Verona.
Ponchielli: *La Gioconda*.
Callas, Nicolai, Poggi, Tajo, Canali, Inghilleri.
Dirigent: Votto.

2., 5., 10., 14. August.
Verdi: *La Traviata*.

Callas, Mascherini, Campora.
Dirigent: Molinari-Pradelli.

8., 10., 13., 18., 20. November, Covent Garden, London.
Bellini: *Norma*.
Callas, Stignani, Picchi, Sutherland, Vaghi.
Dirigent: Gui/Pritchard.

7., 9., 11., 14., 17., Dezember, La Scala, Mailand.
Verdi: *Macbeth*. (Lady Macbeth).
Callas, Mascherini, Penno, Tajo/Modesti, Dello-Pergola.
Dirigent: de Sabata.

26., 28., 30. Dezember, 1., 3. Januar, 19. Februar, La Scala, Mailand.
Ponchielli: *La Gioconda*.
Callas, Stignani, di Stefano, Tagliabue, Tajo/Modesti, Danielli.
Dirigent: Votto.

1953
8., 10. Januar, La Fenice, Venedig.
Verdi: *La Traviata*.
Callas, Albanese, Savarese, Tagliabue.
Dirigent: Questa.

15., 18., 21. Januar, Teatro dell'Opera, Rom.
Verdi: *La Traviata*.
Callas, Albanese, Savarese.
Dirigent: Santini.

25., 28. Januar, 5., 8. Februar, Téatro Comunale, Florenz.
Donizetti: *Lucia di Lammermoor*.
Callas, Lauri-Volpi, di Stefano, Arié, Bastianini.
Dirigent: Ghione.

23., 26., 28. Februar, 24., 29. März, La Scala, Mailand.
Verdi: *Il Trovatore*.
Callas, Stignani, Penno, Tagliabue, Modesti.
Dirigent: Votto.

14., 17. März, Téatro Carlo Felice, Genua.
Donizetti: *Lucia di Lammermoor.*
Callas, di Stefano, Mascherini.
Dirigent: Ghione.

9., 12., 15., 18. April, Teatro dell'Opera, Rom.
Bellini: *Norma.*
Callas, Barbieri, Corelli, Neri.
Dirigent: Santini.

21., 23. April, Téatro Massimo Bellini, Catania.
Donizetti: *Lucia di Lammermoor.*
Callas, Taddei, Arié, Turrini.
Dirigent: de Fabritiis.

7., 10., 12. Mai, Téatro Comunale, Florenz.
Cherubini: *Medea.* (Medea).
Callas, Guichandut, Tucci, Petri, Barbieri.
Dirigent: Gui.

19., 21., 24. Mai, Teatro dell'Opera, Rom.
Donizetti: *Lucia di Lammermoor.*
Callas, Poggi, Guelfi, Cassinelli.
Dirigent: Gavazzeni.

4., 6., 10. Juni, Covent Garden, London.
Verdi: *Aida.*
Callas, Baum, Simionato, Walters.
Dirigent: Barbirolli.

15., 17., 20., 23. Juni, Covent Garden, London.
Bellini: *Norma.*
Callas, Simionato, Picchi, Neri, Sutherland.
Dirigent: Pritchard.

26., 29. Juni, 1. Juli, Covent Garden, London.
Verdi: *Il Trovatore.*

Callas, Simionato, Walters, Langdon, Johnston.
Dirigent: Erede.

23., 25., 28., 30. Juli, 8. August, Arena, Verona.
Verdi: *Aida.*
Callas, del Monaco/Filippeschi/Zambruno, Pirazzini, Protti/Malaspina.
Dirigent: Serafin.

15. August, Arena, Verona.
Verdi: *Il Trovatore.*
Callas, Danielli, Zambruno, Protti, Malonica.
Dirigent: Molinari-Pradelli.

19., 22., 23., 29. November, Téatro Verdi, Triest.
Bellini: *Norma.*
Callas, Nicolai, Corelli, Christoff, Ronchini, Botteghelli.
Dirigent: Votto.

10., 12., 29. Dezember, 2., 6. Januar, La Scala, Mailand.
Cherubini: *Medea.*
Callas, Barbieri, Penno, Modesti, Nach.
Dirigent: Bernstein.

16., 19., 23. Dezember, Teatro dell'Opera, Rom.
Verdi: *Il Trovatore.*
Callas, Barbieri/Pirazzini, Lauri-Volpi, Silveri, Neri.
Dirigent: Santini.

1954
18., 21., 24., 27., 31. Januar, 5., 7. Februar, La Scala, Mailand.
Donizetti: *Lucia di Lammermoor.*
Callas, di Stefano/Poggi, Panerai, Modesti.
Dirigent: Karajan.

13., 16., 21. Februar, La Fenice, Venedig.
Donizetti: *Lucia di Lammermoor.*
Callas, Bastianini, Infantino, Tozzi.
Dirigent: Questa.

2., 4., 7. März, La Fenice, Venedig.
Cherubini: *Medea*.
Callas, Tucci, Pirazzini, Gavarini, Tozzi.
Dirigent nicht genannt.

10., 15., 17. März, Téatro Carlo Felice, Genua.
Puccini: *Tosca*.
Callas, Ortica, Guelfi.
Dirigent: Ghione.

4., 6., 15., 20. April, La Scala, Mailand.
Gluck: *Alceste* (Alceste).
Callas, Gavarini, Silveri, Panerai, Zaccaria.
Dirigent: Giulini.

12., 17., 23., 25., 27. April, La Scala, Mailand.
Verdi: *Don Carlo* (Elisabeth).
Callas, Mascherini, Rossi-Lemeni, Stignani, Ortica.
Dirigent: Votto.

23., 26. Mai, Téatro Alighieri, Ravenna.
Verdi: *La Forza del Destino*.
Callas, del Monaco, Modesti, Gardino, Protti.
Dirigent: Ghione.

15., 20., 25. Juli, Arena, Verona.
Boito: *Mefistofele*. (Margherita).
Callas, di Stefano, Tagliavini, de Cecco/de Cavalieri, Rossi-Lemeni.
Dirigent: Votto.

6., 9. Oktober, Téatro Donizetti, Bergamo.
Donizetti: *Lucia di Lammermoor*.
Callas, Savarese, Tagliavini, Maionica.
Dirigent: Molinari-Pradelli.

1., 5. November, Civic Opera House, Chicago.
Bellini: *Norma*.

Callas, Simionato, Picchi, Rossi-Lemeni.
Dirigent: Rescigno.

8., 12. November, Civic Opera House, Chicago.
Verdi: *La Traviata.*
Callas, Gobbi, Simoneau.
Dirigent: Rescigno.

15., 17. November, Civic Opera House, Chicago.
Donizetti: *Lucia di Lammermoor.*
Dirigent: Rescigno.

7., 9., 12., 16., 18. Dezember, La Scala, Mailand.
Spontini: *La Vestale* (Giulia).
Callas, Corelli, Rossi-Lemeni, Stignani, Sordello.
Dirigent: Votto.

1955
8., 10., 13., 16. Januar, 3., 6. Februar, La Scala, Mailand.
Giordano: *Andrea Chénier* (Maddalena).
Callas, del Monaco/Ortica, Taddei/Protti.
Dirigent: Votto.

22., 25., 27., 30. Januar, Teatro dell'Opera.
Cherubini: *Medea.*
Callas, Barbieri, Christoff, Albanese, Tucci.
Dirigent: Santini.

5., 8., 13., 16., 19,. 24., 30. März, 12., 24., 27. April, La Scala, Mailand.
Bellini: *La Sonnambula* (Amina).
Callas, Ratti, Modesti/Zaccaria, Valetti.
Dirigent: Bernstein.

15., 18., 21., 23. April, 4. Mai, La Scala, Mailand.
Rossini: *Il Turco in Italia.*
Callas, Gardino, Valetti, Stabile, Rossi-Lemeni, Calabrese.
Dirigent: Gavazzeni.

28., 31. Mai, 5., 7. Juni, La Scala, Mailand.
Verdi: *La Traviata.*

Callas, di Stefano, Bastianini, Prandelli.
Dirigent: Giulini.

29. September, 2. Oktober, Staatsoper, Berlin.
Donizetti: *Lucia di Lammermoor*.
Callas, di Stefano/Zampieri, Panerai, Zaccaria.
Dirigent: Karajan.

31. Oktober, 2. November, Civic Opera House, Chicago.
Bellini: *I Puritani*.
Callas, di Stefano, Bastianini, Rossi-Lemeni.
Dirigent: Rescigno.

5., 8. November, Civic Opera House, Chicago.
Verdi: *Il Trovatore*.
Callas, Björling, Stignani/Truner, Bastianini/Weede, Wildermann.
Dirigent: Rescigno.

11., 14., 17. November, Civic Opera House, Chicago.
Puccini: *Madama Butterfly* (Cho-Cho-San).
Callas, di Stefano, Weede, Alberts.
Dirigent: Rescigno.

7., 11., 14., 17., 21., 29. Dezember, 1., 5., 8. Januar, La Scala, Mailand.
Bellini: *Norma*.
Callas, Simionato/Nicolai, del Monaco, Zaccaria.
Dirigent nicht genannt.

1956
19., 23., 26., 29. Januar, 2., 5., 18., 26. Februar, 9. März, 5., 14., 21., 25., 27.,
29. April, 6. Mai, La Scala, Mailand.
Verdi: *La Traviata*.
Callas, Raimondi, Bastianini/Tagliabue, Protti/Colzani.
Dirigent: Giulini/Tonini.

16., 21. Februar, 3., 6., 15. März, La Scala, Mailand.
Rossini: *Il Barbiere di Siviglia* (Rosina).

Callas, Gobbi, Alva/Monti, Luise/Badioli, Rossi-Lemeni.
Dirigent: Giulini.

22., 24., 27. März, Téatro San Carlo, Neapel.
Donizetti: *Lucia di Lammermoor.*
Callas, Raimondi, Panerai, Zerbini.
Dirigent nicht genannt.

21., 23., 27., 30. Mai, 1., 3. Juni, La Scala, Mailand.
Giodano: *Fedora* (Fedora).
Callas, Corelli, Zanolli, Colzani.
Dirigent: Gavazzeni.

12., 14., 16. Juni, Staatsoper Wien.
Donizetti: *Lucia di Lammermoor.*
Callas, di Stefano, Panerai, Zaccaria.
Dirigent: Karajan.

29. Oktober, 3., 7., 10., 22. November, Metropolitan Opera House, New York.
Bellini: *Norma.*
Callas, Barbieri, del Monaco/Baum, Siepi/Moscona.
Dirigent: Cleva.

15., 19. November, Metropolitan Opera House, New York.
Puccini: *Tosca.*
Callas, London, Campora.
Dirigent: Mitropoulos.

27. November, Academy of Music, Philadelphia.
Bellini: *Norma.*
Callas, Barbieri, Baum, Moscona.
Dirigent: Cleva.

3., 8., 14., 19. Dezember, Metropolitan Opera House, New York.
Donizetti: *Lucia di Lammermoor.*
Callas, Campora/Tucker, Sordello/Valentino, Moscona.
Dirigent: Cleva.

1957
2., 6. Februar, Covent Garden, London.
Bellini: *Norma*.
Callas, Stignani, Zaccaria, Vertecchi, Collier.
Dirigent: Pritchard.

2., 7., 10., 12., 17., 20. März, La Scala, Mailand.
Bellini: *La Sonnambula*.
Callas, Monti/Spini, Ratti, Zaccaria, Cossotto.
Dirigent: Votto.

14., 17., 20., 24., 27., 30. April, 5. Mai, La Scala, Mailand.
Donizetti: *Anna Bolena* (Anna).
Callas, Simionato, Rossi-Lemeni, Raimondi, Carturan, Rumbo.
Dirigent: Gavazzeni.

1., 3., 5., 10. Juni, La Scala, Mailand.
Gluck: *Iphigénie en Tauride* (Iphigenia).
Callas, Dondi, Albanese, Colzani.
Dirigent: Sanzogno.

4., 6. Juli, Opernhaus, Köln.
Bellini: *La Sonnambula*.
Callas, Monti, Zaccaria, Cossotto.
Dirigent: Votto.

19., 21., 26., 29. August, King's Theatre, Edinburgh.
Bellini: *La Sonnnambula*.
Callas, Monti, Zaccaria, Cossotto.
Dirigent: Votto.

7., 10., 16., 19., 22. Dezember, La Scala, Mailand.
Verdi: *Un Ballo in Maschera* (Amelia).
Callas, Simionato, di Stefano, Ratti, Bastianini.
Dirigent: Gavazzeni.

1958
2. Januar, La Scala, Mailand.
Bellini: *Norma*.

Callas, Corelli, Pirazzini, Neri. Callas sang nur den 1. Akt und wurde in den drei folgenden Vorstellungen durch Anita Cerquetti ersetzt.
Dirigent: Santini.

6., 10. Februar, Metropolitan Opera House, New York.
Verdi: *La Traviata*.
Callas, Campori/Barioni, Zanassi.
Dirigent: Cleva.

13., 20., 25. Februar, Metropolitan Opera House, New York.
Donizetti: *Lucia di Lammermoor*.
Callas, Bergonzi/Fernandi, Sereni, Moscona/Scott, Tozzi.
Dirigent: Cleva.

28. Februar, 5. März, Metropolitan Opera House, New York.
Puccini: *Tosca*.
Callas, Tucker, London/Cassell.
Dirigent: Mitropoulos.

27., 30. März, Téatro São Carlos, Lissabon.
Verdi: *La Traviata*.
Callas, Kraus, Sereni.
Dirigent: Ghione.

9., 13., 16., 19., 23. April, La Scala, Mailand.
Donizetti: *Anna Bolena*.
Callas, Simionato, Raimondi, Carturan, Siepi.
Dirigent: Gavazzeni.

19., 22., 25., 28., 31. Mai, La Scala, Mailand.
Bellini: *Il Pirata* (Imogene).
Callas, Corelli, Bastianini.
Dirigent: Votto.

20., 23., 26., 28., 30. Juni, Covent Garden, London.
Verdi: *La Traviata*.
Callas, Valletti, Zanassi.
Dirigent: Rescigno.

31. Oktober, 2. November, Civic Opera House, Dallas.
Verdi: *La Traviata.*
Callas, Taddei, Filacuridi.
Dirigent: Rescigno.

6., 8. November, Civic Opera House, Dallas.
Cherubini: *Medea.*
Callas, Berganza, Vickers, Zaccaria.
Dirigent: Rescigno.

1959
17., 22., 24., 27., 30. Juni, Covent Garden, London.
Cherubini: *Medea.*
Callas, Vickers, Cossotto, Zaccaria.
Dirigent: Rescigno.

6., 8. November, Civic Opera House, Dallas.
Donizetti: *Lucia di Lammermoor.*
Callas, Raimondi, Bastianini, Zaccaria.
Dirigent: Rescigno.

19., 21. November, Civic Opera House, Dallas.
Cherubini: *Medea.*
Callas, Vickers, Zaccaria, Williams, Merriman.
Dirigent: Rescigno.

1960
24., 28. August, Epidaurus Amphitheater.
Bellini: *Norma.*
Callas, Morforniou, Picchi, Mazzoli.
Dirigent: Serafin.

7., 10., 14., 18., 21. Dezember, La Scala, Mailand.
Donizetti: *Poliuto* (Paolina).
Callas, Cordelli, Bastianini, Zaccaria.
Dirigent: Votto/Tonini.

1961
6., 13. August, Epidaurus Amphitheater.

Cherubini: *Medea.*
Callas, Morforniou, Vickers, Modesti.
Dirigent: Glantzi.

11., 14., 20. Dezember, La Scala, Mailand.
Cherubini: *Medea.*
Callas, Simionato, Vickers, Ghiaurov, Tosini/Rizzoli.
Dirigent: Schippers.

1962
23. Mai, 3. Juni, La Scala, Mailand.
Cherubini: *Medea.*
Callas, Vickers, Simionato, Ghiaurov, Rizzoli.
Dirigent: Schippers.

1964
21., 24., 27., 30. Januar, 1., 5. Februar, Covent Garden, London.
Puccini: *Tosca.*
Callas, Cioni, Gobbi.
Dirigent: Cillario.

22., 25., 31. Mai, 6., 10., 14., 19., 24. Juni, Opéra National de Paris.
Bellini: *Norma.*
Callas, Cossotto, Craig/Corelli, Vinco.
Dirigent: Prêtre.

1965
19., 22., 26. Februar, 1., 3., 5., 8., 10., 13. März, Opéra National de Paris.
Puccini: *Tosca.*
Callas, Cioni, Gobbi,
Dirigent: Prêtre/Rescigno.

19., 25. März, Metropolitan Opera House, New York.
Puccini: *Tosca.*
Callas, Corelli/Tucker, Gobbi.
Dirigent: Cleva.

14., 17., 21., 24., 29. (ohne Akt IV), Opéra National de Paris.
Bellini: *Norma.*

Callas, Simionato/Cossotto, Cecchele, Vinco.
Dirigent: Prêtre.

5. Juli, Covent Garden, London.
Puccini: *Tosca.*
Callas, Cioni, Gobbi.
Dirigent: Prêtre.

Anhang III

Schallplattenaufnahmen

1935
4. Juli: *Madama Butterfly*: »Un bel di vedremo«.
Der Aufnahme vorangestellt wurde die Stimme von »Nina Foresti«.

1939
Juli: *Gianni Schicchi*: »O mio babbino caro«. Keine weiteren Angaben.

1947
30. Dezember: *Tristan und Isolde*, Venice.
Raubpressung eines Live-Auftritts. Details in Anhang II.

1949
7. März, Turin Rundfunk-Auftritt
Raubpressung. Details in Anhang IV.
Mitte März: *Norma*: »Casta diva«.*
　　　　　　Norma: »Ah! bello a me ritorno«.*
　　　　　　Cetra, Italy, 78 rpm, R 300–41
Mitte März: *I Puritani*: »Oh rendetemi la speme … Qui la voce«.*
　　　　　　I Puritani: »Vien diletto e in ciel la luna«.
　　　　　　Cetra, Italy, 78 rpm, R 300–43

---

*　Turin Radio Orchestra, Dirigent Arturo Basile.

Mitte März: *Tristano e Isotta*: »Liebestod«. (Italienisch gesungen)*
Tristano e Isotta: »Morte d'Isotta«.*
Cetra, Italy, 78 rpm, CB 20481.

20. Mai: *Turandot.* Buenos Aires.
Raubpressung eines Live-Auftritts. Details in Anhang IV.

17. Juni: *Norma.* Buenos Aires.
Raubpressung eines Live-Auftritts. Details in Anhang II.

31. Oktober: *Liederabend.* Verona.
Raubpressung eines Live-Auftritts. Details in Anhang I.

20. Dezember: *Nabucco.* Neapel.
Raubpressung eines Live-Auftritts. Details in Anhang II. Ein Teil dieser Aufnahme erschien 1989 auf GREEN LINE CDCLD 5015/1/2/3 (box-set).

1950
23. Mai: *Norma.* Mexico City.
Raubpressung eines Live-Auftritts. Details in Anhang II.

30. Mai & 3. Juni: *Aida.* Mexico City.
Raubpressung eines Live-Auftritts. Details in Anhang II.

8. Juni: *Tosca.* Mexico City.
Raubpressung eines Live-Auftritts. Details in Anhang II.

20. Juni: *Il Trovatore.* Mexico City.
Raubpressung eines Live-Auftritts. Details in Anhang II.

2. Oktober: *Aida.* Rom.
Raubpressung eines Live-Auftritts. Details in Anhang II.

20. November: *Parsifal.* Rom.
Rundfunk-Aufnahme. Details in Anhang IV.
Erschienen 1951 on PENZANCE (LP) FWR 648.

---

*   Turin Radio Orchestra, Dirigent Arturo Basile.

1951

27. Januar: *Il Trovatore*. Neapel.
Raubpressung eines Live-Auftritts. Details in Anhang II.

12. März: *Liederabend*. Turin.
Raubpressung eines Live-Auftritts. Details in Anhang IV.

26. Mai: *I Vespri Siciliani*. Florenz.
Raubpressung eines Live-Auftritts. Details in Anhang II.
Erschienen 1951 bei Penzance (LP) FWR 645.

3. Juli: *Aida*. Mexico City.
Raubpressung eines Live-Auftritts. Details in Anhang II.

17. Juli: *La Traviata*. Mexico City.
Raubpressung eines Live-Auftritts. Details in Anhang II.

24. September: *Tosca*. Rio de Janeiro.
Raubpressung eines Live-Auftritts. Details in Anhang II.

1952

18. Februar: *Liederabend*. Rom.
Raubpressung eines Live-Auftritts. Details in Anhang IV.

26. April: *Armida*. Florenz.
Raubpressung eines Live-Auftritts. Details in Anhang II.

29. Mai: *I Puritani*. Mexico City.
Raubpressung eines Live-Auftritts. Details in Anhang II.

3. Juni: *La Traviata*. Mexico City.
Raubpressung eines Live-Auftritts. Details in Anhang II.

10., 14. Juni: *Lucia di Lammermoor*. Mexico City.
Raubpressung eines Live-Auftritts. Details in Anhang II.

17. Juni: *Rigoletto*. Mexico City.
Raubpressung eines Live-Auftritts. Details in Anhang II.

28. Juni: *Tosca*. Mexico City.
Raubpressung eines Live-Auftritts. Details in Anhang II.

August (ohne Datum): *Don Giovanni*: Non mi dir.
Test-Aufnahme für EMI, geschnitten in Florenz.
Dirigent: Tullio Serafin.

September (ohne Datum): *La Gioconda*. Turin.
Gioconda: Maria Callas, Laura: Fedora Barbieri, Enzo: Gianni Poggi, La Cieca: Maria Amadini, Barnaba: Paolo Silveri, Alvise: Giulio Neri.
Orchester und Chor der *RAI Turin*, unter der Leitung von Antonino Votto.
CETRA (Album) LPC 1241. Erschienen 1952.

September (ohne Datum): *La Traviata*. Turin.
Violetta: Maria Callas, Alfredo: Francesco Albanese, Giorgio: Ugo Savarese.
Orchester & Chor der *RAI Turin* unter der Leitung von Gabriele Santini.
CETRA (Album) LPC 1246, erschienen 1953.

18. November: *Norma*. London.
Raubpressung eines Live-Auftritts. Details in Anhang II.

7. Dezember: *Macbeth*. Mailand.
Lady Macbeth: Maria Callas, Macbeth: Enzo Mascherini, Banquo: Italo Tajo, Macduff: Gino Penno, Malcolm: Luciano Della Pergola.
Orchester und Chor der Scala, Mailand, unter der Leitung von Victor de Sabata.
Raubmitschnitt der Aufführung, wie in Anhang II.
Digitally remastered und wiederveröffentlicht 1993.
EMI (DC) CMS 64944-2.

1953

Februar (ohne Datum): *Lucia di Lammermoor*. Florenz.
Lucia: Maria Callas, Edgardo: Guiseppe di Stefano, Enrico: Tito Gobbi, Raimondo: Rafaele Arié, Arturo: Valiano Natali, Alisa: Anna Maria Canali, Normanno: Gino Sarri.
Orchester & Chor der Maggio Musicale Fiorentino, unter der Leitung von Tullio Serafin.
EMI (Album) 33CX 1131-2. Erschienen 1953.

28. Februar: *Il Trovatore*. Mailand.
Raubpressung eines Live-Auftritts. Details in Anhang II.

24.–30. März: *I Puritani*.
Elvira: Maria Callas, Arturo: Giuseppe di Stefano, Giorgio: Nicola Rossi-Lemeni,
Riccardo: Rolando Panerai.
Orchester & Chor der Scala, Mailand, unter der Leitung von Tullio Serafin.
EMI (Albums) 33CX 1058–60. Erschienen 1953.

7. Mai: *Medea*. Florenz.
Raubpressung eines Live-Auftritts. Details in Anhang II.

4. Juni: *Aida*. London.
Raubpressung eines Live-Auftritts. Details in Anhang II.

3.–4. August: *Cavalleria Rusticana*.
Santuzza: Maria Callas, Turiddu: Giuseppe di Stefano, Alfio: Rolando Panerai,
Mama Lucia: Ebe Ticozzi.
Orchester & Chor der Scala, Mailand, unter der Leitung von Tullio Serafin.
EMI (Albums) 33CX 1182–3. Erschienen 1954.

COLUMBIA (Auszüge EP) SEL 1563. Erschienen 1953.
10.–21. August: *Tosca*. Mailand.
Floria Tosca: Maria Callas, Cavaradossi: Giuseppe di Stefano, Scarpia: Tito Gobbi.
Orchester & Chor der Scala, Mailand, unter der Leitung von
Vittorio de Sabata.
EMI 33CX 1094–5. Erschienen 1953.

19. November: *Norma*. Triest.
Raubpressung eines Live-Auftritts. Details in Anhang II.
Erschienen 1954 on HISTORIC RECORDINGS (LP) HRE 283.

10. Dezember: *Medea*. Mailand.
Raubpressung eines Live-Auftritts. Details in Anhang II.

1954
18. Januar: *Lucia di Lammermoor*. Mailand.
Raubpressung eines Live-Auftritts. Details in Anhang II.

4. April: *Alceste*. Mailand.
Raubpressung eines Live-Auftritts. Details in Anhang II.

23. April – 3. Mai: *Norma*. Mailand.
Norma: Maria Callas, Adalgisa: Ebe Stignani, Pollione: Mario Filippeschi, Oroveso: Nicola Rossi-Lemeni.
Orchster & Chor der Scala, Mailand, unter der Leitung von Tullio Serafin.
EMI 33CX 1179–81. Erschienen 1954.

27. Mai – 17. Juni: *I Pagliacci*. Mailand.
Nedda: Maria Callas, Canio: Giuseppe di Stefano, Tonio: Tito Gobbi, Silvio: Rolando Panerai, Beppe: Nicola Monti.
Orchester & Chor der Scala, Mailand, unter der Leitung von Tullio Serafin.
EMI 33CXS 1211–2. Erschienen 1954.

17.–27. August: *La Forza Del Destino*. Mailand.
Leonora: Maria Callas, Preziosilla: Elena Nicolai, Alvaro: Richard Tucker, Don Carlo: Carlo Tagliabue, Padre Guardiano: Nicola Rossi-Lemeni.
Orchester & Chor der Scala, Mailand, unter der Leitung von Tullio Serafin.
EMI 33CX 1258–60. Erschienen 1954.

31. August – 8. September: *Il Turco In Italia*. Mailand.
Fiorilla: Maria Callas, Zaida: Iolanda Gardino, Selim: Nicola Rossi-Lemeni, Geronio: Franco Calabrese, Poet: Mariano Stabile, Narciso: Nicolai Gedda.
Orchester & Chor der Scala, Mailand, unter der Leitung von
Gianandrea Gavazzeni.
EMI 33SX 1289–91. Erschienen 1954.

15.–21. September: *Puccini Heroines*. London.
Philharmonia Orchestra unter der Leitung von Tullio Serafin
Manon Lescaut: »In quelle trine morbide«; »Sola, perduta abbandonata«.
La Bohème: »Mi chiamano Mimi«; »Donde lieta usci«.
Madame Butterfly: »Un bel di vedremo«; »Tu, tu, piccolo Iddio«.
Suor Angelica: »Senza Mamma«; *Gianni Schicchi*: »O mio babbino caro«.
Turandot: »Signore, ascolta«; »In questa reggia«; »Tu che di gel sei cinta«.
EMI 33CX 1204. Erschienen 1954.

15.–21. September: *MARIA CALLAS SINGS OPERATIC ARIAS*. London.
Philharmonia Orchestra unter der Leitung von Tullio Serafin.

Adriana Lecouvreur: »Ecco: respiro appena« ... »Io son l'umile ancella«; »Poveri fiori«.
La Wally: »Ebben? N'andro lontana«.
Andrea Chénier: »La mamma morta«; *Mefistofele*: »L'altra notte«.
Il Barbiere di Siviglia: »Una voce poco fa«.
Dinorah: »Ombra leggiera«; *Lakmé*: »Dov'é l'Indiana bruna«.
I Vespri Siciliani: »Mercè, dilette amiche«.
EMI 33CX 1231. Erschienen 1954.

7. Dezember: *La Vestale*. Mailand.
Raubpressung eines Live-Auftritts. Details in Anhang II.

27. Dezember: *Liederabend*. San Remo.
Raubpressung eines Live-Auftritts. Details in Anhang IV.

1955
8. Januar: *Andrea Chénier*. Mailand.
Raubpressung eines Live-Auftritts. Details in Anhang II.

5. März: *La Sonnambula*. Mailand.
Raubpressung eines Live-Auftritts. Details in Anhang II.

28. Mai: *La Traviata*. Mailand.
Raubpressung eines Live-Auftritts. Details in Anhang II.

12. Juni: *Callas at La Scala*. Mailand.
La Sonnambula: »Come per me«; »An non credea«.
Turin Radio Orchestra, Dirigent Arturo Basile.
I Puritani: »Oh rendetemi la speme« ... »Qui la voce«; »Vien deletto e in ciel la luna«. (Aus der Gesamtaufnahme.)
Medea: »Dei tuo figli«. (Aus der Gesamtaufnahme.)
La Vestale: »Tu che invoco«; »O nume tutelar«; »Caro oggetto«.
Orchester & Chor der Scala, Mailand, unter der Leitung von Tullio Serafin/ Antonino Votto.
EMI 33CX 1540. Erschienen 1955.

29. Juni: *Norma*. Rom.
Norma: Maria Callas, Pollione: Mario del Monaco, Oroveso: Giuseppe Modesti,

Adalgisa: Ebe Stignani, Clotilde: Rina Cavallari.
Orchester & Chor der Oper Rom unter der Leitung von Tullio Serafin.
Raubmitschnitt der Veranstaltung in Anhang IV.
Digitally remastered und wiederveröffentlicht 1995.
EUROPA MUSICA (CD) 051–014.

1.–6. August: *Madama Butterfly*. Mailand.
Cho-Cho-San: Maria Callas, Suzuki: Lucia Danieli, Pinkerton: Nicolai Gedda, Sharpless: Mario Borriello.
Orchester & Chor der Scala, Mailand, unter der Leitung von
Herbert von Karajan.
EMI 33CX 1296–8. Erschienen 1955.

10.–24. August: *Aida*. Mailand.
Aida: Maria Callas, Amneris: Fedora Barbieri, Radames: Richard Tucker, Amonasro: Tito Gobbi.
Orchester & Chor der Scala, Mailand, unter der Leitung von Tullio Serafin.
EMI 33CX 1318–20. Erschienen 1955.

3.–16. September: *Rigoletto*. Mailand.
Gilda: Maria Callas, Duke: Giuseppe di Stefano, Rigoletto: Tito Gobbi, Sparafucile: Nicola Zaccaria.
Orchester & Chor der Scala, Mailand unter der Leitung von Tullio Serafin.
EMI 33CX 1324–6. Erschienen 1955.

29. September: *Lucia di Lammermoor*. Berlin.
Raubmitschnitt. Details in Anhang II.
Digitally remastered und wiederveröffentlicht 1990. EMI (CD) CMS 7–63631–2.

7. Dezember: *Norma*. Mailand.
Raubpressung eines Live-Auftritts. Details in Anhang II.

1956
19. Januar: *La Traviata*. Mailand.
Raubpressung eines Live-Auftritts. Details in Anhang II.

16. Februar: *Il Barbiere di Siviglia*. Mailand.
Raubpressung eines Live-Auftritts. Details in Anhang II.

22. März: *Lucia di Lammermoor.* Neapel.
Raubpressung eines Live-Auftritts. Details in Anhang II.

3.–9. August: *Il Trovatore.* Mailand.
Leonora: Maria Callas, Azucena: Fedora Barbieri. Manrico: Giuseppe di Stefano, Di Luna: Rolando Panerai, Ferrando: Nicola Zaccaria.
Orchester & Chor der Scala, Mailand, unter der Leitung von Herbert von Karajan.
EMI 33CX 1483–5. Erschienen 1956.

20.–25. August, 3.–4. September: *La Bohème.* Mailand.
Mimi: Maria Callas, Musetta: Anna Moffo, Rodolfo: Giuseppe di Stefano, Marcello: Rolando Panerai.
Orchester & Chor der Scala, Mailand, unter der Leitung von Tullio Serafin.
EMI 33CX 1464–5. Erschienen 1955.

4.–12. September: *Un Ballo In Maschera.* Mailand.
Amelia: Maria Callas, Ulrica: Fedora Barbieri, Oscar: Eugenia Ratti, Riccardo: Giuseppe di Stefano, Renato: Tito Gobbi.
Orchester & Chor der Scala, Mailand, unter der Leitung von Antonino Votto.
EMI 33CX 1472–4. Erschienen 1956.

27. September: *Recital.* Mailand.
Raubmitschnitt einer Live-Veranstaltung. Details in Anhang IV.

25. November: *Tosca* (Auszüge aus Akt II). New York.
Raubmitschnitt einer Fernsehsendung. Details in Anhang V.

8. Dezember: *Lucia di Lammermoor.* New York.
Raubmitschnitt einer Live-Veranstaltung. Details in Anhang II.

1957
7.–14. Februar: *Il Barbiere di Siviglia.* London.
Rosina: Maria Callas, Figaro: Tito Gobbi, Almaviva: Luigi Alva, Bartolo: Nicola Zaccaria.
Philharmonia Orchestra & Chor unter der Leitung von Alceo Galliera.
EMI 33CX 1507–9. Erschienen 1957.

3.–9. März: *La Sonnambula.* Mailand.
Amina: Maria Callas, Elvino: Nicola Monti, Teresa: Fiorenza Cossotto, Lisa:
Eugenia Ratti, Rodolfo: Nicola Zaccaria.
Orchester & Chor der Scala, Mailand, unter der Leitung von Antonino Votto.
EMI 33CX 1469–71. Erschienen 1957.

14. April: *Anna Bolena.* Mailand.
Raubmitschnitt einer Live-Veranstaltung. Details in Anhang II.
Digitally remastered und wiederveröffentlicht 1993. EMI CMS 7–64941–2.

1. Juni: *Iphigénie en Tauride.* Mailand.
Raubmitschnitt einer Live-Veranstaltung. Details in Anhang II.

26. Juni: *Lucia di Lammermoor.* Rom.
Raubmitschnitt einer Live-Veranstaltung. Details in Anhang II.

4. Juli: *La Sonnambula.* Köln.
Raubmitschnitt einer Live-Veranstaltung. Details in Anhang II.

9.–15. Juli: *Turandot.* Mailand.
Cio-Cio-San: Maria Callas, Liù: Elisabeth Schwarzkopf, Calaf: Eugenio Fernandi,
Timur: Nicola Zaccaria.
Orchester & Chor der Scala, Mailand, unter der Leitung von Tullio Serafin.
EMI 33CX 1555–7. Erschienen 1957.

18.–27. Juli: *Manon Lescaut.* Mailand.
Manon: Maria Callas, Des Grieux: Giuseppe di Stefano,
Lescaut: Giulio Fioravanti.
EMI 33CX 1583–5. Erschienen 1957.

5. August: *Recital.* Athen.
Raubmitschnitt einer Live-Veranstaltung. Details in Anhang I.

21. August: *La Sonnambula.* Edinburgh.
Raubmitschnitt einer Live-Veranstaltung. Details in Anhang II.

12.–19. September: *Medea.* Mailand.
Medea: Maria Callas, Neris: Miriam Pirzzini, Glauce: Renata Scotto,

Jason: Mirto Picchi, Creonte: Giuseppe Modesti.
Orchester & Chor der Scala, Mailand, unter der Leitung von Tullio Serafin.
RICORDI, später neu bei EMI, 1957, 33SX 1618–20.

20. November: *Concert Rehearsal.* Dallas.
Die Entführung aus dem Serail: »Tutte le torture«.
I Puritani: »Qui la voce«, *Macbeth*: »Vieni t'affretta«.
La Traviata: »Ah, fors'è lui«, *Anna Bolena*: »Al dolce guidami«.
Dallas Symphony Orchestra, unter der Leitung von Nicola Rescigno.
Raubmitschnitt.

7. Dezember: *Un Ballo In Maschera.* Mailand.
Raubmitschnitt einer Live-Veranstaltung. Details in Anhang II.

1958
2. Januar: *Norma.* Rom.
Raubmitschnitt einer Live-Veranstaltung. Details in Anhang II.

27. März: *La Traviata.* Lissabon.
Raubmitschnitt einer Live-Veranstaltung. Details in Anhang II.
Digitally remastered und wiederveröffentlicht 1993? EMI CDS 7–49187–8.

17. Juni. *Liederabend.* London.
Raubmitschnitt einer Live-Veranstaltung. Details in Anhang V.

20. Juni: *La Traviata.* London.
Raubmitschnitt einer Live-Veranstaltung. Details in Anhang II.

23. September: *Liederabend.* London.
Raubmitschnitt einer Live-Veranstaltung. Details in Anhang V.

19.–24. September: *Callas Portrays Verdi Heroines.* London.
Philharmonia Orchester & Chor unter der Leitung von Nicola Rescigno
Macbeth: »Vieni t'affretta«; »La luce langue«; »Una macchia«.
Nabucco: »Ben io t'invenni«; *Ernani*: »Ernani involami«.
Don Carlos: »Tu che le vanitá«.
EMI 33CX 1628. Erschienen 1959.

24.–25. September: *Callas Mad Scenes.* London.
Philharmonia Orchester & Chor unter der Leitung von Nicola Rescigno
Anna Bolena: »Piangete voi«; »Al dolce guidami«.

Hamlet: »A vos jeux, mes amis« ... »Partagez-vous mes fleurs«; »Et maintenant écoutez ma chanson«.
Il Pirata: »Oh! s'io potessi« ... »Col sorriso«.
EMI 33CX 1645. Erschienen 1959.

6. November: *Medea.* Dallas.
Raubmitschnitt einer Live-Veranstaltung. Details in Anhang II.

19. Dezember: *Liederabend.* Paris.
Raubmitschnitt einer Live-Veranstaltung. Details in Anhang I.

1959
27. Januar: *Il Pirata.* New York.
Raubmitschnitt einer Live-Veranstaltung. Details in Anhang I.
Digitally remastered und wiederveröffentlicht 1993. EMI CMS 7–64938–2.

16.–21. März: *Lucia di Lammermoor.* London.
Lucia: Maria Callas, Edgardo: Ferrucio Tagliavini, Raimondo: Bernard Ladysz, Enrico: Piero Cappuccilli.
London Philharmonia Orchester & Chor unter der Leitung von Tullio Serafin.
EMI 33CX 1723–4. Erschienen 1959.

15. Mai: *Recital.* Hamburg.
Raubmitschnitt einer Live-Veranstaltung. Details in Anhang I.

19. Mai: *Recital.* Stuttgart.
Raubmitschnitt einer Live-Veranstaltung. Details in Anhang I.

30. Juni: *Medea.* London.
Raubmitschnitt einer Live-Veranstaltung. Details in Anhang II.

11. Juli: *Liederabend.* Amsterdam.
Raubmitschnitt einer Live-Veranstaltung. Details in Anhang I.

5.–10. September: *La Gioconda*. Mailand.
Gioconda: Maria Callas, Enzo: Pier Miranda Ferraro, Laura: Fiorenza Cossotto, Barnaba: Piero Cappuccilli, Alvisa: Ivo Vinco.
Orchester & Chor der Scala, Mailand, unter der Leitung von Antonini Votto.
EMI 33CX 1706–8. Erschienen 1960.

23. September: *Liederabend*. London.
Raubmitschnitt einer Live-Veranstaltung. Details in Anhang I.

3. Oktober: *Liederabend*. London.
Raubmitschnitt einer Live-Veranstaltung. Details in Anhang V.

1960
(ohne Datum): *Arias*. London.
Zu Lebzeiten von Callas nicht veröffentlicht.
Semiramide: »Bel raggio«; *Armida*: »D'amor al dolce impero«.
I Vespri Siciliani: »Arrigo! ah parli a un core«.
Philharmonia Orchestra unter der Leitung von Antonio Tonini.

5.– 12. Juli: *Norma*. Mailand.
Norma: Maria Callas, Adalgisa: Christa Ludwig, Pollione: Franco Corelli, Oroveso: Nicola Zaccaria.
Orchester & Chor der Scala, Mailand, unter der Leitung von Tullio Serafin.
EMI 33CX 1766–8. Erschienen 1961.

7. Dezember: *Poliuto*. Mailand.
Raubmitschnitt einer Live-Veranstaltung. Details in Anhang II.

1961
28.–31. März, 4.–5. April: *Callas à Paris*. Paris.
Orphée: »J'ai perdu mon Eurydice«, *Alceste*: »Divinités du Styx«.
Carmen: »Habañera«, »Séguedille«.
Samson and Delilah: »Printemps qui commence«, »Amour viens aider«, »Mon coeur s'ouvre à ta voix«. *Romeo and Juliet*: »Je veux vivre«.
Mignon: »Je suis Titania«, *Le Cid*: »Pleurez mes yeux«, *Louise*: »Depuis le jour«.
Orchestre Radiodiffusion Française unter der Leitung von Georges Prêtre.
EMI 33CX 1771. Erschienen 1961.

(ohne Datum) November: *Artas*. London.
Nicht veröffentlicht zu Lebzeiten von Callas, mit Ausnahme von *Il Pirata*.

Il Pirata: »Sorgete«, *Lucrezia Borgia*: »Com'è bello«.
La Cenerentola: »Nacqui all'affanno«, *William Tell*: »Selva opaca«.
Anna Bolena: »Legger potessi in me«, *Semiramide*: »Bel raggio«.
London Philharmonia Orchestra, unter der Leitung von Antonio Tonino.

11. Dezember: *Medea*. Mailand.
Raubmitschnitt einer Live-Veranstaltung. Details in Anhang II.

1962
27. Februar: *Liederabend*. London.
Raubmitschnitt einer Live-Veranstaltung. Details in Anhang I.

16. März: *Liederabend*. Hamburg.
Raubmitschnitt einer Live-Veranstaltung. Details in Anhang I.

April (ohne Datum): *Arias*. London.
Nicht erschienen zu Lebzeiten von Callas.
Oberon: »Ocean, thou mighty monster«, *Don Carlos*: »O don fatale«.
La Cenerentola: »Nacqui all'affano«.
Dirigent: Antonio Tonini.

19. Mai: *Liederabend*. New York.
Raubmitschnitt einer Live-Veranstaltung. Details in Anhang I.

4. November: *Liederabend*. London.
Raubmitschnitt einer Live-Veranstaltung. Details in Anhang V.

1963
3.–8. Mai: *Callas à Paris II*. Paris.
Iphigénie en Tauride: »Malheureuse Iphigénie«.
La Damnation de Faust: »D'amour l'ardente flamme«.
Les Pêcheurs de Perles: »Comme autrefois«.
Manon: »Adieu notre petite table«, »Je marche sur tous les chemins«.
Werther: »Air des lettres«, *Faust*: »Il était un roi de Thulé«, »Ah! Je ris«.
Orchestre Société des Concerts du Conservatoire unter der Leitung von Georges Prêtre.
EMI 33CX 1858. Erschienen 1963.

17. Mai: *Quando m'en vo*. Berlin.
Raubmitschnitt einer Live-Veranstaltung. Details in Anhang I.

23. Mai. *Recital*: Stuttgart.
Raubmitschnitt einer Live-Veranstaltung. Details in Anhang I.

31. Mai: *Bel raggio*. London.
Raubmitschnitt einer Live-Veranstaltung. Details in Anhang I.

5. Juni: *Liederabend*. Paris.
Raubmitschnitt einer Live-Veranstaltung. Details in Anhang I.

6.–23. Dezember & 8. Januar 1964: *Maria Callas Sings Mozart, Beethoven & Weber Arias*.
»Ah! Perfido!« (Beethoven), *Oberon*: »Ocean, thou mighty monster«.
Don Giovanni: »Or sai che l'onore«, »Non mi dir«, »Mi tradi«.
Le Nozze di Figaro: »Porgi amor«.
Orchestre Société des Concerts du Conservatoire unter der Leitung von Nicola Rescigno.
EMI 33CX 1900. Erschienen 1964.

17.–27. Dezember & 20.–21. Januar 1964: *Callas Portrays Verdi Heroines II*.
Otello: »Salce, salce«, »Ave Maria«.
Aroldo: »Ah! degli scanni«, »Ciel, ch'io respiri«.
Don Carlo: »O don fatale: Non pianger, mia compagna«.
Orchestre Société des Concerts du Conservatoire unter der Leitung von Nicola Rescigno.
EMI 33CX 1910. Erschienen 1964.

4.–23. Dezember & 13.–24. April 1964: *Maria Callas Sings Arias by Rossini & Donizetti*.
La Cenerentola: »Nacqui all'affano«.
William Tell: »Selva opaca«, *Semiramide:* »Bel raggio«.
La Fille du Régiment: »Convien partir«.
Lucrezia Borgia: »Com'è bello«. *L'Elisir d'Amore*: »Prendi, per me«.
Orchestre Société des Concerts du Conservatoire unter der Leitung von Nicola Resigno.
EMI 33CX 1923. Erschienen 1964.

1964
24. Januar: *Tosca*. London.
Raubmitschnitt einer Live-Veranstaltung. Details in Anhang II.

21. Februar & 7.–22. April: *Liederabend*. Paris.
Attila: »Liberamente or piangi« (1972 erschienen).
I Lombardi: »Se vano è il pregare« (1972 erschienen); »Te vergin santa« (1992 erschienen).
Aida: »Ritorna vincitor« (1972 erschienen).
Il Trovatore: »Tacea la notte» (1978 erschienen); »D'amor sull'ali rosee« (1992 erschienen).
Un Ballo in Maschera: »Ecco l'orrido campo« (1978 erschienen); »Morrò, ma prima in grazia« (1978 erschienen).
I Vespri Siciliani: »Arrigo! ah parle ad un core« (1972 erschienen).
Orchestre Société des Concerts du Conservatoire unter der Leitung von Nicola Rescigno.

25. Juni: *Liederabend*. Paris.
Duette aus *Poliuto, Don Carlo, I Puritani, Un Ballo In Maschera* and *Il Pirata* mit Franco Corelli, außer »Pur ti riveggo« aus *Aida* insgesamt verloren gegangen.
Orchestre du Théâtre National de l'Opéra de Paris unter der Leitung von Georges Prêtre.
Erschienen 1990.

6.–20. Juli: *Carmen*. Paris.
Carmen: Maria Callas, Don José: Nicolai Gedda, Micaëla: Andréa Guiot, Escamillo: Robert Massard.
Orchestre du Théâtre National de l'Opéra de Paris/Choeurs René Duclos unter der Leitung von Georges Prêtre.
EMI AN 140. Erschienen 1964.

3.–14. Dezember: *Tosca*. Paris.
Floria Tosca: Maria Callas, Cavaradossi: Carlo Bergonzi, Scarpia: Tito Gobbi, Spoletta: Renato Ercolani.
Orchestre Société des Concerts du Conservatoire unter der Leitung von Georges Prêtre.
EMI AN 149–50. Erschienen 1965.

1965
1. & 3. März: *Tosca*. Paris.
Raubmitschnitt einer Live-Veranstaltung. Details in Anhang II.

19. & 25. März: *Tosca*. New York.
Raubmitschnitt einer Live-Veranstaltung. Details in Anhang II.

14., 17., 21., 29. Mai: *Norma*. Paris
Raubmitschnitt einer Live-Veranstaltung. Details in Anhang II.

1969
Februar & März: *Verdi-Abend.*
Il Corsaro: »Non so le tetre imaggini«; »Vola talor«.
Attila: »Liberamente or piangi«.
I Vespri Siciliani: »Arrigo! ah parli a un core«.
I Lombardi: »Te vergin santa«.
Orchestre Société des Concerts du Conservatoire unter der Leitung von Nicola Rescigno.
Erschienen 1978.

1972
November & Dezember, sowie März 1973: *Duets With Di Stefano*. London.
Don Carlos: »Io vengo a domandar«, *I Vespri Siciliani*: »Qual prode«, *Otello*: »Già nella notte densa«, *Aida*: »Pur ti riveggo«. *La Forza del Destino*: »Ah! per sempre«.
London Symphony Orchestra unter der Leitung von Antonio de Almeida.
PHILIPS. Nicht erschienen.

1973 & 1974
Raubdrucke aller Callas/di Stefano »Abschieds«-Konzerte.

Anhang VI

Rundfunkaufnahmen

1940
3. April, *Radio Athen*.
Duette aus *La Gioconda, Norma* und *Aida* mit Arda Mandikian.

1943
22. April, *Radio Athen*.
Pergolesi: *Stabat Mater*. Mit Arda Mandikian.
Dirigent: G. Lycoudis.

1947
2. August, *Ital. Radio*.
Puccini: *La Gioconda*. Verona. Vgl. Anhang II.

30. Dezember, *Ital. Radio*.
Puccini: *Tristan und Isolde*. Venedig. Vgl. Anhang II.

1948
29. Januar, *Ital. Radio*.
Puccini: *Turandot*. Venedig. Vgl. Anhang II.

1949
7. März, *RAI, Turin*.
Wagner: *Tristan und Isolde*: »Liebestod« (in ital. Sprache).
Bellinie: *Norma*: »Casta diva«; *I Puritani*: »Qui la voce«.

Verdi: *Aida*: »O patria mia«.
Dirigent: Molinari-Pradelli.

20. Mai, *Radio Argentina*.
Puccini: *Turandot*. Buenos Aires. Vgl. Anhang II.

20. Dezember, *Radio Italia*.
Verdi: *Nabucco*. Neapel. Vgl. Anhang II & III.

24. November, *RAI Turin*.
Puccini: *Tosca*: Akt 2, *Manon Lescaut*: Akt 4.
Mit Campagnano. Dirigent: Baroni.

1950
13. März, *RAI Turin*.
Weber: *Oberon*: »Ocean! Thou mighty monster«, Verdi: *La Traviata*: »Ah, fors'è lui«, *Il Trovatore*: »D'amor sull'ali rosee«. Meyerbeer: *Dinorah*: »Ombra leggera«.
Dirigent: Alfredo Simonetto.

23. Mai, *Mexico Radio*.
Bellini: *Norma*. Mexico City. Vgl. Anhang II & III.

30. Mai, *Mexico Radio*.
Verdi: *Aida*. Mexico City. Vgl. Anhang II & III.

8. Juni. *Mexico Radio*.
Puccini: *Tosca*. Mexico City. Vgl. Anhang II & III.

20. Juni: *Mexico Radio*.
Verdi: *Il Trovatore*. Mexico City. Vgl. Anhang II & III.

24. September, *Radio Italia*.
Puccini: *Tosca*. Bologna. Vgl. Anhang II.

2. Oktober, *Radio Italia*.
Verdi: *Aida*. Rom. Vgl. Anhang II.

20., 21. November, *RAI Rom*.
Wagner: *Parsifal*. (in ital. Sprache).

Kundry: Maria Callas, Parsifal: Africo Baldelli, Gurnemanz: Boris Christoff,
Titurel: Dimitri Lopatto, Amfortas: Rolando Panerai, Klingsor: Giuseppi Modesti.
Dirigent: Vittorio Gui.

1951

27. Januar, *Radio Italia*.
Verdi: *Il Trovatore*. Neapel. Vgl. Anhang II.

12. März, *RAI Turin*.
Verdi: *Un Ballo in Maschera*: »Ecco l'orrido campo«.
Thomas: *Mignon*: »Io son Titania«.
Weber: *Der Freischütz*: »Leise, leise«. Proch: *Variations*.
Dirigent: Wolf-Ferrari.

26. Mai, *Ital. Radio*.
Verdi: *I Vespri Siciliani*. Florenz. Vgl. Anhang II.

3. Juli, *Radio Mexico*.
Verdi: *Aida*. Mexico City. Vgl. Anhang II.

15. Juli, *Radio Mexico*.
Verdi: *La Forza del Destino*: »Pace, pace«.
Verdi: *Un Ballo in Maschera*: »Morrò, ma prima in grazia«.
Dirigent: Oliviero de Fabritiis.

17. Juli, *Radio Mexico*.
Verdi: *La Traviata*. Mexico City. Vgl. Anhang II.

24. September, *Brazilian Radio*.
Puccini: *Tosca*. Rio de Janeiro. Vgl. Anhang II.

1952

18. Februar, *RAI Rome*.
Verdi: *Macbeth*: »Vieni t'affretta«; *Nabucco*: »Ben io t'invenni«.
Donizetti: *Lucia di Lammermoor*: »Ardon gli incensi«.
Delibes: *Lakmé*: »Dov'è l'indiana bruna«.
Dirigent: Oliviero de Fabritiis.

26. April, *Ital. Radio*.
Rossini: *Armida*. Florenz. Vgl. Anhang II.

29. Mai, *Mexico Radio*.
Bellini: *I Puritani*. Mexico City. Vgl. Anhang II.

10. Juni, *Mexico Radio*.
Donizetti: *Lucia di Lammermoor*. Mexico City. Vgl. Anhang II.

17. Juni, *Mexico Radio*.
Verdi: *Rigoletto*. Mexico City. Vgl. Anhang II.

28. Juni, *Mexico Radio*.
Puccini: *Tosca*. Mexico City. Vgl. Anhang II.

8. November, *BBC Radio*.
Bellini: *Norma*. London. Vgl. Anhang II.

7. Dezember, *Ital. Radio*.
Verdi: *Macbeth*. Mailand. Vgl. Anhang II.

1953
23. Februar, *Ital. Radio*.
Verdi: *Il Trovatore*. Mailand. Vgl. Anhang II.

7. Mai, *Ital. Radio*.
Cherubini: *Medea*. Florenz. Vgl. Anhang II.

4. Juni, *BBC Radio*.
Verdi: *Aida*. London. Vgl. Anhang II.

19. November, *Ital. Radio*.
Bellini: *Norma*. Triest. Vgl. Anhang II.

10. Dezember, *Ital. Radio*.
Cherubini: *Medea*. Vgl. Anhang II.

1954
18. Januar, *Ital. Radio*.
Donizetti: *Lucia di Lammermoor*. Mailand. Vgl. Anhang II.

4. April, *Ital. Radio*.
Gluck: *Alceste*. Mailand. Vgl. Anhang II.

7. Dezember, *Ital. Radio.*
Spontini: *La Vestale.* Mailand. Vgl. Anhang II.

27. Dezember, *RAI San Remo.*
Mozart: *Die Entführung aus dem Serail:* »Tutte le torture«.
Meyerbeer: *Dinorah*: »Ombra leggiera«.
Charpentier: *Louise*: »Depuis le jour«.
Rossini: *Armida*: »D'amore al dolce impero«.
Dirigent: Alfredo Simonetto.

1955
8. Januar, *Ital. Radio.*
Giordano; *Andrea Chénier.* Mailand. Vgl. Anhang II.

5. März, *Ital. Radio.*
Bellini: *La Sonnambula.* Mailand. Vgl. Anhang II.

28. Mai, *Ital. Radio.*
Verdi: *La Traviata.* Mailand. Vgl. Anhang II.

29. Juni, *RAI Rome.*
Bellini: *Norma.*
Norma: Maria Callas, Adalgisa: Ebe Stignani, Pollione: Mario del Monaco, Oroveso: Giuseppe Modesti.
Dirigent: Tullio Serafin.

29. September, *Berlin Radio.*
Donizetti: *Lucia di Lammermoor.* Berlin. Vgl. Anhang II.

7. Dezember, *Ital. Radio.*
Bellini: *Norma.* Mailand. Vgl. Anhang II.

1956
19. Januar, *Ital. Radio.*
Verdi: *La Traviata.* Mailand. Vgl. Anhang II.

16. Februar, *Ital. Radio.*
Rossini: *Il Barbiere di Siviglia.* Mailand Vgl. Anhang II.

22. März, *Ital. Radio.*
Donizetti: *Lucia di Lammermoor*. Neapel. Vgl. Anhang II.

27. September, *RAI Mailand.*
Spontini: *La Vestale*: »Tu che invoco«.
Rossini: *Semiramide*: »Bel raggio«.
Thomas: *Hamlet*: »Ai vostri giochi«.
Bellini: *I Puritani*: »Vieni al tempo«.
Dirigent: Alfredo Simionetto.

3. Dezember, *NBC Radio.*
Donizetti: *Lucia di Lammermoor*. New York. Vgl. Anhang II.

1957
2. März, *Ital. Radio.*
Bellini: *La Sonnambula*. Mailand. Vgl. Anhang II.

14. April, *Ital. Radio.*
Donizetti: *Anna Bolena*. Mailand Vgl. Anhang II.

1. Juni, *Italian Radio.*
Gluck: *Iphigénie en Tauride*. Mailand. Vgl. Anhang II.

26. Juni, *RAI Rome.*
Donizetti: *Lucia di Lammermoor.*
Lucia: Maria Callas, Edgardo: Eugenio Fernandi, Enrico: Rolando Panerai, Raimondo: Giuseppe Modesti.
Dirigent: Tullio Serafin.

4. Juli, *Deutsches Radio*
Bellini: *La Sonnambula*. Köln. Vgl. Anhang II.

5. August, *Athen Radio.*
Liederabend. Vgl. Anhang I.

19. August, *BBC Radio.*
Bellini: *La Sonnambula*. Edinburgh. Vgl. Anhang II.

21. November, *Amerikan. Radio.*
Liederabend: Dallas. Vgl. Anhang I.

7. Dezember, *Ital. Radio.*
Verdi: *Un Ballo in Maschera.* Mailand. Vgl. Anhang II.

1958
2. Januar, *RAI Rom.*
Bellini: *Norma.* Vgl. Anhang II.

27. März, *Portug. Radio.*
Verdi: *La Traviata.* Lissabon. Vgl. Anhang II.

20. Juni, *BBC Radio.*
Verdi: *La Traviata.* London. Vgl. Anhang II.

19. Dezember, *Franz. Radio*
Liederabend: Paris. Vgl. Anhang I.

1959
15. 19. Mai, *Deutsches Radio.*
Liederabende : Hamburg & Stuttgart. Vgl. Anhang I.

17. Juni, *BBC Radio.*
Cherubini: *Medea.* London. Vgl. Anhang II.

23. September, *BBC Radio.*
Liederabend: London. Vgl. Anhang I.

3. Oktober, *BBC Radio.*
Liederabend: London. Vgl. Anhang V

1960
7. Dezember: *Ital. Radio.*
Donizetti: *Poliuto.* Mailand. Vgl. Anhang II.

1961
30. Mai: *BBC Radio.*
Liederabend. London. Vgl. Anhang I.

11. Dezember: *Ital. Radio.*
Cherubini: *Medea.* Mailand. Vgl. Anhang II.

1962
16. März, *Deutsches Radio.*
Liederabend. Hamburg. Vgl. Anhang I.

19. Mai, *CBS Radio.*
Kennedy Concert. New York. Vgl. Anhang I.

1963
17. Mai, *Deutsches Radio.*
Liederabend. Berlin. Vgl. Anhang I.

23. Mai, *Deutsches Radio.*
Liederabend. Stuttgart. Vgl. Anhang I.

31. Mai, *BBC Radio.*
Liederabend. London. Vgl. Anhang I.

5. Juni, *Franz. Radio.*
Liederabend. Paris. Vgl. Anhang I.

1964
21. Januar, *BBC Radio.*
Tosca. London. Vgl. Anhang II.

1965
19. Februar, *Franz. Radio.*
Tosca. Paris. Vgl. Anhang II.

19. März, *CBS Radio.*
Tosca. New York. Vgl. Anhang II.

14. Mai, *Franz. Radio*
Norma. Paris. Vgl. Anhang II.

5. Juli, *BBC Radio.*
Tosca. London. Vgl. Anhang II.

1973 & 1974
Die meisten Callas/di Stefano-»Abschiedskonzerte« wurden im Radio übertragen, es gibt jedoch keine weiteren Angaben da einige der Konzerte nicht live übertragen wurden, andere wurden stark überarbeitet.

Anhang V

Fernseh- und Filmauftritte

1952
7. Dezember: Ital. Fernsehen.
Verdi: *Macbeth*. Mailand. Vgl. Anhang II.

1956
25. November. CBS Television.
Puccini: *Tosca*. Auszüge aus Akt 2.
The Ed Sullivan Show.
Mit George London. Dirigent: Dimitri Mitropoulos.

1957
31. Dezember. Ital. Fernsehen.
Bellini: *Norma:* »Casta diva«.

1958
Januar (ohne Datum). NBS Television.
Person to Person. Im Gespräch mit Ed Murrow. New York.

26. Februar. NBC Television.
The Hy Gardner Show. Talkshow. New York. Mit George Callas.

17. Juni. BBC Television.
Tosca: Vissi d'arte, *Il Barbiere di Siviglia*.
Dirigent: John Pritchard.

23. September. BBC Television.
Madama Butterfly: »Un bel di«, *Norma*: »Casta diva«.
Dirigent: John Pritchard.

1959
3. Oktober. BBC Television.
Puccini: *La Bohème*: »Si, mi chiamano Mimi«.
Boito: *Mefistofele*: »L'altra notte«.
Dirigent: Sir Malcolm Sargent.

1962
19. Mai. NBC Television.
Concert for Kennedy. Vgl. Anhang I.

4. November. BBC Television.
Lew Grade's *The Golden Hour*.
Verdi: *Don Carlos*: »Tu che la vanità«.
Bizet: *Carmen*: »Habañera«, »Séguedille«.
Dirigent: Georges Prêtre.

1964
9. Februar. BBC Television.
Puccini: *Tosca* (Akt II).
Callas, Cioni, Gobbi. Übertragung aus Covent Garden.
Dirigent: Cillario.

1965
12. Mai. Franz. Fernsehen.
Les Grandes Interprètes, vorgestellt von Bernard Gavoty.
Massenet: *Manon*: »Adieu notre petite table«.
Bellini: *La Sonnambula*: »Ah, non credea«.
Puccini: *Gianni Schicchi*: »O mio babbino caro«.
Duparc: »Invitation au voyage« (nicht gesendet).
Dirigent: Georges Prêtre.

1965
September. British Home Entertainments.
Tosca, unter der Leitung von Franzo Zeffirelli.

Callas machte Testaufnahmen mit Tito Gobbi und nahm einen Teil des Stücks auf, mit Gobbi und Renato Cioni, aber das Vorhaben wurde aufgegeben.

1968
Spätherbst. BBC Television.
The Callas Conversations. Zwei Interviewprogramme mit Lord Harewood.
Photograph: Ken Westbury/John Baker.
Editor: Bill Harris. Executive producer: John Culshaw.
Director: Barrie Gavin.

1969
Sommer – Frühherbst. San Marco/Les Film Number One/Janus *Medea*.
Director: Pier Paolo Pasolini.
Produzent: Franco Rossellini.
Director of photography: Ennio Guarnieri.
Production director: Fernando Franchi.
Kostüme: Piero Tosi.
Medea: Maria Callas; Jason: Giuseppe Gentile. Mit Massimo Girotti, Laurent Terzieff, Margareth Clementil, Paul Jabara, Gerard Weiss, Sergio Tramonti, Luigi Barbini, Gianpaolo Duregon, Luigi Masironi, Michelangelo Masironi, Gianni Brandizi, Franco Jacobbi, Anna Maria Chio, Piera Degli Esposti, Mirella Panfili, Graziella Chiarcossi.

1974
Sommer. Zeffirelli-Visconti Productions.
Love, Love, Sarah. 3 Episoden aus dem Leben der Sarah Bernhardt mit Callas in der Titelrolle. Keine anderen Stars waren verpflichtet worden. Callas machte Testaufnahmen in Versailles, aber das Vorhaben wurde abgebrochen.

Addenda

Aus Anlaß des 20. Todestages von Callas veröffentlichte EMI Classics alle Aufnahmen in neuer Ausstattung und digitally remastered.

Phase 1:

Bellini: *Norma*	CDS 5 56271 2
Bellini: *I Puritani*	CDS 5 56275 2
Bellini: *La Sonnambula*	CDS 5 56278 2
Bizet: *Carmen*	CDS 5 56281 2
Donizetti: *Lucia di Lammermoor*	CDS 5 56284 2
Leoncavallo/Mascagni: *Pagliacci/Cavalleria Rusticana*	CDS 5 56287 2
Ponchielli: *La Gioconda*	CDS 5 56291 2
Puccini: *La Bohème*	CDS 5 56295 2
Puccini: *Madama Butterfly*	CDS 5 56298 2
Puccini: *Manon Lescaut*	CDS 5 56301 2
Puccini: *Tosca*	CDS 5 56304 2
Puccini: *Turandot*	CDS 5 56307 2
Rossini: *Il Barbiere di Siviglia*	CDS 5 56310 2
Rossini: *Il Turco in Italia*	CDS 5 56313 2
Verdi: *Aida*	CDS 5 56316 2
Verdi: *Un Ballo in Maschera*	CDS 5 56320 2
Verdi: *La Forza del Destino*	CDS 5 56323 2
Verdi: *Rigoletto*	CDS 5 56327 2
Verdi: *La Traviata*	CDS 5 56330 2
Verdi: *Il Trovatore*	CDS 5 56333 2

Interview: »Maria Callas in conversation with Edward Downes«. Erstsendung in den USA in 2 Teilen während der Pausen der Übertragung aus der Metropolitan Opera am 30. Dezember 1967 und am 13. Januar 1968. CDM 5 65822 2

Phase 2:

Donizett: *Poliuto**	CMS 5 65448 2
Bellini: *Norma*	CMS 5 66428 2
Bellini: *Il Pirata*	CMS 5 66432 2
Cherubini: *Medea*	CMS 5 66435 2
Donizetti: *Lucia*	CMS 5 66438 2
Donizetti: *Lucia*	CMS 5 66441 2
Donizetti: *Anna Bolena*	CMS 5 66471 2
Puccini: *Tosca*	CMS 5 66444 2
Verdi: *Macbeth*	CMS 5 66447 2
Verdi: *La Traviata*	CMS 5 66450 2
Maria Callas Puccini Arias	CDM 5 66463 2
Callas at La Scala	CDM 5 66457 2
Maria Callas Lyric and Coloratura Arias	CDM 5 66458 2
Maria Callas Mozart, Beethoven, Weber Arias	CDM 5 66465 2
Callas Mad Scenes	CDM 5 66459 2
Callas Rossini and Donizetti Arias	CDM 5 66464 2
Maria Callas Verdi Arias Vol I	CDM 5 66460 2
Maria Callas Verdi Arias Vol II	CDM 5 66461 2
Maria Callas Verdi Arias Vol III	CDM 5 66462 2
Callas à Paris Vol I	CDM 5 66466 2
Maria Callas à Paris Vol II	CDM 5 66467 2
Maria Callas, The EMI Rarities	CMS 5 66468 2
Maria Callas, Live in Concert	CZS 5 72030 2

Phase 3:

Neuausgabe von neun compact discs: *Norma*, (2 x), *Carmen, Tosca, La Traviata, Lucia di Lammermoor*, (2 x), *Madama Butterfly, Il Barbiere di Siviglia*.

---

*   Rundfunk-Übertragung der Premiere in der Scala, Mailand, Dezembert 1960

Clubs

The Maria Callas International Club,
Sekretär: John L. Pettitt,
Home Farm House, Menston,
Ilkley LS29 6BB, West Yorkshire

The Callas Circle,
Gründer: Steven Mathers,
64 Empire Court, North End Road,
Wembley Park,
Middlesex HA 9 OAQ

International »Maria Callas« Association
Presidency
c. p. 574 – 30124 Venezia – Italy
Tel/Fax: ++39 041 5237887
Maria Callas Exhibition & Internet
Via Zappetti, 9 30026 Portogruaro (Ve) – Italy
Tel: ++39 0421 276496
Fax: ++39 0421 276496
Tel Cell: 0348 8421451

Deutscher Maria Callas Club
Adresse:
c/o. Gisela Binner
Steller Straße 93
28259 Bremen
Telefon (04 21) 58 84 85
info@callas-club.de

Interview-Quellen

Bing, Rudolph, *The Times*, Oktober 1972.
Caballé, Montserrat, mit David Bret, Juni 1997.
Callas, Maria, *Oggi*, Januar und Februar 1957, mit Anita Pensotti.
Callas, Maria, US-TV, Januar 1958, mit Ed Murrow.
Callas, Maria, US-TV, Februar 1958, mit Hy Gardner.
Callas, Maria, Franz. Rundfunk, Februar 1965, mit Micheline Banzet.
Callas, Maria, Franz. Rundfunk, Mai 1965, mit Bernard Gavoty.
Callas, Maria, CBS Radio, Dezember 1967, mit Edward Downes.
Callas, Maria, *Life* magazine, November 1964, mit Peter Dragadze.
Callas, Maria, *Sunday Times*, März 1961, mit Derek Prouse.
Callas, Maria, BBC TV, 1968, mit Lord Harewood.
Callas, Maria, *Observer*, Februar 1990, mit Kenneth Harris.
Callas, Maria, New York TV, Februar 1974, mit Mike Wallace.
Callas, Maria, New York TV, April 1974, mit Barbara Walters.
Sutherland, Robert, *Sunday Telegraph*, September und Oktober 1980.
Tebaldi, Renata, *Sunday Telegraph*, August 1991, mit Mel Cooper.
Zeffirelli, Franco, *Sunday Times*, September 1986.

Großbritannien: *Guardian, Daily Mail, Observer, Sunday Telegraph, Daily Telegraph, London Life, Illustrated London News, Tatler, Gay Times, Gay Gazette,* London *Evening Standard, Daily Express, Daily Mirror, Opera.*

Vereinigte Staaten: *Philadelphia Enquire, New York Times, Chicago Tribune, Opera News, Musical America, Music and Musicians, High Fidelity, Opera Annual, Dallas Morning News, New York Herald Tribune, Time, Washington Post, Life, Saturday Review, Chicago American, The New Yorker, Atlanta Constitution.*

Italien: *Corriere della Sera, Corriere Lombardo, Corriere del Teatro, Corriere del Popolo*

Mexico: *Excelsior*

Bundesrep. Deutschland: *Der Tagesspiegel.*

Frankreich: *France-Soir, Le Monde, Le Figaro, Arts, L'Avant Scène.*

Griechenland: *Vradyni, Deutsche Nachrichten in Griechenland.*

Bibliographie

Ardoin, John, *The Callas Legacy*, Duckworth, 1977.
Ardoin, John, *Callas at Juilliard*, Robson Books, 1987.
Ardoin, John and Fitzgerald, Gerald, *Callas*, Thames & Hudson, 1974.
Bozhkoff, Atanas, *Boris Christoff*, Robson Books, 1991.
Callas, Evangelia, *My Daughter Maria Callas*, Fleet, 1960.
Callas, Jackie, *Sisters*, Macmillan, 1989.
Galatopoulis, Stelios, *Callas, La Divina*, Dent, 1966.
Gobbi, Tito, *My Life*, Macdonald & Jane's, 1979.
Jelinek, George, *Callas, Portrait of a Prima Donna*, Dover, 1986.
Lowe, David A., *Callas As They Saw Her*, Robson Books, 1987.
Meneghini, Giovanni Battista, *My Wife Maria Callas*, Farrar, Strauss & Giroux, 1982.
Normand, Roger and Bret, David, *Le Ring*, unpublished.
Scott, Michael, *Maria Meneghini Callas*, Simon & Schuster, 1991.
Segalini, Sergio, *Callas: Les Images d'une Voix*, van der Welde, 1979.
Stancioff, Nadia, *Maria Callas Remembered*, Sidgwick & Jackson, 1988.
Stassinopoulis, Ariana, *Maria, Beyond the Callas Legend*, Weidenfeld & Nicolson, 1980.
Stirling, Monica, *Visconti, a Screen Of Time*, Harcourt, Brace & Jovanovich, 1979.
Wallace, Irving, *Secret Sex Lives*, Chancellor Press, 1981.
Wisneski, Henry, *Callas, the Art Behind the Legend*, Doubleday, 1975.

Register

A Streetcar Named Desire 139
Abbiati, Franco 93, 115, 155
Adler, Kurt 185, 188, 194
Adriana Lecouvreur 120, 313
Aga Khan 178
Agnelli, Giovanni 217
Aida 26, 30, 44, 60, 63, 67, 71–74, 76–79, 83, 85–89, 109f, 118, 143f, 146f, 279, 341
Alceste 112, 116, 250
Alexandra, Prinzessin 214
Alexis Zorbas 36
Ali Khan 14, 178f, 208f, 213, 227, 241, 244, 277
Almeida, Antonio de 340
Alva, Luigi 174
André Chénier 130
Andreotti, Cesare 234
Anna Bolena 132, 174–177, 188, 198, 202, 275
Arden, Elisabeth 123
Ardoin, John 312, 336
Arletty 357
Armida 94
Aroldo 268
Atalanta 37
Athenagoras, Patriarch 221

Attila 268, 327
Auchincloss, Mrs. Hugh D. 315f
Ave Maria 22

Bagarozy, Eddie 14, 48f, 51–54, 60, 119, 124, 149f, 160f, 171f, 188, 193, 202, 263
Baker, Josephine 366
Baker, Roger 126, 202
Bankhead, Tallulah 123, 318
Banzet, Micheline 282
Barbieri, Fedora 190
Barbirolli, Sir John 109
Bardot, Brigitte 208
Barioni, Daniele 194
Bassano, Giacomo 300
Bastianini, Ettore 109, 147, 199
Bauer, Roberto 95, 108, 118f, 138
Baum, Kurt 75–78, 166
Beaton, Cecil 214
Beatrice di Tenda 247
Bechi, Gino 71
Beecham, Sir Thomas 100
Beethoven, Ludwig van 50
Beirer, Hans 65
Bellini, Vincenzo 62f, 91, 96, 126, 133–135, 188, 199, 217, 247, 253

Benny, Jack 21
Benois, Nicola 175f, 243
Berbieri-Nini, Marianna 104
Berganza, Teresa 204
Bergman, Ingrid 127
Bergonzi, Carlo 279, 281
Berlioz, Hector 364
Bernhardt, Sarah 29, 156, 258, 359
Bernstein, Leonard 14, 113f, 133, 309, 366, 379
Bing, Sir Rudolf 85–87, 95, 108f, 118f, 138, 147–149, 160, 162, 164, 169f, 172, 174, 194f, 202, 204–206, 237, 247, 277, 279, 313f, 371
Bizet, Georges 262
Björling, Jussi 147, 371
Blandford, Marquise 253, 334
Blyth, Alan 371
Boito, Arrigo 91, 117
Bolker, Joseph 334
Bonaliti, Oberst 36, 67
Bonard, Liduino 58, 86
Bonynge, Richard 213
Boone, Pat 204
Botman, Oskar 40–43, 55
Bourgeois, Jacques 285
Boyer, Lucienne 357
Brabourne, Lord 293
Brahms, Johannes 37
Bristow, Peter 302–304
Britten, Benjamin 109
Brosellis, Beppe 60
Bruna 326, 369, 373f
Burton, Richard 293

Caballé, Montserrat 329, 334, 354, 365, 368, 370
Callaghan, J. Dorsey 204
Callas, George 16, 18–22, 31, 46, 74f, 88, 97f, 121, 241, 251f, 378
Callas, Jackie 16, 18, 20–22, 24, 26, 31, 39, 43, 51, 66f, 84, 98, 180f, 183, 203, 252f, 259, 266f, 273, 275, 299, 305, 325f, 330, 340f, 373–375, 377
Calottis, Louise 53
Campora, Giuseppe 166, 194
Caniglia, Maria 242
Carabinis, Melittios 374
Caraza-Campos, Antonio 75, 97
Carioso, Margharita 63f
Carmen 22, 24, 250, 259, 262f, 280, 315, 346
Caruso, Enrico 26, 337
Carvolho, George de 161
Caselli, Silvano 180, 238
Caselotti, Louise 48, 54, 60, 123
Cassidy, Claudia 99f, 120, 124, 147f, 167, 173f, 193
Castellbarco-Toscanini, Contessa Wally 83, 213
Catalani, Alfredo 111
Cavalleria Rusticana 25f, 41, 110, 118, 346, 367
Cazzarolli, Giovanni 68, 151, 153
Célise, Elyane 278
Celli, Teodore 108
Cerquetti, Anita 192
Chaplin, Charlie 208, 277
Charpentier, Gustave 130
Chénier, Marie André 131
Cherubini, Luigi 106, 113, 251
Chevalier, Maurice 234, 262, 318, 344, 357, 367
Chopin, Frédéric 374
Christoff, Boris 59, 81, 85, 91f, 100, 133, 379

REGISTER · 453

Churchill, Lady Diana 214, 217, 221, 256
Churchill, Sir Winston 214, 217f, 220, 222, 236
Cignaroli 57, 224
Cillario, Carlo Felice 269
Cioni, Renato 271, 282, 290, 295, 322
Cleva, Fausto 138, 169f
Clift, Montgomery 318f
Cocteau, Jean 208
Colbrán, Isabella 94
Colette 180, 374
Collier, Marie 290
Cooper, Gary 214
Cooper, Mel 90, 313
Corelli, Franco 114, 116f, 128, 156, 189f, 191f, 199, 227, 241f, 244, 247, 253, 275, 284, 313, 319, 322, 340, 345
Cossotto, Fiorenza 215f, 277, 286–288
Cushing, Kardinal 311
Cusinati, Ferruccio 56

d'Adda, Brando 224
d'Albert, Eugen 39
Dali, Salvador 180
David, Jacques Louis 129
Davis, Bette 126
Davoli, Ninetto 322, 328
Day-Lewis, Sean 314
Dellendas, Antonis 34f, 37, 41
Demetriadis, Efthimios 23
Demitriadis, Evangelia (Litza) 15, 17–23, 25f, 31, 33, 35–37, 43, 48, 50f, 54, 74, 77, 79, 97f, 162, 181f, 195, 203, 226, 239, 259, 263f, 330, 376–378

Demitriadis, Petros 16
Dendrino-Familie 356, 359
Der Bettelstudent 45
Der dritte Mann 127
Der Freischütz 88
Der Rosenkavalier 247
Destinn, Emmy 48
Dettmer, Roger 148, 193
Die Entführung aus dem Serail 85, 93f, 141
Die Kanonen von Navarone 247
Die Primadonna 247
Die Walküre 63–65
Dietrich, Marlene 121, 123, 163, 165, 170, 175, 234, 244, 277, 318, 357, 366f
Dinorah 71
Dior, Christian 145
Divetzi, Vasso 352, 363, 366, 373, 376, 378
Domingo, Plácido 336, 370
Don Carlo 28, 81, 83, 112, 116f, 202, 247, 279
Don Giovanni 44, 119, 232
Donizetti, Gaetano 95f, 115, 174, 242, 253, 268, 275, 340
Dostojewski, Fjodor 137
Downes, Edward 20, 314
Dragadze, Peter 101, 106, 234f, 280, 282
Drogheda, Lord 296
Dunlop, Lionel 177
Duse, Eleonora 29, 138
Dyer, Richard 252

Edward, Sydney 290
Ein Herz und eine Krone 106
Elisabeth II. 109
Ellenborough, Rachel 371f

Embrikos, Milton 26, 31, 34, 43, 50, 84, 183, 241, 273, 327
Engel, Erich 85, 176
Ernani 163, 202
Eugen Onegin 111
Eyer, Roger 122

Fabritiis, Oliviero de 84
Failoni, Sergio 49
Fairbanks, Douglas 215
Falstaff 128
Faust 72, 264, 346
Fedora 153, 156
Ferrier, Kathleen 371
Ferruccio 373, 375
Fidelio 41f, 49, 96
Fields, Gracie 157f, 178, 218f, 222, 301, 344f
Filippeschi, Mario 77, 117
Filtsou, Tassia 24
Fischer-Dieskau, Dietrich 100
Flagstad, Kirsten 100
Flanner, Janet 276
Fonteyn, Dame Margot 201, 256
Foreman, Carl 247
Fox, Carol 119f, 148f, 151, 188, 379
Fragonard, Jean-Honoré 300
Franco, Francisco 348
Franklyn, Olga 256
Freeman, John 103
Frost, David 329

Gabor, Eva 226
Gabor, Zsa Zsa 226
Galbraith, J. Kenneth 309
Galli-Curci, Amelita 18, 26
Galliera, Alceo 174
Garbo, Greta 138, 140, 200, 218f, 222, 357

Garbo, Jolly 226
Gardel, Carlos 215
Gardner, Hy 196f, 226, 319
Garland, Judy 13, 124, 346
Gavazzeni, Gianandrea 174, 189, 198, 342
Gavoty, Bernard 187
Gazzara, Ben 336
Gedda, Nicolai 144, 279f
Gencer, Leyler 188
Gentile, Giuseppe 323
George II. 31
Gershwin, George 126, 215
Ghiaurov, Nicolai 253, 264
Ghiringhelli, Antonio 72–74, 83, 85, 87, 92, 111–113, 115–117, 126f, 131, 153, 174, 185, 188–191, 198–200, 225, 237, 247, 251, 256, 275, 343
Gianni Schicchi 264
Gide, André 180
Gigli, Benjamino 105, 129f, 242, 337, 344
Giordano, Umberto 130, 153
Gish, Lillian 336
Gloriana 109
Glotz, Michel 250, 279, 339, 359, 370, 373
Gluck, Christoph Willibald 176, 250
Gobbi, Tito 89, 107, 110, 120, 122–124, 151, 155, 174, 209, 269–271, 281, 290, 295, 336, 379
Gonzaga, Pietro 243
Goodwin, Noël 200
Gorlinsky, Sandor 101, 230f, 247, 256, 344–346, 348, 355, 359
Goth, Trudy 251, 253
Goulandris, Peter 364
Gounod, Charles 22, 72

Gracia Patricia 217, 236, 244, 277, 297f, 318, 373, 379
Grades, Lew 262
Graf, Herbert 244
Grand, Cary 357
Grandpierre, Georges 300
Gray, Dick 204
Gréco, Juliette 208
Greene, Graham 218, 227
Griesi, Giulia 28
Gronchi, Giovanni 177, 190f
Gui, Vitori 71
Guilini, Carlo Maria 141, 155, 264
Guthrie, Tyrone 163, 194

Habis, Hans 247
Hamlet 183, 202
Händel, Georg Friedrich 256
Harding, Warren G. 17
Harewood, Lady 256
Harewood, Lord 32, 43, 57, 64, 102, 214, 258, 261, 314, 315
Harlech, Lord 309
Harris, Kenneth 107, 326
Havelock-Allan, Anthony 293f
Haydn, Joseph 87
Hayword, Peter 244
Hayworth, Rita 178
Heinrich VIII. 175
Helm, Everett 209
Helpman, Robert 215
Hepburn, Audrey 106, 171, 295
Herzog, Friedrich W. 40
Hidalgo, Elvira de 26–28, 30, 32–34, 39, 44f, 64, 81, 134, 163, 216, 315
Hidalgo, Luis de 143
Hinto, James 122
Hoffer, Peter 129, 137, 156
Holbein, Hans 175

Holland, Sir Milner 302
Hope-Wallace, Philip 103
Hopper, Hedda 171
Hugo, Victor 374
Hunter, Tab 319
Hurok, Sol 203, 210, 350, 352, 353
Huston, John 319

I Lombardi 327
I pagliaci 117
I puritani 28, 63–65, 67, 91, 95f, 120, 146, 201, 279
I vespri siciliani 84f, 92f, 327, 342, 346, 355
Il barbiere di Siviglia 120, 153, 155, 174, 233
Il corsaro 327
Il pirata 199, 202, 253, 279
Il trovatore 37, 44, 77, 83, 106, 126f, 131, 146f, 158, 172, 183, 209, 247, 264
Il turco in Italia 79, 81, 89, 126, 137f
Iphigenie en Tauride 176, 264

J'ai perdue mon Euredice 250
Jellinek, George 121, 191
Jenkins, Newell 85, 93, 95
Johnson, Edward 49f
Johnson, Frank 173
Jolly, Cynthia 95, 115
Jones, Edward 335
Juan Carlos von Spanien 348

Kabaivanska, Raina 342
Kalogeropoulos, Evangelia 16
Kalogeropoulos, Jiorgos (Georges) 15f
Kalomiris, Manolis 36
Kambani, Janni 23, 25

Karajan, Herbert von 100, 114f, 156, 158, 176, 272, 294, 379
Karamanlis, Konstandinos 182
Karim Khan 178
Kasantzakis, Nikos 36
Kelly, Lawrence 119f, 133, 146–148, 150, 188, 231–233, 247, 311f, 315, 343, 356, 365
Kennedy, Edward 311f
Kennedy, Jacqueline 268, 284, 306f, 310–313, 315–317, 354, 363f, 379
Kennedy, John F. 259f, 266f, 316f
Kennedy, Robert 266, 308, 310
Kennedy, Rose 311
Kleiber, Erich 85, 156
Kobayashi, Nobue 343
Koerner, Henry 158
Kolodin, Irving 167, 214
Konetzni, Anny 49
Körner, Theodor 156
Koryzis, Alexander 31
Kouroussopoulos, Leonidas 35
Koyke, Hizi 148
Kraus, Alfredo 195

La battaglia di Legano 253
La Bohème 120, 158, 173, 264
La Cenerentola 137
La Dame Aux Camélias 138
La forza del destino 60, 117, 126, 183
La Gioconda 28, 30, 53f, 56–58, 91, 99, 101, 105, 118, 132, 225, 346
La Gionda 48
La Palma 20, 22f
La sonnambula 134, 140, 172, 174, 179, 182, 184f, 215, 255
La straniera 217
La sylphide 136
La traviata 24, 71, 83, 89, 90f, 93, 95, 97, 101, 105, 109, 118f, 122f, 125, 132, 138f, 143, 153, 155, 158, 163, 176, 193–195, 201–203f, 205, 264, 296, 303, 315, 319
La Vestale 28, 126, 129
La Wally 111, 120
Labroca, Mario 58f, 71
Lalaouni, Alexandra 25
Lambert, J. W. 257
Lance, Albert 209
Lantzounis, Leonidas 17f, 48, 50, 54, 61
L'Araldia 243
Laurencin, Maria 300
Le Cid 250, 255
Le nozze de Figaro 264
La petite Lili 139
Lean, David 294
Lecouvreur, Adriana 37
Legge, Walter 100f, 116, 158, 174, 182, 212, 256, 258, 264f
L'elisir d'amore 340, 346
Leoncavallo, Ruggero 117
Les Huguenots 257
Les Pêcheurs de perles 264
Les Troyens 364
Liebermann, Rolf 371
Lilly, Doris 312, 316
L'incoronazione di Poppea 264
Liston, Clay 288
Litza, s. Demetriadis, Evangelika
Livanos, Athina 213
Lollobrigida, Gina 190
London, George 166, 195
London, Robins H.C. 244
Loren, Sophia 190
Lorenz, Max 49
Louise 130
Lucia di Lammermoor 95–97, 106f,

109, 111, 115f, 119f, 124–126, 132, 138, 144f, 156f, 162, 167, 169, 172, 176, 193, 195, 202, 211, 213, 233, 366
Lucrezia Borgia 268
Ludwig, Christa 265
Lycoudi, Alice 44

Macbeth 57, 84, 105, 174, 202, 231, 247, 279, 321
Madame Biki 106, 121, 143, 145, 209, 217, 348
Madame Butterfly 21, 49, 120, 143f, 146, 148f
Madame Pompidou 325
Magnani, Anna 81, 180, 190, 367
Magnus, Gloria 301
Malibran, Maria 195
Malipiero, Riccardo 116
Mandel, Georges 301
Mandikian, Arda 30, 37
Mangliveras, Evangelios 14, 39–41, 43
Mann, Thomas 180
Manon Lescaut 71, 91, 101, 181, 182, 264
Mansfield, Jayne 124
Marais, Jean 208
Maria, Mario de 352
Marina, Prinzessin 214f
Mario 33f, 43
Martinelli, Giovanni 47
Mascherini, Enzo 92
Massenet, Jules 255, 279
Mathers, Steven 125
Maxwell, Elsa 163, 168–172, 176–180, 183, 185, 187f, 191, 194, 209, 214, 217f, 220, 224, 234f, 244, 251f, 276

Mazzolini, Ester 107
McNally, Terence 195f
Medea 106, 108f, 112f, 116, 126, 132, 174, 202, 212, 214, 228, 234, 251, 253f, 260f, 277, 296, 315, 320f, 324, 327
Mefistofele 91, 117
Melba, Nellie 344
Meneghini, Giovanni Battista 14, 55, 57, 60, 66–68, 71, 73, 81, 83, 86, 88, 91f, 95, 98, 100–102, 106, 118, 123f, 133, 137f, 144–146, 150–153, 155, 157f, 160f, 165, 176, 180, 182f, 185, 188, 190f, 197, 203, 207, 209f, 227, 229, 232–234, 237f, 265f, 273, 285, 288f, 307, 319, 321, 333, 357, 371, 374, 376–378
Meneghini, Madame 61
Menin, Peter 335
Menotti, Gian Carlo 83, 126
Mephistopheles 101
Mercouri, Melina 214, 251, 339
Merla, Gaetano 50
Metaxa, Joannis 30f
Meyer, Martin 117
Meyerbeer, Giacomo 130, 257
Mignon 250
Milanova, Zinka 109, 118, 163, 164
Millöcker, Karl 45
Minotis, Alexa 204, 251, 253
Mistinguett 203, 357
Mitridate Eupatore 110–112
Mitropoulos, Dimitri 166, 195
Modesti, Guiseppe 144, 365
Monaco, Mario del 88, 130f, 144, 153, 162–166, 379
Monroe, Marilyn 13, 124, 259
Monteverdi, Claudio 264
Monti, Nicola 174

Moran, Lord 217
Mordo, Renato 34, 35
Morfoniou, Kiki 242, 251
Moscona, Nicola 44, 46f, 75–77
Moutsatsos, Kiki 294
Mozart, Wolfgang Amadeus 85, 93, 95, 188, 232, 264
Murrow, Ed 193
Musical America 97
Mussolini, Benito 26, 30
Muzio, Claudia 49

Nabucco 202
Napoleon Buonaparte 129
Neville, Roger 146
Newman, Ernest 103
Newton, Ivor 344f, 347f
Niarchos, Stavros 334f, 341
Nobili, Lila de 139, 155
Norma 28, 30, 41, 56, 62, 67, 69, 71, 75, 82f, 89f, 93, 96, 100, 103, 109, 116, 119, 121, 132, 144, 153, 157, 161f, 164, 166f, 172, 189, 192, 241f, 275, 279, 282, 284, 288, 296, 315, 334
Normand, Roger 26, 60, 128, 133, 157, 171, 247, 254, 282, 293, 298f, 300, 310, 316, 323, 333, 356–359, 367, 370

O Protomastoras 36, 41, 83
Oberon 27
Oehlmann, Werner 145
Ombra leggiera 130
On the Town 113
Onassis, Alexander 341
Onassis, Aristoteles 14, 70, 187, 208, 210, 213–230, 234–236, 238f, 241f, 244, 247, 250–255, 261, 265–270, 275–277, 279–281, 288f, 293–312, 316–318, 321, 324–328, 331, 334f, 341f, 350, 354, 356, 360, 362, 364, 366, 379
Onassis, Artemis 218, 226
Onassis, Christina 334, 362, 364, 377, 379
Onassis, Eugenia 341
Onassis, Jackie, s. Kennedy, Jacqueline
Onassis, Tina 208, 213, 216, 219–222, 224, 230, 235, 239, 311, 334, 362
Orlandi, Mario 68
Orpheus und Eurydike 87, 247, 250
Othello 90, 111

Paes, Mario 76
Panerai, Rolando 110
Papadopoulus, Georgios 339
Papajohn, Alexandra 46, 51, 274
Parmeggiani, Ettore 153f
Parrish, Louis 350, 352
Parsifal 65, 152, 156
Pasolini, Pier Paolo 14, 320–325, 327f, 334
Pasta, Guidetta 62, 174
Paxinou, Katina 204
Peck, Gregory 106, 247
Pensotti, Anita 15, 24, 42, 56, 65, 68, 72, 79, 151, 160, 230
Pergolesi, Giovanni Battista 37
Phillipe, Gérard 208, 357
Piaf, Edith 13, 139, 163, 165, 172, 234, 261f, 285, 300, 346, 357, 373f
Picchi, Mirto 241f
Picco, Guido 75
Pinto, Barreto 90f
Pirazzini, Miriam 190
Pius XII. 152
Poliuto 242, 279

Pollio, Mario 157
Pomari, Gaetano 54
Ponchielli, Amilcare 28, 48
Ponselle, Rosa 50, 56, 103, 127, 163
Ponsonby, Robert 184
Porcine 321
Porgy and Bess 126
Porter, Andrew 94, 184, 277
Prandelli, Giacinto 120, 141
Presley, Elvis 204, 373
Prêtre, Georges 250, 257, 262, 264, 268, 278, 281
Pringle, Anita 150f
Prouse, Derek 56, 80, 96, 248f
Puccini, Giacomo 91, 146, 172f, 181, 264
Pugliese, Guiseppe 108
Purcell, Henry 44

Radius, Emilio 112
Radziwill, Lee 266
Raimondi, Gianni 154
Rainier, Fürst 217, 236, 251
Raisa, Rosa 49, 75
Raven, Seymur 122
Ray, Johnny 204
Reed, Carol 127
Reid, Charles 255
Remoundou, Mme 34f
Renoir, Jean 300
Requiem 105
Rescigno, Nicola 119, 121, 188, 203, 210, 268, 281
Rhinelander, Jeanna 236
Rich, Alan 284
Rigoletto 95, 97, 99, 116, 143, 269, 337
Robespierre 131
Robinson, Francis 148, 160

Rocco und seine Brüder 243
Romani, Felice 135
Romani, Romani 50
Roméo et Juliette 250
Ronald, Sir Landon 44
Roosevelt, Frank 267
Rosenthal, Harold 201, 244, 265, 272
Rosi, Bruno 321
Roskill, Richter 303–305
Rosselini, Franco 319, 321, 373
Rossi, Alberto di 295
Rossi-Lemeni, Nicola 14, 49, 52–55, 60, 69, 88, 93, 96, 107, 116f, 119f, 124, 128, 137, 379
Rossini, Gioacchino 137, 153, 253
Rysanek, Leonie 188, 205

Sabata, Victor de 92, 110, 113
Salome 247
Samerano, Arnaldo 182
Samson et Dalila 250
San Giovanni Battista 71
Santini, Gabrielle 71
Sapritch, Alice 357
Sarapo, Théo 262
Sardous, Victorien 156
Sargeant, Winthrop 163, 194
Sargent, Malcolm 231, 250
Sartori, Claudio 156
Scanzoni, Signa 105
Scarlatti, Alessandro 110
Schah von Persien 262, 287
Schaljapin 26
Schonberg, Harold 195, 283, 346
Schubert, Franz 37
Schwarzkopf, Elisabeth 100f, 182, 213, 264f
Scobi, General 42
Scott, Michael 171, 180

Scott, Sir Walter 96, 115
Scotto, Hilde 49
Scotto, Ottavio 49, 53
Scotto, Renata 185
Segalini, Sergio 90, 108, 175, 177
Semiramide 44
Senso 127
Serafin, Tullio 14, 53, 56–59, 62, 64–66, 69, 78, 81, 84, 89, 94, 101, 117, 120, 158f, 181, 211, 241, 247, 315
Shakespeare 292
Shawe-Taylor, Desmond 145
Siepi, Cesare 165, 198
Simionato, Guiletta 74, 77, 120, 137, 175, 189, 192, 198, 253, 285, 287, 374
Simone Boccanegra 336
Sinatra, Frank 309
Sirhan, Sirhan 310
Skouras, Spiros 169f
Smith, Cecil 103
Smith, Daniel 150f
Smyth, Robin 288
Sofia, Prinzessin von Spanien 348
Sophia v. Griechenland, Königin 262
Sordello, Enzo 169–171
Soria, Dario 91, 100, 160, 165
Speidel, General 32
Spontini, Gasparo 28, 126, 129
St. Laurent, Yves 277f
Stabat mater 37
Stamp, Terence 320
Stancioff, Nadia 327, 374
Stassio, Major di 37
Stefano, Guiseppe di 95, 105, 107, 110, 116f, 120, 123, 141, 143, 154, 156–158, 162, 189, 338–340, 342–348, 353, 355f, 359, 365

Stella, Antonietta 158
Stignani, Ebe 106, 116, 128, 147, 173, 379
Stokowski, Leopold 371
Stradella, Allessandro 71
Sullivan, Ed 167
Suor Angelica 31
Sutherland, Joan 102, 109, 201, 212f, 233, 256f, 343
Sutherland, Robert 258, 345–347, 349, 351, 363

Taglioni, Maria 135f
Talley, Howard 147
Taubmann, Howard 163
Taylor, Elizabeth 293, 319, 347
Taylor, Robert 138
Tebaldi, Renata 72, 74, 89, 91, 111f, 118, 120, 126, 130–132, 146, 154, 163f, 168f, 194, 205, 215, 237, 286, 312–314, 343, 345f, 355
Teorema 320
Testoris, Giovanni 243
Tetrazzini 26, 344
The Saint of Bleeker Street 126
Thomas, Ambroise 183
Tiefland 39, 43
Tiepolo, Giovanni Battista 177
Tonini, Antonio 240
Tooley, John 215, 262, 272, 276, 343, 374
Torelli, Antonio 268
Tosca 18, 34f, 37, 71, 79, 90f, 97, 110f, 116, 118, 157, 167, 173, 193, 202, 209, 270–272, 282, 289, 292, 294, 296, 315, 365, 368
Toscanini, Arturo 47, 75, 111f, 128f, 180

Toscanini, Wally 106, 187
Trabucchi, Guiseppe 333
Tristan und Isolde 59, 67, 71, 82
Trivella, Maria 24f
Troubadour 86, 94, 110, s.a. *il trovatore*
Truman, Harry S. 232
Tucker, Richard 54, 144, 158, 195
Turandot 49, 51, 53, 59f, 69, 172f, 181f, 276

Un ballo in maschera 26, 58, 71, 118, 158, 189, 279

Valetti, Cesare 89
Valli, Alida 127
Vassilios, Vassily 16
Ventura, Alberto 365
Verdi, Giuseppe 71f, 84, 90, 94, 97, 105, 112, 123, 140, 188, 264, 336f, 355
Vergottis, Panaghis 255f, 280f, 292, 297, 301–303, 305
Vernizzi, Fulvio 342
Verrett, Shirley 336
Vickers, John 252, 253
Visconti de Nobili 155
Visconti, Luchino 14, 79–83, 89, 114, 126–129, 133, 135–138, 155, 174–177, 180, 184, 201, 204, 243f, 264, 321, 358, 364
Volpi, Giovanni Lauri 82f
Votto, Antonio 117, 128, 158, 183, 199, 225

Wagner, Richard 63, 81
Wagner, Robert 211
Wallace, Barbara 354
Wallace, Mike 350
Wallek, Otto 41
Wallmann, Magherita 109, 113
Walter, Bruno 113
Walton, Sir William 157
Warren, Leonard 78, 203
Wayne, John 366
Weaver, Harry 226f
Weber, Carl Maria von 27, 88
Webster, David 102, 206, 231, 247, 251, 269, 289f
Weerth, Ernest de 189
Werther 264, 279, 346
West, Mae 150
Wilde, Oscar 374
Williams, Tennessee 139, 318f
Wilson, Dolores 170
Windsor, Herzog und Herzogin von 178, 208
Winwood, Estelle 318
Woods, John 336
Wunderlich, Fritz 257f, 371
Wyler, William 106, 295

Zaccaria, Nicola 144, 173f
Zeffirelli, Franco 137, 204, 213, 233, 238, 257, 268f, 271f, 275f, 282, 284, 290–297, 303, 336, 343, 358, 368, 374
Zenatello, Giovanni 53
Zografos, Nikos 34
Zuff, Piero 129

Große Biographien bei eva

Robert Whymant
Richard Sorge – Der Mann mit den drei Gesichtern
Aus dem Englischen übersetzt
von Thomas Bertram
mit zahlreichen Abbildungen

Pietro Citati
Katherine Mansfield
Ein kurzes Leben
Aus dem Italienischen übersetzt
von Dora Winkler

György Dalos
Olga – Pasternaks letzte Liebe
Fast ein Roman
mit zahlreichen Abbildungen

György Dalos
Der Gast aus der Zukunft
*Anna Achmatowa und Sir Isaiah Berlin
Eine Liebesgeschichte*
mit zahlreichen Abbildungen

Ursula El-Akramy
Transit Moskau
Margarete Steffin und Maria Osten
mit zahlreichen Abbildungen

Radek Sikorski
Das polnische Haus
Die Geschichte meines Landes
Aus dem Englischen von Anne Middelhoek

Peter Ostwald
»Ich bin Gott«
Waslaw Nijinski – Leben und Wahnsinn
Aus dem Amerikanischen übersetzt
von Christian Golusda
Mit einem Vorwort zur deutschen Ausgabe
von John Neumeier
mit zahlreichen Abbildungen

Dominique Marny
Die Schönen Cocteaus
Aus dem Französischen übersetzt
von Bettina Schäfer
mit zahlreichen Abbildungen

Wolfgang Held
Manches geht in Nacht verloren
*Die Geschichte von Clara und
Robert Schumann*
mit zahlreichen Abbildungen

Werner Pieck
Die Mozarts
Porträt einer Familie
mit zahlreichen Abbildungen

John Fuegi
Brecht & Co.
Biographie
Autorisierte erweiterte und berichtigte
deutsche Fassung von Sebastian Wohlfeil
mit zahlreichen Abbildungen

Susanne Knecht
Lady Sophia Raffles auf Sumatra
*Ein wagemutiges Leben –
wiederentdeckt und aufgeschrieben in
Sumatra, London, Berlin*
mit zahlreichen Abbildungen

Herbert R. Lottman
Die Rothschilds in Frankreich
Geschichte einer Dynastie
mit zahlreichen Abbildungen

Claude Francis/Fernande Gontier
Colette
Aus dem Französischen übersetzt
von Linda Gränz
mit zahlreichen Abbildungen